Anne Claire Gro
Das unvollendet

Forschung
Soziologie

Band 129

Anne Claire Groffmann

Das unvollendete Drama

Jugend- und Skinheadgruppen im Vereinigungsprozeß

Leske + Budrich, Opladen 2001

Gedruckt auf säurefreiem und alterungsbeständigem Papier.

Die Deutsche Bibliothek – CIP-Einheitsaufnahme

Ein Titeldatensatz für diese Publikation ist bei Der Deutschen Bibliothek erhältlich.

ISBN 978-3-8100-3007-8   ISBN 978-3-322-92253-3 (eBook)
DOI 10.1007/978-3-322-92253-3

Inhalt

Anne Claire Groffmann

Das unvollendete Drama

Jugend- und Skinheadgruppen im Vereinigungsprozeß

Leske + Budrich, Opladen 2001

Gedruckt auf säurefreiem und alterungsbeständigem Papier.

Die Deutsche Bibliothek – CIP-Einheitsaufnahme

Ein Titeldatensatz für diese Publikation ist bei Der Deutschen Bibliothek erhältlich.

ISBN 978-3-8100-3007-8 ISBN 978-3-322-92253-3 (eBook)
DOI 10.1007/978-3-322-92253-3

Der mündige Bürger als Leser

Ein Vorwort von Ina-Maria Greverus

In dieser Arbeit zeigt die Autorin, daß rechtsextremes und fremdenfeindliches Verhalten von gesellschaftlichen Gruppen nur im Zusammenhang mit komplexen gesellschaftspolitischen Situationen analysiert werden kann. "Individuelle Befindlichkeiten, lokale, nationale und globale Einflüsse greifen ineinander und setzen hierdurch eine Wechselwirkung in Gang, die zu jener Gewalteskalation führte, wie wir sie Anfang der neunziger Jahre erlebt haben." Das schreibt Anne Claire Groffmann in ihrer abschließenden Bemerkung zu ihrer Untersuchung, deren empirischer Teil sich mit einer provinzialen Skinheadgruppe auseinandersetzt, die sie eben in diese übergreifenden Zusammenhänge einordnet. Und sie konfrontiert den politisch bewußten Leser mit der Warnung vor einer Wiederholung dieser Prozesse, "da das soziale Drama der deutsch-deutschen Vereinigung noch nicht vollendet ist." Eine Aufmerksamkeit des mündigen Bürgers auf scheinbar randseitige Jugendkulturen und ihre politische "Benutzung" wird von der Autorin gefordert, indem sie sehr deutlich aufzeigt, wie diese Gruppen auf gesellschaftspolitische Diskurse einwirken und politisch funktionalisiert werden können.

Entscheidend für die Argumentationskette ist die These, daß die jugendlichen Skinheads sich über eine provokative Selbststigmatisierung und die charismatische Stilisierung als "negative Helden" zu kulturellen Akteuren machen, die den politischen Willen "Deutschland den Deutschen" in die gewalttätige Tat der Befreiung von allem Fremden umsetzen wollen. Die Verurteilung der Gewalt im vereinigten Deutschland der frühen 90er Jahre argumentiert nicht mit einer gesellschaftlichen Verurteilung der Täter-Motive, sondern lenkt diese in Opfer-Motive einer arbeitslosen und familienverlassenen Jugendsituation um.

An der Asylrechtsdebatte macht die Autorin deutlich, wie die politische Inszenierung einer kollektiven deutschen Zusammengehörigkeit über die Ausgrenzung der Fremden mit der Zunahme der – vor allem – jugendlichen rechtsextremistischen Gewalttaten gegenüber Fremden zusammenfallen. Im Aufweis dieses Zusammenspiels von gesellschaftspolitischen Ereignissen und Diskursen mit jugendlichen Aktionen versucht sie, die für Jugendkulturen im wissenschaftlichen und gesellschaftlichen Diskurs hervorgehobene und verallgemeinernde politische Bedeutungslosigkeit auch für die Gegenwart partiell zu entkräften. Damit tritt die Autorin nicht nur gegen die

Opfer-Argumentation, sondern auch gegen die pauschalisierende Einordnung der Jugendkulturen als eher weniger auffällige Produkte der globalen Konsumindustrie an.

Diese Einordnung gelingt ihr über die Hinterfragung der spezifischen jugendlichen "Szene" vor der gesellschaftlichen Situation und politischen Handhabung der deutschen Wiedervereinigung und deren Einordnung in das theoretische Konzept des "sozialen Dramas" von Victor Turner. Bei dem sozialen Drama handelt es sich um gravierende gesellschaftliche Umbruchphasen, die in Aushandlungsprozessen mit bestätigenden ein- und ausgliedernden Bedeutungen unterlegt werden. Die deutsche Wiedervereinigung wird als ein soziales Drama gesehen, dessen Lösung nicht vollendet wurde, weil die Versprechungen und Aushandlungsprozesse die Widersprüche nicht aufheben konnten. Der Aushandlungsprozeß um die nationale Identität vereinigte und scheiterte doch an dem Wohlstandsdilemma und den kulturellen Verletzungen. Die Asylrechtsdebatte als eine Folge-Inszenierung kollektiver (nationaler, ethnischer) Eingliederung und Ausgliederung bereitete den Weg für die Eskalation einer wiederum zu bekämpfenden rechtsextremistischen Gewalt. Der Aushandlungsprozeß um die Zugehörigkeit scheiterte an dem Dilemma der unzivil werdenden Gesellschaft, die nun gleichzeitig von innen und von außen angegriffen wurde.

In diesen Dilemmata können sich die rechtsextremistischen Jugendgruppen als negative Helden ansiedeln. Sie inszenieren ihr eigenes soziales Drama und ihre eigenen Aushandlungsprozesse und Rituale, deren Antistruktur zwar nicht, wie in den Übergangsritualen der "einfachen" Gesellschaften, von der Gesellschaft selbst als eben Übergang aus dem vorübergehenden (adoleszenten) Chaos in die gesellschaftliche Struktur getragen, sondern "nur" als falscher gewalttätiger Weg in die jugendkulturelle Ecke geschoben wird. Damit wird, so die Autorin, die enge Verbindung von politischen Aushandlungsprozessen und Bedeutungssetzungen in dem unvollendeten Drama der deutschen Wiedervereinigung und die Selbststilisierung und Funktionalisierung von rechtsextremistischen Jugendgruppen in diesem Drama ausgeblendet.

"Die Kleinstadt als Bühne" ist die minutiöse Darstellung und Interpretation des selbstinszenierten Aufbaus einer ein- und ausgrenzenden rechtsextremistischen Antistruktur im Schülermilieu einer westdeutschen Kleinstadt. Es ist gut, daß die Autorin hier die westdeutsche Szene gewählt hat, um das unvollendete Drama nicht auf die ostdeutschen Anpassungsschwierigkeiten zu verlagern. Kleinstadt als Bühne? Hier bleibt für mich die Fragestellung offen, ob Kleinstadt für einen Habitus steht, bei dem soziale Nähe nur noch soziale Aufmerksamkeit bedeutet und dadurch für "auffälliges Verhalten" und "negative Helden" ein Erkennungs- und (wenn auch negatives) Anerkennungsmilieu bietet, das schließlich über die Gewalteskalationen in nationales und internationales Aufmerken eingeht.

“Gleichzeitig bewirken die Rituale im Rahmen des sozialen Dramas der deutsch-deutschen Vereinigung einen Kontextwechsel der Clique vom liminoiden in den liminalen Bereich. Denn Turner zufolge wirken Rituale nicht nur nach innen, sondern auch nach außen. So wird deutlich, wie die Jugendlichen über ihre rituellen Verhaltensweisen vom jugendkulturellen in den gesellschaftpolitischen Diskurs gelangen. Sukzessive können sie den Wirkungsgrad ihrer Rituale erweitern, bis sie durch die Eskalation am Gymnasium den Status einer gesellschaftsbedrohenden Skinheadgruppe errreichen und hierdurch zum gesellschaftspolitischen Problem werden.”

Die Autorin bringt wichtige neue Erkenntnisse in die Jugendkultur- und Gewaltforschung ein, indem sie der Frage nach Jugendlichen als kulturellen Akteuren nachgeht und deren Reaktion auf gesellschaftliche Diskurse hinterfragt. Dadurch wird auch deutlich, daß deren Aktionen in spezifischen gesellschaftlichen Situationen, hier im Zusammenhang der deutschen Vereinigung, sowohl funktionalisiert werden, als auch einen direkten Eingriff in den aktuellen politischen Diskurs darstellen.

Prof. Dr. Ina-Maria Greverus
Frankfurt am Main, März 2001

I. Einleitung

1. Rechtsextreme und gewalttätige Jugendliche Ein Problemaufriß aktueller Forschung

Seit der großen Eskalationswelle 1991 bis 1993 gehören rechtsextrem bzw. fremdenfeindlich motivierte Übergriffe zum Alltag der 'vereinigten' Bundesrepublik.[1] Nicht nur in den neuen Bundesländern geraten jugendliche Gruppen durch ihre Überfälle auf MigrantInnen und Flüchtlinge oder durch kollektive Aufmärsche und Musikveranstaltungen in die öffentliche Diskussion. In den Medien werden diese Ereignisse mit stereotypen Bildern martialisch auftretender junger Männer reproduziert, begleitet von hilflosen Erklärungsversuchen, die die TäterInnen entweder als Opfer gesellschaftlicher Veränderungprozesse oder als unverbesserliche Übeltäter einschätzen.

Die wissenschaftliche Diskussion basiert mittlerweile auf einer Vielzahl von empirischen Untersuchungen, doch die Interpretation und die Bewertung des Phänomens fällt nach wie vor schwer. Häufig erklären WissenschaftlerInnen die Ursache der Gewaltentwicklung mit Hilfe sozialpsychologischer oder sozialisationstheoretischer Modelle. Neben den Versuchen, über die traditionelle Autoritarismusforschung die Persönlichkeitsstrukturen jugendlicher Gewalttäter zu erschließen (vgl. Hopf u.a. 1995; Oesterreich 1993; König 1998), dominiert hierbei der Ansatz von Wilhelm Heitmeyer.

Schon Mitte der achtziger Jahre entwickelte er ein Modell, das die Entstehung rechtsextremer Orientierungsmuster als eine mögliche Antwort auf die strukturellen Veränderungen moderner Industriegesellschaften darstellt. Als rechtsextreme Orientierungsmuster definiert Heitmeyer in diesem Zusammenhang eine Verbindung von unterschiedlichen Facetten einer Ideologie der Ungleichheit mit einer hohen Affinität zur Gewalt als normaler Konfliktregelungsform (vgl. Heitmeyer 1987: 18). Dies trägt dem Umstand Rechnung, daß viele rechtsorientierte Jugendliche in ihren Einstellungen rechtsextreme Tendenzen und eine damit verbundene Gewaltneigung aufweisen, ohne jedoch ein konsistentes rechtsextremes bzw. neonazistisches Weltbild[2]

---

1 1982 bis 1990 wurden jährlich unter 500 solcher Gewalttaten registriert, 1992 waren es über 2500. Die Zahl nimmt in den Folgejahren zwar wieder ab, aber noch 1996 ist sie dreimal höher als 1989. Es kann festgestellt werden, daß sich rechtsextrem und fremdenfeindlich motivierte Gewalttaten nach der Eskalation zu Beginn der 1990er Jahre auf einem hohen Niveau einpendelten (vgl. Bundesministerium des Innern 1989-1999).

2 In Anlehnung an Wolfgang Gessenharter verstehe ich Rechtsextremismus wie folgt: "Als rechtsextrem kann man Personen, Organisationen, Gruppen bezeichnen, die autoritäres, antipluralistisches, zivilisationskritisches und nationalistisches Gedankengut vertreten und bei denen zu dieser 'politischen Philosophie' noch ein rigides, auf Entweder-Oder-

zu vertreten. Die Entstehung derartig verdeckter Formen rechtsextremen Denkens und Handels begründet Heitmeyer in Anlehnung an das Modell der Risikogesellschaft von Ulrich Beck mit dem Theorem der zunehmenden Individualisierung (vgl. Beck 1986). Diese Entwicklung, die alle modernen Industriegesellschaften betrifft, bewirkt grundsätzliche Strukturveränderungen und führt zu instabilen Familienbeziehungen, der Auflösung traditioneller sozialer Milieus sowie zu ungesicherten Arbeitsverhältnissen bzw. -perspektiven.

Nach Heitmeyer reagieren die Individuen hierauf mit zunehmender Verhaltensunsicherheit und steigendem Orientierungsverlust. So entsteht insbesondere bei Jugendlichen die Situation, daß sie nun nicht mehr in vorgegebene Milieus mit vorstrukturierten Lebensverläufen hineinwachsen, sondern eigenverantwortlich zwischen neuen Optionen wählen können und müssen.[3] Insbesondere die unsicheren Berufsperspektiven erschweren Jugendlichen die Suche nach einer eigenen Identität:

> "Im Falle rechtsextremistischer Orientierungen wird die gesellschaftlich verursachte Zerrissenheit gewissermaßen umgruppiert durch Betonung der politischen Identität, die dann wiederum zur Totalitätsperspektive erklärt wird, aus der heraus die verschiedenen Problemlagen dann leichter gedeutet, eingeordnet und bewertet werden können. Als Muster für diesen Prozeß eignet sich dazu die strukturell gewaltorientierte Ideologie der Ungleichheit ebenso wie die personell orientierte Gewalt, da sie Problemlagen eindeutig zu klären in der Lage scheinen." (Heitmeyer 1987: 94)

Der Versuch von Heitmeyer, die Ursachen zunehmender rechtsextremer Einstellungen und Gewalt allein auf allgemeine Desintegrationstendenzen zu reduzieren, rief vielfältige Kritik hervor. So wiesen Joseph Held u.a. in ihrer Studie nach, daß nicht nur perspektivlose Jugendliche verstärkt zu rechtsextremen Tendenzen neigten. Vielmehr stellen sie fest, daß gerade jugendliche ArbeitnehmerInnen mit aussichtsreichen Zukunftsperspektiven vergleichbare Tendenzen aufweisen (vgl. Held u.a. 1991). Darüber hinaus kritisieren feministische ForscherInnen Heitmeyers androzentrische Sichtweise bezüglich seiner Definition der rechtsextremen Orientierungsmuster. Da Frauen und Mädchen prinzipiell physischer Gewalt zur Durchsetzung ihrer Interessen distanzierter gegenüberstehen, werden sie von Heitmeyers Definition nicht erfaßt (vgl. Siller 1993: 24; Oltmanns 1990: 42; Holzkamp/Rommelspacher 1993).

Demgegenüber zeigen unterschiedliche Einstellungsanalysen, daß auch bei Frauen und Mädchen rechtsextreme Einstellungen zunehmen.[4] Zudem läßt sich bei rechtsorientierten Skinhead- und Jugendgruppen nach der

---

Dichotomien fixiertes Gedankenschema hinzukommt." (Gessenharter 1981: 399)

3 Heitmeyer denkt immer beide Möglichkeiten mit: Eine zunehmende Freiheit der Wahl, die aber gleichzeitig auch den Zwang zu wählen bedeutet.

4 Schon 1983 wurde in einer Sinus-Studie festgestellt (vgl. Sinus-Institut 1983), daß Mädchen die Zuwanderung von Nichtdeutschen stärker begrenzen wollen als Jungen. Zu einem vergleichbaren Ergebnis kommt auch Dieter Roth (vgl. Roth 1989).

deutsch-deutschen Vereinigung eine starke Beteiligung weiblicher (wie auch männlicher) Jugendlicher feststellen (vgl. Fromm 1993). Da sie jedoch sowohl in der Forschung als auch in der breiten Öffentlichkeit als Täterinnen kaum wahrgenommen werden, liegt die Vermutung nahe, daß sie zu weniger auffälligen Verhaltensformen neigen. Ausgangspunkt der Überlegungen ist hierbei die spezifische Situation der Frauen. Da sie sich innerhalb eines patriarchalen Systems selbst als Gewaltopfer erleben, suchen sie andere Antworten auf ihre zunehmende Orientierungslosigkeit und Verunsicherung. So nimmt Gertrud Siller an, daß Frauen die aus unerfüllten Wünschen entstehende Aggression auf Minderheiten verschieben und diesen mit verstärkter Ablehnung begegnen. Zugleich legitimiert das repressive Frauenbild rechter Parteien und Gruppen jungen Frauen den Rückzug in die traditionelle Familienrolle (vgl. Siller 1993; 1997). Darüber hinaus geht Hilke Oltmanns davon aus, daß Frauen ihre eigenen Gewaltbedürfnisse auf Männer projizieren und diese "siegen, durchgreifen und kämpfen lassen" (Oltmanns 1990: 42). Unschwer ist hier die Annahme von Margarete Mitscherlich herauszulesen, daß Frauen als Unterdrückte dazu neigen, sich mit dem Aggressor zu identifizieren und hierdurch dessen Vorurteile übernehmen (vgl. Mitscherlich 1985: 156).

Während Siller und Oltmanns Frauen vor allem als eher defensiv agierende Opfer begreifen, glauben Christine Holzkamp und Birgit Rommelspacher, daß sie ebenso wie Männer als aktive Mitglieder der weißen westlichen 'Dominanzkultur' ihre Interessen und Privilegien zu verteidigen suchen (vgl. Holzkamp/Rommelspacher 1993; Rommelspacher 1998). Mit ihrem Ansatz der 'Dominanzkultur' wenden sich die Autorinnen sowohl gegen die bisherige konsequente Ausblendung eines weiblichen Rechtsextremismus als auch gegen Heitmeyers 'Defizitthese', die Rechtsextreme zu Opfern von Modernisierungs- und Individualisierungsschüben stilisiert. Statt dessen sehen sie den Rechtsextremismus in den Strukturen unserer Kultur angelegt, deren Mitglieder ihren Lebensstil zur Norm erheben. Das Fremde und Andersartige wirke verunsichernd und müsse als etwas Minderwertiges denunziert und unterworfen werden. Auch Frauen haben dieses Verhaltensmuster gelernt, doch wird es durch ihren eigenen Status als Unterdrückte und die Internalisierung der traditionellen weiblichen Rolle konterkariert. Aus diesem Grund neigten Frauen weniger zu einem offenen, aggressiven, sondern vielmehr zu einem verdeckten, alltäglichen Rassismus (vgl. Holzkamp/Rommelspacher 1993).

In einer Weiterentwicklung seines Ansatzes sucht Heitmeyer der Kritik gerecht zu werden, indem er zunächst in der 'Bielefelder Rechtsextremismusstudie' zwei idealtypische Konstellationen als Bedingung für rechtsextreme Orientierungsmuster herausarbeitet. So produziert nun nicht nur eine berufliche und soziale Desintegration rechtsextreme Einstellungen und Handlungsweisen, sondern ebenso die scheinbar stabile soziale und berufliche

Integration,[5] da über sie häufig Überlegenheitsgefühle entstehen (vgl. Heitmeyer u.a. 1992: 10). Der feministischen Kritik trägt Heitmeyer Rechnung, indem er den Gewaltbegriff nicht mehr nur auf physische Gewalt begrenzt, sondern auch psychische Formen mit einbezieht (vgl. Heitmeyer u.a. 1995: 70).[6] Diese Definition erweist sich für die jugendlichen Täter und Täterinnen als adäquate Kategorie, da sie nicht mehr davon ausgeht, daß rechtsextrem orientierte AkteurInnen zwangsläufig in feste Parteistrukturen eingebunden sind oder über ein entsprechend geschlossenes Weltbild verfügen. Außerdem weist Heitmeyer stärker auf die politische Komponente der Anschläge hin, die meines Erachtens bei dem Begriff 'fremdenfeindlich'[7] verloren geht. Aus diesem Grund wird in der folgenden Untersuchung von rechtsextrem orientierten Jugendlichen bzw. Gruppen gesprochen.

Problematisch an der wissenschaftlichen Diskussion um die Ursachen zunehmender rechtsextremer Gewalt bleibt allerdings, daß Erklärungsmodelle, die auf allgemeine Erscheinungsformen wie Individualisierung oder Kulturspezifik (z.B. Dominanzkultur) rekurrieren, nicht erklären können, warum die Gewalt gerade zu einem spezifischen Zeitpunkt eskaliert. Weiterhin ist auffällig, daß keine/r der AutorInnen das Phänomen der Gruppengewalt konstitutiv in die Theorie mit einbezieht. So nennt Heitmeyer zwar Gruppenprozesse und spezifische gesellschaftliche Gelegenheitsstrukturen als Katalysatoren der Gewalt, doch tangieren sie in keiner Weise seine auf das einzelne Individuum angelegte sozialisationstheoretische Argumentation.

Demgegenüber hat Willems in seiner Untersuchung von ca. 1400 polizeilichen Ermittlungsakten aus den Jahren 1991 und 1992 festgestellt, daß ca. 94 % rechtsextrem bzw. fremdenfeindlich motivierter Gewalttaten durch Gruppen begangen werden (vgl. Willems 1993: 127). Diese Tatsache legt nicht nur die These nahe, daß eine individuelle Affinität zur Gewalt erst dann zur tatsächlichen Gewaltausübung führt, wenn das spezifische Umfeld vorhanden ist, sondern wirft die Frage auf, ob nicht gerade spezifische Gruppenprozesse erst eine Affinität zur Gewalt erzeugen und einüben. Diese Interpretation gewinnt an Bedeutung, wenn man die Entstehung und den Ablauf

---

5 Eine *scheinbar* gelungene Integration sieht Heitmeyer gegeben, wenn sowohl die Berufstätigkeit als auch soziale Kontakte ausschließlich unter dem Kosten-Nutzen-Aspekt gesehen werden. Eine Tendenz, die er als typische Folge der zunehmenden Kapitalisierung unserer Lebenswelt sieht und mit seiner 'Instrumentalisierungsthese' zusammenfaßt (vgl. Heitmeyer u.a. 1992: 595).

6 Als psychische Gewaltformen bezeichnen Heitmeyer u.a. Verhaltensweisen, die andere abwerten und stigmatisieren (vgl. Heitmeyer u.a. 1995: 70).

7 Auch dieser Begriff verweist auf eine prinzipielle Entwicklung moderner Gesellschaften. Ausgangspunkt ist die These, daß die Globalisierung die Dichotomie des Eigenen und Fremden auflöst. Fremdheit wird somit zur alltäglichen Erfahrung, wodurch sich das Eigene nicht mehr im Fremden stabilisieren kann. Dies führt zu einer ständigen Verunsicherung des Individuums: "Fremdenfeindlichkeit würde somit radikal auf die Entfremdung des Eigenen verweisen und in der Gewalt gegen Fremde würde der Resonanzboden des 'Sich-selbst-fremd-Werdens' mitschwingen." (Helsper/Wenzel 1995: 18)

der Gewalttaten näher betrachtet. Hier stellt Willems fest, daß ca. 94% der Gewalttaten zwar nicht organisiert, aber im Ablauf fast identisch sind (vgl. ebd.: 136): Fast vor jeder Tat 'lungern' die Jugendlichen auf öffentlichen Straßen und Plätzen herum und konsumieren ausgiebig Alkohol und Musik, bis schließlich der Gedanke einer Aktion geäußert wird, dann schreiten sie zur Tat.

Demzufolge lassen sich die Gewalttaten als Rituale identifizieren, die situativ und spontan entstehen. Doch weisen Jörg Bergmann und Claus Leggewie darauf hin, daß den Taten eine instrumentelle Rationalität zugrunde liegt, die eine gewisse Planung impliziert (vgl. Bergmann/ Leggewie 1993: 14ff.). So sind für die Tat beispielsweise Kenntnisse über die Herstellung eines Brandsatzes eine wichtige Voraussetzung; außerdem müssen die entsprechenden Tatwerkzeuge griffbereit zur Verfügung stehen. Auch das Zielobjekt ist nicht willkürlich gewählt. Die Umgebung eines Flüchtlingsheims muß bekannt sein, um unbemerkt einen Anschlag durchführen zu können (vgl. ebd.).

Die Rituale erfordern also gleichzeitig gewisse Vorkenntnisse. Da dem Handeln der Jugendlichen selten ein geschlossenes rechtsextremistisches bzw. neonazistisches Weltbild zugrunde liegt, ist zu vermuten, daß die Taten in einen anderen Kontext eingebunden sind, der den Jugendlichen die Struktur des Rituals und ein spezifisches Wissen vermittelt. Ein Blick auf die Ausprägung der Gruppen gibt hierüber Aufschluß. Willems unterscheidet zwischen mehreren Formen gewalttätiger Gruppen. Skinheads stellten mit ca. 38% die größte Gruppe dar, gefolgt von ca. 25% rechtsextremistischen und ca. 20% fremdenfeindlichen Gruppen (vgl. Willems 1993: 127). Doch gibt Willems in diesem Zusammenhang zu bedenken, daß die Grenzen zwischen den Gruppen fließend sind und demnach eine definitive Einteilung schwierig ist.

Auch mir fiel die Einschätzung der Jugendlichen während meines Feldaufenthaltes schwer, weil einerseits die Gruppen sehr heterogen zusammengesetzt sind und ihre Mitglieder häufig wechseln und andererseits die Jugendlichen auch ihre Einstellungen und ihr Äußeres oft ändern. Allen Jugendlichen gemeinsam war - auch wenn das Eingebundensein divergierte - die große Vertrautheit mit dem Skinheadkult, seiner Musik und seinen Symbolen. Vor diesem Hintergrund gehe ich davon aus, daß die Eskalation der Gewalt vorrangig mit einer starken Zunahme rechtsextrem orientierter Jugend- und Skinheadgruppen zusammenhängt. Über diesen Kult erlangten die Jugendlichen jenes Kontextwissen, das die situative Entstehung eines Gewaltrituals ermöglichte.

Das verstärkte Aufkommen dieser Gruppen läßt sich meines Erachtens nicht mit den allgemeinen Modellen der Individualisierung oder Dominanzkultur erklären. Vielmehr deutet das plötzliche Eskalieren der Gewalt kurz nach der Vereinigung Deutschlands und während der Asyldebatte darauf hin, daß die Entstehung der Gruppentaten eng mit den gesellschaftspolitischen

Ereignissen und Diskursen verbunden ist. Diese gesellschaftspolitischen Gelegenheitsstrukturen begünstigten eine Eskalation der Gewalt durch rechtsextrem orientierte Jugend- und Skinheadgruppen. Somit ist es für eine Analyse der Gewalt und ihrer AkteurInnen grundlegend, "den Blick nicht auf das gewalttätige Individuum zu verengen, sondern Gewalt als Merkmal einer sozialen Situation zu begreifen, in der unterschiedliche Akteure mit unterschiedlichen Interessen und Strategien und unterschiedlichen Fähigkeiten und Ressourcen aufeinandertreffen" (Willems 1993: 107).

Soziale Situationen lassen sich jedoch nicht auf ein Interaktionsfeld begrenzen, in dem beliebig viele Akteure rational miteinander agieren, um ihre Interessen durchzusetzen, sondern sie sind von politischen Diskursen und gesellschaftlichen Widersprüchen durchdrungen, auf die sich die Handelnden intentional beziehen. Die Phase der eskalierenden Gewalt Anfang der neunziger Jahre muß demnach als Ausdruck einer spezifischen situativen Verfaßtheit der Gesellschaft definiert werden, in der sich über gesellschaftliche Widersprüche und Diskurse ein Interaktionsfeld konstituiert. Die Rekonstruktion einer rechtsorientierten Jugend- bzw. Skinheadclique innerhalb eines lokalen Interaktionsfeldes, das von nationalen Diskursen und transnationalen Globalisierungstendenzen durchzogen ist, ist das Ziel dieser Untersuchung.

2. Skizzierung der Untersuchung

Vorliegende Untersuchung basiert auf einer einjährigen Feldforschung. Dieses Forschungsprogramm ermöglicht einen kreativen Umgang mit unterschiedlichen Methoden, um damit der Art und Dynamik des Forschungsgegenstandes gerecht werden können. Am Anfang jeder Feldforschung steht die Annäherung an das empirische Feld. Für die Untersuchung der rechtsorientierten Jugend- und Skinheadgruppen wählte ich zwei Wege. Zunächst folgte ich dem von Robert Park vorgeschlagenen Vorgehen des 'nosing around' (vgl. Lindner 1990), indem ich in mehreren Städten Aufenthaltsorte rechtsorientierter Jugendlicher aufsuchte und dort Kontakt zu ihnen aufnahm. Zu Beginn stellten ihr Mißtrauen und meine Unsicherheit häufig eine kaum überschreitbare Grenze dar. Als diese jedoch überwunden war, begegneten mir die Jugendlichen mit einer erstaunlichen Offenheit, die vor allem durch ihren Drang nach Selbstdarstellung getragen war. So wurde ich nicht nur mit den Mitgliedern einer Gruppe bekannt gemacht, sondern auch zu anderen Gruppen in der Region geführt. Über diesen Weg gewann ich einen Einblick in die Szenenzusammenhänge einer Region im süddeutschen Raum und lernte erste biographische Hintergründe kennen.

Der zweite Zugang erfolgte über verschiedene Institutionen, die direkt mit den Jugendlichen konfrontiert waren. Ich kontaktierte Bewährungs- und GerichtshelferInnen sowie SozialarbeiterInnen. Einige von ihnen waren sehr engagiert und versuchten die Gruppen oder einzelne Personen durch Gespräche zu einer Distanzierung vom Kult zu bewegen. Sie konnten mir nicht nur über spezifische Gruppenprozesse berichten, sondern ebenso von der Schwierigkeit, einzelne Jugendliche vom Kult zu distanzieren. Zudem erfuhr ich über sie wichtige Details über den unterschiedlichen Umgang der Institutionen mit rechtsorientierten Jugend- und Skinheadgruppen.

Die Annäherung an mein Forschungsfeld erscheint zufällig und ungeplant. Ebenso kann auch beim Sammeln der ersten Informationen nicht von einem gezielten Vorgehen gesprochen werden. So führte ich eine Vielzahl von Gesprächen mit Jugendlichen und ExpertInnen, besuchte unterschiedliche Gruppen und nahm an verschiedenen Szeneaktivitäten teil. Doch ist es, nach Ina-Maria Greverus, gerade der unsystematische Zugang, der den Blick auf das Neue öffnet und bisher verborgene Erfahrungsebenen aufdeckt:

> "Und oft kommt dieser erste Blick, vielleicht weil er ein poetischer Blick ist, in dem sich Geschautes und Gehörtes - noch ungeschieden durch zergliederndes Einordnen - 'verdichtet', der 'dichten Beschreibung' (Geertz 1983) als einer Hermeneutik des Wesentlichen näher. Diese Ebene einer Erfahrung des Anderen (...) muß sich im Prozeß des Verstehens und Erklärens nicht bestätigen, aber wir tun gut daran, diese Ebene immer wieder in die denkende Annäherung zwischen ständigen Selbst- und Fremdreflexionen einzubeziehen." (Greverus 1995: 195)

Die Reflexionen über meine ersten Begegnungen mit rechtsorientierten Jugend- und Skinheadgruppen machten deutlich, daß diese Cliquen nicht autonom entstehen und agieren. Sie sind mit den Instanzen sozialer Kontrolle (SozialarbeiterInnen, Strafverfolgungsorgane, Eltern, Schule) ebenso verwoben wie mit szenespezifischen Zusammenhängen. Eine Untersuchung solcher Gruppen kann sich demnach nicht auf die Jugendlichen selbst beschränken, sondern muß das gesamte Umfeld mit einbeziehen. Diese Einsicht wurde von mir erstmals in einer Gruppendiskussion mit acht SozialarbeiterInnen, die schon mehrere Jahre rechtsorientierte Jugend- und Skinheadgruppen betreuten, diskutiert und systematisiert. Hier erörterten wir die lokalen Voraussetzungen für die Entstehung der Cliquen sowie die gruppeninternen Prozesse und Strukturen.

Die ersten Eindrücke im Feld und die Ergebnisse der Gruppendiskussion bildeten die Grundlage für meine Untersuchung in Erlingen.[8] Hierbei handelt es sich um eine unauffällige westdeutsche Kleinstadt im ländlichen Raum, die durch die Aktivitäten einer rechtsorientierten Skinheadclique zweifelhaften Ruhm erlangte. Die ländliche Idylle wurde 1994 für kurze Zeit durch das Interesse überregionaler Printmedien gestört, und eine Reportage der Gruppe in den "Tagesthemen" machte die Stadt in der gesamten Bundesrepublik

---

8 Alle Orts- und Personennamen sind anonymisiert.

bekannt. Die ersten Kontakte zur Gruppe vermittelte mir der Sozialarbeiter, der diese schon seit einigen Jahren betreute. Sein gutes Verhältnis zu den Jugendlichen erleichterte mir den Zugang und war die Grundlage für das gute Verhältnis zwischen mir und der Gruppe, die ich von Sommer 1995 bis Februar 1996 regelmäßig besuchte. Danach hatte ich nur noch sporadischen Kontakt, bis ich ihn im Sommer 1996 ganz abbrach.

Die in Erlingen agierende Jugendclique entwickelte sich sukzessive über mehrere Jahre. Um diese Entwicklung zu erforschen waren ganz unterschiedliche Methoden erforderlich (vgl. Bailey 1996). Neben der teilnehmenden Beobachtung, die auch eine Vielzahl von Gesprächen und Wahrnehmungsspaziergängen mit einschloß, führte ich mit 16 Jugendlichen, SozialarbeiterInnen und der örtlichen Polizei Leitfadeninterviews durch. Gleichzeitig unterhielt ich mich mit SchülerInnen des Gymnasiums und PassantInnen über die Gruppe. Zudem besuchte ich mehrere Prozesse, in die Erlinger Jugendliche verwickelt waren, studierte Zeitungsausschnitte und Prozeßakten. Mit diesem Material gelang es mir, die Entstehung und Entwicklung der Clique von 1992/93 bis 1996 zu rekonstruieren und verallgemeinerbare gruppendynamische Prozesse herauszuarbeiten. Hier bestätigten sich meine ersten Vermutungen, daß die Entstehung und die Entwicklung rechtsorientierter Jugend- und Skinheadgruppen eng mit dem lokalen Interaktionsfeld und nationalen Diskursen verwoben sind.

Diese Einsicht ist auch der Ausgangspunkt meiner theoretischen Ausführungen, die der Analyse vorangestellt sind. Methodologische Grundlage ist hierbei die 'Anthropology of Experience' von Victor Turner. Mit diesem Ansatz gelingt es dem Autor, seinen aus der Manchester School abgeleiteten prozessualen Kulturbegriff mit dem hermeneutischen Ansatz von Wilhelm Dilthey zu verbinden. Turner sucht in Anlehnung an den deutschen Philosophen zu beschreiben, wie gesellschaftliche Erlebnisse aus dem Strom der Zeit hervortreten, indem sie in einem gesellschaftlichen Aushandlungsprozeß mit Bedeutungen unterlegt werden. Da es sich bei solchen Prozessen meist um gravierende gesellschaftliche Umbruchphasen handelt, bezeichnet Turner sie als soziale Dramen.

Vor diesem Hintergrund entwickelt sich die deutsch-deutsche Vereinigung von 1990 zum sozialen Drama. Ich konstruiere hierbei bewußt einen soziokulturellen Raum, um so die Aushandlungsprozesse und Verstrickungen rechtsorientierter Jugend- und Skinheadgruppen innerhalb des nationalen Kontextes darzustellen. Dabei wird deutlich, daß die nationale Identität der Bundesrepublik von impliziten Widersprüchen getragen ist, die jedoch verdeckt blieben, so lange Deutschland in zwei sich kontrastierende Systeme geteilt war. Durch die Vereinigung brechen sie mit aller Vehemenz auf und bestimmen die politische Diskussion der Asylrechtsdebatte. Gleichzeitig eskaliert die Gewalt in den Straßen und führt zu einer weiteren Dramatisierung der Situation. Der Umgang mit den gewalttätigen Jugend- und Skinheadgruppen erzeugt ein spezifisches Bild, das über den Medien-Gewalt-Diskurs[9] herausgearbeitet wird.

Um die Verzahnung zwischen dem gesellschaftspolitischen Diskurs und dem Skinheadkult zu beleuchten, ist es notwendig, vorab die Entstehung und Entwicklung des Jugendkultes zu betrachten. Bezugnehmend auf die These der Cultural Studies, daß die Entstehung des Skinheadkultes einen magischen Lösungsversuch für gesellschaftliche Widersprüche darstellt, arbeite ich eine alternative Interpretation aus. Diese belegt zugleich, daß entgegen der derzeitigen Annahme Jugendkulturen in einer sich globalisierenden Welt nicht zwangsläufig an Bedeutung verlieren müssen.

Die empirische Analyse gliedert sich in zwei Teile. So gewährt die Rekonstruktion der Erlinger Clique einen Einblick in die Entstehung und Entwicklung rechtsorientierter Jugend- und Skinheadcliquen im Spannungsfeld eines lokalen Kontextes. In diesem Zusammenhang wird deutlich, daß ihre gesellschaftspolitische Bedeutung als rechtsextreme Gruppe weniger von ihrer politischen Artikulation abhängt, sondern vielmehr von der Bedeutung, die ihr das Umfeld zuschreibt. Darüber hinaus steht bei der Gruppendarstellung die Beschreibung ihrer nichtverbalen symbolischen Inszenierung im Vordergrund. Sie wird in einem folgenden Kapitel eingehender analysiert. Hier gilt es zu zeigen, welche Gefühle die Jugendlichen bei der Aneignung des Kultes entwickeln, und wie diese sich mit ihren politischen Einstellungen zu einem Selbstbild verdichten, über das sie den Anschluß an den gesellschaftspolitischen Diskurs finden.

---

9 In Anlehnung an Siegfried Jäger gehe ich vom Vorhandensein eines gesamtgesellschaftlichen Diskurses aus, der die Gesamtheit aller Diskursstränge in sich vereint. Ein Diskursstrang bildet eine "thematische einheitliche Folge im Fluß des gesamten 'Wissens' durch die Zeit" (bspw. Einwanderung/Flucht/Asyl; vgl. Jäger 1997: 77).

II. Kulturelle Transformationen in einer sich globalisierenden Welt

1. Jugend und Kultur: Theoretische Neubestimmungen

Das Verhältnis der Jugend zur Gesamtgesellschaft bzw. -kultur ist innerhalb der Jugendforschung ein viel diskutiertes Thema. Ins Blickfeld geraten meistens deviante oder zumindest auffällige Jugendgruppen, -bewegungen oder -gangs.[10] Häufig sind es wissenschaftliche oder gesellschaftspolitische Metatheorien, die eine neue Perspektive auf die Entstehung und Entwicklung solcher Jugendgangs eröffnen. Hierdurch entsteht eine veränderte Bewertung der gesellschaftlichen Bedeutung der Jugendgangs. So changiert in Deutschland ihre Bezeichnung zwischen 'Jugendsubkultur'[11] und 'Jugendkultur', womit jeweils eine Neubestimmung ihres Verhältnisses zur Gesellschaft einhergeht.

Der Begriff Subkultur[12] erfreute sich in der Bundesrepublik vor allem während der achtziger Jahre allgemeiner Beliebtheit. Unter Subkultur versteht die Jugendforschung homogene, von spezifischer Herkunft geprägte jugendliche Gemeinschaften, die einen ausgeprägten Kult mit spezifischen Symbolen, Ritualen und Deutungsstrukturen aufweisen. Sie stehen entweder in einem affirmativen oder einem oppositionellen Verhältnis zur Gesamtgesellschaft (vgl. Vaskovics 1995: 16).

Die Definition von Subkultur als weitgehend homogene Gemeinschaft geriet durch die Einbeziehung der Globalisierungstendenzen in die Jugendforschung ins Wanken. Wachsende Globalisierung führte seit Jahren zu einer starken Pluralisierung jugendlicher Kulte, die rasch wechselten, sich vermischten und neu konstituierten. Eine Entwicklung, die allgemein als eine Verlagerung des jugendlichen Habitus hin zum Ausdrucksverhalten gedeutet und mit einem Bedeutungsverlust der Jugend-Stile verbunden wird:

> "Anstelle von Überzeugung, Kampf, Herausforderung und Weltveränderung geht es nun um Selbstdarstellung mittels exzentrischer Ausdrucksmittel und Bricollagetechniken und Verunsicherung durch Regelverletzungen und bspw. den Gestus des Unbeteiligtseins." (Vollbrecht 1995: 29)

---

10 Schon in den zwanziger Jahren hatte die Chicago School umfassende Untersuchungen zu devianten Jugendbanden durchgeführt (vgl. Thrasher: 1927).

11 Am Frankfurter Institut für Kulturanthropologie und Europäische Ethnologie bspw. markiert Lothar Voigt die Forschungsperspektive bereits im Titel seiner Untersuchung: "Punks als jugendliche Subkultur" (Voigt 1984).

12 Der Begriff Jugendsubkultur ersetzte den der Jugendkultur, wie er von Talcott Parsons abgeleitet wurde (vgl. Parson 1964).

Mit dem zunehmenden Einfluß der Kulturindustrie werden nun allen sozialen Schichten übergreifende Deutungsangebote zur Verfügung gestellt, wodurch häufig eine Durchmischung der Gruppen bezüglich ihrer sozialen Herkunft stattfindet. Gleichzeitig konstituieren sich die Jugendkulturen nicht mehr allein im Kontext einer national definierten Gesellschaft, sondern über das transnationale Bezugssystem der Kulturindustrie. Hierdurch wird auch ihr hierarchisches Verhältnis zur Erwachsenenkultur relativiert. Aufgrund dieser Veränderungen glauben Dieter Baacke und Wilfried Ferchhof, daß "man von einer 'authentischen' Lebenspraxis einer jugendlichen subkulturellen Einheit vermutlich kaum noch sprechen kann" (Baacke/Ferchhoff 1995: 42).

Vergemeinschaftungsprozesse von Jugendlichen werden nun weniger als kreatives oder widerständiges Handeln interpretiert, sondern vorrangig als Produkt einer allmächtigen Kulturindustrie. Der Entstehungsprozeß und die Ausprägung der Gruppen erscheinen beliebig und affirmativ. Nach Thomas Ziehe sind die ehemals subkulturellen Impulse durch die Vereinnahmungsstrategien der Mehrheitsgesellschaft in der Bedeutungslosigkeit verschwunden (vgl. Ziehe 1991). Der Jugendsubkulturbegriff wird heute - je nach gesellschaftlicher Einschätzung - durch die Begriffe Jugendkultur, Lebensstil und Szene ersetzt. Die Verwendung des Lebensstilbegriffes geht von einer zunehmenden Individualisierung in der Gesellschaft aus (vgl. Beck 1986). Das Individuum stellt einen 'modernen Sinnbastler' dar, der aus der Vielzahl der ihn umgebenden Sinn-Elemente seinen individuellen Sinn konstituiert. Soziale Gruppen und Rollen dienen vorrangig als 'Sinn-Lieferanten' (vgl. Hradril 1992; Hitzler 1994). Die Übernahme eines jugendkulturellen Stils ist jedoch nicht völlig beliebig:

> "Die Bedeutung eines Stils ist einerseits gebunden an den subjektiv intendierten Verwendungssinn im biographischen Kontext (wie kann ich zeigen, wer ich bin oder wer ich sein will?), andererseits aber auch an eine strukturelle Ebene, auf der die Bedeutung eines Zeichens sich erst aus dem Kontext anderer Zeichen ergibt." (Vollbrecht 1995: 33)

Während die VertreterInnen des Lebensstilbegriffes annehmen, daß sich die Bedeutung jugendlicher Gemeinschaften in der zunehmenden Fragmentarisierung der Lebenswelten verliert, geht das Konzept der Jugendkultur nur von derem gesellschaftlichen Bedeutungsverlust aus. Die Jugendkulturen werden zwar wie zuvor die Jugendsubkulturen als Gemeinschaften mit eigenen Symbolen und Deutungsstrukturen definiert, aber die Beteiligung der Jugendlichen in der Gruppe ist weniger verbindlich und ihre Grenze nach außen unscharf. So können Jugendliche durchaus gleichzeitig an mehreren Jugendkulturen partizipieren. Die soziostrukturelle Herkunft der Jugendlichen spielt nur noch eine untergeordnete Rolle.

Der Begriff Jugendkultur bleibt insgesamt unbestimmt, da er unterschiedliche Auffassungen über die Beziehung der Jugendkulturen zur Gesamtgesellschaft beinhaltet. So sehen Baacke und Ferchhof Jugendkulturen als eine vorübergehende Sozialisationsinstanz, in der Jugendliche neue Identitätsformen entwickeln können. Sie bleiben somit integraler Bestandteil der Gesellschaft (Baacke/Ferchhof 1995: 43). Während die Autoren trotz der zunehmenden Globalisierung noch von einer eingrenzbaren Gesellschaft ausgehen, glaubt Uwe Sander, daß "die jugendkulturelle Differenzierung durch kein irgendwie strukturell höher aggregiertes Phänomen integriert wird und vor allem für den sozialkulturellen Bereich der Gesellschaft keine Innovations- bzw. Veränderungslogik beinhaltet" (Sander 1995: 46). Die heutige Gesellschaft sieht er als ein Patchwork aus unterschiedlichen Kulturen, die relativ beziehungslos nebeneinander existieren. Hierdurch haben sich die jugendlichen Gemeinschaften der allgemeinen Tendenz zur Individualisierung angepaßt (vgl. ebd.).[13]

Die Diskussion um den Subkulturbegriff zeichnet für Deutschland eine Entwicklung, in der die einst authentischen und innovativen Subkulturen zu kommerzialisierten Jugendkulturen verflacht sind.

Eine andere Entwicklung nimmt die Diskussion um den Begriff der 'Subcultures' innerhalb der Cultural Studies. In Birmingham gehört die Subkulturforschung zum traditionellen Forschungszweig. Sowohl der Forschungsgegenstand als auch die Definition des Begriffes leitet sich aus dem marxistisch orientierten Kulturbegriff ab:

> "It defines 'culture' as *both* the meanings and values which arise amongst distinctive social groups and classes, on the basis of their given historical conditions and relationships, through which they 'handle' and respond to the conditions of existence; *and* as the lived traditions and practices through which those 'understandings' are expressed and in which they are embodied." (Hall 1994: 527)

Subkulturforschung bedeutet demnach die Untersuchung kultureller Praxen der Arbeiterklasse, um sie gegenüber der dominanten bürgerlichen Kultur sichtbar zu machen. Jugendsubkulturen werden als ein kreativer Umgang der ArbeiterInnenjugendlichen mit diesen gesellschaftlichen Machtverhältnissen interpretiert, wie der folgende Exkurs über die jugendlichen Subkulturen der englischen Nachkriegszeit zeigt.

2. Teds, Mods, Skinheads - die frühe Subkulturforschung der Cultural Studies

Die jugendlichen Subkulturen entstanden ursprünglich in den Großstädten Großbritanniens als Reaktion auf die spezifischen gesellschaftlichen Umbrüche der Nachkriegszeit, die mit einer tiefgreifenden Reorganisation der Produktionsbedingungen verbunden waren. Neue industrielle Bereiche lösten

13 In dieser angeblichen gesellschaftspolitischen Bedeutungslosigkeit der Jugendkulturen sieht Sander den Unterschied zu Jugendsubkulturen (vgl. Sander 1995: 48).

traditionelle Industrien ab, was zu Massenentlassungen führte und neue Berufskulturen schuf. Die neuen Arbeitsstätten entstanden fern der traditionellen Arbeiterviertel und zwangen die arbeitende Bevölkerung zum Pendeln oder zum Umzug in die neuen Trabantenstädte (vgl. Clarke u.a. 1979).

Während ein Teil der Arbeiterschaft verarmte, profitierten insbesondere junge ArbeiterInnen von der die Reorganisation der Arbeitsbereiche begleitenden Liberalisierung des Bildungssystems[14], die ihnen den Weg zu qualifizierteren Berufen ebnete.

Für zahlreiche traditionelle Arbeiterviertel bedeutete dies den Zusammenbruch der lokalen, sozialen und ökonomischen Netzwerke und eine zunehmende Verslumung und Ghettoisierung (Cohen 1972). Mit den Rahmenbedingungen veränderte sich auch die traditionelle Arbeiterkultur als identitätsstiftendes Bedeutungssystem und führte bei vielen ArbeiterInnen zu einer Identitätsdiffusion (vgl. Pearson 1977).

Schon Ende der vierziger Jahre entstand als Reaktion auf die gesellschaftlichen Umwälzungen die Jugendkultur der Teddyboys. Ihre exzentrische, aus der bürgerlichen Oberschicht entlehnte Kleidung stand hierbei ganz im Gegensatz zur realen Situation der Jugendlichen. Denn bei den Teddyboys handelte es sich vorrangig um männliche Jugendliche aus dem Arbeitermilieu, die keine Ausbildung hatten und somit vom sozialen Aufstieg ausgeschlossen blieben. Sie kreierten einen neuen Stil, der die Widersprüche ihrer realen Situation in Richtung auf eine vorrangig dem Freizeitbereich zugeordnete Gemeinschaft transzendierte. Sie verbanden einzelne Elemente aus unterschiedlichen Bedeutungssystemen (Kleidung aus der Oberschicht vergangener Zeiten, Musikrichtungen aus dem zeitgenössischen US-Amerika) miteinander und schufen sich damit ein neues identitätsstiftendes Bedeutungssystem, mit dem sie "sich auf subtile Weise dem Trend zur Verbürgerlichung und Leistungsorientierung entgegenstellte(n)" (Brake 1981: 84).

Vergleichbare Ursachen hat die Entstehung der Mods, die um die Mitte der sechziger Jahren eine der vorherrschenden Jugendkulturen der ArbeiterInnenjugend war. Die Mods stellten eine progressive Variante der ArbeiterInnenjugendkultur dar, die sich aufstiegsorientiert gab. Sie fielen durch ihr modisches Aussehen sowie ihre Vorliebe für zeitgenössischen Jazz auf.[15]

> "Jeder Mod lebte in einer Geisterwelt des Gangstertums, der luxuriösen Clubs und der schönen Frauen, auch wenn er in Wirklichkeit nur einen schäbigen Parka, eine zerbeulte Vespa besaß und Fisch mit Chips aus einer fettigen Papiertüte aß." (Hebdige 1979: 163)

---

14 Hierbei ist vor allem auf zwei Veränderungen hinzuweisen: Die Einführung der Sekundarbildung für alle Jugendlichen und eine massive Ausweitung der höheren Bildung (vgl. Clarke u.a. 1979: 55).

15 Nach Hebdige fiel die Entwicklung der Mods mit der Entstehung eines 'britischen Gangsterstils' zusammen. So führte die Verabschiedung der Glücksspiel-Gesetze 1963 zur Ausbreitung des Glücksspiels und neuen Formen der Bandenkriminalität. Die Mitglieder dieser Banden rekrutierten sich aus den Arbeitervierteln (vgl. Hebdige 1979: 161).

Die Umsetzung des Mod-Ideals beruhte auf der exzessiven Teilnahme am Massenkonsum, die von den finanziellen Möglichkeiten der Jugendlichen abhing, was zu einer Aufsplitterung der Szene führte (vgl. Brake 1981, 86ff.): 'Die distinguierte Campvariante der Kunststudenten' galt als Mod-Ideal; der 'gewöhnliche Mod' verbrachte seine gesamte Freizeit in Nachtclubs; das Interesse der 'Scooter-Mods' beschränkte sich auf Motorroller; am unteren Ende der Hierarchie rangierten die Hard-Mods, die ihre ArbeiterInnenherkunft in der Kleidung, bestehend aus Jeans und Arbeitsschuhen, ausdrückten.

Trotz ihrer Heterogenität irritierten die Mods die allgemeine Öffentlichkeit. Die Modkultur war die erste Jugendkultur der Nachkriegszeit, die bald schichtenübergreifend angeeignet wurde. Der Mod-Stil avancierte zum lukrativen Modeartikel einer expandierenden Konsumindustrie.

Der Einfluß der Mod-Kultur ging ab Mitte der sechziger Jahre langsam zurück. Die repressive Reaktion der Öffentlichkeit, aber auch das Aufkommen anderer Jugendkulturen als Antwort auf die veränderten gesellschaftlichen Verhältnisse waren hierfür die wichtigsten Ursachen (vgl. Hebdige 1979: 55; Brake 1981: 87). Aus den Hard-Mods entwickelte sich eine neue Jugendkultur: Die Skinheads.

Die Hard-Mods stellten aufgrund ihrer Herkunft und ihres Auftretens eine Sondergruppe innerhalb der Mod-Kultur dar, die sich meist aus arbeitslosen Jugendlichen, die noch in den traditionellen Arbeitervierteln lebten, zusammensetzte (vgl. Brake 1981: 90f.). Dort wurden sie zunehmend von der Kultur der westindischen Einwanderer beeinflußt.

Die steigende Zahl westindischer Einwanderer bildete eigene soziale Netzwerke und kulturelle Zusammenhänge aus. Hieraus entstand eine spezifische Jugendkultur, die 'Rude-Boys', die ebenso in Gangs organisiert waren und wie die Hard-Mods kurze Haare, Jeans, Hemd und Hosenträger trugen (vgl. Farin 1997: 25). Beide Jugendkulturen teilten die Vorliebe für jamaikanische Musik und beeinflußten einander, ihre Interaktion legte den Grundstein zum späteren Skinhead-Kult (vgl. Brake 1981: 90ff.; Hebdige 1979: 56).

Trotz vieler Berührungspunkte mit der westindischen Jugendkultur fielen die Skinheads durch die Betonung und Stilisierung ihrer Herkunft auf. Obwohl die einzelnen Stilelemente der typischen Kleidung der englischen Arbeiter entnommen waren, erschienen die damit ausgerüsteten Skinheads eher als deren Karikatur, denn die funktionalen Kleidungsstücke wurden vorrangig als Modestücke getragen.

Zur Stilisierung des Arbeiters gehörte auch die Besetzung seiner traditionellen Räume. Demzufolge ist es nicht verwunderlich, daß die Skinheads zunächst durch ihr gewalttätiges Auftreten in den Fußballstadien auffielen, denn Fußball galt als traditioneller Arbeitersport, und der Besuch eines Fußballspiels gehörte zur typischen Wochenendbeschäftigung der ArbeiterInnen.

Die besondere Bedeutung der Territorialität erstreckte sich beim Skinheadkult nicht nur auf die Fußballstadien, sondern auch auf die eigenen Wohnviertel und Kneipen. In diesem Zusammenhang erregte das 'Paki-Bashing' besonderes Aufsehen. Es handelte sich hierbei um die gezielten Übergriffe der Skinheads auf eingewanderte asiatische Bürger,[16] die allerdings weniger durch eine rassistische Ideologie als durch die gesellschaftspolitische Diskussion motiviert waren.[17] Die Gewalt der Skinheads traf zudem auch andere soziale Gruppen gleicher Hautfarbe. Hippies wurden zu beliebten Angriffszielen, die Abneigung galt den dort vorrangig vertretenen Mittelschichtjugendlichen und war mit einem tiefsitzenden Anti-Intellektualismus verbunden. Ende der sechziger Jahre befand sich der Skinheadkult auf seinem Höhepunkt. Durch die eskalierende Gewalt in den Fußballstadien und die zunehmenden Übergriffe auf asiatische Einwanderer, Hippies und Schwule entwickelten sich die Skinheads zur meist verurteilten Jugendkultur (vgl. Clarke u.a. 1977: 128).

Zwischen 1972 bis 1978 wurde es still um den Skinheadkult. Aus den aggressiven, gewaltbereiten Jugendlichen entwickelten sich gemäßigtere Formen wie die Suedeheads oder Smooths (vgl. Marshall 1991: 55).

Die ForscherInnen der Cultural Studies interpretierten die Entstehung dieser Jugendkulturen als eine mögliche Verarbeitungsform gesellschaftlicher Widersprüche. Dieser Deutung liegt ein modifiziertes Klassenmodell zugrunde, das die Jugendstile im Spannungsfeld zwischen dominanter (bürgerlicher) und Stammkultur (ArbeiterInnenkultur) analysiert. Der subkulturelle Stil entsteht dadurch, daß die jugendlichen Bricoleure aus dem dominanten Modediskurs und dem herkunftsspezifischen Bedeutungssystem Elemente entnehmen und in ein eigenes, ihren Verhältnissen entsprechendes Bedeutungssystem integrieren. Nach Clarke (Clarke u.a. 1979) handelt es sich hierbei jedoch um 'magische' Lösungen, da dieser Prozeß allein im Freizeitbereich stattfindet und somit die reale Situation wenig verändert.

Die Gemeinschaften der Teddyboys und Mods entstehen somit in der illusionären Erwartung, den Widerspruch zwischen Aufstiegsversprechen und dessen Nichterfüllung durch eine bourgeoise Selbststilisierung zu lösen.

Demgegenüber offenbart der Skinheadstil eine gegenläufige Lösungsstrategie. Der Rückzug auf die traditionellen Territorien der ArbeiterInnenklasse und die Stilisierung als ArbeiterInnen deutet vielmehr auf eine Desillusionierung der Jugendlichen hin, auf die mit einem bewußten Verharren in der ursprünglichen sozialen Situation reagiert wird. Die Entstehung des Skinheadkultes interpretiert John Clarke als einen Versuch, die verlorenge-

---

16 Ein Grund ist sicherlich, daß die Jugendlichen selbst in Banden organisiert und äußerst brutal waren (vgl. Clarke/Jefferson 1977: 155).

17 Pearson beschreibt, daß selbst die linken Gewerkschaften die asiatischen Einwanderer zu Sündenböcken erklärten (vgl. Pearson 1977).

gangene Gemeinschaft zurückzugewinnen (vgl. Clarke 1979: 175). Doch bleibt diese Gemeinschaft in seinen Augen imaginär, da sie auf den Freizeitbereich beschränkt ist.

Der Vergleich zwischen Teddyboys, Mods und Skinheads zeigt gegenläufige Tendenzen, die von Phil Cohen als "'upward' and 'downward' options" (Cohen zit. n. Hebdige 1979: 55) bezeichnet werden. Aufstiegsorientierte Jugendstile werden stärker von der Gesellschaft vereinnahmt als die verharrende Option der Skinheads. So verschwinden die Jugendkulturen der Teddyboys und Mods, während die Skinheadkultur nicht nur bis heute fortdauert, sondern auch internationale Verbreitung gefunden hat.

3. Neue Perspektiven in der ethnographischen Jugendforschung

Das Phänomen der Jugendkulturen wird bis heute vorangig als ein jungenspezifisches Phänomen behandelt. Doch schon in den siebziger Jahren werfen Angela McRobbie und Jenny Garber für die 'cultural studies' die Frage auf, ob es sich hierbei lediglich um einen blinden Fleck der meist männlichen ForscherInnen handelt oder Jugendkulturen tatsächlich ein weitgehend von Jungen dominiertes Phänomen sind (vgl. McRobbie/Garber 1979: 217ff.). Ihre Analyse der jugendlichen Subkulturen stellt fest, daß es keine generalisierte Aussage zur Beteiligung von Mädchen gibt, sondern sowohl deren Anzahl als auch die Art ihrer Beteiligung von der Ausprägung der jeweiligen Jugendkultur abhängig ist. Mädchen sind bei den Mods stärker vertreten als bei den Teddy-Boys und den Skinheads. Die Beliebtheit der erstgenannten Jugendkultur bei den Mädchen führen die Autorinnen auf die weniger ausgeprägte geschlechtsspezifische Polarisierung zurück. Demnach liegt die Besonderheit der Mod-Kultur in einer Aufweichung der Geschlechterrolle, die über das gesellschaftliche Maß hinausgeht.

Demgegenüber steht bei den Teddyboys und Skinheads eine extreme Inszenierung von Männlichkeit im Vordergrund, die zu einer starken Geschlechterpolarisierung innerhalb des Kultes führt. Viele Mädchen, die mit einem Jungen aus einer männlich zentrierten Jugendkultur befreundet sind, halten sich vom Kultgeschehen fern, da eine Beteiligung sie zur Übernahme der Rolle des willfährigen Objektes zwingen würde. Nur wenigen Mädchen gelingt es, Anerkennung in der Gruppe zu finden und auch nach außen hin sichtbar zu werden. Sie können dies nur erreichen, wenn sie ihre traditionelle Mädchenrolle aufgeben und mit den Jungens in Aussehen und Verhalten gleichziehen.

"Und während die Freundinnen der Teds sich anders kleideten und auch anders aussahen als die Jungen, mit denen sie ausgingen, kann man sagen, daß manche Skinhead-Mädchen tatsächlich ganz ähnlich aussahen, sich ähnlich gaben wie ihre Skinhead-Freunde." (McRobbie/Garber 1979: 225)

Der Skinheadkult ist ebenso wie jener der Teddyboys ein an den traditionellen Vorstellungen von Männlichkeit orientierter Jugendkult. Er repräsentiert nicht nur die Stilisierung einer verloren geglaubten ArbeiterInnenkultur, sondern vor allem eine Inszenierung martialischer Männlichkeit. Hierdurch spricht der Skinheadkult nicht nur vorrangig männliche Jugendliche an, sondern schließt in seinem Dogmatismus Mädchen zunächst prinzipiell aus.

Die Analysen von McRobbie und Garber führten dazu, daß die Kategorie der Klasse durch die des Geschlechtes durchkreuzt wurde. Gleichzeitig wurden auch die Cultural Studies mit den gesellschaftlichen Globalisierungstendenzen und ihren Folgen konfrontiert,[18] was zu einer Öffnung des Forschungsansatzes führte:

"...recent youth culture what can be seen is not just a response to some of the more oppressive aspects of life in Britain for young people in the 1980s and into the 1990s, for example the frightening reality of AIDS, but also that it is here that new and unanticipated social meanings are actively produced. This symbolic and aesthetic material is developed in what often seems like a frenzy of cultural production. ... Youth Cultures, in whatever shape they take, represent to me a staking out of an investment in society. It is in this sense that they are political." (McRobbie 1993: 407)

Die Pluralisierung der Jugend-Stile führte hier nicht zur Annahme, Jugendliche handelten heute affirmativ und seien unpolitisch, sondern zu einer weiter gefaßten Definition des Politischen und des Konsumismus. Konsumption reproduziert in diesem Zusammenhang nicht einfach die sozialen Verhältnisse, sondern deutet sie gleichzeitig auch um (vgl. Willis 1991). Vor diesem Hintergrund sehen die Cultural Studies Jugendliche nicht mehr als Objekte dominanter Herrschaftsstrukturen, sondern als kulturelle Akteure, die verändernd in ihre Umwelt eingreifen. Diese veränderte Sichtweise könnte eine Neuinterpretation des Skinheadkultes nahelegen.

Eine vergleichbare Perspektive nimmt auch die neuere Jugendforschung innerhalb der Kulturanthropologie ein. Nachdem die Erforschung der Jugend eher ein Randbereich war und vorrangig dazu diente, wissenschaftliche und gesellschaftliche Machtbeziehungen[19] auszutragen, geht es heute darum, die Eigenschaften von Kindern und Jugendlichen als kulturelle Akteure herauszuarbeiten. Neuere Untersuchungen betonen,[20] daß Peer-Groups im besonderen Maße dazu geeignet seien, neue kulturelle Bedeutungen auszuhandeln, die in das gesellschaftliche Umfeld der Jugendlichen hineinwirken (vgl.

---

18 Angela McRobbie diskutiert ausführlich die wissenschaftstheoretischen Probleme der Cultural Studies, die durch die allgemeinen Pluralisierungstendenzen innerhalb der postmodernen Gesellschaften entstanden sind (vgl. McRobbie 1995: 100ff.).

19 Hier sei auf die Mead-Freeman-Debatte hingewiesen, in der kulturalistische gegen soziobiologische Ansätze ausgespielt wurden (vgl. Canberra Anthropology 1984).

20 Einen Überblick über neue ethnologische bzw. kulturanthropologische Kinder- und Jugendstudien gibt Dorle Drackl\u00e9 (vgl. Drackl\u00e9 1996).

Amit-Talai/Wulff 1995). Die Sozialanthropologin Helena Wulff zeigt am Beipiel einer empirischen Studie über eine ethnisch gemischte Mädchengruppe in London, wie gemeinsam neue Bedeutungen ausgehandelt werden, die jenseits ihrer Herkunftskultur sowie der strukturellen Ungleichheit Großbritanniens liegen:

"To these girls, ethnic mixture was both attractive an self-evident, something they managed as cultural agents in their everyday lives. And up on a macro perspective it is obvious that they are far from only ones who have grown up aquiring the habit of multiracial friendship, which is bound to have an increasing political impact in the long run." (Wulff 1995: 77)

Theoretischer Hintergrund dieser neuen Perspektive auf das Phänomen der Jugend bildet der 'practice approach' (Ortner 1994: 392). Im Gegensatz zu den bisher bevorzugten metatheoretischen Ansätzen wie Marxismus oder Strukturalismus, die das menschliche Handeln vorrangig im Kontext gesellschaftlicher Zwänge und Machtstrukturen analysierten, steht seit den achtziger Jahren das Alltagshandeln der Menschen im Vordergrund, über das Strukturen reproduziert und verändert werden können.

"Rather than seeing the theoretical shift in the field as a move from structures and systems to persons and practices, it might thus be seen as a shift from static, synchronic analyses to diachronic, processual ones." (ebd.: 402)

Vor diesem Hintergrund werden auch zunächst marginal erscheinende Umdeutungsprozesse innerhalb jugendlicher Gruppen als aktiver Beitrag sozialer Wandlungsprozesse interpretiert.

Der interdisziplinäre Überblick der Jugendforschung zeigt, daß im Rahmen der Globalisierung jugendliches Handeln in Gruppen und Jugendkulturen unterschiedlich bewertet wird. Insgesamt läßt sich eine Fokussierung in Richtung weniger auffälliger Verhaltens- und Widerstandsformen feststellen. Jugendkulturen werden zunehmend als Produkte der globalen Konsumindustrie interpretiert, in der die Jugendlichen ihr Bedürfnis nach Erlebnissen und Action befriedigen. Innovative und gesellschaftsverändernde Einflüsse durch jugendliche Gruppen scheinen sich vorrangig auf diffuse Einmischungsversuche und alltägliche kreative Praxen zu reduzieren. Doch sehen insbesondere VertreterInnen der Kulturanthropologie gerade hierin den aktiven Anteil von Jugendlichen am sozialen Wandel.

Demgegenüber zeigten jedoch die eskalierende Gewalt in der Bundesrepublik Anfang der neunziger Jahre und die damit verbundenen Reaktionen, daß sich Jugendkulturen auch im Kontext der Globalisierung nicht zwangsläufig in der gesellschaftspolitischen Marginalität verlieren, sondern in spezifischen Situationen zu bedeutenden politischen Akteuren avancieren können. Hierbei können international verbreitete Jugendkulte wie der Skinheadkult durchaus als Grundlage solcher Prozesse dienen.

Die auffällige Zunahme rechtsorientierter Jugend- und Skinheadgruppen nach der deutsch-deutschen Vereinigung, die sich in der eskalierenden Gewalt von 1991 bis 1993 ausdrückte, verweist auf den Zusammenhang von gesellschaftspolitischer Situation und Mechanismen der Entstehung von jugendlichen Gemeinschaften durch die Umdeutung transnationaler kultureller Elemente. Rechtsorientierte Jugendliche sind demnach kulturelle Akteure, so meine These, die sich durch die Übernahme transnationaler Symbole während der deutsch-deutschen Vereinigung zu rechtsorientierten Jugend- bzw. Skinheadcliquen konstituierten und so in den aktuellen politischen Diskurs eingriffen. Hierbei handelt es sich um einen wechselseitigen Prozeß der Bedeutungszuschreibung, der mit dem Modell des sozialen Dramas von Victor Turner erklärt werden soll.

4. Die Neudefinition des Kulturbegriffs in der Kulturanthropologie

Die Verwendung von Theatermetaphern wie Rolle, Drama oder Inszenierung zur Beschreibung menschlicher Interaktion ist seit den siebziger Jahren geläufig. Während in den Sozialwissenschaften dafür vor allem die von Erving Goffman ausgearbeitete 'dramaturgische Soziologie' verantwortlich ist (vgl. Goffman 1976) hat Victor Turner die Metaphern durch sein Modell des 'sozialen Dramas' in der Sozial- und Kulturanthropologie bekannt gemacht. Grundlegende Voraussetzung für die Entwicklung seines Modells war ein fachinterner Paradigmenwechsel, der sich an den US-amerikanischen Universitäten in den sechziger Jahren vollzog (vgl. Marcus/Fischer 1986: 7). Er führte zu einer vermehrten selbstkritischen Reflexion der Methoden und Inhalte des Faches, bei der das traditionelle Feldforschungsparadigma zunehmend angezweifelt wurden. Dieses hatte sich als umfassendes Forschungsprogramm etabliert: Der Untersuchungsgegenstand, die fremde Kultur, wurde als konkret andere konstruiert, das Untersuchungsziel war ihre detaillierte Beschreibung, zusammengefaßt in einer ethnographischen Präsentation (vgl. Malinowski 1985). Kultur galt in dieser Tradition als ein homogenes statisches Gebilde, dessen Grenzen fest umrissen sind und das keinen sozialen Wandlungsprozessen unterliegt.[21]

Junge AkademikerInnen hinterfragten nun ganz offen bisherige Theorien und Methoden und gingen auf eine interdisziplinäre Suche nach neuen Antworten. Sie begannen, Ansätze aus der Literaturwissenschaft, Philosophie

---

21 Die Intentionen der Kulturanalyse waren jedoch verschieden. So vertrat die US-amerikanische Kulturanthopologie einen ganzheitlichen Kulturbegriff, der auf dem Kulturrelativismus gründete und sich gegen evolutionistische Ansätze richtete. Demgegenüber konzentrierte sich die britische Sozialanthropologie darauf, die Funktion kultureller Institutionen unterschiedlicher Kulturen zu vergleichen, um verallgemeinerbare Mechanismen zu finden (vgl. Girtler 1979).

oder Psychologie in ihre Reflexionen mit einzubeziehen und formten hieraus neue fachspezifische Antworten auf ihre Fragen (vgl. Keesing 1974; Marcus/ Fischer 1986; Ortner 1994). Eine dieser Antworten mündete in die Entstehung und Entwicklung einer symbolischen Anthropologie, als deren bekannteste Vertreter die US-amerikanischen Kulturanthropologen Clifford Geertz und David Schneider sowie der britische Sozialanthropologe Victor Turner gelten.

5. Von der Kulturbeschreibung zur Kulturinterpretation

Programmatisch formulierten die Vertreter der symbolischen Anthropologie Kultur als ein semiotisches System, welches wie ein Text zu interpretieren sei, und bereiteten hiermit den Weg von der traditionellen Kulturbeschreibung zur Kulturinterpretation.

> "Eine der brauchbarsten Vorgehensweisen (aber bei weitem nicht die einzige), um zwischen Kultur und sozialer Struktur zu unterscheiden, besteht darin, erstere als geordnetes System von Bedeutungen und Symbolen aufzufassen, vermittels dessen gesellschaftliche Interaktion stattfindet, und letztere als das soziale Interaktionssystem selbst." (Geertz 1995: 99)

Durch diese Trennung zwischen sozialem System und Kultur[22] grenzten die VertreterInnen der symbolischen Anthropologie die bisherige diffuse Vorstellung von Kultur ein. Kultur galt nun als ein Geflecht von gemeinsam geteilten Bedeutungen, durch das die Menschen ihre Erfahrungen interpretieren. Diese Interpretationen manifestieren sich in öffentlichen Handlungen und Symbolen (vgl. Geertz 1995: 99). Symbole und Rituale (symbolische Handlungen) sind demnach die Medien, mit denen sich die Mitglieder einer Gesellschaft über die gemeinsam geteilte Weltsicht und ihre Werte verständigen. Ökonomische, politische oder verwandtschaftliche Systeme sind gleichsam geronnene Beziehungsformen, in denen soziale Handlungen stattfinden, und werden als Teil der Sozialstruktur zunächst von der Kulturanalyse ausgeschlossen. Kultur wird auf den ideellen Bereich von Gesellschaft reduziert.

Im Unterschied zu David Schneider bedeutet für Geertz diese Unterscheidung lediglich eine heuristische Trennung. In seinen Kulturanalysen führte er beide Aspekte immer wieder zusammen, indem er deren Wechselwirkung betonte. So zeigt er in seiner Untersuchung über das javanische

---

22 Parsons geht von drei Systemen aus: das Persönlichkeitssystem sowie das soziale und das kulturelle System. Für Geertz sind sie der Ausgangspunkt seiner Theorie (vgl. Geertz 1995: 99f.).

Begräbnisritual, wie gerade die Ungleichzeitigkeit zwischen Kultur und Sozialstruktur zum Motor sozialen Wandels wird:

"Insgesamt kann der Bruch bei Paidjans Begräbnis auf eine einzige Ursache zurückgeführt werden: auf eine Inkongruenz zwischen dem kulturellen Bedeutungsrahmen und den Formen der gesellschaftlichen Interaktion - eine Unstimmigkeit, die daher rührt, daß ein religiöses Symbolsystem, das einer bäuerlichen Sozialstruktur entspricht, in einer urbanen Umgebung fortbesteht." (Geertz 1995, 131)

Wenngleich Clifford Geertz Prozesse des sozialen Wandels berücksichtigte, so standen nicht sie im Zentrum des Forschungsinteresses, sondern die hinter den Symbolen verborgenen Bedeutungsstrukturen.

Demgegenüber ist bei Victor Turner der permanente gesellschaftliche Wandel der Ausgangpunkt seiner Analysen. Denn nicht nur kulturelle Bedeutungssysteme, sondern auch Strukturen[23] und Institutionen unterliegen einer stetigen Veränderung. Im Rahmen dieser Perspektive "has (culture, Verf.) to be seen as processual because it emerges in interaction and imposes meaning on the biotic and ecological systems (as dynamics) with which interacts. I should not say 'it' for this is to reify what is, regardes processually, an endless series of negotiations among actors about assignement of meaning to the acts in which they jointly participate" (Turner 1985: 153f.).[24]

Demzufolge hängt bei Turner der soziale Wandel nicht von einer Ungleichzeitigkeit zwischen Kultur und Sozialstruktur ab, sondern ist ein Phänomen, das sich innerhalb der gesamtgesellschaftlichen Sphäre abspielt, indem die kulturellen Akteure den sozialen Handlungen und Interaktionen kulturelle Bedeutungen zuschreiben und hierdurch gemeinsame Bedeutungen aushandeln. Medium dieses Prozesses sind die Symbole. Turner faßt Symbole nicht nur als Elemente eines vorrangig synchron beschriebenen Symbolsystems (bspw. Religion) auf, sondern "als soziale und kulturelle dynamische Systeme (...), die im Zeitverlauf sowohl an Bedeutung verlieren als auch ihre Form verändern" (Turner 1989: 31).

Diese hohe Flexibilität der Symbole hängt mit ihren spezifischen Eigenschaften zusammen. So sind Symbole "multivokale" Einheiten[25], die ganz unterschiedliche kollektive und individuelle Bedeutungen durch den Prozeß der Verdichtung in sich vereinen. Nach David Kertzer ist dies einer der Gründe, warum politische Symbole ein Solidaritätsgefühl zwischen ganz unterschiedlichen Personen herstellen können (vgl. Kertzer 1988: 11). Ein

---

23 Nach Ortner ist es sein strukturfunktionalisitischer Hintergrund, der ihn vom US-amerikanischen Anthropologen Geertz unterscheidet (vgl. Ortner 1994: 376).

24 Turner hat seine Theorien fortlaufend weiterentwickelt, wodurch seine Definitionen häufig mehrdeutig werden. So wird auch sein Kulturbegriff durch die Unterscheidung zwischen sozialem und kulturellem (Kunst) Drama konterkariert. Demgegenüber spricht er im Zusammenhang seiner Prozeßanalyse immer vom soziokulturellen Raum. Es zeigt sich eine Ambivalenz, die das Werk von Turner durchzieht (vgl. Grimes 1995: 154).

25 Hierdurch setzt sich Turner explizit von der strukturalistischen Symboldefinition ab. (vgl. Turner 1975: 157).

Symbol integriert jedoch nicht nur mehrere Bedeutungen, sondern auch unterschiedliche Bedeutungsebenen. Turner unterscheidet hierbei zwischen dem sensorischen und dem normativen Pol. Ersterer beinhaltet die Trieb-, Affekt- und Gefühlshaltungen des Menschen, während sich letzterer auf die sozialen Normen und Werte bezieht:

"I have called the first the oretic' pole (from orexis. the conative on affective aspects of experience - impulse appetite, desire, emotion). The second I have termed the 'ideological' or 'normative pole'." (Turner 1975: 156)

So verbindet ein Mensch mit einem Symbol nicht nur allgemein geteilte normative Bedeutungen, sondern gleichermaßen kollektive wie subjektive Gefühle. Vor diesem Hintergrund wird deutlich, daß Turner Symbole nicht wie Geertz ausschließlich als öffentliche Ausdrucksformen sieht, sondern vorrangig als innovatives und kreatives Potential menschlichen Handelns. Seine von ihm ausgearbeitete 'vergleichende Symbologie' versucht:

"...dieses 'Ludische' oder Spielerische zu erhalten, die Symbole gewissermaßen in Bewegung einzufangen und mit ihren Form- und Bedeutungsmöglichkeiten zu 'spielen', indem sie die Symbole in den konkreten, historischen Verwendungszusammenhängen der sozial handelnden, reagierenden, verhandelnden und interagierenden 'lebendigen Menschen' untersucht." (Turner 1989c: 31)

Die unterschiedliche Art und Weise, wie beide Autoren den Begriff Symbol definieren, bedingt die unterschiedliche Auffassung von 'Kultur'. So glaubte Geertz, daß Kultur aus öffentlichen und für alle zugänglichen Texten besteht, die auch die EthnologInnen "über die Schulter derjenigen, für die sie eigentlich gedacht sind" (vgl. Geertz 1995: 259), lesen und mit dem hermeneutischen Zirkel deuten können. Während Geertz lediglich den hermeneutischen Zirkel übernimmt, bezieht Turner darüber hinaus auch Diltheys emphatischen Verstehensbegriff[26] mit ein. Zentrale Kategorie ist hierbei das Erlebnis, also das individuelle Durchleben von Raum und Zeit. Nach Dilthey ist das Erlebnis zunächst auf die persönliche Sphäre beschränkt und kann nur mittels Ausdruck in die kulturelle Sphäre transformiert werden (vgl. Dilthey 1981). Turner übernimmt diese Definition und bestimmt die Beziehung zwischen Erlebnis und Ausdruck als dialektisch und dialogisch:

"...for experience structures expression, in that we understand other people and their expressions on the basis of our own experience and self-understanding. But expression also structures experience, in that dominant narratives of a historical era, important rituals and festivals, and classic works of art define and illuminate inner experience." (Turner 1988: 6)

26 Clifford Geertz bezieht sich meines Erachtens vor allem auf den Verstehensbegriff von Max Weber, da er ein emphatisches Verstehen ausdrücklich ablehnt (vgl. Geertz 1995: 290). Christian Giordano hat den Weber'schen Verstehensbegriff ausführlich erläutert und mit dem emphatischen Verstehensbegriff der "Neokantianer" wie Dilthey, Rickert und Winkelband kontrastiert (vgl. Giordano 1998: 27ff.).

Individuelle Ausdrucksformen wie Handeln, Mimik, Gestik, aber auch Sprache sind in den intersubjektiv geteilten Lebenszusammenhang transformierte persönliche Erlebnisse. Obwohl die Ausdrucksformen die Erlebnisse der Individuen strukturieren, sind sie dennoch auch individuelle Interpretationen der erlebten Wirklichkeit, da nach Dilthey deren Ausgangspunkt immer in der Besinnung des Menschen auf sich selbst liegt (vgl. Dilthey 1981: 251). Demzufolge sind menschliche Ausdrucksweisen nicht nur Abbild von der Realität. Sie beinhalten eine innovative Aktivität und stellen nach Bruner inszenierte kulturelle Texte dar, durch die Bedeutungen nicht nur reproduziert, sondern auch neu ausgehandelt werden. Als solche sind sie sozial konstruierte Einheiten, denn Handlungen, Rituale oder Dramen werden durchgeführt und Romane rezitiert oder gelesen; sie sind also in zeitlich und räumlich bestimmbaren sozialen Situationen fixierbar (vgl. Bruner 1986: 7).

Während Dilthey seine Ausführungen vor allem auf geronnene kulturelle Ausdrucksformen bezieht, sucht Turner seinen Ansatz auf die gesellschaftlichen Prozesse des sozialen Wandels zu übertragen. Hierbei untersuchte er zunächst die grundsätzlichen gesellschaftlichen Bedingungen, die sozialen Wandel produzieren, um eine detaillierte Analyse der Mikroprozesse daran anzuschließen zu können.

6. Sozialer Wandel im Spannungsfeld von Sozialstruktur und Liminalität

Victor Turner entwickelte schon Ende der sechziger Jahre über die kulturvergleichende Analyse dramatischer geschichtlicher Ereignisse, die er in seinem Buch 'The Ritual Prozess' von 1969[27] zusammenfaßte, eine Ritualtheorie, die gesellschaftlichen Wandel durch eine dialektische Beziehung zwischen Struktur und Anti-Struktur erklärt (vgl. Turner 1989a). Unabhängig davon, ob es sich hierbei um millenarische Bewegungen im Mittelalter, Hippies der sechziger Jahre oder vergleichbare Gruppenbildungen in afrikanischen Gesellschaften handelt, stellt Turner fest, daß es in gesellschaftlichen Umbruchphasen ein Bestreben zur Bildung spezifischer Gemeinschaften gibt. Sie scheinen spontan, über die unmittelbare Kommunikation zu entstehen und bilden lockere egalitäre Strukturen aus.[28] Turner bezeichnet sie als Com-

---

27 Während dieses frühe Buch einen hohen fächerübergreifenden Bekanntheitsgrad erreichte, wird die Weiterentwicklung seines Konzeptes nur in kleinen Fachkreisen rezipiert.

28 Turner lehnt sich an den Gemeinschaftsbegriff Bubers an: "...das Beieinandersein einer Vielheit von Personen, die, ob sie auch mitsammen sich auf ein Ziel bewegen, überall ein Aufeinanderzu, ein dynamisches Gegenüber, ein Fluten von Ich und Du erfährt: Gemeinschaft ist, wo Gemeinschaft geschieht" (Buber 1994).

munitasgruppen[29] und stellt sie der hierarchischen und festgefügten gesellschaftlichen Struktur gegenüber.[30] Sie sind der Gegenpol, die Anti-Struktur einer Gesellschaft. Turners Begriff von Communitas ist jedoch nicht mit jener Vorstellung von Gemeinschaft zu vergleichen, wie sie Tönnies im deutschen Sprachraum geprägt hat. Hier werden Gemeinschaft und Gesellschaft nicht nur als zwei sich diametral gegenüber stehende Sozialformen gesehen, sondern Tönnies geht auch davon aus, daß eine zunehmende Vergesellschaftung die Gemeinschaft als kollektive Lebensform verdrängt. Turner postuliert demgegenüber, daß es ohne die Communitas, also ohne "die Anerkennung einer essentiellen und generellen menschlichen Beziehung, ... keine Gesellschaft gäbe" (Turner 1989a: 96). Die Communitas ist folglich ein konstituierendes Element einer Gesellschaft.[31]

Struktur und Anti-Struktur sind demnach zwei Seiten einer Medaille, die dann sichtbar werden, wenn sich die Gesellschaft in einer Übergangs- bzw. liminalen Phase befindet. Liminalität bezeichnet hierbei einen vorübergehenden Zustand der gesellschaftlichen Strukturlosigkeit, der Ambiguität und des Chaos, den alle Gesellschaften in Phasen sozialen Wandels durchlaufen (vgl. Turner 1989a: 72). In diesen Zeiten werden gesellschaftliche Selbstverständlichkeiten und Normen fragwürdig, die scheinbar festgefügte soziale Ordnung droht auseinanderzubrechen und bildet hierdurch den Nährboden für Communitasgruppen. In liminalen Phasen stehen sich somit Communitas und die gesellschaftliche Ordnung gegenüber, interagieren miteinander und bedingen so den soziokulturellen Wandel einer Gesellschaft (vgl. ebd.).

Das Konzept der Liminalität hat Turner dem französischen Ethnologen Arnold van Gennep entlehnt und bezieht es wie er vorrangig auf Stammeskulturen, in denen gesellschaftliche und biographische Übergänge meist rituell begleitet bzw. kontrolliert werden.[32] Es handelt sich hierbei um spe-

---

29 Turner unterscheidet hier zwischen drei Communitasformen: 1. Die *existentielle Communitas*: Sie ist spontan und von kurzer Dauer. 2. Die *normative Communitas*: Sie weist rudimentäre Strukturen auf und kann deshalb längere Zeit bestehen. Häufig entwickelt sie sich aus der spontanen Communitas heraus. 3. Die *ideologische Communitas*: Sie wird getragen von Ideologien und Utopien, deren Umsetzung sie anstrebt (vgl. Turner 1989a).

30 Dies ist eine idealtypische Trennung, da Turner davon ausgeht, daß sich beide Formen durchdringen und nur in krisenhaften Phasen der Gegensatz zwischen ihnen sichtbar wird.

31 Hingegen ist Gemeinschaft für Tönnies nicht nur Indikator einer spezifischen sozialgeschichtlichen Entwicklungsstufe, sondern auch die dominierende Struktur von Kleingruppen in komplexen Gesellschaften. In keiner Weise ist sie ihm zufolge jedoch für die heutige Gesellschaft konstituierend (vgl. Bernsdorf 1979: 336ff.).

32 Das Konzept der Liminalität entwickelte van Gennep in Zusammenhang mit seinem Modell der Übergangsriten. Hierbei geht der Autor davon aus, daß die Dynamik des Lebens durch räumliche, zeitliche und soziale Grenzüberschreitungen gekennzeichnet ist. Dabei wechseln die Menschen von einem in einen anderen Status. In traditionellen Gesellschaften dienen Übergangsriten der Kontrolle. Aus diesen Riten leitet van Gennep sein Dreiphasen-Modell ab, in dem Trennungs-, Schwellen- bzw. Umwandlungs- und Angliederungsphase einander ablösen. Die Schwellen-/Umwandlungsphase, ist die liminale

zielle Riten, die meist kalendarischen, biologischen und soziostrukturellen Rhythmen folgen und für die gesamte Gruppe eine zentrale Bedeutung haben. Demnach stellen sie kollektive Repräsentationen dar, die für alle Gruppenmitglieder verbindlich sind (vgl. Turner 1989c: 85f.). In der Weiterentwicklung des Konzeptes der Liminalität vergleicht Turner die liminalen Phänomene der Stammesgesellschaften mit dem liminoiden Bereich der heutigen komplexen Gesellschaften, der sich aus der typischen Trennung zwischen Arbeit und Freizeit entwickelt hat. Der Bereich der Muße bringt hier liminoide Phänomene hervor. Lediglich bei tiefgreifenden sozialen Krisen und Revolutionen kann auch in den heutigen komplexen Gesellschaften ein den Übergangsriten vergleichbarer liminaler Zustand, der die gesamte Gesellschaft erfaßt, entstehen.

Demgegenüber sind liminoide Phänomene in Form unterschiedlicher Spielarten im Freizeitbereich als auch künstlerischer Produkte und Darbietungen vorhanden. Ihnen ist gemeinsam, daß ihre Ausübung freiwillig geschieht und sie meist "abseits von den zentralen ökonomischen und politischen Prozessen, an den Rändern, in den Zwischenräumen und Lücken zentraler Institutionen (bestehen, Verf.) - sie haben einen pluralistischen, fragmentarischen und experimentellen Charakter"[33] (Turner 1989c: 85f.). In diesem Sinne zeichnet sich der liminoide ebenso wie der liminale Bereich durch strukturelle Offenheit und Ambiguität aus. Hier kann ein spielerischer Umgang mit kulturellen Symbolen und Bedeutungen stattfinden, der innovative Prozesse in Gang setzt. Vergleichbar mit den liminalen Phasen bilden sich auch im liminoiden Bereich Communitasgruppen. Häufig sind es spontan entstehende Freizeit- oder Interessensgruppen, deren Zusammenhalt von unmittelbaren zwischenmenschlichen Beziehungen getragen wird. In diesem Zusammenhang lassen sich auch jugendkulturelle Gruppen als Communitasgruppen bezeichnen, da sie meist spontan entstehen und selten feste Strukturen aufweisen. Sie können für die einzelnen Mitglieder identitätsstiftende Wirkung haben:

> "... those who feel strongly about their membership in such a group are impelled to enter into relationship with others which become fully 'meaningful', in the sense that the beliefs, values, norms, and symbols 'carried' in the group's culture so internalized in a member that they constitute a major part of what s/he might regard as his/her identity, what makes that member a specific person." (Turner 1988: 46)

Dem Ethnopsychoanalytiker Mario Erdheim zufolge kommt den jugendkulturellen Gruppen in unserer heutigen komplexen Gesellschaft sogar eine

---

Phase. Auch bei Übergangsriten stellt sie eine Zeit der Strukturlosigkeit dar, doch ist sie mit der Angliederungsphase verbunden, um soziale Störungen zu vermeiden (van Gennep 1986).

33 Obwohl Sylvia Schomburg-Scherff zu recht kritisiert, daß Turners Liminalitätskonzept der Tendenz zur Idealisierung erliegt (vgl. Schomburg-Scherff 1986: 249), basiert meiner Meinung nach die heuristische Trennung zwischen liminoider und politisch-ökonomischer Sphäre auf einer realen Grundlage.

besondere Bedeutung zu, da die Adoleszenz selbst einer liminalen Phase gleicht, in der die Jugendlichen sich in einem Enkulturationsprozeß befinden. Eine These, die er mit dem von ihm entwickelten Zwei-Phasen-Modell der psychosozialen Entwicklung eines Individuums begründet:

"Der erste Triebschub, der von der ödipalen Phase aufgefangen wird, führt zur Anpassung an die stabile, konservative Familienstruktur, der zweite, der in der Pubertät anfängt, zur Anpassung an die dynamische, expansive Kulturstruktur." (Erdheim 1988: 197)

Der Übergang von der Familie zum kulturellen Bereich, der in der Adoleszenz vollzogen wird, führt bei den Jugendlichen zu Verunsicherungen, Narzismus und Allmachtsphantasien. Für die Gesellschaft werden sie dadurch unberechenbar; sie können sowohl zerstörerische als auch innovative Prozesse hervorrufen. In traditionellen Gesellschaften wurde dieses unkalkulierbare Potential durch Initiationsriten kontrolliert. Sie stellten einen Übergangsritus dar, der die Jugendlichen von der Kinder- bzw. Jugendwelt in die Erwachsenenwelt überführte.[34] In einer kurzen Periode des Übergangs wurden die Initianden von allen traditionellen Normen freigesetzt und in Richtung Uniformität, strukturelle Unsichtbarkeit sowie Anonymität getrieben:

"Es scheint mir sinnvoll zu sein, die Adoleszenz unter diesem Aspekt als eine chaotische Phase voller Ambiguitäten zu betrachten und als einen Bereich, der wenig oder keine Merkmale der Kindheit oder des Erwachsenenalters aufweist. In der Adoleszenz entsteht ein das Individuum verunsicherndes Symboldefizit und Normenvakuum, das auch eine Bereitschaft zur Unterwerfung erzeugt, welche die Gesellschaft mittels schmerzhafter Initiationen für die Erhaltung ihrer Ordnung ausnützen kann." (Erdheim 1996: 206)

In der heutigen komplexen Gesellschaft hat sich die Adoleszenz besonders durch die Ausweitung der Ausbildungsphase verlängert. Gleichzeitig haben vergleichbare Riten an Bedeutung verloren, und die Jugendlichen sind nun gezwungen, die ehemals kollektive Verarbeitung adoleszenter Verunsicherungen durch individuelle Verarbeitungsformen zu ersetzen:[35]

"Das gemeinsam Verpflichtende der Feste trat allmählich zurück und das Individuum mußte nun selbst sehen, wie es mit dem Chaos, das in ihm selbst ist, zurechtkommt und im Übergang von Familie zur Kultur neue Symbolisierungsformen finden." (Erdheim 1996: 207)

Vor diesem Hintergrund kann von einer gesteigerten Symbolisierungsfähigkeit bei Jugendlichen ausgegangen werden, die im Zusammenhang mit der Konsumindustrie ganz unterschiedliche Formen annimmt. Jugendliche Gemeinschaften mit eigenen symbolischen Artikulationsformen und Riten stellen hierbei nur eine der möglichen Ausdrucksweisen dar. Sie bleiben jedoch meist gesellschaftspolitisch unbedeutend, da ihre Wirkung selten über die

34 Vgl. hierzu Anmerkung 32.

35 Allerdings gibt es in den Erziehungswissenschaften Bemühungen, kollektive Handlungsweisen bei Jugendlichen als Initiationsriten zu deuten (vgl. Friebertshäuser 1995: 56-70; dies. 1992).

Grenzen des liminoiden Bereichs hinausreicht. Doch gibt es spezifische gesellschaftliche Situationen, in denen sie diese Grenze überschreiten. Hierbei kommen - so meine These - die spezifischen Wirkungsweisen von Ritualen zum Tragen, wie sie Turner in seiner Ritualtheorie formuliert hat.

Grundlegend für Turners Ritualdefinition sind die Eigenschaften der Symbole, die die kleinsten Einheiten eines Rituals darstellen. Ihre Multivokalität macht die Rituale zu flexiblen Inszenierungen, die selten homogene Bedeutungszuschreibungen in sich tragen. Sie verbinden verschiedene Medien wie Tanz, Musik, Gestik, Mimik und Sprache miteinander, die unterschiedliche Aspekte einer Gesamtaussage darstellen. Gleichzeitig richtet sich das Ritual an ein breites Publikum und ermöglicht damit eine Interaktion zwischen den aktiven und passiven Mitgliedern eines Rituals und deren unendlich variierenden Interpretationen:

> "The 'same' message in different media is rearly a set of subtly variant messages, each medium contributing its own generic message to the message conveyed through it. The result is something like a hall of mirrors, each interpreting as well as reflecting images beamed to it, and flashed from one to the others." (Turner 1988: 23f.)

Rituelle Handlungsformen ebenso wie Symbole sind demnach dynamische Systeme, die in Phasen sozialen Wandels eine herausragende Rolle spielen. Damit weicht Turner entscheidend von den gängigen Ritualdefinitionen ab, die, meist im Sinne Durkheims, Rituale als traditionelle kulturerhaltende Handlungsformen bestimmen.[36]

Nach Turner sind Rituale veränderbar und passen sich der Situation an, wenn es erforderlich ist. In spezifischen gesellschaftlichen Situationen werden sie häufig zur wichtigsten Artikulationsform, die Konflikte ausdrückt und vorantreibt. So ist für Turner das Ritual nicht nur ein integrativer und standardisierter Handlungsablauf, sondern auch "a transformative performance revealing major classifications, categories, and contradictions of cultural processes" (Turner 1985: 171).

Trotz der weitergefaßten Definition ordnet Turner Rituale meist traditionellen Stammesgesellschaften zu (vgl. Turner 1989c: 126). Die neuere Ritualforschung hingegen arbeitet vor allem die Entstehung und Wirkung von Ritualen in den heutigen komplexen Gesellschaften heraus (vgl. Kertzer 1988; Coppet 1992; Bell 1992; Rothenbuhler 1998). Grundlegend hierfür ist ein wissenschaftstheoretischer Perspektivenwechsel vom Handlungsablauf hin zur Bedeutung der Handlung. Diese ist daran abzulesen, ob eine Handlung ein spezifisches Publikum, also eine rituelle Gemeinschaft, an sich binden kann.

In diesem Zusammenhang beschreibt David Kertzer, wie in den USA während des Vietnamkrieges aus einer spontanen Handlung ein Ritual ent-

36 Auch die These der Inkongruenz bei Clifford Geertz verweist auf einen eher statischen Begriff des Rituals (vgl. Geertz 1995: 125).

steht. Während einer Großdemonstration zündeten einige Kriegsgegner spontan ihren Wehrpaß an, diese Handlung wurde von anderen Beteiligten aufgegriffen und mutierte zu einem kollektiven Ereignis, das auch bei nachfolgenden Demonstrationen wiederholt wurde. Es formierte sich eine heterogene rituelle Gemeinschaft, die dem Ritual, je nach politischem Standpunkt, ganz unterschiedliche Bedeutungen zuschrieb: Die Radikalität dieser Handlung provozierte das US-amerikanische Gesellschaftssystem. Für die KriegsgegnerInnen entwickelte sie sich zu einem kollektiven Ritual, das nach außen Widerstand artikulierte und nach innen Solidarität symbolisierte (vgl. Kertzer 1988: 102f.).[37]

Rituale können demnach auch in den heutigen komplexen Gesellschaften entstehen und im Rahmen sozialer Konflikte eine herausragende Rolle spielen, sofern es ihnen gelingt, ein breites Publikum zu erreichen. Günstige Voraussetzungen bilden hierfür tiefgreifende soziale Krisen oder revolutionäre Veränderungen. Dadurch erreichen auch moderne Gesellschaften liminale Zustände, in denen die bisherige soziale Struktur gefährdet oder außer Kraft gesetzt wird. Sie lassen sich mit dem Modell des sozialen Dramas erforschen und erklären.

7. Kultur als Drama

Der kulturvergleichenden Analyse seiner Struktur-Antistruktur-These, die quasi von außen auf die Mechanismen unterschiedlicher Gesellschaften blickt, schloß Turner das Modell des sozialen Dramas an, das die internen Entwicklungsprozesse erklärt. Die Assoziation zum Theater ist hier nicht zufällig. Eine soziale Krise entwickelt sich in Turners Augen im Rahmen einer empirischen Einheit, die er als soziokulturelles Feld bezeichnet und in den Koordinaten Raum und Zeit fixiert (vgl. Turner 1985: 230). Analog zur Form der klassischen Tragödie verlaufen auch die sozialen Konflikte nicht ungeordnet, sondern in spezifischen, aufeinanderfolgenden Phasen:[38]

"These are: (1) *breach* of regular norm governed phases of public action; (2) *crisis*, during which there is a tendency for the breach to widen. Each public crises has what I now call liminal characteristics, since it is a threshold (*limen*) between more stable phases

---

37 Die Wahl des Gegenstandes ist nicht willkürlich, da es sich um einen für die Situation wichtigen Gegenstand handeln muß. Damit die Verbrennung des Wehrpasses zu einem bedeutungsvollen Ritual avancieren konnte, waren die VeranstalterInnen der Demonstrationen später bemüht, keine weiteren vergleichbaren Handlungen zuzulassen, bspw. wurde die Verbrennung der Fahne unterbunden (vgl. Kertzer 1988: 121).

38 Turner sieht eine enge Beziehung zwischen dem sozialen und dem kulturellen Drama, die im liminoiden Bereich entstehen. Bspw. Theaterstücke und Tragödien seien die Fixierung einstiger sozialer Dramen, deren Aufführungen grundlegende Widersprüche einer Gesellschaft reproduzieren (vgl. Turner 1985: 292).

of the social process, (...), (3) *redressive action* ranging from personal advice and informal mediation or arbitration to formal juridical and legal machinery, (...) (4) the final phase consists either of the *reintegration* of the disturbed social group, or ... irreparable schism between the contesting parties." (Turner 1985: 180)

Gleichzeitig betont Turner mit der Metapher des Dramas, daß es ihm weder um alltägliche Inszenierungen geht, wie sie Goffman und die symbolischen InteraktionistInnen untersuchen (vgl. Goffman 1959), noch um die Konstruktion oder Rekonstruktion von alltäglichen Handlungen, denen das Forschungsinteresse der EthnomethodologInnen gilt (vgl. Psathas 1973: 263ff.). Explizit grenzt er sich von beiden Richtungen ab und betont, die grundlegenden Mechanismen der Erhaltung und Veränderungen einer Kultur könnten nur über die Analyse einer Krise herausgearbeitet werden (vgl. Turner 1985: 150). Denn in solchen Zeiten treten die grundlegenden Paradigmen einer Gesellschaft aus dem Schatten des kollektiven Unbewußten heraus und stehen neu zur Disposition.

Sein Interesse gilt gesellschaftlichen Krisen, in denen gesellschaftliche Selbstverständlichkeiten problematisch und neu ausgehandelt werden. Die Gesellschaft[39] befindet sich in einer Phase des Übergangs, aus der sie verändert hervortritt. Dieser Phase geht nach Turner immer ein Bruch voraus, der entweder durch historische Ereignisse oder kulturelle Akteure die gesellschaftlichen Normen so erheblich verletzt, daß er gesellschaftliche Bedeutung erlangt. Die Bedeutung, die soziale Handlungen bekommen, und die Art und Weise, wie die AkteurInnen während eines sozialen Dramas miteinander agieren, verweisen auf die Grundparadigmen einer Gesellschaft:

"These (roots paradigm Verf.) are not merely cognitive clusters of rules from which many kinds of social actions can be generated, but represent consciously recognized (though only on occasions of raisend consciousness) cultural models of an allusive, metaphorical kind, cognitively delimited, emotionally loaded, and ethnically impelled, so as to give form to action in publicity critical circumstances." (Ebd.: 167)

Während eines sozialen Dramas wird eine Gesellschaft von den sich überstürzenden Ereignissen mitgerissen; die soziale Ordnung scheint sich aufzulösen, ehemals unterscheidbare gesellschaftliche Strukturen fließen ineinander, und die gesellschaftlichen AkteurInnen verlieren ihre bisherige Handlungsorientierung.

So gibt sich die Gesellschaft einen Augenblick lang dem 'Hier und Jetzt' hin; den AkteurInnen sind die Geschehnisse noch nicht bewußt, noch können sie diese nicht verbal artikulieren. Denn was wir als Gegenwart bewußt erleben, "schließt immer Erinnerung an das in sich, was eben Gegenwärtig war" (Dilthey 1981: 239) ein. Der bewußte Augenblick tritt nur als fixiertes und interpretiertes Erlebnis aus dem Fluß der Zeit heraus. Am Beginn eines Dramas sperrt sich die Gesellschaft gegen jegliche Form der Fixierung, dennoch

39 Nicht nur innerhalb ganzer Gesellschaften können soziale Dramen stattfinden, sondern auch innerhalb kleinerer Gruppen (vgl. Turner 1988).

entbehrt sie nicht eigener Artikulationsformen. Es sind die spontanen Communitasgruppen, die im Fluß der Zeit (flow)[40] entstehen oder an Bedeutung gewinnen[41] und durch ihre lose Gruppenstruktur, ihre symbolischen Artikulationsformen, die komplexen Erfahrungen und Ambivalenzen in ihrer ganzen Diffusität ausdrücken, wodurch sie ein breites Publikum erreichen (vgl. Turner 1990: 291).

Doch verharrt die Gesellschaft nur kurz in der Gegenwart. Die sozialen Strukturen[42] haben sich nicht aufgelöst, sie kehren zur Normalität und Reorganisation der Gesellschaft zurück:

> "...it is the *social drama* (Hervorh. Turner) which results precisely from the suspension of normative role-playing, and in its passionate activity abolishes the usual distinction between flow and reflection, since in the social drama it becomes a matter of urgency to become reflexive about the cause and motive of action damaging to the social fabric." (Turner 1985: 196)

In der Phase der Reflexion werden sich die kollektiven Akteure der gesellschaftlichen Krisensituation bewußt. Die gesellschaftlichen Institutionen, aber auch die sie unterstützenden Bevölkerungsgruppen versuchen die gesellschaftliche Ordnung wiederherzustellen, während die spontan entstandenen Communitasgruppen entweder zerfallen oder rudimentäre Strukturen ausbilden, um so ihre Lebens- und Kommunikationsformen dauerhaft gegenüber der sich erneut ausbreitenden gesellschaftlichen Normalität zu behaupten. Dies ist die Zeit, in der über neue gesellschaftliche Bedeutungen verhandelt wird. Das Ereignis wird mit Bedeutung unterlegt und rückt so als fixiertes geschichtliches Datum in das Bewußtsein der Gesellschaft.[43]

Die Bedeutung ist für Turner eine zentrale Kategorie des sozialen Wandels (vgl. Turner 1985: 203). Er definiert Bedeutung in Anlehnung an Dilthey, für den das Erleben und Verstehen die grundlegenden Phänomene sind, aus

---

40 Zwischen Handeln und Bewußtsein gibt es keinen Dualismus: "ein Handelnder mag sich zwar bewußt sein, was er tut, er kann sich aber nicht seines Bewußtseins bewußt sein, sonst kommt es zu einer verhaltensbedingten kognitiven Unterbrechung des Rhythmus'" (Turner 1989: 89).

41 Zur Communitas werden Gruppen jedoch erst, wenn sie in Krisenzeiten öffentlich an Bedeutung gewinnen und für ihre Mitglieder zum zentralen Lebensinhalt werden (Turner 1988: 45ff.).

42 Die sozialen Strukturen definiert Turner in Anlehnung an Sally F. Moore. Die Notwendigkeit, Strukturen permanent zu bestätigen, läßt einen Freiraum für Umdeutungen, die schließlich zu Veränderungen der Strukturen führen können (Processes of situational adjustment). Der Übergang von Struktur zu Kultur ist deswegen fließend, so daß Turner in bezug auf das soziale Drama nur noch vom soziokulturellem Feld spricht (vgl. Turner 1985: 184).

43 Turner unterscheidet zwischen drei Möglichkeiten: (1) Die soziale Ordnung wird in ihrer alten Form wieder hergestellt. (2) Es entstehen unüberwindbare Gegensätze, die zu Revolutionen oder Bürgerkriegen führen können. (3) Die soziale Ordnung wird in veränderter Form wieder hergestellt (vgl. Turner 1985: 292). Turner selbst betont, daß sein Modell ein idealtypisches sei, das die realen Verhältnisse nicht genau widerspiegelt.

denen der Mensch seine Kraft[44], seine *Intention zur Realisierung* (Dilthey 1981: 250 u. 318) seiner Wünsche und Vorstellungen schöpft. Für Turner ist es der Wechsel zwischen 'flow' und 'reflection', der die gesellschaftliche Kreativität - den sozialen Wandel - bedingt.[45] Verstehen und Reflektieren setzen voraus, daß spezifische Ereignisse aus dem Fluß der Zeit hervorgehoben und in einen Wirkungszusammenhang gebracht werden. Nach Dilthey sind hierfür drei Schritte notwendig: So gilt es zunächst, die Ereignisse durch eine positive oder negative *Bewertung* zu unterscheiden. Sie stehen nun in Relation zueinander, ohne jedoch einen verstehbaren Zusammenhang darzustellen. Erst wenn das Individuum den Ereignissen spezifische *Bedeutungen* zuschreibt, was dem Vorgang des Erinnerns entspricht, entsteht ein verstehbarer Wirkungszusammenhang zwischen den einzelnen Ereignissen. Doch geschieht dies immer im Hinblick auf die Zukunft, also für einen bestimmten antizipierten *Zweck*. Wert, Bedeutung und Zweck sind für Dilthey die zentralen Kategorien des Verstehens, wobei der Bedeutung ein besonderer Stellenwert zukommt:

"Nur die Kategorie der Bedeutung überwindet das bloße Nebeneinander, die bloße Unterordnung der Teile des Lebens. Und wie die Geschichte Erinnerung ist und dieser Erinnerung die Kategorie der Bedeutung angehört, so ist diese eben die eigenste Kategorie geschichtlichen Denkens." (Dilthey 1981: 249)

Auch für Turner konstituiert die Bedeutung den Zusammenhang zwischen Gegenwart, Vergangenheit und Zukunft in einer Gesellschaft. Doch während Diltheys Forschungsinteresse den geronnenen Produkten der Geisteswissenschaft gilt, versucht Turner die Frage, wie unterschiedliche Gruppen ihre eigene Vergangenheit und Gegenwart mit Bedeutung unterlegen und sich hierdurch den Weg in die Zukunft weisen, zu beantworten. Das Modell des sozialen Dramas analysiert die Prozesse der Selbstreflektion dieser Gruppen in der dritten Phase:

"Nur die Kategorie der Bedeutung, sagt Dilthey, ermöglicht es uns, zwischen den aufeinanderfolgenden Ereignissen des Lebens oder, wie man hinzufügen könnte, des sozialen Dramas einen inneren Zusammenhang zu sehen. In der Bewältigungsphase formt die Bedeutung des sozialen Lebens das Begreifen ihrer selbst, während das zu begreifende Objekt in das begreifende Subjekt eingeht und es umformt." (Turner 1989c: 120)

Das Konzept des sozialen Dramas ist die idealtypische Konstruktion eines sozialen Konfliktes, dessen Form und Ablauf in der Realität situationsbedingt variiert. In dieser Untersuchung wird es auf das gesellschaftliche Ereignis der

---

44 Kraft ist für Dilthey der "kategoriale Ausdruck für ein Erlebbares" (vgl. Dilthey 1981: 249).

45 Turner stellt einen Zusammenhang zwischen Diltheys Definition und seiner Vorstellung des sozialen Dramas her: "Here I want to make tentative linkages between Dilthey's model and the processual structure of social drama. Like Erlebnisse, social dramas are open-ended, not hermetically sealed: they refer to antecedent dramas, and their denouments are never quite conclusive." (Turner 1985: 215)

deutsch-deutschen Vereinigung angewendet. Die zeitliche und räumliche Eingrenzung dieses gesellschaftlichen Ereignisses ermöglicht eine differenzierte Analyse von Bedeutungsverschiebungen. Die Kulturanalyse hat ihr Untersuchungsfeld im soziokulturellen Raum, der die hierarchischen Beziehungen der kollektiven AkteurInnen ebenso mit einbezieht wie die von ihnen interpretierte Vergangenheit und antizipierte Zukunft.

Mit dem Modell versucht Turner den Mechanismus des gesellschaftlichen Wandels durch die Interaktion zwischen gesellschaftlichen Institutionen, spontan entstehenden kollektiven AkteurInnen und anderen gesellschaftlichen Gruppen herauszuarbeiten, ohne die Komplexität und Undurchschaubarkeit der Situation auf einige wenige Kriterien zu reduzieren. Ein solches Unterfangen kann nur erfolgreich sein, wenn zum einen die kognitive Artikulation der Akteure berücksichtigt wird, zum andern aber auch die kollektiven Gefühle, Emotionen, Ambivalenzen und Widersprüche, die in solchen Situationen gleichermaßen zum Ausdruck kommen und handlungsleitend sind, in die Analyse integriert werden.

Denn der soziokulturelle Ort krisenhafter Ereignisse gleicht der oben schon zitierten 'hall of mirrors', in der sich die unterschiedlichen Wahrnehmungen der AkteurInnen, hervorgerufen durch gesellschaftliche Strukturen und Weltanschauungen, individuelle Hoffnungen und Wünsche, in unendlichen Variationen spiegeln und so gesellschaftliche Bedeutungsverschiebungen bedingen.

Auch Jugendliche bringen ihre Interpretationen der gesellschaftlichen Wirklichkeit in den Prozeß des Aushandelns ein und können so kulturelle Bedeutungsverschiebungen hervorrufen. Doch bilden sie aufgrund ihrer besonderen biographischen und gesellschaftlichen Situation eigene Formen der Artikulation und des Handelns aus. Hierbei können lose Zusammenhänge entstehen, die sich mit Helena Wulff als marginalisierte jugendliche Mikrokulturen bezeichnen lassen und gleichsam unauffällig als kulturelle AkteurInnen wirken (vgl. Wulff 1995: 63ff.). Sie können aber auch die Grenze des liminoiden Bereichs überschreiten und sich in bedeutungsvolle Communitasgruppen transformieren.

Die Diskussion um die Entstehung von Jugendkulturen in einer sich globalisierenden Welt zeigt, daß die Reichweite dieses Prozesses über das lokale Umfeld der AkteurInnen hinausgeht. Hier wird die Grenze von Turners Prozeßanalyse sichtbar, da sie zwar den Kulturbegriff durch die Betonung sozialer Prozesse zeitlich entgrenzt, aber gleichzeitig von lokal begrenzbaren Räumen ausgeht (vgl. Turner 1992: 140). Die Anwendung von Turners Prozeßanalyse ist demnach nur sinnvoll, wenn sie die heutigen Tendenzen der Globalisierung mit einbezieht und den ihr zugrundeliegenden Kulturbegriff nicht in räumlichen Grenzen definiert.

8. Die Entgrenzung des Kulturbegriffs

In der Diskussion um die kulturellen Veränderungen in einer sich globalisierenden Welt geht die Kulturanthropologie davon aus, daß zunehmend globale Bezugssysteme wie Ökonomie, Konsumindustrie, aber auch das vermehrte Eingreifen global institutionalisierter Regulierungssysteme wie Weltbank, UNO usw. lokale und nationale Räume immer stärker durchdringen, überregional verbinden und entmachten. So fixieren Ökonomie und institutionalisierte Regulierungssysteme weltweit Ungleichheits- und Machtstrukturen, während gleichzeitig freigesetzte bedeutungsvolle kulturelle Elemente bzw. Symbole unabhängig von Raum und Zeit verfügbar werden (vgl. Hannerz 1992). Sie können von den kulturellen Akteuren aufgegriffen und in lokale oder nationale Aushandlungsprozesse eingebracht werden. Außerdem verändern zunehmende Mobilitätsbewegungen die Gesellschaften quasi von innen heraus. ArbeitsmigrantInnen, Flüchtlinge und Touristen begeben sich in andere Lebenswelten und stellen somit direkte Begegnungen zwischen Mitgliedern fremder Lebenswelten her. Gleichgültig, ob sie als Bereicherung oder Bedrohung empfunden werden, rühren sie in jedem Falle an den bisher als fraglos angenommenen Gewißheiten, die die Menschen während ihrer Sozialisation ausbilden und die den Routinehandlungen des Alltags zugrundeliegen (vgl. Berger/Luckmann 1989).

Somit fragmentiert die wachsende Globalisierung nicht nur lokale und nationale Kollektive, sondern auch den Alltag der Individuen. Mit James Clifford können wir von einer zunehmenden Hybridisierung der Kulturen sprechen, die alle Lebensbereiche durchzieht (vgl. Clifford 1988: 10 ff.). Die einst lokalisierbaren Kulturen scheinen in einzelne Teile zu zerfallen, um so über die globalen Bezugssysteme in eine Weltgesellschaft integriert zu werden.

Implizit geht Clifford davon aus, daß die Kulturen ihre 'Authentizität' unwiederbringlich verloren haben und jede sich neu konstituierende kulturelle Gemeinschaft lediglich eine Kopie darstellen kann. Diesbezüglich muß sich Clifford fragen lassen, was die 'echte' Kultur von einer Kopie unterscheidet und wie der Prozeß der Erfindung erfolgt (vgl. Burke 1992: 30).[46] Für Clifford ist er eine relativ willkürliche Rekombination verschiedener kultureller Elemente, die den Individuen über fremde Medien, Symbole und Sprachen zur Verfügung stehen (vgl. Clifford 1988: 14).

Ausgehend von einem Kulturbegriff, der Kultur als ein permanentes Aushandeln von Bedeutungen zwischen den kulturellen AkteurInnen defi-

46 Marshall Sahlins wirft Clifford auch eine ethnozentristische Perspektive vor: "When Europeans invent their traditions - with the Turks at the gates - it is a genuine cultural rebirth, the beginnings of a progressive future. When other peoples do it, it is a sign of cultural decadence, a factitious recuperation, which can only bring forth the simulacra of a dead past." (Sahlins 1994: 381)

niert, erscheint eine Willkür bei der Entstehung kultureller Gemeinschaften als unwahrscheinlich, da sie sich immer innerhalb solcher Aushandlungsprozesse in einem Wechselspiel zwischen Fremd- und Selbstzuschreibung definieren. Zwar kann die Auswahl der kulturellen Elemente relativ willkürlich sein, doch ob und welche Bedeutungen ihnen zugeschrieben werden, hängt nicht nur von der jeweiligen (zufälligen) gesellschaftlichen Situation ab, sondern auch von den Bezügen auf eine kollektive Vergangenheit und eine antizipierte Zukunft.

Somit sind sie eingeschränkt zeitlich wie auch räumlich entgrenzt und werden nun durch das Aushandeln einer vorübergehenden Symmetrie der Bedeutungen innerhalb einer kulturellen Gruppe bestimmt. Allerdings garantiert in gesellschaftlichen Systemen (bspw. Nationalstaaten) ein kultureller Apparat eine gewisse Kontinuität ausgehandelter Bedeutungssymmetrien.[47] Die Tendenz des kulturellen Apparates, innerhalb eines Kollektivs eine Bedeutungssymmetrie herzustellen, garantiert jedoch nicht zwangsläufig kulturelle Kontinuität. Denn die Symbole, mittels derer Bedeutungen transportiert werden, können nach Turner sowohl allgemein geteilte Zuschreibungen als auch subjektive und kollektive Wünsche, Bedürfnisse und Erfahrungen beinhalten. Diese Bedeutungsvielfalt bleibt so lange irrelevant, wie die Bedeutungssymmetrie innerhalb eines Kollektivs ausschließlich über (abstrakte) Symbole hergestellt wird (bspw. durch die Fahne als nationales Symbol). Im lokalen Kontext aber muß die Bedeutungssymmetrie permanent durch die unmittelbare Interaktion neu konstituiert werden, und dabei können sich unterschiedliche Bedeutungszuschreibungen störend auf die Alltagsroutinen auswirken. Hier kann es zu Aushandlungsprozessen und schließlich zu einem neuen lokal-kulturellen Konsens kommen, der eventuell zu einer Verschiebung der national vermittelten Bedeutungssymmetrie führt.

Denn im lokalen Kontext greifen globale, nationale und lokale Diskurse ineinander; hierdurch werden die überregional ausgehandelten und durch den kulturellen Apparat propagierten Bedeutungssymmetrien fragmentiert. Kulturelle Akteure suchen diesen fragil gewordenen Konsens im lokalen Kontext zu stabilisieren, indem sie die Bedeutungen ständig neu aushandeln. Dabei können individuelle bzw. kollektive Erfahrungen und Wünsche eingebracht werden. Sie fließen damit in die gesellschaftlichen Diskurse ein und können so Bedeutungsverschiebungen bewirken.

---

47 Nach Hannerz organisiert sich das Bedeutungsgeflecht der Kultur durch die Vernetzung unterschiedlicher Kontexte wie Alltag, Ökonomie, Staat und sozialen Bewegungen (vgl. Hannerz 1992: 46ff.).

9. Resümee

Anhand der folgenden ethnographischen Untersuchung über die Entstehung und Entwicklung einer rechtsorientierten Jugendgruppe zeige ich, wie Jugendliche sich durch die Übernahme von Symbolen transnationaler Jugendkulturen zu jugendlichen Gemeinschaften transformieren und als solche in die gesellschaftlichen Diskurse der deutschen Wiedervereinigung eingreifen.

Das Modell des Sozialen Dramas von Victor Turner ermöglicht es, diese soziokulturellen Wandlungsprozesse als eine Interaktion zwischen gesellschaftlichen Akteuren zu untersuchen. Demnach stellt der 'Fall der Mauer' jenen entscheidenden Bruch dar, an dem die Phase des Aushandelns zwischen beiden deutschen Gesellschaften beginnt. Mittlerweile hat der Vereinigungsprozeß unterschiedliche Phasen durchlaufen, ohne daß ein Zusammenwachsen beider deutscher Gesellschaften deutlich zu erkennen ist.[48] Rückblickend läßt sich jedoch feststellen, daß sich die dramatische Dynamik, die die Bundesrepublik kurz nach der Vereinigung erfaßt hatte, nicht mehr wiederholte. In dieser Zeitspanne eskalierten die politischen Diskussionen zu heftigen Streitereien über das neue Selbstverständnis der Bundesrepublik. So ging es in der Asyldebatte darum, ob die neue Bundesrepublik sich als Einwanderungsstaat definiert oder in ihrer Gleichsetzung von nationaler und ethnischer Identität verharrt. Genau in diese Zeit fällt auch die starke Zunahme rechtsorientierter Jugend- und Skinheadcliquen, die durch ihre Gewalttaten auf sich aufmerksam machten. Skinheadgruppen waren schon vor diesem Zeitpunkt in Deutschland bekannt, doch hatten sie nicht jene gesellschaftspolitische Bedeutung wie zu Beginn der neunziger Jahre.

Vor diesem Hintergrund lassen sich die rechtsorientierten Jugend- und Skinheadgruppen als Communitasgruppen identifizieren, die sich offenbar im gesamtgesellschaftlichen Aushandlungsprozeß als kulturelle Akteure artikulieren. Hierbei wählen sie eine besondere, nach Turner für Communitasgruppen typische Form der Artikulation. Sie übernehmen die transnationalen Elemente des Skinheadkultes und artikulieren sich mit Hilfe dieses Repertoires durch nichtverbale symbolische Inszenierungen und Rituale. Wie oben ausgeführt wurde, sind Rituale nicht nur integrative Handlungsformen, sondern gleichermaßen eine Ausdrucksform für gesellschaftliche Kategorien und Widersprüche. Demnach provozieren die rechtsorientierten Jugend- und Skinheadcliquen während des deutschen Vereinigungsprozesses eine kulturelle Dynamik, die im folgenden rekonstruiert werden soll.

48 Die bestehende Differenz zeigt sich am deutlichsten am unterschiedlichen Wahlverhalten. So tendieren ca. ein Drittel der Ostdeutschen dazu, ihre Stimmen entweder der PDS oder rechtsextremen Parteien zu geben. In Westdeutschland sind diese Parteien auf Länderebene zur Zeit bedeutungslos.

III. Die deutsch-deutsche Vereinigung und ihre Folgen

1. Von der Entstehung gesellschaftlicher Liminalität bis zur Reorganisation

"Dramatisch" oder "rasant" sind die gängigen Vokabeln, mit denen der Prozeß der deutschen Vereinigung umschrieben wird. Noch immer löst die Schnelligkeit des Ablaufes ungläubiges Erstaunen aus, wenn HistorikerInnen und SozialwissenschaftlerInnen sich aufmachen, die Ursachen dieser schnellen Veränderung zu benennen und zu analysieren. Noch immer scheint es schwierig, die Ursachen des Prozesses zu erkennen. Eine wichtige Voraussetzung ist sicherlich in der allgemeinen weltpolitischen Veränderung der Machtblöcke zu suchen, die zum Auseinanderbrechen der Sowjetunion führte, was in vielen Staaten Osteuropas Demokratisierungsprozesse einleitete.

Trotz der zunehmenden Liberalisierung der Nachbarstaaten verharrt die DDR-Regierung in einer repressiven Politik. Diese starre Haltung wird 1989 jedoch durch zwei Massenbewegungen zunehmend unterlaufen. Im Sommer beginnt eine stetig ansteigende Massenflucht aus der DDR, etwas später führt der Gründungsaufruf des 'Neuen Forums' dazu, daß sich erstmals eine interne Oppositionsbewegung offiziell formiert. Es folgen weitere Gründungen, die innerhalb weniger Wochen zu einer oppositionellen Massenbewegung anschwellen. Das Potential dieser oppositionellen Zusammenschlüsse geht aus einem Geflecht lokal agierender sozialethischer Gruppen hervor. Bis 1989 ist hieraus ein überregionales Netzwerk entstanden, aus dem die Protestgruppen nun ihre Mitglieder rekrutieren und in dem sie ihre Zielvorstellungen formulieren (vgl. Wieglohs/Schulz 1993: 222ff.). Die verschiedenen Gruppen sind ähnlich den von Turner beschriebenen Communitasgruppen organisiert, das unmittelbare Miteinander und die Verknüpfung durch ein lockeres Netzwerk prägen ihre Struktur. In dieser Form bildeten sie den genauen Gegensatz zur erstarrten Herrschaftsstruktur der DDR.

Noch am 7. Oktober 1989, dem 40. Jahrestag der DDR, wird eine von den Protestgruppen organisierte friedliche Demonstration gewaltsam niedergeschlagen, um der Bewegung Einhalt zu gebieten. Doch gerade diese Reaktion löst seitens der Bevölkerung große Empörung aus und gibt den Protestgruppen weiteren Auftrieb. Viele Intellektuelle stoßen dazu (vgl. Wolf 1990: 77ff.).

Von nun an überstürzen sich die Ereignisse. Der Veränderungsprozeß wird vor allem aufgrund einer bis dahin nicht vorstellbaren Mobilisierung der Bevölkerung forciert, die sich an den Leipziger 'Montagsdemonstrationen' ablesen läßt. So steigt die Teilnahme an diesem wöchentlich stattfindenden

Protestmarsch innerhalb eines Monats von 25 000 auf 300 000 BürgerInnen an (vgl. Königsdorf 1990: 57). Große Teile der Bevölkerung werden nun von einer Euphorie erfaßt und beginnen unterhalb der erstarrten Strukturen neue Verhaltensweisen und Kommunikationsformen zu entwickeln:

"Es wirkt heute - wie übrigens vieles aus jenen Tagen - naiv. Dies war noch die Zeit für Gutgläubigkeit, Unerfahrenheit, für Illusionen. Auch das werden wir nach und nach vergessen, vielleicht vergessen wollen. Wie aufgewühlt die Menschen waren, wie unpassend und regelwidrig sie sich verhielten. Daß einem wildfremde Menschen auf der Straße zulächelten, daß man von Konsumverkäuferinnen in Diskussionen über Stadt- und Staatsangelegenheiten verwickelt werden konnte, als befänden wir uns in Brechts Stück von der Pariser Kommune. Man fing schon an, das für normal zu halten." (Wolf 1990: 15)

Die Regierung behält hingegen ihre starre Haltung bei und sucht die Bevölkerung im Oktober 1989 durch den Rücktritt von Erich Honecker zu beschwichtigen. Doch die Massenflucht in den Westen und die Protestbewegung weiten sich trotz der neuen Reisegesetze aus. Am 7. November tritt die gesamte Regierung zurück, und am darauffolgenden Tag wird ein neues Politbüro gewählt. Schließlich geschieht etwas Unfaßbares. Ganz unvermittelt gibt ZK-Mitglied Schabowski auf einer Pressekonferenz am 9. November die Öffnung der Grenzen bekannt.[49]

Die Nachricht von den offenen Grenzen löst im Osten wie im Westen gleichermaßen eine Euphorie aus. Ganze Belegschaften und Familien fahren in der gleichen Nacht in die Bundesrepublik, ungeachtet beruflicher, schulischer oder sonstiger Verpflichtungen. Aus heutiger Sicht wird deutlich, daß mit der Öffnung der Grenzen der politische Wandel der DDR in eine neue Phase[50] eintritt. Die gesellschaftlichen Strukturen lösen sich nun sichtbar auf und die Legitimität der politischen Führung schwindet. Der Staat steuert seinem endgültigen Zusammenbruch entgegen, was die neu gewählte Regierung unter Hans Modrow zu ernsthaften Verhandlungen mit den Protestgruppen zwingt.

Mit Turner läßt sich sagen, daß die Gesellschaft der DDR den Höhepunkt der liminalen Phase Anfang Dezember erreicht hat. Bis dahin haben sich die alten Strukturen weitgehend aufgelöst und machen ein Aushandeln neuer gesellschaftlicher Inhalte und Bedeutungen notwendig. Dieser Prozeß findet in der Zeit von November bis zur ersten Volkskammerwahl am 18.3.1990 statt. Hierbei stehen sich nicht nur mehrere gesellschaftliche Gruppen mit unterschiedlichen Politikentwürfen gegenüber, sondern in diesem

---

49 "Und deshalb, äh, haben wir uns dazu entschlossen, heute, äh, eine Regelung zu treffen, die es jedem Bürger der DDR möglich macht, äh, über Grenzübergangspunkte der DDR, äh, auszureisen." (Schabowski zit. n. Jesse 1992: 121)

50 Eckhard Jesse spricht von einer 'Wende in der Wende' und meint hiermit die bald darauf entstehende Forderung nach einer deutsch-deutschen Einigung innerhalb der Protestbewegung (vgl. Jesse 1992: 118). Wichtigstes Kriterium für Turners Modell des sozialen Dramas scheint mir, daß nun ein Diskurs über die Entwicklungsperspektiven einsetzte und ein Aushandeln um die Zukunft der DDR begann (vgl. Wieglohs/Schulz 1993: 237).

Prozeß vermischen sich ganz unterschiedliche Aushandlungsebenen (Parteistruktur, Protestgruppen, Einmischung von außen usw.).

Durch den Verzicht der politischen Eliten auf ihren Führungsanspruch werden die Protestgruppen als wichtige gesellschaftspolitische Kräfte aufgewertet. Gleichzeitig führt jedoch eine Ausdifferenzierung der Protestbewegung zu einem Machtverlust an der Basis, denn seit der Öffnung der Grenzen entwickeln sich aus der Protestbewegung zwei Lager: Während die VertreterInnen der organisierten Protestgruppen eine demokratische Erneuerung des Staates fordern, wird bei Demonstrationen der Ruf nach einer deutschdeutschen Vereinigung immer lauter. Die ursprüngliche Forderung 'Wir sind das Volk' wird nun durch den Slogan 'Wir sind *ein* Volk' ersetzt. Dadurch bricht den Protestgruppen gerade dann die Basis weg, als sie große politische Kräfte entfalten.

Als die ungehinderte Einreise in die Bundesrepublik eine neue, in ihren Ausmaßen ungeahnte Fluchtwelle auslöst, gerät die Bundesregierung unter enormen Handlungsdruck und reagiert hierauf mit einem 10-Punkte-Plan, den sie am 28. November im Bundestag präsentiert. Die unter der Federführung von Helmut Kohl ausgearbeitete Erklärung befürwortet eine Konföderation mit gemeinsamen Institutionen, deren Voraussetzung eine frei gewählte Regierung als Verhandlungspartnerin ist (vgl. Korger 1996: 237). Das Diktat dieser Bedingungen schränkt den Aushandlungsprozeß der gesellschaftspolitischen Kräfte erheblich ein und bedeutet einen Affront gegen die Bemühungen der Protestbewegung. Dennoch kann sich Kohl an die Spitze eines großen Teils der Bewegung setzen, indem er damit die Hoffnung auf eine baldige Vereinigung nährt.

Die Intervention des Westens gibt dem internen Aushandlungsprozeß eine neue Richtung. Da nur eine frei gewählte Regierung als Verhandlungspartnerin akzeptiert wird, konzentrieren sich nun alle Bemühungen auf die Vorbereitung einer freien Wahl. Sie wird auf den 18. März festgesetzt. Alte und neue politische Organisationen stehen im Dezember 1989 vor dem Problem, innerhalb weniger Wochen demokratische Strukturen aufzubauen, ein Wahlprogramm zu formulieren und nicht zuletzt um die Wählergunst zu ringen. Den alten Parteien nun darum, ihre Glaubwürdigkeit wiederherzustellen.

Neben der SED stehen ebenso die vier Blockparteien CDU, LDPD, DBD und NDPD vor dem Problem, sich trotz ihrer problematischen Vergangenheit als demokratische Parteien mit neuem Image für die Wahl zu präsentieren. Dabei können sie auf ihre bisherigen Strukturen zurückgreifen, was die personelle Erneuerung und die Formulierung von einheitlichen Zielen stark erleichtert. Für viele Protestgruppen birgt die Umstrukturierung ihrer Organisationen große Probleme. Sie bestehen aus einem Sammelbecken von Initiativen und Gruppen, die basisdemokratisch und dezentral agieren. Ihr unmittelbares gegenseitiges Erkennen und Anerkennen von egalitären und solidarischen Formen gemeinsamen Handelns, stellt nun bei der notwendigen Umwandlung in eine politische Partei ein großes Hemmnis dar (vgl. Wielgohs/ Schulz 1993: 237ff.; Volkens/Klingemann 1992: 194).

Die Transformation der DDR von einem Einparteienstaat zu einem demokratischen System gestaltet sich schwierig. Sie geschieht unter einem enormen Zeitdruck, der durch die anhaltende Fluchtbewegung, den drohenden wirtschaftlichen Zusammenbruch sowie durch die von Bonn diktierten Bedingungen für eine Unterstützung erzeugt wird. Alle politischen Gruppen müssen sich tiefgreifenden Erneuerungs- bzw. Konstituierungsprozessen unterziehen. Durch diese Ungleichzeitigkeit entsteht ein politisches Vakuum, das die westdeutschen Parteien zunehmend füllen. Die erste freie Volkskammerwahl entwickelt sich schließlich zu einem Kopf-an-Kopf-Rennen zwischen der Ost-SPD und der von der West-CDU unterstützen konservativen 'Allianz für Deutschland'.[51] Die Grünen, Bündnis 90 und andere ehemalige Protestparteien spielen nur noch eine marginale Rolle, da sie mit den teuren und ausgefeilten Wahlkampfstrategien des Westens nicht konkurrieren können und eine zögerliche Haltung gegenüber einer Vereinigung beider deutscher Staaten bewahren. Die ,Deutsche Allianz' plädiert demgegenüber für eine schnelle Vereinigung beider deutscher Staaten als Garant für steigenden Wohlstand. Hierdurch erringen die konservativen Kräfte einen wichtigen Argumentationsvorteil, der schließlich bei der SPD Anfang März dazu führt, ihre frühere Skepsis gegenüber der Vereinigung aufzugeben. In der Endphase des Wahlkampfes kreist die Auseinandersetzung beider Parteien vor allem darum, ob die Vereinigung nach Artikel 146 oder Artikel 23 des Grundgesetzes vollzogen werden soll. Der von der SPD bevorzugte Artikel 146 GG, der auch von den Verfassern des Grundgesetzes für eine eventuelle Vereinigung beider deutscher Staaten vorgesehen war, macht eine gemeinsam erarbeitete Verfassung zur Bedingung. Demgegenüber erlaubt der Artikel 23 GG 'anderen Teilen Deutschlands' dem Grundgesetz beizutreten (vgl. Jesse 1992: 129).

Ein interner Aushandlungsprozeß über ein neues Gesellschaftssystem, in dem die politischen Akteure ihre eigenen, über die Sozialisation in der DDR gewonnenen Erfahrungen einbringen können, wird von beiden Parteien zugunsten einer starken Anlehnung an das westdeutsche Gesellschaftssystem aufgegeben.

Die Volkskammerwahl am 18. März im März 1990 wird zugunsten der 'Allianz für Deutschland', also der christlich-konservativen Parteien entschieden. Trotz gegenteiliger Wahlprognosen erringt die SPD nur 21,8 Prozent der

---

51 Das Wahlbündnis 'Deutsche Allianz bildet einen Zusammenschluß von CDU, Demokratischer Aufbruch (DA) und DSU. Für die CDU war dieses Bündnis von besonderer Bedeutung, da sie sich mit dem Zusammenschluß einer ehemaligen Protestgruppe, der DA, rehabilitieren konnte (vgl. Jesse 1992: 127; Volkens/Klingemann 1992: 195). Darüber hinaus schlossen sich auch liberale Gruppierungen, wie die alte LDP und die neuen Parteien Deutsche Forumspartei (DFP und Ost-FDP zum Bund Freier Demokraten, BFD) zusammen.

Stimmen, während ihre GegnerInnen 48,1 Prozent verbuchen können. Die PDS erreicht einen Stimmenanteil von 16,3 Prozent, das 'Bündnis 90' geht mit enttäuschenden 2,9 Prozent aus der ersten freien Wahl der DDR hervor. Es bildet sich eine große Koalition unter Lothar de Maizière (CDU). Somit werden beide deutsche Staaten von einer CDU-geführten Koalition regiert, was die Durchsetzung parteipolitischer Interessen bezüglich der Vereinigung stark erleichtert. Gleichzeitig kann das Wahlergebnis seitens der Wahlgewinner als eine Zustimmung der Bevölkerung für eine schnelle Vereinigung nach Artikel 23 GG interpretiert werden.[52]

Schon bald nach der Wahl beginnen die Verhandlungen über die Bedingungen einer deutschen-deutschen Vereinigung. Parallel zu den Verträgen der Währungs-, Wirtschafts- und Sozialunion wie auch zur Durchführung einer gesamtdeutschen Wahl laufen die Verhandlungen über den Einigungsvertrag. Sie sind ungleich schwieriger und komplizierter. Außenpolitische Weichen müssen bereits gestellt werden, zudem ist eine Änderung des Grundgesetzes notwendig, also die Zwei-Drittel-Mehrheit im Parlament erforderlich. Hierfür geht die Regierungskoalition einen Kompromiß mit der SPD ein, indem der Artikel 23 GG um die Möglichkeit einer Verfassungsänderung ergänzt wird. Diese gerät jedoch relativ unglaubwürdig, da keine direkte Beteiligung der Bevölkerung vorgesehen ist, sondern die Neugestaltung allein den Repräsentativorganen (Bundestag und Bundesrat) übertragen wird.

Am 3. Oktober 1990 werden beide deutsche Staaten vereinigt. Damit übernimmt die DDR das fast unveränderte Grundgesetz der Bundesrepublik Deutschland. Lediglich einige Detailfragen, in denen die DDR-Führung auch bis zuletzt den Widerstand nicht aufgab, sind offen geblieben: die endgültige Regelung des Schwangerschaftsabbruchs, die Festlegung der künftigen Hauptstadt und der Status enteigneten Eigentums.

2. Die politische und wirtschaftliche Vereinigung - ein unvollendetes Drama

Der Prozeß der politischen und wirtschaftlichen Vereinigung beider deutscher Staaten dauerte kaum ein Jahr und verweist auf die Struktur des sozialen Dramas. Die Krise führte zum Bruch, der über Aushandlungsprozesse in eine Neuorganisation der Gesellschaft mündet. Doch verhinderte die massive Intervention des Westens einen Aushandlungsprozeß der kulturellen Bedeu-

52 Demgegenüber weisen Wahlforscher daraufhin, daß nicht der schnelle Beitritt, sondern das Versprechen, die DM so schnell wie möglich einzuführen und die damit erhoffte wirtschaftliche Konsolidierung für die Wahl entscheidend war (vgl. Korger 1996: 239, Jesse 1992: 171).

tungen zwischen beiden deutschen Staaten. Statt dessen gelang es der Bundesregierung, eine breite Aktzeptanz für die schnelle Vereinigung zu gewinnen, indem sie einen Nationalismus etablierte, der wechselseitig funktionalisiert werden konnte: So nutzte er den legitimen Wunsch der DDR-Bürger nach wirtschaftlicher Konsolidierung, um das politische System der Bundesrepublik reibungslos zu implementieren und hierdurch unverrückbare Fakten für eine staatliche Einigung zu schaffen. Andererseits diente die Betonung des nationalen Pathos dazu, die westdeutsche Bevölkerung durch die moralische Pflicht des Teilens zur Opferbereitschaft zu bewegen. Die Bedeutung dieser Strategie muß vor dem Hintergrund gesehen werden, daß große Teile der westdeutschen Bevölkerung der Vereinigungseuphorie schon bald skeptisch gegenüber standen und nicht zwangsläufig bereit waren, dafür wirtschaftliche Opfer zu bringen.[53] Geschickt spielte die Regierungskoalition hier die unterschiedlichen Mentalitäten und Bedürfnisse gegeneinander aus und umging so den langwierigen Prozeß der Willensbildung als sinnstiftende Grundlage einer gesamtdeutschen Vereinigung.

Gleichzeitig schien diese Form von nationaler Solidarität außenpolitisch unverdächtig, obwohl der Grundgedanke einer Vereinigung nach Artikel 23 GG faktisch von der Vorstellung des spezifischen deutschen Nationalismus getragen war. An dessen Prinzipien hatte die Bundesrepublik seit ihrem Bestehen durch das im Grundgesetz verankerte ,ius sanguinis' festgehalten. Nur der Gedanke der deutschen Kulturnation, deren nationale Identität nicht auf einem gemeinsamen Staatswesen, sondern einer diesem übergeordneten kulturellen Zugehörigkeit gründete, konnte implizit den Beitritt der DDR legitimieren. Es lag hier die Vorstellung eines gesamtdeutschen Volkes zugrunde, das trotz aller divergierenden gesellschaftspolitischen Entwicklungen eine 'natürliche' Einheit darstellt und dessen Zugehörigkeit über das Abstammungsrecht geregelt wird. Nicht nur konservative PolitikerInnen, sondern auch kritische Wissenschaftler wie der Sozialhistoriker Jürgen Kocka glaubten zu diesem Zeitpunkt, daß unterhalb der Systemgegensätze die nationale Identität des deutschen Volkes weitgehend ungebrochen weiterlebte:

> "Aber zur Zeit - im April 1990 - hat man den Eindruck, daß das realsozialistische System in vier Jahrzehnten nicht allzu tief in die Lebenswelt der Menschen eingedrungen ist und nationale Gemeinsamkeiten deshalb den Systemgegensatz sehr viel ungebrochener überstanden haben, als man dachte." (Kocka 1995: 25 f.)[54]

---

53 Bei einer Meinungsumfrage im Sommer 1990 stimmten 73 Prozent der Bevölkerung Westdeutschlands einer 'Pflicht zum Opfer aus nationaler Solidarität' nicht zu, während sich 78 Prozent der Bewohner der DDR dafür aussprachen (vgl. Offe 1993: 296f.).

54 Bei Jürgen Kocka weicht schon wenig später die Euphorie einer skeptischen Einschätzung: "Was jedoch die sozialen Beziehungen, die politische Kultur und das alltägliche Leben anbelangt, trifft der Transfer auf hartnäckigen Widerstand und hat bisher keine großen Fortschritte gemacht." (Kocka 1995: 148)

Im Vereinigungsprozeß entstand nun das Dilemma, daß sich die Vorgehensweise nur über die traditionelle Vorstellung des deutschen Nationalismus legitimierte, gleichzeitig aber der Verdacht der Nachbarstaaten, daß ein vereinigtes Deutschland wieder in den aggressiven Nationalismus der Vergangenheit zurückfallen könnte, entkräftet werden mußte.

Durch die Inszenierung eines Nationalismus, der zwar durch den spezifischen deutschen Nationalismus legitimiert war, vordergründig jedoch auf wohlstandschauvinistischen Interessen beruhte,[55] gelang es der Regierung während der Vereinigung, das Mißtrauen der Nachbarländer weitgehend zu besänftigen. Der 'neue Nationalismus' konnte nur schwerlich in die Kontinuität des aggressiven deutschen Nationalismus gestellt werden, da er im Osten durch das Bedürfnis nach wirtschaftlicher Konsolidierung motiviert war und im wirtschaftlich saturierten Westen auf einem wirtschaftlichen Überlegenheitsgefühl basierte:

"Der neue Nationalismus in Deutschland ist heute aus all diesen Gründen kein Nationalismus der emotionalisierten Volksseele; dagegen spricht schon das Faktum, daß der Wiedervereinigung Deutschlands ein guter Teil der westdeutschen Bürger mit kostenbewußter Reserviertheit gegenübersteht. Es handelt sich vielmehr um einen kühl berechneten und moderierten 'Eliten-Nationalismus', der als sinnstiftende Kulisse für den überstürzten Prozeß der wirtschaftlichen Integration dramaturgisch eingesetzt wurde." (Offe 1993: 286)

Das westdeutsche System wurde der DDR-Bevölkerung fast unverändert übergestülpt. Dadurch verspielte die Regierung die Chance - so meine These - über einen gemeinsamen Aushandlungsprozeß aller gesellschaftlichen Kräfte (auch der nichtdeutschen MitbürgerInnen) in beiden Staaten zu einer kollektiven Identifizierung mit der neuen Bundesrepublik (und einer neuen gemeinsam erarbeiteten Verfassung) zu gelangen, die auch die schwierige Phase des Zusammenwachsens überdauern könnte.

Die Hoffnungen auf ein neues Wirtschaftswunder wurden schon bald enttäuscht, da der Vereinigung weder der wirtschaftliche Aufschwung folgte, noch ein gesellschaftliches Zusammenwachsen zu bemerken war. Zu weit waren die Mentalitäten der ost- und westdeutschen Bevölkerung voneinander entfernt,[56] zu verschieden die mit der Vereinigung verbundenen Hoffnungen und Erwartungen. In diesem Sinne kann die staatliche Vereinigung als ein

55 Es wurde vor allem auf das seit dem Zweiten Weltkrieg dominierende Selbstbild als Wirtschaftswunderland rekurriert und eine vergleichbare Entwicklung in Aussicht gestellt (vgl. Offe 1993: 288).

56 Der Habitus der ehemaligen DDR-BürgerInnen war geprägt durch den starken Fremdzwang des Systems, was andererseits auch eine Fülle gemeinschaftlicher Solidarstrukturen hervorbrachte. Demgegenüber erforderte die zunehmende Individualisierung in der BRD ein höheres Maß an Selbstzwängen. Diese unterschiedlichen Bedingungen führten im Laufe der Nachkriegsgeschichte zu nationalen Teilidentitäten bei der "die Abgrenzung gegen das jeweilige andere System ... die Identifikation mit dem eigenen System erleichtert" hat (Treibel 1993: 322).

unvollendetes soziales Drama begriffen werden, da zwar ein weitgehend einheitliches Gesellschaftssystem[57] geschaffen wurde, sich die Spaltung zwischen Ost- und Westdeutschland aber in einem Etablierten-Außenseiter-Verhältnis fortsetzte, ja sogar verstärkte (vgl. Treibel 1993: 332).

Der Versuch, eine gesamtdeutsche nationale Identität über die gemeinsame Identität einer bundesrepublikanischen Wohlstandsgesellschaft zu konstruieren, war - zumindest kurzfristig - gescheitert. Auf die ersatzweise Emotionalisierung eines als natürlich angenommenen Nationalbewußtseins mußte aus außenpolitischen Rücksichten verzichtet werden.

Vor diesem Hintergrund entwickelte die Regierungskoalition eine dritte Strategie, in dem sie die zunehmende Ethnisierung der Gesellschaft funktionalisierte. Die medienwirksame Inszenierung eines 'Asylproblems' Anfang der neunziger Jahre konnte zumindest vorübergehend 'die Deutschen' als homogene Gruppe konstituieren.

3. Die deutsche Nation und ihr Nationalismus

Die wiedervereinigte Bundesrepublik entpuppte sich als eine Nation mit einer schmalen Legitimationsbasis, da ihre Bürgerinnen und Bürger sich nur bedingt mit ihr identifizierten. Sie glich vielmehr einem leeren politischen Gebilde, dem die für eine dauerhafte Stabilität notwendige inhaltliche Substanz fehlt. Gemeinsame Erfahrungen, Selbst- und Fremdbilder sowie Werte und Vorstellung ließen sich hier noch nicht ausmachen. Somit fehlten ihr jene wichtigen Elemente, die eine Nation zusammenhalten. Denn "Nation ist zunächst einmal eine gedachte Ordnung, eine kulturell definierte Vorstellung, die eine Kollektivität von Menschen als eine Einheit bestimmt. Die Nation konstituiert sich über Bilder und Vorstellungen, die Verhalten prägen und Institutionen formen und sich dadurch stabilisieren" (Kocka 1995: 160).

Die Geschichte einer Nation wird erst über eine tragende und legitimierende Ideologie, den Nationalismus, konstruiert:

> "Bei einer nationalistischen Geschichtsschreibung sind Erzählmuster von Geburt und Wachstum, von Bedrückung und Wiedererhebung schon vorgegeben. Zusammenhangslose Ereignisse werden so verknüpft, Informationen ausgesiebt und Widersprüche geglättet." (Elwert 1989: 441)

Nationale Mythen und Vorstellungen sind (historisch betrachtet relativ junge) gesellschaftliche Konstruktionen, die willkürlich zusammengesetzt werden können. Durch sie werden die Bewohner eines Territoriums zu Staatsbürgern eines Nationalstaates homogenisiert. Dies geschieht über die Konstruktion

57 Diese Einschätzung gilt nicht für alle Bereiche. So verdienen bspw. Beschäftigte in Ostdeutschland auch nach acht Jahren durchschnittlich nur 80% des Westlohnes.

eines inneren und äußeren Anderen, durch den die Nation selbst als natürliche Einheit erscheint. Nationalistische Erzählungen konstituieren Nationen demnach als imaginierte Gemeinschaften (vgl. Anderson 1990), ohne daß man sie jedoch als reine Erfindungen (vgl. Hobsbawm/Ranger 1989) bezeichnen könnte. Denn ebenso wie für Kultur gilt auch für die Nation: Kulturelle Konstruktionen avancieren erst dann zu kollektiven Identifikationsangeboten, wenn ihre inhärente Bedeutung mit einer kollektiven Erfahrung in Verbindung gebracht werden kann (vgl. auch Kap. II.8).

Doch stellen diese Konstruktionen keine stabilen Erzählungen über die Nation dar, sondern müssen in einem ständigen Aushandlungsprozeß mit anderen nationalistischen Erzählungen und Bildern konkurrieren. Die ideologische Konstruktion und somit die Legitimation einer Nation unterliegt demnach ständigen Veränderungsprozessen, die auch die strukturelle Verfaßtheit dieser Nation beeinflussen. Wenngleich keine Nation kontinuierliche und homogene Selbstbilder besitzt, so weist beispielsweise Frankreich doch nationale Mythen auf, die seit seiner Entstehung integrativer Bestandteil der nationalen Erzählungen sind.[58]

Der deutschen Nation jedoch fehlt ein vergleichbarer positiver Bezugspunkt. Statt dessen bringt ihre wechselhafte Geschichte ganz unterschiedliche Selbstbilder und Mythen hervor, die je nach politischer Situation tabuisiert werden oder als dominierende Legitimation in den Vordergrund treten.[59] Eine Ursache dieser Gebrochenheit liegt in der Entstehungsgeschichte. So wurde die Idee der Nation in Deutschland, wie in allen Ländern, durch eine bürgerlich-liberale Opposition forciert und mit den universalistischen Prinzipien der Demokratie und Menschenrechte verbunden. Diese bezogen sich jedoch nicht wie in Frankreich oder England auf einen Staat als sinnstiftende Einheit, sondern - in Ermangelung eines Zentralstaates - auf den vorstaatlichen Begriff des Volkes. Dessen Grenzen blieben vage, konnten über kulturelle, aber auch biologische Kriterien gezogen werden.

Darüber hinaus hatte sich im Unterschied zu Frankreich die Machtbalance zwischen König, Adel und Bürgertum im Laufe des 18. Jahrhunderts nicht entscheidend zugunsten des Bürgertums verschoben. Es blieb bis ins 20. Jahrhundert hinein politisch machtlos und war von den gesellschaftspolitischen Entscheidungen der Könige bzw. des Adels[60] abhängig. Dies führte dazu, daß sich die liberalen Ideen kurzfristig nicht durchsetzen konnten,

---

58 So zählt der 'Bastille-Mythos', der mit dem Sturm auf die Bastille am 14.7.1789 entstand, bis heute ungebrochen zum wichtigsten Bestandteil der französischen Nationalsymbolik (vgl. Reichardt 1996: 133ff.) und wird mit einem Nationalfeiertag gewürdigt. Demgegenüber hat der deutsche Nationalfeiertag seit der Reichsgründung mehrmals gewechselt.

59 Andreas Dörner zeigt über die wechselhafte Geschichte des Hermann-Mythos sehr anschaulich, wie stark die Bedeutung eines deutschen Nationalmythos von der jeweiligen gesellschaftlichen Situation abhängt (vgl. Dörner 1996).

60 Elias weist darauf hin, daß der preußische und später der deutsche König in hohem Maße vom Adel zur Verteidigung seines Landes abhängig war und beide Gruppen eine starke geschlossene Elite bildeten (vgl. Elias 1990: 85).

sondern das Bürgertum zunehmend die kriegerischen Vorstellungen und militärischen Werte des Adels übernahm, um an der gesellschaftlichen Macht teilzuhaben (vgl. Elias 1989). Es entstand hierdurch die 'Gesellschaft der Satisfaktionsfähigen' mit einer ausgeprägten Kultur aggressiver Gewalt, die sich sowohl gegen innere als auch äußere Feinde richtete (vgl. ebd.: 68).

So dominierte in der Frühphase der deutsch-nationalen Bewegung zunächst ein die gesellschaftliche Partizipation des Bürgers anstrebender Nationalliberalismus, der bis zur Revolution von 1848 zu einer Massenbewegung anschwoll (vgl. Kocka 1995: 153; Wehler 1994: 167). Noch während der anschließenden Restaurationszeit ist diese nationalistische Erzählung vorherrschend und erfährt schließlich in den 1870er Jahren einen bedeutungsvollen Wandel. Mit dem Sieg über Frankreich und der Reichsgründung werden die liberalen Ideen zunehmend von einem konservativ geprägten und aggressiven 'Reichsnationalismus' verdrängt:

> "Seither hat sich dieser konservative Reichsnationalismus gehalten und im Weltkrieg, während der Weimarer Republik und erst recht im 'Dritten Reich' zunehmend radikalisiert - mit dem bekannten Ergebnis von 1945." (Wehler 1994: 173)[61]

Nach dem Zweiten Weltkrieg war der deutsche Nationalismus endgültig diskreditiert und einer öffentlichen Tabuisierung unterworfen.[62] Vor diesem Hintergrund war die neue Bundesrepublik gezwungen, ein neues kollektives Selbstbild zu entwickeln, das sich jenseits ihrer Vergangenheit verortete.[63] Eine Möglichkeit hierfür bot der in den fünfziger und sechziger Jahren starke wirtschaftliche Aufschwung, der nicht nur den Wohlstand mehrte, sondern auch die demokratische Verfaßtheit und die soziale Marktwirtschaft als Wirtschaftsstruktur bestätigte. In dieser Zeit etablierte sich das kollektive Selbstbild des demokratischen, leistungsorientierten Wohlfahrtsstaates, dessen Entstehung dem Fleiß und der Zähigkeit seiner BürgerInnen zugeschrieben wurde. Nicht nur die herausragenden Eigenschaften seiner BürgerInnen, sondern auch der Mythos des Wirtschaftswunders[64] legitimierten das neue nationale Selbstbild.

---

61 Hier muß m. E. hinzugefügt werden, daß die Weimarer Republik zu Beginn von der liberalen Tradition des Nationalismus geprägt war, die gegen Ende vom auf konservativem 'Reichsnationalismus' beruhenden NS-Nationalismus verdrängt wurde (vgl. Kocka 1995: 156).

62 Was jedoch nicht heißt, daß er nicht weiterhin mit Erfolg propagiert wurde. So konnte die Sozialistische Reichspartei (SRP) noch 1951 bei den Landtagswahlen in Niedersachsen 11% der Stimmen auf sich vereinen. Sie wurde 1952 als NSDAP Nachfolgeorganisation verboten (vgl. Schönekäs 1990: 225).

63 Das Gleiche galt auch für die Deutsche Demokratische Republik, die sich nun als antifaschistischer Arbeiter- und Bauernstaat definierte. Nach der Vereinigung verschwand dieses Selbstbild.

64 Daß diese Entwicklung auf der Unterstützung der USA beruhte, die sich im Kalten Krieg ein Bollwerk gegenüber dem Osten schuf, bleibt in diesem Mythos meist unerwähnt.

Gleichzeitig bildete die undemokratisch organisierte und wirtschaftlich schwächere DDR das negative Andere des neuen kollektiven Identifikationsmodells. An ihr maß sich der Grad der Freiheit, des Fortschrittes und des Wohlstandes.[65] Dabei galt der Gegensatz lediglich als ein systemischer, unter dessen Oberfläche das deutsche Volk als Einheit weiterbestand. Dieses doppelbödige Selbstbild hielt nicht nur den Gedanken eines einheitlichen deutschen Volkes aufrecht, sondern konnte auch dazu beitragen, 'die Deutschen' als Opfer zu stilisieren. Eine Figur, die die Vorstellungen rechtskonservativer Kreise beherrschte. In ihren Augen machte die willkürliche Teilung der Siegermächte das 'Deutsche Volk' zum Opfer widriger Umstände des Zweiten Weltkrieges, und eine Befreiung aus diesem Status konnte demnach nur als Notwehr gegen die übermächtigen Alliierten begriffen werden (vgl. Räthzel 1997: 123).

Das Bemühen der sozial-liberalen Regierungskoalition um eine Neuorientierung der deutsch-deutschen Beziehungen führte in den siebziger Jahren zur Ablösung des Volksbegriffs durch den Begriff der Nation und zu einer teilweisen Anerkennung der DDR. Dennoch blieb die typische Ambivalenz erhalten. In einer Rede definierte Willi Brandt (1972) Nation einerseits zwar als politische Willensgemeinschaft, legte ihr aber andererseits Kriterien wie Sprache und Kultur zugrunde, die implizit auf den vorstaatlichen Begriff Volk rekurrierten (vgl. Räthzel 1997: 124).

Somit blieb der Begriff weiterhin für eine rechtskonservative Auslegung offen[66] und erhielt in diesem Sinne vor allem in den achtziger Jahren durch den 'Historikerstreit' eine neue Brisanz. In dieser Debatte, die im Sommer 1986 begann, suchten rechtskonservative Wissenschaftler das nationale Selbstbild der Bundesrepublik mit einer revisionistischen Perspektive der Vergangenheit zu verknüpfen. Die Protagonisten Michael Stürmer, Ernst Nolte, Andreas Hillgruber u.a. strebten nicht nur eine Relativierung der nationalsozialistischen Vernichtungspolitik an, sondern konstruierten zudem die Figur des Opfers, indem die Vertreibung der Deutschen und der Verlust des Ostens als gravierendste Kriegsfolgen postuliert wurden (vgl. Wehler 1988: 8). Letztendlich sollte die Tradition des konservativen 'Reichsnationalismus' wiederbelebt und für eine konservativ ausgerichtete Definition der Nation salonfähig gemacht werden.

---

65 Einen Überblick gibt eine Zeitungsanalyse von Nora Räthzel. So werden der Bundesrepublik vor allem die Attribute Freiheit, Wohlstand, Technische Entwicklung, Demokratie und Orientierung am Westen zugeordnet, während der Osten mit den Attributen Repression, Armut, Unterentwicklung, Unterdrückung sowie Abhängigkeit vom Osten in Verbindung gebracht wird (vgl. Räthzel 1997: 155).

66 Zumal die sozial-liberale Koalition keine Versuche unternimmt, das im Grundgesetz verankerte Abstammungsprinzip zu ändern und damit die Einbürgerung der MigrantInnen zu erleichtern.

"Im Rahmen des 'Historikerstreits' wurde auch der seit Jahren anhaltende begriffspolitische Kampf um die kulturelle Hegemonie, der die Neokonservativen so eifrig nachjagen, zäh fortgesetzt. Ihr modisches Vokabular (Identität, Erbe, Identifikation mit der deutschen Geschichte usw.) sollte weiter propagiert, ihre Interpretation sollte fest verankert werden." (Wehler 1988: 199)

Dieser Versuch, das demokratische Selbstverständnis in Richtung rechtskonservativer Vorstellungen zu verschieben, konnte erfolgreich unterbunden werden (vgl. Räthzel 1997: 152). Gleichwohl hatten nun neokonservative Kräfte Begriffsstreitigkeiten um die Bestimmung der nationalen Identität oder der deutschen Nation auf die allgemeine politische Diskursebene gebracht und damit auch liberale Kreise gezwungen, Stellung zu nehmen. Die liberalen VertreterInnen bestätigten die Zwei-Nationen-These, hielten aber weiterhin am Gedanken der deutschen Einheit fest.

Eine Beschreibung dessen, was die west-ostdeutsche Einheitlichkeit ausmacht, mußte notwendigerweise unbestimmt bleiben, da man sich sonst in die Gefahr begab, das neue "Selbst aufs Spiel zu setzten, indem man mit dem (alten) Selbst identisch wird" (vgl. Räthzel 1997: 165).

Während also der Volksbegriff im Diskursstrang Nation/nationale Identität weitgehend gemieden wurde, fand er im parallel verlaufenden Diskursstrang 'Einwanderung/Flucht/Asyl' ganz ungeniert seinen Ausdruck. Auf zwei Ebenen wurde hier die Vorstellung von einem ethnisch homogenen deutschen Volk gegenüber den MigrantInnen vertreten und durch eine vom Abstammungsrecht vorgegebene politische Praxis geregelt. So verfolgten einerseits alle politischen Parteien - bis auf 'Die Grünen' - in den achtziger Jahren bei ihrem Umgang mit den ehemals angeworbenen ArbeitsmigrantInnen eine Strategie, die die Realität der Bundesrepublik als Einwanderungsland zu verschleiern suchte (vgl. Hoffmann/Even 1984: 139ff.).

Doch nicht nur die Vorstellungen ethnischer Homogenität wurde hierüber reproduziert, sondern auch das heile Bild einer in die Krise geratenen Wohlstands- und Leistungsgesellschaft. Arbeitslosigkeit, Wohnungsnot und andere soziale Konflikte wurden vermehrt mit der Anwesenheit von Migranten in Verbindung gebracht und zu einer von 'Ausländern' ausgehenden Gefahr verdichtet (vgl. Räthzel 1997: 175).

Noch stärker stand der Aspekt der Bedrohung bei der zunehmenden Problematisierung des Asylrechts im Vordergrund. Sie wurde ab den achtziger Jahren, als eine Zahl von 100.000 AsylbewerberInnen erreicht war, zu einem zentralen Thema der politischen Diskursebene. Mit Metaphern wie 'Das Boot ist voll', 'Asylfluten' oder 'Horden' wurde das Thema nicht nur dramatisiert, sondern gleichzeitig eine akute Bedrohung suggeriert, die auf die Regierenden einen starken Handlungsdruck ausübte (vgl. Nuscheler 1995: 129). Die politische Behandlung des Asylrechts unterlag während der achtziger Jahren einem breiten parteipolitischen Konsens,[67] der eine Beschleunigung des Verfahrens und eine restriktive Aufnahme- und Abschiebepraxis zur Vermeidung eines 'Asylmißbrauchs' beinhaltete.

Die Analyse der Diskursstränge 'Nation/nationale Identität' sowie 'Einwanderung/Flucht/Asyl' zeigt, daß in den achtziger Jahren zwei verschiedene Diskursstränge den politischen Diskurs beherrschten und deren zentrale Inhalte von einer breiten parteienübergreifenden politischen Mitte getragen werden. Auffällig ist hierbei, daß beide Themen zwar inhaltlich aufeinander bezogen waren, aber nicht explizit miteinander verknüpft wurden. Statt dessen wurde jeder offensichtliche Bezug gemieden. Es begann ein Ethnisierungsprozeß, über den die Bundesrepublik nicht nur ihr Bild als ethnisch homogene Gesellschaft reproduzieren konnte, sondern dieses auch implizit mit ihrer nationalen Identität verknüpfte:

> "Es handelt sich genau genommen um einen dialektischen Vorgang, bei dem die Ethnisierung der Minderheiten die ethnische Geschlossenheit der Mehrheit fördert, was wiederum auf der Seite der Minderheiten ein nationales Bewußtsein hervorruft, worauf sich dann die Mehrheit in ihrem Nationalbewußtsein bestätigt sieht." (Bukow 1992: 141)[68]

Im Mainstream des politischen Diskurses blieb der Zusammenhang zwischen ethnischer Homogenität und nationaler Identität zwar nur latent, führte aber dazu, daß unterhalb des auf staatsbürgerlichen Prinzipien konstruierten Selbstbildes der Bundesrepublik über einen parallel verlaufenden Diskursstrang die alten ethnisch aufgeladenen Wir-Gefühle entwickelt wurden.

Mit dieser indirekten, versteckten Wirksamkeit gab sich das rechte politische Spektrum nicht zufrieden. Auf der metapolitischen Ebene spielte die 'Neue Rechte' eine wichtige Rolle für das rechte und rechtskonservative Lager. Sie plädierte inhaltlich für eine Anknüpfung an den konservativen kulturrevolutionären Ansatz von Carl Schmitt. Mit diesem Ansatz bildete sie eine Frontstellung zur Ideologie der alten Rechten, die nahtlos an den Nationalsozialismus anknüpfte. Die VertreterInnen der 'Neuen Rechten' korrigierten das bisher von den alten Rechtsextremisten vertretene biologistisch-rassistische Rechtfertigungsmuster, indem sie nicht biologische, sondern kulturelle Merkmale als Unterscheidungskriterien einführten und für einen Ethnopluralismus plädierten.

Hinter diesem Schlagwort verbarg sich ein 'befreiungsnationalisitisches Konzept', das dazu aufforderte, einer angeblich drohenden 'Überfremdung' der deutschen Nation entgegenzutreten. Hierbei galt es, den angeblich zerset-

---

67 Auch hier stellen Bündnis '90/Die Grünen eine Ausnahme dar, da sie jegliche Einschränkung des Asylrechts ablehnen.

68 Regina Römhild beschreibt diese Dialektik aus der Perspektive einer Minderheit - den Rußlanddeutschen - und stellt fest: "Der Bedeutungsgewinn ethnisch-nationaler Distinktionen für die Umorganisation interner Machtverhältnisse und für die nach außen gerichtete Selbstdarstellung ist zunächst eine Erfindung der sich entwickelnden Nationalstaaten Westeuropas." (Römhild 1998: 144)

zenden Einfluß der Migration als auch die 'Überfremdung' durch multinationale Konzerne abzuwehren (vgl. Schönekäs 1990: 296f.).[69] Deutlich spiegelte dieses Konzept die Gedanken der Nouvelle Droite aus Frankreich wider, die dort einen differentiellen Rassismus entwickelt hatte (vgl. Balibar 1989: 372). Zusammenfassend läßt sich sagen, daß die 'Neue Rechte' im politischen Diskurs zwar eine eher geringe Rolle spielte, aber sie hatte die Grenze zwischen dem konservativen und dem rechten Lager durchlässiger gemacht und fungierte als Stichwortgeberin für rechte und rechtskonservative Kreise (vgl. Schönekäs 1989: 300).

Neben der metapolitischen Ebene beeinflußte das rechte Lager auch die parteipolitische Ebene. Hier entwickelte sich während der achtziger Jahre die Partei der 'Republikaner' neben der DVU zur wichtigsten Repräsentantin rechter Ideologie und löste damit die NPD als bisher führende Partei des rechten Spektrums ab.[70] Die neue Rechtsaußen-Partei wurde Anfang der achtziger Jahre von den ehemaligen CSU-Mitgliedern Franz Schönhuber und Franz Handlos gegründet. Ihr erstes Programm war noch deutlich von den Vorstellungen der christlich-konservativen Partei geprägt.[71]. Diese moderate Grundhaltung wandelte sich bis zum Pateiprogramm 1987, das die Grundlage der Wahlerfolge bildete, zu einem rechtsextrem orientierten Gesellschaftsmodell. Es baute auf einen extremen Nationalismus, der vorrangig auf die Erhaltung des 'deutschen Volkes' und die Wiederherstellung der deutschen Einheit auf der "Grundlage des fortbestehenden Deutschen Reiches in allen seinen Teilen" (Parteiprogramm 1987: 7) abzielte. Die 'Republikaner' setzten Nation mit dem ethnisch gefaßten Volksbegriff gleich und legitimierten die Einheitlichkeit des deutschen Volkes mit einer angeblich ethnischen Homogenität. Ganz offen wurden ethnisch andere Menschen als Gefährdung der deutschen Nation hingestellt. Das über die Ethnisierungsprozesse aufgeladene Wir-Gefühl ging hier unmittelbar in eine ethnisch aufgeladene nationale Identität über.

Wähleranalysen zeigten jedoch, daß die Attraktivität der 'Republikaner' vorrangig auf ihrer extremen Position innerhalb des Diskursstranges 'Einwanderung/Flucht/Asyl' und weniger auf den revisionistischen Positionen in der Frage der Nation beruhte (vgl. Hennig 1991: 238).

Besonders deutlich wurde eine wohlstandschauvinistische Grundhaltung

69 Da die 'Neue Rechte' keine einheitliche Organisation war, sondern aus kleinen Zirkeln bestand, gab es auch keine einheitliche Position. Aus diesem Grund ist hier nur der breite Grundkonsens wiedergegeben (ausführlich in Greß/Jaschke/Schönekäs 1989).

70 Im Jahr 1989 gelang der Partei der 'Republikaner' bei folgenden Wahlen der Durchbruch: Berlin Januar 1989: 7,5%; Kommunalwahl Hessen März 1989: 10,5% im Rheingau-Taunuskreis, 7% Wetteraukreis; Europawahl Juni 1989: 7,1%.

71 So ähneln bspw. die Aussagen zur gesellschaftlichen Situation der Frau den (Lippen-) Bekenntnisse der anderen Parteien: "Die Gleichberechtigung der Frau ist gerade im öffentlichen Leben noch nicht gegeben. Aus diesen Gründen werden die REPUBLIKANER (Herv. Hg.), um ein Signal zu setzen, eine angemessene Zahl von politischen Mandaten innerhalb der Partei den Frauen zuerkennen." (Grundsatzprogramm 1983: 14)

Ende 1989, als die Zahl der Über- und Aussiedler stark zunahm. Zwischen der "Das-Boot-ist-voll"-Rhetorik in der Asylrechtsfrage und der gleichzeitigen Unterstützung der großen Zahl der Aus- und Übersiedler klaffte ein offensichtlicher Widerspruch, der sich auch im Bewußtsein der Bevölkerung fortsetzte.[72] Fast die Hälfte der westdeutschen Bevölkerung lehnte einen uneingeschränkten Zuzug dieser Einwanderungsgruppe ab, und auch 66% der 'Republikaner'-WählerInnen stimmten dieser Kritik zu. Diese Entwicklung belegt die starke Wirkung des Selbstbildes einer leistungsorientierten Wohlstandsgesellschaft, die die daraus entstehenden sozialen Konflikte nicht sehen will und deswegen jegliche Zuwanderung als Bedrohung des Wohlstandes empfindet.

Die feste Verankerung dieses Selbstbildes war auch der Grund für den Erfolg, den der an wohlstandschauvinistischen Interessen orientierte Nationalismus im Prozeß der staatlichen Vereinigung erzielen konnte. Allerdings war dieser Erfolg nur von kurzer Dauer, denn der Versuch, das alte kollektive Selbstbild auf die neue Bundesrepublik zu übertragen, scheiterte am Verlust des negativen Anderen. Für eine langfristige Etablierung fehlte nun die DDR als eine diesem Selbstbild inhärente Konstruktion des Anderen, an dem die neue Bundesrepublik ihren realen oder vermeintlichen Wohlstand sowie ihr demokratisches Selbstverständnis messen konnte. Statt dessen schrieb sich der bisher als systemisch gedachte Gegensatz innerhalb der neuen Bundesrepublik fort:

> "Auf der einen Seite fordert das westdeutsche Selbst das ostdeutsche Selbst auf, sich ihm anzupassen - und ist zugleich ständig damit beschäftigt, es als anders und minderwertig, als 'noch-nicht' darzustellen. Auf der anderen Seite fordert das ostdeutsche Selbst die Anerkennung als Teil der einheitlichen deutschen Nation - und ist zugleich damit beschäftigt, seine Besonderheit zu wahren, sich zu distanzieren." (Räthzel 1997: 198)

Schon wenige Monate nach der offiziellen Vereinigung schienen beide deutschen Teile unaufhaltsam auseinanderzudriften. Es entstand eine Situation, in der sich die Frage, was die Einheit der Nation ausmacht, fast von allein stellte. Zu diesem Zeitpunkt schwenkte die CDU bei der Asylrechtsfrage auf den Kurs der CSU ein, die schon Jahre zuvor für eine Änderung des Artikels 16 GG eintrat, und begann dieses Thema als ein vorrangiges nationales Problem zu inszenieren.

---

72 Nora Räthzel spricht von einer Definition der Nation von unten, in der die Werte der Leistungsgemeinschaft vor den Kriterien der Abstammungsgemeinschaft rangieren (Räthzel 1997: 194).

4. Eine Inszenierung kollektiver Zugehörigkeit: Die Asylrechtsdebatte[73]

Ab 1991 trat die Diskussion um die Vereinigung beider deutscher Staaten langsam in den Hintergrund. So stellt Nora Räthzel in ihrer Medien-Analyse fest, daß die Zahl der entsprechenden Artikel von 14 000 (1990) auf 160 (1991) zurückgeht.[74] Demgegenüber steigen die Artikel zum Thema 'AusländerInnen' im gleichen Zeitraum von 200 auf 300 an. Hierbei rückte die Problematisierung des Asylrechts immer stärker in den Vordergrund. Eine Fokussierung, die auf die starke Zunahme der Asylbewerber seit 1989 gerichtet war, welche vorrangig durch die Fluchtbewegungen aus Südosteuropa (Rumänien, Bulgarien, Türkei) sowie den Bürgerkriegsflüchtlingen aus dem ehemaligen Jugoslawien bedingt war. Letztere Flüchtlingsgruppe stellt 1992 nach Rumänien die zweitgrößte Gruppe der AsylbewerberInnen dar,[75] obwohl sie meist nur einen vorübergehenden, bis zum Ende des Krieges andauernden Aufenthalt anstrebten. Da es für sie jedoch keinen eigenen Status gab, waren sie gezwungen, ihren Aufenthalt über das Asylverfahren zu legalisieren (vgl. Nuscheler 1995: 118f.).

Parallel zum Anstieg der Asylsuchenden nahm auch die Zuwanderung durch Aus- und ÜbersiedlerInnen zu. Im Jahr 1992 wanderten insgesamt ca. 660 000 Menschen nach Deutschland ein. Die starke Zunahme der Flüchtlinge und die Zuwanderung nach Deutschland insgesamt ist auf eine innereuropäische Wanderungsbewegung zurückzuführen, bei der die Bürgerkriegsflüchtlinge und AussiedlerInnen insgesamt den größten Anteil ausmachen.

Eine sofortige Herausnahme der Bürgerkriegsflüchtlinge aus dem Asylverfahrens hätte dieses entlastet, die Begrenzung der Zahl von Aus- und ÜbersiedlerInnen hätte die Zuwanderung insgesamt reduzieren können, ohne daß eine Änderung des Asylrechts nötig gewesen wäre. Doch an einem sachlichen Umgang mit der steigenden Zuwanderung schienen CDU und CSU nicht interessiert. Statt dessen bot sich für sie nun die Chance, den problema-

---

73 Die Darstellung der Asylrechtsdebatte bezieht neben der Sekundärliteratur auch eine Analyse entsprechender Zeitungsartikel der Frankfurter Rundschau ein. Die Artikel sind im Literaturverzeichnis unter 'Quellen' aufgeführt.

74 Räthzel wertete folgende Printmedien aus: Der Spiegel, Die Zeit, Süddeutsche Zeitung, Frankfurter Rundschau, Frankfurter Allgemeine Zeitung, Neues Deutschland und taz (vgl. Räthzel 1997: 200).

75 Folgend die vier größten Flüchtlingsgruppen von 1988 bis 1993 (vgl. Nuscheler 1995, 119):

Herkunftsland	1988	1990	1992	1993
Rumänien	2634	*35345*	103787	*73717*
Jugoslawien	*20812*	22114	*115395*	72476
Bulgarien	177	8341	31540	22547
Türkei	14870	22082	28327	19104

tisch gewordenen Diskursstrang 'Nation/nationale Identität' zu verlassen und durch die Propagierung eines äußeren Feindes die innenpolitische Situation zu stabilisieren. Sie tat dies mit einer beispiellosen Dramatisierung der Zuwanderung, bei der die Fakten verschleiert und Ängste geschürt wurden, so daß durchaus von einer bewußten Inszenierung der Asylrechtsdebatte gesprochen werden kann, für die eine zunehmende Emotionalisierung – von oben - der Debatte kennzeichnend ist.

Noch 1991/92 war die Mehrheit der SPD und der liberal-konservativen Regierung der Meinung, das 'Asylproblem' sei vorrangig ein Vollzugsproblem und stockte die Planstellen des Zirndorfer Bundesamtes, wo die Asylanträge bearbeitet wurden, um 2374 Stellen auf. Trotz dieses Beschlusses schuf die CDU/FDP-Regierung die Stellen erst im Laufe des Jahres 1993. Vor dem Hintergrund, daß die christlich-konservativen Parteien bereits ab Frühjahr 1992 mehrheitlich für eine Änderung des Asylrechtsparagraphen waren, entstand der Vorwurf, daß die Regierung bewußt ein 'massives Vollzugsdefizit' produziert, um so den Druck (Dramatisierung und Emotionalisierung) auf die noch zögernde Opposition zu erhöhen (vgl. Nuscheler 1995: 122).[76]

Parallel zu dieser Diskussion eskalierte die Gewalt auf den Straßen. Martialisch auftretende - meist männliche - Jugendliche attackierten zunehmend Asylsuchende und deren Unterkünfte. Sehr häufig wurden die Gewalttaten in kleinen Gruppen ausgeführt, deren Mitglieder dem rechtsextremen Skinheadkult nahestanden. Die rechtsextrem bzw. fremdenfeindlich motivierte Gewalt stieg um das Zwanzigfache - von 128 (1990) auf 2584 (1992) Delikte - und sank ein Jahr darauf wieder etwas ab (vgl. Hess 1995: 41).[77]

Damit fiel der Höhepunkt der Gewalt mit der immer hitziger werdenden Asylrechtsdebatte zusammen und läßt einen inhaltlichen Zusammenhang vermuten. Bis zu dem Anschlag von Mölln Ende 1992 waren die Anschläge vor allem gegen die Quartiere der Asylsuchenden gerichtet. Hierbei erreichte die Gewalt nach den Anschlägen von Hoyerswerda im September 1991 und Rostock im August 1992 jeweils einen neuen Höhepunkt.

Mit der eskalierenden Gewalt gegen Flüchtlinge bekam der allgemeine politische Diskurs eine neue Dimension: Die rechtsextremen Skinheads wurden zu einem Spielball des politischen Diskurses.

So nutzten die christlich-konservativen Unionsparteien die steigende Gewalt, um die innenpolitische Lage weiter zu dramatisieren. Nach Rostock entwarfen sie zunehmend ein Szenario, in dem die Zustände der Bundes-

---

76 Auch Flüchtlingsorganisationen wie Pro Asyl forderten eine Beschleunigung des Verfahrens, um die Unsicherheit der Betroffenen zu verkürzen (vgl. Räthzel 1997: 204f.).

77 Die Zahlen stammen aus den Verfassungsschutzberichten von 1989 bis 1993 (vgl. Bundesministerium des Innern 1990-1994).

republik als bürgerkriegsähnlich beschrieben werden. Mit der Drohung, einen Staatsnotstand auszurufen, um über eine Aussetzung der Verfassung die Gesetze im Alleingang zu ändern, suchten sie die Lage weiter zu verschärfen.[78]

Die Gründe dieser Krisensituation sahen konservative Politiker und Journalisten nicht in den Folgen der Vereinigung oder gar der eskalierenden Gewalt, sondern in der angeblich unverkraftbaren Zuwanderung und der Handlungsunfähigkeit der SPD.[79] Die gewalttätigen Jugendlichen wurden hier zwar als neofaschistische Gewalttäter stigmatisiert, gleichzeitig diente ihre Existenz jedoch der Bestätigung des Szenarios. Ihr Handeln wurde als eine Form von Notwehr gewertet und mit einem gewissen Verständnis bedacht: die Taten also verurteilt, aber die Motive blieben mehr oder weniger unbehelligt.

Die Motive für eine solche Inszenierung liegen in der spezifischen Situation der neuen Bundesrepublik: Die Etablierung des alten Selbstbildes war gescheitert, die wirtschaftliche Stabilität der Bundesrepublik ins Wanken geraten und unterhalb der staatlichen Vereinigung drifteten beide Teile Deutschlands sozial und ökonomisch zusehends auseinander. Kaum eine der Versprechungen, die die Regierungskoalition während der Vereinigung und der kurz darauf folgenden ersten gesamtdeutschen Wahl gab, wurde eingehalten. Die hierdurch erzeugten Ängste und Enttäuschung konnten leicht in eine (partei-) politisch artikulierte Schuldzuweisung umschlagen. Die Unionsparteien versuchten dem Druck auszuweichen, indem sie die entstehenden Emotionen umlenkten. Sie banden die sich abwendende Bevölkerung wieder an sich, indem sie ein neues Wir-Gefühl erzeugten: eine neue Schicksalsgemeinschaft, die auf einer dramatischen Bedrohung von außen gründete, wurde ausgerufen.

Die inszenierte Dramatisierung tat das Ihrige, die Polarisierung zwischen Eigenem und Fremden zu verschärfen. Daß hierbei das Ethnische zum wichtigsten Unterscheidungsmerkmal avancierte, zeigte die Unterscheidung zwischen AussiedlerInnen einerseits und MigrantInnen, Asylsuchenden bzw. Bürgerkriegsflüchtlingen andererseits. Obwohl erstere die größte Gruppe der Zuwanderer darstellten, durften sie weiterhin ungehindert einwandern, während Verfolgte und Notleidende als untragbare Belastung ausgegrenzt wurden. Darüber hinaus verweigerte die Regierung den in der Bundesrepublik ansässigen oder geborenen ArbeitsmigrantInnen weiterhin eine erleichterte Einbürgerung in Form der doppelten Staatsbürgerschaft.[80] Die Vision eines ethnisch reinen deutschen Nationalstaates war die Basis, auf der die christlich konservativen Parteien Ost- und Westdeutschland einigen wollten. Das 'ein-

---

78 Vgl. FR 3.11.1992: "Warnung vor Aushebeln der Verfassung"

79 Vgl. FR 6.9.1992: "CDU drängt zur Eile" Darin: CDU weist SPD die Schuld an Rostock zu und macht sie für bürgerkriegsähnliche Verhältnisse verantwortlich.

80 Noch im hessischen Landtagswahlkampf 1999 gelang es der CDU, die BürgerInnen gegen die doppelte Staatsbürgerschaft zu mobilisieren.

strömende Fremde' sollte dazu dienen, in den noch separierten Volksteilen ein gesamtdeutsches Wir-Gefühl zu induzieren bzw. zu verstärken.

Die Botschaft, die die Jugendlichen in ihrer Gesamtartikulation offen und brutal vermittelten, war demnach der Argumentation der Unionsparteien nicht ganz fremd. Um die inhaltliche Nähe nicht explizit werden zu lassen, mußten sie die jugendlichen GewalttäterInnen formalrechtlich aufs schärfste verurteilen. Die Regierung setzte hier vorrangig auf Ausgrenzung und Repression.[81] Vor diesem Hintergrund zeigt sich, daß die jugendlichen GewalttäterInnen von den Unionsparteien in doppelter Hinsicht funktionalisiert wurden: Zum einen dienten sie als Beweis dafür, wie die Zuwanderung die Bevölkerung in eine Notlage gebracht habe. Zum anderen lenkte die starke Stigmatisierung von der inhaltlichen Nähe[82] ab und stellte eine scheinbar klare Distanz zwischen den Argumenten der Unionsparteien und den Taten der Jugendlichen her.

Während die Regierungskoalition (CDU-CSU-FDP) in der zweiten Jahreshälfte 1992 zu einer geschlossenen Haltung bezüglich der Asylrechtsfrage gefunden hatte, stritt die SPD noch immer um eine einheitliche Linie. Obwohl die Parteispitze durch die Petersberger Beschlüsse[83] Mitte August ein Einlenken signalisiert hatte, konnte sich die Partei bis zu ihrem Parteitag im November auf keine gemeinsame Position einigen. Eine Spaltung zwischen der einlenkenden Bundestagsfraktion unter Björn Engholm und einer kritischen Basis, die überwiegend eine Asylrechtsänderung ablehnte, schien nicht ausgeschlossen.

> "Während sich in Landesverbänden und Parteibezirken mehr oder weniger deutliche Mehrheiten gegen die Absicht abzeichnen, das Grundrecht auf Asyl zu verändern, sind die Verhältnisse in der Bundestagsfraktion klar: Mindestens 20 der 24 am Dienstag gewählten und 'beratenden' Delegierten stützen Engholms Kurs" (FR 8.10.1992).[84]

Auf dem Parteitag im November setzte sich Engholm schließlich mit der Forderung nach einer Änderung des Asylrechts durch, mußte dabei aber gleichzeitig einige Einschränkungen hinnehmen. So sollte laut Beschluß das Individualrecht auf Asyl erhalten bleiben und jeder Flüchtling zum Verfahren zugelassen werden, auch wenn er aus einem angeblich sicheren Staat kommt.

---

81 Im September und Oktober 1992, als die Gewalt besonders eskalierte, reagierte die Union ausschließlich mit Repressionsforderungen. Vgl. FR 6.10.1992: "CDU fordert schärfere Gesetze": Strafverschärfung und Sonderdienst für fremdenfeindliche Gewalttaten; FR 8.10.1992 "Stoiber redet gegen Rechts"; FR 19.10.1992 "Parteiverbote werden geprüft". Gleichzeitig werden diese Forderungen relativiert: Vgl. FR 12.11.92 "CDU/CSU setzt Bedrohung von rechts und links gleich".

82 Die inhaltliche Nähe der Union zu rechtsextremen Gruppen bzgl. der Asylrechtsfrage zeigt sich in der Angst, daß WählerInnen und Mitglieder zu den 'Republikanern' überlaufen. Vgl. FR 20. 10.1992 "CDU sieht Zukunftschancen durch Rechtsradikale gefährdet" Darin: Hintze warnt CDU-Anhänger vor einer Stimmabgabe für Rechte Parteien; FR 24.10.1992 "CDU soll keine Flügel bilden."

83 Vgl. FR 24.8.1992 "SPD-Spitze leitet Kurswechsel ein"

84 Vgl. FR 8.10.1992 "Eine Schlappe für die SPD-Linke"

Zudem war die Änderung mit einem ganzen Bündel von Maßnahmen, die die gesamte Zuwanderung regeln sollten, verknüpft.[85]

Als es schließlich am 6. Dezember zur sogenannten Vier-Parteien-Absprache kam,[86] brachen die Gegensätze erneut auf. Und während die Parteispitze den Kompromiß als Erfolg feierte, da das Individualrecht auf Asyl weiterhin festgeschrieben war, übten die GegenerInnen heftig Kritik. Die Regelung der sicheren Drittstaaten sei hingegen bis zur Farce ausgehöhlt. Zudem habe die SPD fast alle Forderungen für eine umfassende Regelung der Zuwanderung (bspw. doppelte Staatsbürgerschaft und Einwanderungsquote) aufgegeben.[87] Dieser Kompromiß machte deutlich, daß die SPD dem Druck der Regierungskoalition nachgegeben hatte.

Der Verlauf der Asylrechtsdebatte zeigt, daß bis zum Ende des Jahres 1992 eine 'große Koalition' für eine Asylrechtsänderung entstanden war. In bewußter Ignoranz gegenüber den realen Verhältnissen wurde dieser 'Kompromiß' als probates Mittel zur Lösung der sozialen Probleme gefeiert. Hiermit war den Unionsparteien ein strategischer Doppelschlag gelungen: die Schuld über das Ausbleiben des versprochenen Wirtschaftsaufschwunges wurde nun woanders gesucht, die Asyldebatte trug zur Konstruktion eines neuen gesamtdeutschen Wir-Gefühls bei und verschleierte hierdurch die zunehmende Spaltung der Republik. Mit Hilfe einer Strategie der Dramatisierung wurde damit die Diskussion in der Bevölkerung immer stärker emotionalisiert und schließlich die SPD zur Schlüsselfigur des 'Problems' stilisiert. Sie wurde der Handlungsunfähigkeit beschuldigt und geriet immer stärker unter Druck, dem die Führung der Partei schließlich nachgab.[88] Damit verspielte die SPD die Chance, ein neues, den realen Verhältnissen der Bundesrepublik entsprechendes Selbstbild als Einwanderungsland zu etablieren. Sie stützte statt dessen die von den Unionsparteien forcierte Polarisierung zwischen den ethnisch Deutschen und angeblich 'einström- enden' Fremden.

Die eskalierende Gewalt spielte in diesem Zusammenhang eine entscheidende Rolle. Sie galt einerseits als lebendiger Beweis für das drohende Chaos und diente andererseits den Unionsparteien zur Abgrenzung vom rechtsextremen Spektrum. Bis zum Anschlag von Mölln war es möglich, auf dieser Basis eine gesamtdeutsche Identität zu konstruieren. Doch dann überschlugen sich die Ereignisse, und ein neuer kollektiver Akteur durchkreuzte diese Strategie.

Die Brandanschläge von Mölln geschahen in der Nacht zum 23.11.1992. Sie richteten sich gegen zwei von türkischen Familien bewohnte Häuser.

---

85 Vgl. FR 20.11.1992 "Asyl-Beschluß der SPD 'können gut damit arbeiten'"

86 Vgl. FR 7.12. 1992 "Koalition und SPD einig über Asylartikel"

87 Vgl. FR 10.12.1992 "Asyl-Absprache ruft Bedenken in der SPD hervor"

88 In diesem Zusammenhang werden der Parteielite unlautere Mittel vorgeworfen. Sie hat durch die Petersberger Beschlüsse im Alleingang Beschlüsse des Parteirates nicht nur revidiert, sondern auch die Meinung der Parteibasis ignoriert (vgl. FR 10.11.1992: "... dann wird aus der SPD eine andere Partei").

Zwei Mädchen und eine Frau kamen in den Flammen um, weitere neun Personen wurden zum Teil schwer verletzt. Anders als bei den vergangenen Anschlägen übernahm nicht die lokale Polizei die Ermittlungen, sondern die Bundesanwaltschaft. Die Tat wurde nun nicht mehr lediglich als Problem sozial benachteiligter Jugendlicher angesehen, sondern als eine Bedrohung der inneren Sicherheit.[89] Diese Einschätzung teilte offensichtlich auch der Großteil der Bevölkerung im Westen Deutschlands. Denn bisher war der Protest gegen die rechtsextrem motivierten Anschläge eher verhalten und auf politisch aktive Personen beschränkt gewesen. So gab es durchaus regelmäßig Gegendemonstrationen und Aufrufe gegen die eskalierende Gewalt, doch war die Beteiligung im Vergleich zu den nun spontan entstehenden Massenveranstaltungen gering. In vielen Städten im Westen der Republik versammelten sich bis zum Ende des Jahres aufgebrachte BürgerInnen spontan zu Lichterketten, die häufig bis zu dreihunderttausend Menschen umfaßten. Das erste Mal fand eine breite Solidarisierung der Bevölkerung gegen die eskalierende Gewalt statt.

Doch es war nicht nur das Ausmaß der Tat, das Mölln zu einem Schlüsselereignis machte, sondern auch die Tatsache, daß hier türkische ArbeitsmigrantInnen im Westen Deutschlands attackiert worden waren. Der offiziellen Rhetorik, daß Deutschland jenseits der Asyldebatte eigentlich ein ausländerfreundliches Land sei, war der Boden entzogen worden. Nun waren die Grenzen gefallen: prinzipiell mußten alle in Deutschland lebenden Nichtdeutschen fürchten, Opfer ausländerfeindlicher Gewalt zu werden. Hiermit war auch das Bild vom fremdenfeindlichen Osten und vom weltoffenen Westen empfindlich gestört. Diese polarisierte Vorstellung hatte sich seit der Eskalation im Frühjahr 1991 in der westdeutschen Bevölkerung durchgesetzt und in den Ereignissen von Hoyerswerda und Rostock ihre Bestätigung gefunden.[90]

Die Analyse der Entwicklung der Gewalteskalation stützt jedoch eine solche Einschätzung nicht. Wenngleich der Ursprung der Gewalt schwer zu rekonstruieren bleibt, so zeigt doch die Anzahl der Straftaten, daß nach Hoyerswerda das Zentrum der Gewalt zunächst im Westen zu finden war und erst 1992 in Richtung Osten wanderte (vgl. Petry 1992). Dort eskalierte die Gewalt nach den Anschlägen in Rostock noch einmal erheblich. Schließlich pendelte sie sich in beiden Teilen Deutschlands auf einem hohen Niveau ein, wobei zwar im Westen insgesamt mehr Anschläge verübt wurden, deren relative Zahl - gemessen an der Bevölkerungsstärke - aber geringer war als im Osten (Bundesminister des Innern 1992: 75f.).

---

89 FR 24.11.1992 "Generalbundesanwalt sucht rechte Mörder"

90 Brigitta Huhnke stellt bei der Analyse von 'Bild am Sonntag' und 'Der Spiegel' fest, daß beide Medien schon 1991 die Ostdeutschen als besonders fremdenfeindlich und gewalttätig darstellten (vgl. Huhnke 1993).

Die spontan aufkommenden Lichterketten, die auffälligerweise fast ausschließlich im Westen der Republik entstanden, können ebenso als ein Versuch gewertet werden, das beschädigte Selbstbild der Westdeutschen zu erneuern:

"Die Verurteilung der Angriffe, die Teilnahme an Lichterketten, ermöglichten eine Art Buße für die Ausschließung der Flüchtlinge. Die Abgrenzung von den Ostdeutschen, die in diesen Demonstrationen lag, tat ein übriges: gegen die Verhältnisse im Osten bewiesen die Lichterketten die Existenz der westdeutschen Demokratie und die Abwesenheit von 'Ausländerfeindlichkeit' im Westen." (Räthzel 1997: 215)

Die Reaktion auf den Anschlag in Mölln macht deutlich, daß die westdeutsche Bevölkerung die fremdenfeindlichen Anschläge dazu nutzte, ihr altes Selbstbild gegenüber den Ostdeutschen fortzuschreiben. So entstand über die Asylrechtsdebatte und der in ihrem Verlauf eskalierenden Gewalt ein "flexibles Verhältnis von Einheit und Abgrenzung zwischen West- und Ostdeutschen. Je nach Situation tritt die Einheit oder der Unterschied in den Vordergrund. So können unterschiedliche Identitäten (Ost und West) erhalten bleiben, ohne daß sie zu einem völligen Verlust des gesellschaftlichen Zusammenhangs führen" (Räthzel 1997: 216).

Die Funktionalisierung der eskalierenden Gewalt hatte antagonistische Auswirkungen: Sie diente sowohl der Konstituierung eines gesamtdeutschen Wir-Gefühls als auch der Abgrenzung der westdeutschen von der ostdeutschen Bevölkerung. In jedem Falle wurde ihr hierdurch eine besondere politische Bedeutung zugeschrieben. Die darin implizit enthaltene Aufwertung entging den Jugendlichen nicht und führte zur Veränderung ihrer Selbstwahrnehmung vom stigmatisierten Objekt zum kollektiven Akteur. Die Diskursebene der Medien spielte hierbei eine herausragende Rolle, wie die folgende Analyse zeigen wird.

5. Skinheads im Spannungsfeld von Stigmatisierung und Faszination

Während die rechtsorientierten Jugend- und Skinheadcliquen auf der politischen Diskursebene funktionalisiert wurden und demnach vorrangig als Objekte eingebunden waren, gewannen sie über die Medien einen völlig neuen Status. Die politische und die mediale Ebene sind hierbei gegeneinander verschoben. Anfänglich wiesen beide Diskursebenen in ihrer Entwicklung und Argumentation beim Thema 'Einwanderung/Flucht/Asyl' und 'rechtsorientierte Gewalt' viele Parallelen auf. Hier wie dort war das Thema bis Mitte der achtziger Jahre durch die Diskussion über den Umgang mit den ArbeitsmigrantInnen beherrscht. Im Vordergrund standen vor allem Menschen türkischer Herkunft, die für soziale Mißstände verantwortlich gemacht wurden (vgl. Ruhrmann 1993: 197).[91]

Nach dieser Phase gewannen asylpolitische Themen, die bis zum Ende der Dekade in immer dramatischeren Bildern und Metaphern dargestellt wurden, an Bedeutung. Gleichzeitig wurden Fälle angeblichen Mißbrauchs sozialer Leistungen geschildert und hierdurch die richtigen von den 'Scheinasylanten' geschieden (vgl. Huhnke 1993: 229).[92]

Erst im Frühjahr 1991 wurde die Asylpolitik wieder thematisiert und rückte bis Mitte des Jahres ins Zentrum des Interesses.

Während auf der politischen Diskursebene noch mehrheitlich die Meinung vertreten wurde, daß nicht die Zuwanderung, sondern die Bearbeitung der Anträge das 'Problem' sei, sahen Medien wie 'Der Spiegel' und 'Bild' die Asylsuchenden schon als existentielle Bedrohung (vgl. Quinkert/Jäger 1992: 4). Im politischen Diskurs dauerte es noch einige Monate, bis die Unionsparteien diese Darstellung übernehmen und weiter skandalisierten.

Zwischen beiden Diskursebenen war also eine Ungleichzeitigkeit entstanden. Sie sind im wesentlichen auf unterschiedliche Strukturzwänge zurückzuführen: so ist es bei Parteien und PolitikerInnen der Druck der Wiederwahl, für die Medien sind hingegen wirtschaftliche Zwänge ausschlaggebend für Inhalt und Art der Präsentation ihrer Themen. Nach Uwe Sander ist das Diktat der Schnelligkeit und Authentizität ein wichtiges mediales Gestaltungskriterium (vgl. Sander 1994: 283). Zudem muß ein Medium auch die spezifischen Interessen seiner Klientel bedienen, was zu einer Kontinuität der politischen Perspektive und Art der Darstellung zwingt.

> "Wenn Medien über Gewalt berichten, verändern sie die gezeigte Gewalt, indem sie sie veröffentlichen. Damit ändert sich aber auch die Qualität der Gewalt (sie wird legitimiert, kritisiert, vielleicht zum Vorbild), und damit verändert sich auch das, was diese Gewalt im weiteren an Reaktion nach sich zieht." (Sander 1994: 284)

Dieser Prozeß läßt sich deutlich bei der eskalierenden Gewalt während der Asylrechtsdebatte beobachten. Dabei zeigen unterschiedliche Analysen der Zeitung 'Bild', daß die Deutungsperspektive den Lesenden nicht nur über die Art der konkreten Darstellung und Interpretation der Ereignisse vorgegeben wurde, sondern ebenso durch die Einbindung dieser Artikel in den Gesamtzusammenhang der Asylproblematik (vgl. Quinkert/Jäger 1992; Huhnke 1993; Ohlemacher 1996). Schon bei der Schilderung der Ereignisse von Hoyerswerda am 23. September 1991 wird dieser Zusammenhang erkennbar. Sie fällt zusammen mit der ab Mitte September einsetzenden Serie 'Asylanten im Revier: Wer soll das bezahlen?', in der die 'Bild'-JournalistInnen über mehrere Wochen ein Horrorszenario der Zuwanderung ausmalten. Sie wurde

---

91 Georg Ruhrmann untersuchte die Darstellung von 'Ausländern' in 13 deutschen Tageszeitungen, 3 deutschen Wochenzeitungen und 2 deutschen Illustrierten im Jahre 1986.

92 Brigitta Huhnke untersuchte die Wochenzeitungen 'Bild am Sonntag' und 'Der Spiegel' im Zeitraum von 1986 bis 1993.

mit naturalisierenden Metaphern wie 'Strömen', 'Fluten' und 'Revier' beschrieben und damit zu einer drohenden Naturkatastrophe stilisiert. Ein solches Ereignis abzuwehren, könnte dann als ein ebenso natürlicher Akt der Verteidigung des eigenen Territoriums interpretiert werden.

Daneben schilderte 'Bild' Fälle von 'Asylmißbrauch', in denen die Asylsuchenden durch ihre angeblichen kulturtypischen Eigenschaften als unzivilisierte Fremdkörper der zivilisierten deutschen Gesellschaft vorgeführt wurden.[93] Parallel zur Serie präsentierte 'Bild' seinen LeserInnen die Entwicklungen auf der politischen Diskursebene. Dabei herrschte die Strategie vor, die Unfähigkeit der Politik angesichts der dramatischen Situation zu betonen. Da 'Bild' in der Asylrechtsfrage mit der Forderung nach einer Asylrechtsänderung die Position des rechtskonservativen Flügels der Unionsparteien vertrat, stand vor allem die noch unentschiedene Union im Kreuzfeuer der Kritik.[94] Deren Zögern setzte Bild die 'Stimme der Bevölkerung' entgegen. Eine von der Zeitung selbst gestartete Umfrage (von angeblich 65 000 Personen) kam zu dem Ergebnis, 98 Prozent der Bevölkerung stimmten für eine Gesetzesänderung (vgl. Bild 21.9.1991).[95]

Dieser kurze Überblick skizziert, wie 'Bild' die Politik angesichts einer dramatischen Bedrohung als handlungsunfähig darstellte und als Gegenpol zu den untätigen Politikern eine homogene, meinungsmäßig geschlossene Bevölkerung konstruierte.

In dieses Ensemble wurden die Berichte über Hoyerswerda eingebunden. So hatte die Ausgabe am Tag nach Hoyerswerda (23. September 1991) den Brandanschlag als Schwerpunktthema,[96] doch war die Berichterstattung in eine Vielzahl von Artikeln über 'AusländerInnen' und Asylfragen eingebettet. Hierdurch wurde bewußt eine ambivalente Haltung gegenüber der Tat geschaffen, was schließlich zu einer Neubewertung der TäterInnen führte. Im zentralen Artikel über den Anschlag "Warum dieser Haß in Hoyerswerda" wurde zunächst die Abscheu vor der Tat formuliert und mit der Beschreibung der martialisch auftretenden Skinheads unterstrichen. Gleichzeitig beschrieb der Autor jedoch auch die Tristesse des Ortes und die Angst der jungen TäterInnen vor Arbeitslosigkeit. In der selben Ausgabe kommentierte ein CSU-Politiker die "Jagd auf Ausländer" (Titel) und entschuldigte sie quasi damit, daß die Bevölkerung durch die 'Asylantenströme' überfordert sei, was mit Fremdenfeindlichkeit aber nichts zu tun habe. Zudem erschien ein weiterer Artikel der Serie 'Asylanten im Revier', der behauptete: "Wir sind dem An-

---

93 Vgl. Bild 19.9.1991: "Der bärtige Vesko: 1000 Mark für zwei Ehefrauen und eine Tochter" (In: Quinkert/Jäger 1992: 15).

94 Vgl. Bild 26.9.1991: "Die Asyl-Versager" Darin: "Die Politik versagt und versagt und versagt. Die Union wollte immerhin das Grundgesetz ändern. Gestern erfuhren wir: Sie will das Grundgesetz nicht ändern" (In: Quinkert/Jäger 1992).

95 Die Frage in Bild 21.9.1991: "98 Prozent dafür" lautete: "Soll das Grundgesetz geändert werden, um den Asylantenstrom zu stoppen?" (In: Quinkert/Jäger 1992)

96 Alle aufgeführten Artikel der Zeitung Bild sind Quinkert/Jäger 1992 entnommen.

sturm nicht mehr gewachsen" (Titel). Ebenso wurden die Bild-LeserInnen an diesem Tag auch über die Enttarnung eines italienischen 'Pizza-Königs' aus Dortmund als Mafia-Boß informiert.[97]

Diese Mischung der Artikel am 'Tag danach' vermittelte unterschwellig, aber unverkennbar ein Verständnis für die Tat und bescheinigte den TäterInnen, nicht aus fremdenfeindlichen Motiven, sondern aus einer Art Notwehr heraus gehandelt zu haben. Die 'Bild'-Zeitung hatte bis zu diesem Zeitpunkt ein Spannungsfeld zwischen angeblich handlungsunfähigen PolitikerInnen und einer Bevölkerungsmehrheit, die darauf wartet, daß endlich gehandelt wird, konstruiert. Damit suggerierte sie ein handlungspolitisches Vakuum, das nun von den jugendlichen Skinheads passend gefüllt wurde.

Somit hatte sich schon zu einem relativ frühen Zeitpunkt, als die Asylrechtsdebatte langsam in den Mittelpunkt des politischen Diskurses rückte, ein Darstellungsmuster entwickelt, in dem den Skinheads nicht nur Verständnis entgegengebracht, sondern diese Gruppe gleichzeitig als einziger aktiver Akteur konstruiert wurde.[98]

Ähnliche Darstellungsmuster waren auch in anderen Medien zu finden. Hierzu zählen insbesondere die vielen Fernsehreportagen, die in dieser Zeit gedreht wurden. Noch eindrucksvoller und authentischer als die Printmedien führten sie die Jugendlichen im Spannungsfeld zwischen passiver Politik, den Ängsten der Bevölkerung und ihrer als (besonders in Ostdeutschland) hoffnungslos dargestellten Situation vor:

> "Die von den Medien verbreiteten Antworten sollten zusätzlich das Spektakuläre der Ereignisse dokumentieren und ihre Ungeheuerlichkeit moralisch anprangern. Jugendliche erklärten offen und bereitwillig, selber beteiligt gewesen zu sein, weil in Deutschland kein Platz für Ausländer sei. Erwachsene bezeugten mehr oder minder versteckt ihr Sympathie und strapazierten dieselben stereotypen Erklärungsmuster. (...) 'Schuld sind so die Opfer', diese Botschaft wurde ständig medial verbreitet, wenn auch häufig als Anklage gegen die Täter." (Sander 1994: 280f.)

Selten folgten den Äußerungen der Jugendlichen sachliche Auseinandersetzungen mit der realen Situation der Flüchtlinge oder dem offensichtlich falsch konstruierten Zusammenhang zwischen Migration und Arbeitslosigkeit. Damit blieb die Handlungslogik der TäterInnen unangetastet. Statt dessen wurden die gewalttätigen Jugendlichen entweder als hoffnungslose, etwas tumb agierende Randseiter stigmatisiert oder die Ursachen ihres fremdenfeindlichen Handelns in mißlichen Familien- oder Arbeitssituationen gesucht.

Indem hierdurch die Tat, nicht aber das Motiv verurteilt wurde, signalisierten auch diese Berichte, daß rechtsextreme GewalttäterInnen auf allge-

97 Bild 23.9.1991: "Dortmund: Pizza-König als Mafia Boß!" (Quinkert/Jäger 1992)

98 'Bild' etabliert dieses Muster in fast allen Artikeln über Brandanschläge (vgl. Ohlemacher 1996).

meingültige Wirklichkeitsdeutungen bauen konnten, also gewissermaßen 'nur' etwas über das Ziel hinausschossen.

Oliver Brüchert zeigt bei seiner Analyse einer "Panorama"-Sendung, wie eine weitgehend unkommentierte Schilderung rechtsextremer Skinheads in eine Selbstinszenierung dieser Jugendlichen als mutige Kämpfer mündet und sich schließlich zur Darstellung der Figur des negativen Helden verdichtet. Hierbei wird deutlich, daß die Inszenierung einer brutalen Männlichkeit gleichzeitig Stoff für Empörung als auch für Faszination liefert:

> "Inszenierte Empörung ist das notwendige Gegenstück, mit dem sich die Selbstinszenierung als gewalttätig (und leider auch gewalttätiges Handeln) über die Grenzen der peergroup hinaus als sozial bedeutungsvoll darstellen kann. Und damit leisten derartige Fernsehreportagen eine zweite Mystifikation; sie erheben dumpfe Männerphantasien und wirren Heroismus in den Rang politischer Konflikte und stilisieren die Akteure zu negativen Helden am Rande der Gesellschaft hoch." (Brüchert 1997: 90f.)[99]

Die Medienanalysen machen deutlich, daß die TäterInnen einerseits für ihre Taten öffentlich verurteilt und stigmatisiert wurden. Gleichzeitig schwingt jedoch auch ein gewisses Verständnis für ihre Motive mit. Darüber hinaus gaben viele Reportagen den Jugendlichen die Möglichkeit, sich als mutige Kämpfer und entschlossene politische Akteure zu inszenieren.

6. Resümee

Der Ritualtheorie Victor Turners folgend, habe ich den Vereinigungsprozeß als soziales Drama dargetellt. Hierbei ging es mir weniger darum, die Ursachen der Entwicklung zu erforschen. Vielmehr bemühte ich mich, ihn als einen Aushandlungsprozeß unterschiedlicher gesellschaftlicher Akteure zu beschreiben.

1989 betraten ganz unterschiedliche Gruppen die zeitgeschichtliche Bühne und zwangen so das Regime der DDR zur Aufgabe ihres Führungsanspruches. Es entstand eine Atmosphäre der Offenheit und Hoffnung, in der neue gesellschaftliche Entwürfe diskutiert und verworfen wurden sowie neue Kommunikationsformen entstanden. Dieser aufkeimende Aushandlungsprozeß um neue kulturelle Bedeutungen und Selbstverständlichkeiten besaß allerdings keine großen Zukunftschancen: der Wunsch eines Großteils der DDR-Bevölkerung nach einer deutsch-deutschen Vereinigung sowie die massiv einsetzende Intervention Westdeutschlands setzten ihn von der Ta-

99 Z.B.: Der Film "Die Glatzen von Spremberg" weist schon in der Anfangssequenz auf die Trostlosigkeit des Ortes hin. Hohe Arbeitslosigkeit einerseits, viele Flüchtlinge andererseits. Mitten in diese Trostlosigkeit wird Sven, der Skinhead eingeblendet. Er inszeniert sich als tatkräftiger junger Mann, der das Schicksal der Stadt in die Hand nehmen will (vgl. Brüchert 1997).

gesordnung. Danach überstürzten sich die Ereignisse, bis der Umstrukturierungsprozeß mit der staatlichen Vereinigung sein vorläufiges Ende fand.

Die liberal-konservative Regierungskoalition köderte die DDR-Bevölkerung mit dem Versprechen auf baldigen Wohlstand, denn der Preis für die schnelle Vereinigung war augenscheinlich hoch. Die gesellschaftlichen und politischen Strukturen der alten Bundesrepublik wurden vollständig übernommen, keine der sozialen Errungenschaften der ehemaligen DDR fand hier Eingang. Das bedeutete einen vollständigen Bruch mit der bisherigen Lebenswirklichkeit, ihren Orientierungen und Arrangements für die alte DDR-Bevölkerung.[100]

Mit der Vereinigung wurden zwar die gesellschaftlichen Strukturen vereinheitlicht, doch keine gemeinsamen Bedeutungen ausgehandelt. Somit blieb das so hoffnungsvoll begonnene soziale Drama unvollendet. Es entstand eine neue Nation, die unterhalb der strukturellen Einheit in zwei Teile zerfiel. Die Lebenswirklichkeiten der Menschen in Ost und West blieben weiterhin verschieden, gemeinsam geteilte Werte fehlten. Zugleich mußte der Versuch der Regierungskoalition, das alte nationale Selbstbild in der neuen Republik zu installieren, zwangsläufig scheitern, da die DDR als negative Folie weggebrochen war. Als schließlich auch der erhoffte Wirtschaftsaufschwung ausblieb, suchte sie eine neue Legitimationsbasis und fand sie in der Inszenierung der Asylrechtsdebatte. Mit ihr wurde ein Aushandlungsprozeß über ein neues gesamtdeutsches Selbstverständnis in Gang gesetzt, indem die Ängste gegenüber Fremden geschürt und ein ethnisch fundiertes Wir-Gefühl erzeugt wurde.

In dieser Zeit betrat ein neuer kollektiver Akteur die politische Bühne. Überall in der Bundesrepublik entstanden rechtsorientierte Jugend- und Skinheadcliquen, die durch ihr martialisches Auftreten und fremdenfeindliche Gewalt auf sich aufmerksam machten. In Gruppen inszenierten sie sich auf öffentlichen Straßen und Plätzen. Dem Erschrecken vor dieser neuen Entwicklung folgte jedoch nicht eine Kursänderung in der Asylrechtsdebatte, sondern das Gegenteil: Die fremdenfeindlichen Taten wurden zur Dramatisierung der Situation verwendet, denn in den Augen der konservativen PolitikerInnen bewiesen sie die untragbaren Zustände einer übermäßigen Zuwanderung. Dieser Umgang machte die Jugendlichen zu Katalysatoren der Debatte. Die Art der Darstellung in den Medien lieferte (vor allem in Verbindung mit der einsetzenden sozialen und wirtschaftlichen Krise sowie der laufenden Asylrechtsdebatte) ein Bild, in dem die jugendlichen TäterInnen als die einzigen AkteurInnen in einem ansonsten handlungspolitischen Vakuum auftraten. Im Aushandlungsprozeß um ein neues nationales Selbstbild avancierten die Jugendlichen zu einer bedeutungsvollen Communitasgruppe,

100 Hierin liegt sicher der Erfolg der PDS, denn sie verweist immer wieder auf die unterschiedlichen Bedürfnisse und die sozialen Errungenschaften der ehemaligen DDR.

die auf die Geschehnisse über ihre spezifischen Artikulationsformen großen Einfluß nahm.

Über die Medien hatte sich somit schon frühzeitig, noch bevor die Asylrechtsdebatte im vollen Gange war, ein Identifikationsangebot für männliche Jugendliche entwickelt, dem nur noch eine größere Resonanz fehlte. Warum gerade der Skinheadkult als Promoter gesellschaftspolitischer Entwicklung geeignet war, zeigt die folgende Analyse seiner Inhalte und Entwicklung in Deutschland.

IV. Die Entwicklung des Skinheadkultes in Deutschland und seine gesellschaftspolitische Bedeutung

1. Die Verbreitung des Skinheadkultes vor der deutsch-deutschen Vereinigung

Entstehung und Bedeutung des Skinheadkultes sind nur im Rahmen der britischen Nachkriegszeit zu verstehen.[101] Hier stellte er eine von vielen Jugendkulturen dar, in der sich die ArbeiterInnenjugendlichen als Antwort auf die Umwälzungen der Produktionsbedingungen artikulierten. Bei der Übernahme des Kultes in Deutschland trat seine ursprüngliche Bedeutung als eine Ausdrucksform junger ArbeiterInnen in den Hintergrund und wurde auf die rechtsextreme Bedeutung reduziert.

Nach dem Niedergang der ersten Skinheadgeneration Ende der 60er Jahre entwickelte sich in den 70er Jahren mit der aufkommenden Punkbewegung eine zweite Skinheadgeneration. Hier standen zunächst die Streetpunkbands im Mittelpunkt des Kultes. Die Konzerte bildeten, neben den Fußballstadien und Stammkneipen, nicht nur einen weiteren Treffpunkt, sondern förderten mit ihren Liedern eine inhaltliche Identifikation mit dem Kult. Hier wurden wichtige Erfahrungen und Ereignisse aus dem Leben der Jugendlichen besungen und so rudimentäre Formen einer Skinheadmoral manifestiert. Mit dem Niedergang der gemäßigten Richtung, die durch '2 Tone Labels' und die OI!-Bewegung symbolisiert wurde (vgl. Farin 1997: 44f.), entstand innerhalb des Skinheadkultes ein Vakuum. Hiervon profitierten Bands, die offen mit der rechtsextremen National Front (NF) kooperierten, wie u.a. das 'White Noise-Label', das zwischen 1983 und 1984 seine größten Erfolge erzielte (vgl. Nevill 1994).

Dieser Höhepunkt der rechtsextremen Skinheadmusik in England fiel mit der Verbreitung des Skinheadkultes in Deutschland zusammen. Die ersten Skinheads waren zwar schon Ende der siebziger Jahre vereinzelt anzutreffen, doch hatte sich der Kult noch nicht zu einer Szene verdichtet. Erst als er Anfang der achtziger Jahre international bekannt wurde, schwappte er auch als neue Jugendkultur nach Deutschland und fiel dort auf fruchtbaren Boden.

Besonders die deutschen Fußballfans zeigten sich für den aufkommenden Skinheadkult empfänglich, da seine Inhalte jenen der Fans glichen. Für beide Gruppen war der Fußballplatz der zentrale Aufenthaltsort. Hier wurde

101 Die Entstehung und Entwicklung des Skinheadkultes in England werden ausführlich in Kapitel II.2. beschrieben.

mit der Mannschaft gelitten und für sie geschrien und gekämpft. Ebenso wie beim britischen Skinheadkult der sechziger Jahre eskalierte die Gewalt in deutschen Stadien seit Ende der siebziger Jahre zusehends. Schon bald gehörte sie bei Fußballspielen zur unvermeidlichen Begleiterscheinung, da die bisherigen ritualisierten Formen der Selbstbeschränkung offenbar immer mehr in den Hintergrund traten (vgl. Weis 1981).[102] Gewalt wurde auch beim harten Kern der deutschen Fußballfans nun zur zentralen Verhaltensform. Zudem zeigte die Gruppenmoral deutliche Parallelen. Zusammengehörigkeit, Mut, Härte und Verläßlichkeit waren sowohl bei den britischen Skinheads als auch bei den deutschen Fanclubs zentrale Normen und Werte.

Mit der Veränderung der Fankultur während der achtziger Jahre ging auch deren schleichende Politisierung einher. Sie hat ihren Hintergrund in der deutlich zunehmenden Akzeptanz von rechts-nationalen und rechtsextremen Einstellungen innerhalb der Bevölkerung. Diese Entwicklung stellte ein schichtenübergreifendes Phänomen dar und wurde in ganz unterschiedlichen Formen sichtbar. Neben dem verstärkten Rechtsterrorismus durch Wehrsportgruppen und neonazistischen Organisationen, wie die von Michael Kühnen gegründeten ANS/NA und FAP[103] (vgl. Rosen 1988: 49ff.), artikulierten zunehmend auch etablierte gesellschaftliche Gruppen rechtsradikale Einstellungen. So plädierten 1981 fünfzehn Hochschullehrer in einem 'Heidelberger Manifest' für die Reinhaltung des Volkes, indem sie vor einer Integration 'nichtdeutscher Ausländer' warnten (vgl. Paul 1981: 31). Wenige Jahre später lösten deutsche Historiker mit der Propagierung revisionistischer Theorien den 'Historikerstreit' aus (vgl. Kap. III.3).

Auf der parteipolitischen Ebene errangen die rechtsextremen Parteien DVU und 'Republikaner' beachtliche Erfolge (vgl. Kap. III.3) und zogen gegen Ende der achtziger Jahre in mehrere Landtage ein. Hier manifestierten sich Tendenzen, die die 'Sinus'-Studie von 1981 ("Fünf Millionen Deutsche: 'Wir sollten wieder einen Führer haben'") offenbart hatte: sie diagnostizierte bei ca. 37% der Wahlbevölkerung einen Kulturpessimismus, der zum großen Teil antipluralistische und antidemokratische Züge trug.

Die jugendlichen Skinheads und Fußballfans fanden ihre eigenen Artikulationsformen, skandierten in den Stadien immer häufiger antisemitische bzw. fremdenfeindliche Parolen. Gleichzeitig ersetzten die Jugendlichen die typi-

---

102 Provokation und gegenseitige Denunziation, die in handgreiflichen Auseinandersetzungen endeten, gehörten schon immer zur traditionellen Fankultur. Doch eine Selbstbeschränkung bzgl. der Waffen und der Gewalt verloren seit den achtziger Jahren zunehmend an Bedeutung (vgl. Weis 1981).

103 Michael Kühnen fiel seit den siebziger Jahren durch die Propagierung rechtsextremer und neonazistischer Ideologie auf. Er war bis zu seinem Tod in mehreren Gruppen aktiv und gründete in den achtziger Jahren die ANS (Aktionsfront Nationaler Sozialisten/Nationale Aktivisten). Nach deren Verbot gründete er die Organisation FAP (Freiheitliche deutsche Arbeiterpartei). Sie wurde Mitte der neunziger Jahre verboten.

sche Fankleidung langsam durch das Skinheadoutfit. In Doc Martens, Jeans und Bomberjacke gekleidet, dominierten die Skinheads bald die Fankurven.

Ebenso wie zuvor in England versuchten neonazistisch orientierte Organisationen wie die von Kühnen geführte ANS/NA gezielt in den Fußballstadien für ihre Gruppen zu werben. Doch ließen sich die Jugendlichen nur vereinzelt in die feste Organisationsstruktur einbinden. Diese Tatsache wird auch heute noch als Beleg für die These angeführt, viele Jugendliche setzten die Parolen und Symbole lediglich zur Provokation ein, ohne hierbei konsistente Ideologien zu vertreten (vgl. Pilz/Sengebusch 1989: 83). Demgegenüber soll im folgenden durch die Rekonstruktion der Entwicklung des Skinheadkultes die These belegt werden, daß die Jugendlichen durch die Übernahme des Skinheadkultes eine spezifische politische Artikulationsform entwickelten.

Die Nähe der Skinheadkultur zur Fankultur macht plausibel, warum die Skinheads insbesondere verstärkt in den Fußballstadien auftraten. Die Übernahme des britischen Jugendkultes erfolgte, als nicht nur die Fankultur gewalttätiger und politischer wurde, sondern auch innerhalb der Gesamtbevölkerung die Akzeptanz bezüglich rechter Orientierungsmuster stieg. Hierin ist eine der Ursachen für die frühe Politisierung der Skinheads in Deutschland zu suchen. Dazu kommt, daß den Jugendlichen die ursprüngliche Bedeutung des aus der Arbeiterklasse hervorgegangenen Skinheadkultes selten bewußt war. Sie knüpften an die zweite Skinhead-Generation an und konnten deswegen leicht einen Zusammenhang zwischen ihren rechten Einstellungen und dem Skinheadkult herstellen (vgl. Farin 1997).

Zeigte der britische Kult noch eine gewisse Heterogenität, indem er sowohl traditionelle Wurzeln als auch Punkelemente miteinander verband, so ging diese Heterogenität mit der Verbreitung in Deutschland gänzlich verloren, da sich ein Großteil der Skinheads von Anfang an stärker dem rechten politischen Spektrum zuordnete. In diesem politischen Zusammenhang wurden sie in der deutschen Öffentlichkeit wahrgenommen. Eine Perspektive, die auch dann erhalten blieb, als sich gegen Ende der achtziger Jahre mit den SHARP-Skins[104] eine explizit antirassistische Variante der Skinheadkultur ausbreitete. Zahlenmäßig schwach vertreten und weniger spektakulär in ihrem Verhalten, sind die SHARPs zwar bis heute ein beständiger, aber kaum wahrgenommener Teil der Skinheadkultur.

Demgegenüber gerieten die rechtsextremen Skinheads während der achtziger Jahren immer wieder in das Blickfeld der Öffentlichkeit. Die zunehmende Popularität war unter anderem auch der steigenden Radikalisierung des Kultes geschuldet, die sich nicht nur an den Gewalttaten, sondern auch an

104 Die SHARP-Bewegung - Skinhead Against Racial Prejudice - versteht sich ausdrücklich als antirassistisch. Sie entstand Mitte der achtziger in New York (vgl. Marshall 1991: 138f.).

kultimmanenten Entwicklungen ablesen ließ. Ebenso wie in Großbritannien gruppierte sich der Skinheadkult in Deutschland vor allem um die Musik. Ein Überblick über die Entwicklung der Skinheadmusik während der achtziger Jahre zeigt deutlich eine zunehmende Radikalisierung der Szene.[105]

Zu Beginn der Entwicklung hielten sich rechtsorientierte und unpolitische Bands die Waage. Zu dieser Zeit gab es einige unpolitische Skinheadbands, wie 'Springtoifel', 'Cotzbrocken' und 'Oberste Heeresleitung' (OHL), die überwiegend szenespezifische Lieder vertonten. Sie waren bis Mitte der achtziger Jahre bei Fußballfans und Skinheads gleichermaßen beliebt. Erst als ab 1984 ein regelrechter Gründungsboom von Skinheadbands entstand, ging ihr Einfluß zugunsten rechtsorientierter Bands zurück. So gab es Musikgruppen, die wie die 'Böhsen Onkelz' nationalistische und fremdenfeindliche Lieder sangen. Die Band 'Kraft durch Froide' galt hingegen schon damals eindeutig als rechtsextrem und hatte über ihren Schlagzeuger Andreas Pohl[106] auch personelle Kontakte zum organisierten rechtsextremen Lager.

Gleichzeitig setzte in der Szene eine Professionalisierung der Vertriebsstrukturen ein. Sie ist auf das zunehmende Engagement des deutschen Plattenlabels 'Rock-O-Rama' von Herbert Egoldt zurückzuführen. Bis Mitte der achtziger Jahre beschränkte sich die Verbreitung der Skinheadmusik auf Konzerte und privat produzierte Demotapes. Als schließlich 'Der nette Mann', die erste LP der 'Böhsen Onkelz', verlegt wurde, begann hiermit nicht nur eine rasche Verbreitung der Skinheadmusik, sondern auch der beispiellose Aufstieg des Plattenlabels 'Rock-O-Rama' zum international größten Vertrieb rechtsorientierter Rockmusik.

Ermutigt durch seine ersten Erfolge fing Herbert Egoldt an, vermehrt rechtsorientierte Gruppen aus dem In- und Ausland zu verlegen (vgl. Farin 1997: 219). Hierbei profitierte er auch vom Niedergang des 'White Noise-Labels' im Zuge der Spaltung der National Front.[107] Die dort vertretenen Bands fanden nun bei 'Rock-O-Rama' eine neue Vertriebsmöglichkeit. Die englischen 'White Power-Bands' mit ihrem unzweideutigen Rassismus wurden in Deutschland mit Begeisterung aufgenommen. Insbesondere Ian Stuart, der Kopf der Band 'Skrewdriver', der bei 'Rock-O-Rama' 22 Alben veröffentlichte, wurde zur Galionsfigur der deutschen und europäischen Rechtsrockszene und trug sicherlich zum Rechtsruck der deutschen Skinheadszene bei (vgl. Fahr 1995: 92).

---

105 Ich folge hier im wesentlichen der Analyse von Christoph Mengert (Mengert 1994), die ich durch meine eigenen Erfahrungen ergänze.

106 Nachdem sich 1987 die Band 'Kraft durch Froide' auflöste, arbeitete Andreas Pohl für die Nationalistische Front, bei der er Führungspositionen inne hatte (vgl. Mengert 1994: 73f.).

107 Viele der 'White Power Bands' verließen das Label auch aus politischen Gründen. Die meisten waren glühende Verehrer des Nationalsozialismus sowie Rassisten und wollten der 'nationalrevolutionären Wende' der National Front nicht folgen.

Die zunehmende Kommerzialisierung führte zu einer beispiellosen Verbreitung des Rechtsrocks. Überall in Deutschland entstanden neue Bands mit begeisterten Fangruppen. Christoph Mengert machte für den Zeitraum von 1987 bis 1989 fünfzehn Neugründungen nationalistischer oder neonazistischer Bands aus, während bei den unpolitischen Skin-Bands keine einzige neue Gruppe zu verzeichnen war (vgl. Mengert 1994).[108] Den staatlichen Kontrollorganen entging der Boom dieser Musikrichtung. So waren bis Ende der achtziger Jahre lediglich drei Indizierungen durch die Bundesprüfstelle für jugendgefährdende Schriften (BPjS) zu verzeichnen (vgl. Mengert 1994: 67). Die Auswahl der Platten beruhte jedoch offensichtlich auf weitgehender Unkenntnis der Inhalte, da zwei der indizierten Platten von den Bands 'Cotzbrocken' und 'Oberste Heeresleitung'[109] stammten, die eindeutig unpolitische Inhalte vertraten. Lediglich die Platte 'Der Nette Mann' von den 'Böhsen Onkelz' wies fragwürdige Inhalte auf. Doch angesichts der Tatsache, daß es zu dieser Zeit schon Gruppen gab, die offen den Nationalsozialismus verehrten, erschien das Verbot dieser Platte wenig plausibel und war vorrangig auf das große Interesse der Medien an den 'Onkelz' zurückzuführen.[110]

Der Überblick zeigt, daß sich die Skinheadkultur im Laufe der achtziger Jahre immer stärker radikalisierte. In dieser Zeit entstanden viele Bands, die rechtsextreme und nationalsozialistisch orientierte Inhalte propagierten und hiermit viele Jugendliche ansprechen konnten. Der Öffentlichkeit und den staatlichen Kontrollorganen blieb diese Entwicklung weitgehend verborgen. Dies war um so erstaunlicher, da die Jugendlichen in den Fußballstadien verstärkt durch rechte Parolen und rechtsextrem motivierte Gewalt auffielen. Doch ganz offenbar wurde hier der Zusammenhang zwischen beiden Phänomenen ignoriert und die rechtsextreme Artikulation lediglich als jugendlicher Protest eingestuft. Demgegenüber zeigt die Entwicklung des Skinheadkultes, daß das Verhalten der Jugendlichen nicht auf einem spontanen Aufgreifen provokativer Artikulationsformen beruhte, sondern in einer Jugendkultur gründete, die ein breites informelles Netzwerk besaß und hierüber genau jene Einstellungen vermittelte, die diesem Verhalten zugrunde lagen. Nur vor diesem Hintergrund kann erklärt werden, warum die Fan- und Skinheadszene 'plötzlich' Ende der achtziger Jahre radikaler wurde (vgl. Pilz/Sengebusch

108 Die Zahlen sind sicher nicht vollständig, da viele Bands auf lokaler Ebene gegründet wurden und nicht zu erfassen sind, doch geben sie eine zunehmende Rechtsorientierung der Skinheadszene wieder.

109 Offensichtlich ließen sich die Verantwortlichen hier vom Namen der Band leiten, der jedoch eine ironisch gemeinte Anspielung ist (vgl. Mengert 1994: 68).

110 Während meiner Untersuchung bin ich oft mit Liedern der 'Böhsen Onkelz' konfrontiert worden. Sie waren gerade wegen ihrer Kultorientierung beliebt. Aber mit Beate Mutthesius gehe ich davon aus, daß die Gruppe kaum als rechtsextrem einzustufen ist (vgl. Mutthesius 1992: 171ff.).

1989: 91)[111] und es in der Nach-'Wende'-Zeit zu einer fremdenfeindlichen und rechtsextrem motivierten Gewalteskalation kam.

2. Die Entwicklung des Skinheadkultes nach der 'Wende'

Ebenso wie in der BRD der achtziger Jahre blieb die Entwicklung der Skinheadszene auch in der ehemaligen DDR weitgehend unbeachtet. Sie verlief fast parallel zu der in der alten Bundesrepublik. Auch hier radikalisierte sich die Szene im Laufe der achtziger Jahre. Da dieses Phänomen jedoch nicht der offiziellen Selbstdarstellung eines antifaschistischen Arbeiter- und Bauernstaates entsprach, war die Politik zunächst bemüht, die Skinheads vollständig zu ignorieren, indem Übergriffe und Verwüstungen jüdischer Friedhöfe offiziell verschwiegen wurden. Erst als der Überfall von ca. 30 Skinheads auf ein Punkkonzert in der Ostberliner Zionskirche am 17. Oktober 1987 von der Westpresse aufgegriffen wurde, war die Regierung gezwungen, die Existenz eines rechtsextrem orientierten Skinheadkultes zuzugeben. Kurz darauf erfolgten staatliche Repressionsmaßnahmen, die auf Bestrafung und Ausgrenzung abzielten (vgl. Lynen von Berg 1994: 105ff.). Die vermehrte Strafverfolgung und der Versuch, die Skinheads aus allen öffentlichen Räumen (z.B. Jugendzentren) zu vertreiben, zwang diese dazu, neue, weniger auffällige Strukturen aufzubauen. Hierbei schlossen sie sich häufig mit den ebenfalls verfolgten und ausgegrenzten neonazistischen Gruppen zusammen, was die Jugendlichen noch stärker ins rechte Lager trieb:

> "Die Gleichung Skin=rechtsradikal ging zusehends auf. Die Tradition der Skinheadkultur wurde für die meisten der in den letzten Jahren der DDR hinzugeströmten 'Neo-Skins' und erst recht für die Mehrheit der 89er 'Wendeskins' unwichtig und nebulös." (Farin 1997: 58)

Auch wenn vor der 'Wende' die meisten Szeneaktivitäten noch mit dem Fußball verbunden waren und der Habitus auffällig viele Elemente des englischen Skinheadkultes aufwies, so war doch deutlich, daß diese nicht mehr im ursprünglichen Bedeutungszusammenhang standen. Die zunehmende Politisierung hatte ihn weitgehend verdrängt und den Kult immer stärker in einen neuen Bedeutungszusammenhang gestellt, der vorrangig durch die politische links-rechts-Dichotomie geordnet wurde.

---

111 Beide Autoren gehen von einem qualitativen Umschlag der Verhaltensformen in der Fan-, Hooligan- und Skinheadszene am Ende der achtziger Jahre aus: "Erstmals scheint es, als seien diese Äußerungen nicht mehr Mittel der Provokation und des 'Auf-Sich-Aufmerksam-Machens'. Sie scheinen mehr und mehr nun auch eine ideologische und politische Dimension zu bekommen." (Pilz/Sengebusch 1989: 91) M. E. zeigt sich hier lediglich die kontinuierliche Verbreitung und Radikalisierung des Skinheadkultes.

Der Kult wurde in der Öffentlichkeit jedoch kaum als ernsthaftes Politikum wahrgenommen und blieb deswegen in dieser Zeit auf den jugendkulturellen Kontext beschränkt. Dies änderte sich kurz nach der 'Wende'. In dieser Zeit kam ein Mechanismus in Gang, der den Jugendkult vom rein jugendkulturellen Kontext weg- und in den politischen Diskurs einführte und damit die bisher eher latente Zuordnung zum rechten Spektrum manifest werden ließ. Die stärkere politische Orientierung des Kultes ließ sich auch hier wieder an der Entwicklung der Musikgruppen ablesen. Von 1990 bis 1993 setzte ein Gründungsboom nationalistischer bzw. neonazistischer Rechtsrockgruppen ein. So erscheinen ca. 35 neue Bands[112] in der Szene, die immer unverhohlener ihre fremdenfeindlichen und rechtsextremen Ansichten zum Ausdruck brachten.[113]

Während sich überall in der Bundesrepublik interessierte Jugendliche bei Konzerten trafen, um die Szene kennenzulernen oder Demotapes, CDs und einschlägige Embleme zu erwerben, machte sich in der deutschen Gesamtbevölkerung eine gesellschaftspolitische Ernüchterung breit. Das Ausbleiben des erwarteten Wirtschaftsaufschwungs sowie die einsetzende Massenarbeitslosigkeit im Osten schien die dem Wohlfahrtsstaat verpflichtete nationale Identität langsam zu unterhölen und die vereinigte Bundesrepublik entlang ihrer alten Grenzen erneut zu spalten. Daraufhin versuchte die Regierungskoalition über die Asylrechtsdebatte die enttäuschten Bürger wieder emotional zu binden. Mit Parolen, die bisher nur von rechtsextremen Organisationen geäußert worden waren, stellte die Regierungskoalition nun die asylsuchenden Flüchtlinge in den Mittelpunkt des politischen Diskurses und machte sie in dieser Situation zur Zielscheibe rechtsorientierter Skinhead- und Jugendgruppen (vgl. Kap. III.4).

Die Veränderungen im politischen Diskurs, die Bedeutungsverschiebung des Skinheadkultes und die Darstellung der rechtsorientierten Jugend- und Skinheadcliquen in den Medien setzte ein Wechselspiel zwischen Inszenierung, Stigmatisierung und Heroisierung in Gang.

---

112 Auch hier gilt, daß die Zahlen lediglich Tendenzen aufzeigen.

113 Im Zeitraum von 1991 bis 1993 werden vor allem nationalistisch orientierte Bands gegründet. Eine weitere interessante Entwicklung: Mit zwölf neugegründeten Bands ist hier die größte Zuwachsrate unpolitischer Bands seit Bestehen des Skinheadkultes in Deutschland zu verzeichnen (vgl. Mengert 1994). Beide Entwicklungen sind m. E. auf die ab 1992 einsetzende Strafverfolgung zurückzuführen. Sie bewirkte einerseits eine Polarisierung der Szene, andererseits eine Entschärfung der Texte, um einer Indizierung und Strafverfolgung zu entgehen.

3. Von der Stigmatisierung zur Selbststigmatisierung

Die Kontinuität des Skinheadstiles läßt vermuten, daß er eine Bedeutungsebene beinhaltet, die über den jeweils aktuellen gesellschaftspolitischen Horizont hinausweist. Dies impliziert, daß die kollektive Handlungsmotivation einer spezifischen Klasse, wie sie die Cultural Studies bei den ArbeiterInnenjugendlichen voraussetzen, durch eine individuelle ersetzt werden muß. Daran anschließend läßt sich zeigen, wie zunächst individuelle Handlungsmuster in bestimmten gesellschaftlichen Situationen wieder zu kollektiven Handlungsabläufen synthetisiert werden. In diesem Zusammenhang kann - so meine These - die Entstehung von Jugendkulturen auch eine Form von Stigma-Management darstellen.

Goffman versteht darunter zunächst nur den individuellen Umgang mit persönlich erfahrenen Stigmata. Sie werden durch Abweichungen von der kollektiven Norm erzeugt und rufen im abweichenden Subjekt Fremdheitsgefühle hervor. Art und Ausprägung eines Stigmas können nicht an sich definiert werden, sondern nur in Zusammenhang mit der jeweiligen dominierenden kollektiven Norm. Über sie wird den Menschen eine Abweichung zugeschrieben, doch ob und wann eine Abweichung als Stigma empfunden wird, hängt zudem auch davon ab, ob das betroffene Subjekt sie für sich als solches definiert.

Die Produktion von Abweichungen ist der kollektiven bzw. gesellschaftlichen Norm immanent, da kein Individuum ihr vollständig genügen kann. Demnach ist jeder Mensch zeitweise Stigmatisierungserfahrungen ausgesetzt, und der Umgang mit Stigmatisierungen, also das Stigma-Management, muß demnach als eine alltägliche Verhaltensform angesehen werden (vgl. Goffmann 1977). Während Goffman vorrangig alltägliche Strategien der Stigmabewältigung im Blick hat, beschäftigt sich Lipp mit jenen Bewältigungsstrategien, die über das alltägliche Stigma-Management hinausgreifen und kulturelle Prozesse in Gang setzen. Er untersucht, warum manche Normabweichungen stärker stigmatisiert sind als andere. Jedes Stigma hat zunächst eine defektive Seite, auf der die konkret feststellbare Abweichung beruht. Sie kann sowohl physische, psychische als auch soziale Abweichungen von der Bezugsgesellschaft implizieren. Hierbei handelt es sich nicht zwangsläufig um zugeschriebene Stigmata, da sie auch von den Individuen bewußt übernommen werden können und somit dem individuellen Identitäts-Management dienen. Die Bedeutung der Abweichung hängt nach Lipp von einer weiteren Dimension ab, nämlich der der Stigmatisierung immanenten Schuldzuweisung. Diese kulpative Dimension bezieht sich auf die Wertzuschreibung.

> "Stigmata implizieren auf dieser Ebene, daß ihre Träger Defekte nicht nur faktisch haben, sondern verantwortlich für sie sind und für sie im Debet stehen. Sie zeigen an, daß Stigmatisierte, eben weil sie Stigmata tragen, offenbar zu Recht gebrandmarkt sind. Differen-

zen zur Normalität - Normalität im Sinne sozialer Alltagsmoral - werden hier nicht hingenommen; sie sind konsequent zu verbüßen. Stigmata erhalten besonderes kulpatives Gewicht erst auf dieser Ebene; indem sie zunächst Mängel: physische, psychische und soziale Defekte zum Ausdruck bringen, erscheinen sie im zweiten Schritt als Indiz, daß diese Mängel verschuldet sind; sie geben der Gesellschaft Anlaß, ihre Träger nicht nur moralisch zu degradieren, sondern sie in Rand-, Grenz- und Absturzlagen auch im Handlungsleben abzudrängen." (Lipp 1985: 98)

Stigma-Management umfaßt demnach sowohl den Umgang mit der stigmatisierten Abweichung als auch der damit zusammenhängenden Schuldzuweisung. Welche 'Schuldmengen' stigmatisierte Merkmale beinhalten, hängt nicht nur vom Grad der realen Abweichung ab, sondern ebenso von ihrer gesellschaftlichen Bedeutung. Wichtig ist nun, wie es einzelnen Mitgliedern einer Gesellschaft gelingt, mit gesellschaftlich stereotyp zugeschriebenen Stigmata fertig zu werden. Schaffen es die Betroffenen nicht, das Stigma und die damit verbundene Schuldzuweisung zu kompensieren, weil die Schuldmenge zu groß ist oder die Gesellschaft keine Kompensationsmöglichkeiten bereit hält, dann nimmt die 'störende' Wirkung zu und die Gesellschaft sucht diese durch verstärkte Stigmatisierung, also Ausgrenzung der Betroffenen, zu kontrollieren. Stigmatisierungen sind demnach auch herrschaftsstabilisierende Kontrollmechanismen, über die unliebsame Abweichungen marginalisiert werden können (vgl. ebd.).

Ein entsprechender Prozeß läßt sich heute im Zusammenhang mit der steigenden Arbeitslosigkeit innerhalb Europas beobachten. Lohnarbeit ist eines der wichtigsten Identifikationsmerkmale für die Mitglieder westlicher Industrienationen. Arbeitslosigkeit schränkt die Betroffenen materiell ein und untergräbt ihr Selbstwertgefühl in erheblichem Maße. Sie ist in westlichen Industrienationen ein besonders gravierendes Schicksal, das viele Menschen in die Isolation und an den Rand der Gesellschaft treibt. Prinzipiell ist Arbeitslosigkeit ein Problem der gesamten Gesellschaft, die es jedoch individualisiert, indem sie die Betroffenen als faul und arbeitsscheu denunziert und dieses Stigma mit sozialer Schuld auflädt. Auf dieser Basis lassen sich weitere gesellschaftliche Sanktionen legitimieren, die wiederum die individuelle Schuldzuweisung verstärken. Mit dem in Deutschland seit 1998 in Kraft getretenen Bewerbungs- und Meldezwang[114] bspw. suchte die Politik die individuelle Schuld an der Arbeitslosigkeit durch verschärfte Kontrollen weiterhin zu vergrößern.

Der Prozeß der Schuldaufladung kann jedoch auch umgekehrt werden. So hatte die Arbeitslosigkeit in den neunziger Jahren eine unübersehbare kollektive Dimension erreicht. Zunehmend bekannten sich vor allem in Frankreich die Betroffenen zur Arbeitslosigkeit. Dieser Akt der Selbststigmatisierung schlug 1997 in eine kollektive Provokation gegenüber dem Staat um und führte zumindest kurzzeitig zu einer Umkehrung sozialer Schuld.

114 Beides wurde nach dem Regierungswechsel 1999 wieder abgeschafft.

Nicht mehr die stigmatisierten Arbeitslosen fühlten sich für ihre Situation verantwortlich, sondern der untätige Staat wurde nun in die Pflicht genommen (vgl. Milan/Mouriaux 1997).[115]

Hierdurch wird die Richtung der Stigmatisierung bzw. Schuldzuweisung umgekehrt und das Stigma von den marginalisierten Rändern in den Mittelpunkt der Gesellschaft gerückt. Wie das französische Beispiel zeigt, kann ein bisher individuell empfundenes Stigma durch die Selbststigmatisierung – also durch die bewußte öffentliche Inszenierung eines Stigmas - auf eine kollektive Ebene gelangen (vgl. ebd.: 128). Die aktive Handlungsposition ist nicht zuletzt Ausdruck dafür, daß die Schuldzuweisung eines Stigmas ein Ausmaß erreicht, das die Identität der Betroffenen massiv gefährdet, die das Stigma nicht mehr verdrängen oder kompensieren können. Die Situation zwingt sie zu neuen Formen des Stigma-Managements.

Doch nur die öffentliche und kollektive Form des Stigma-Managements fordert die Gesellschaft heraus, die eigenen Selbstbilder zu überprüfen und Umdeutungsprozesse in Gang zu setzen:

> "Inhalt derartiger Akte ist es ja, Stigmata - also bestimmte herrschaftsmäßig verankerte sozialmoralische Symbolkomplexe -, deren Präsenz aus dem Handlungsfeld nicht einfach wegretuschiert werden kann, in ihrem Bedeutungs- und Sinncharakter umzudefinieren; (...) Die Orientierungs- und Deutungsmuster, die dem jeweiligen sozialen Kontext zu Grunde liegen, verändern sich damit insgesamt;" (Lipp 1994: 188).

Auch die Entstehung des Skinheadkultes läßt sich als eine Form von Selbststigmatisierung deuten, mit der die Jugendlichen erfahrene Stigmatisierungen über eine nichtverbale symbolische Artikulation aufgreifen und verstärken. Dies bestätigt sich vor allem für die Ausprägung des Skinheadkultes im Zusammenhang mit den kollektiven Selbstbildern der englischen Nachkriegsgesellschaft. Insgesamt läßt sich in der Nachkriegszeit eine zunehmende Verflüssigung gesellschaftlicher Strukturen durch sich auflösende tradierte Rollenzuweisungen und Hierarchien feststellen.

In der Gesellschaft entstand das Selbstbild einer alle Mitglieder integrierenden Wohlstandsgesellschaft (vgl. Clarke u.a. 1979: 39ff.). Soziale Hierarchien schienen im Verschwinden begriffen. Als Beweis hierfür galt die Jugend, die während der fünfziger Jahre zur Metapher für diesen positiven sozialen Wandel avancierte, der vom klassen- und geschlechterübergreifenden 'Teenagerkonsumenten' verkörpert wurde (vgl. ebd.: 50ff.). Diese materiellen Verbesserungen und das dominierende Gesellschaftsbild verschleier-

115 Susan Milan und René Mouriaux beschreiben wie sich die Arbeitslosen in Frankreich zu einer machtvollen Bewegung formieren: "For the first time, the unemployed themselves have become visible actors, with a series of marches for unemployment organised under the auspieces of a new movement, 'Agir ensemble contre le chômage', or AC ('Act together against unemployment', the abbreviation AC being a homephone of 'assez' - enough!')." (Milan/Mouriaux 1997: 62)

ten jedoch, daß unterhalb der gesellschaftlichen Veränderungen die Klassengegensätze erhalten geblieben waren (vgl. Goldthorpe u.a. 1968/69).

Im Selbstbild der britischen Wohlstandsgesellschaft galten Menschen, die der traditionellen Arbeiterkultur verhaftet blieben, als rückständig und wurden stigmatisiert bzw. marginalisiert. Da die soziale Mobilität Grenzen hatte, gestalteten ArbeiterInnenjugendliche ihr Leben als eine ständige Gratwanderung zwischen Anerkennung und Stigmatisierung. Einige Jugendliche, wie beispielsweise die Mods, reagierten hierauf mit der Entwicklung eines Stils, durch den sie zumindest im Freizeitbereich die Stigmatisierungserfahrung kompensieren konnten. Andere Jugendliche, denen sozialer Aufstieg durch mangelnde Ausbildung gänzlich verstellt war, suchten der real erfahrenen Stigmatisierung durch Selbststigmatisierung zu begegnen, indem sie den Skinheadkult kreierten. Mit seinem Stilideal des Arbeiters und der Reduktion des Repertoires auf wenige funktionelle Kleidungsstücke läßt sich der Skinheadkult als eine Verstärkung der Stigmatisierung der Arbeiterklasse einerseits und der traditionellen Männlichkeit andererseits interpretieren. Zugleich entwickelten die Jugendlichen über die Stilisierung ihres Körpers Kommunikationsformen, die nach Mary Douglas dem restringierten Code entsprechen (vgl. Douglas 1993: 53).[116]

Es liegt nahe, dieses stark ritualisierte Verhalten als Widerstand gegen die Verflüssigung gesellschaftlicher Strukturen bzw. spezifischer Weltanschauungen zu interpretieren. Oder etwas schärfer formuliert: die Skinheads wollen mit dem Ausleben ihres Kultes nicht nur eine spezifische Gemeinschaftsform begründen und erhalten, sondern gleichzeitig auch bestimmte soziostrukturelle oder gesellschaftspolitische Positionen fixieren.

Wolfgang Lipp unterscheidet vier Grundtypen der Selbststigmatisierung: Exhibitionismus, Askese, Ekstase und Provokation. Während die ersten beiden vor allem eine Verstärkung der defektiven Dimension anstreben, suchen letztere kulpative Stigmata zu betonen.

"Provokateure schreiben sich nicht bloße Mängel, individuelle Unzulänglichkeiten zu; sie laden Schuld, also Ächtung auf sich, und sie versuchen, diese Schuld umzudefinieren, sie neu zu verteilen und an die ächtenden Instanzen zurückzugeben. Jenes mit Schuld mitgesetzte, besondere Verhältnis, das Selbststigmatisierung und die Gesellschaft auf dieser Ebene verbindet, macht es dabei verständlich, daß Provokationen die Tendenz haben, in die Tiefenstruktur sozialer (moralischer) Ordnungen selbst vorzustoßen, also gewissermaßen prinzipiell zu werden." (Lipp 1994: 164)

---

116 Mary Douglas unterscheidet zwischen restringierten und elaborierten Codes, die sich nach Basil Bernstein in ihrer metasprachlichen Vermittlung sozialer Strukturen unterscheiden. So verweist eine restringierte Kommunikation auf klare Rollen und Strukturen, da Aussagen als quasi natürlich begründet werden. Demgegenüber sucht der elaborierte Stil Aussagen über Kausalbeziehungen oder universell gültige moralische Prinzipien zu plausibilisieren (vgl. Bernstein 1971). Für die vergleichende Kulturanalyse betont Douglas, daß sich die jeweiligen Codes auf spezifische ethische Einstellungen einer Kultur beziehen. So schließt der elaborierte Code das Vokabular des Gefühls auf, während der restringierte Code den Sinn für Formen und Strukturen schärft (vgl. Douglas 1993: 57).

Es ist diese über den restringierten Code hergestellte provokative Selbststigmatisierung, so meine These, die den Skinheadkult aus seiner gesellschaftlichen Bedeutungslosigkeit als Jugendkultur herausholt und die Jugendlichen zu kulturellen Akteuren machen kann.

4. Charismatisierungsprozesse: Der Skinhead als negativer Held

Die Geschichte des Skinheadkultes in Deutschland zeigt, daß die Voraussetzungen der Selbststigmatisierung, also die Ebene der Bedeutungszuschreibungen, variieren können. Die veränderte Bedeutung muß lediglich an die Artikulation einer martialischen Männlichkeit, wie sie der restringierte Code vorgibt, anknüpfen. Durch die Verbreitung des Skinheadkultes verband sich sein restringierter Code mit einer rechtsextremen Bedeutung, die der gesamtgesellschaftlichen Tendenz einer zunehmenden Akzeptanz rechtsorientierter Einstellungen folgte. Weniger die politische Einstellung der Skinheads rüttelte im Laufe der Vereinigung die Öffentlichkeit auf, sondern vielmehr die provozierende und gewalttätige Artikulationsform der politischen Inhalte.

Bis zur Vereinigung beider deutscher Staaten blieb dieser Zusammenhang weitgehend unbemerkt, weil in den achtziger Jahren rechte Provokation lediglich als Verstoß gegen die tabuisierte Vergangenheit gesehen wurde:

> "Dazu gehört vor allem die politisch-moralisch überhöhte Antizipation eines Normbruchs: Neonazis verstoßen gegen die 'guten Sitten' der Gesellschaft, das Recht und seine Anwendung sanktionieren den historisch-moralischen Normbruch." (Jaschke 1988: 186)

Dieser Einschätzung rechter Provokation ging eine Entwicklung voraus, bei der die öffentliche Auseinandersetzung mit rechtsorientierten Strömungen und Gruppierungen zur bloßen Rhetorik verkam und lediglich ihre Tabuisierung reproduzierte. Eine Tendenz, die nicht nur auf die politische Diskursebene beschränkt blieb, sondern ebenso die Institutionen der inneren Sicherheit beeinflußte. Der Verfassungsschutz, der sich zu einem bürokratisch-effizienten Kontrollorgan entwickelt hatte, das nicht im Zusammenhang diskursiver Auseinandersetzungen agiert, sondern rein nach formalen Kriterien urteilt, maß rechtsextreme Äußerungen oder Straftaten dementsprechend meist daran, inwieweit sie das Tabu der öffentlichen antifaschistischen Rhetorik tangierten und seltener an ihrer realen gesellschaftspolitischen Bedeutung. So beobachtete der Verfassungsschutz vorrangig Organisationen mit ausformuliertem rechtsextremem Programm oder eindeutig dem Rechtsterrorismus zuzuordnende Gruppen, während Skinheads oder Fußballfans zu diesem Zeitpunkt noch als verirrte Jugendliche eingestuft und meist ignoriert wurden.

Durch das Zurückdrängen öffentlicher Meinungsbildungsprozesse zugunsten verschärfter Repression pendelte in den achtziger Jahren der Umgang der politischen Institutionen mit dem zunehmenden Rechtsextremismus zwischen "Ignoranz, Stigmatisierung und Skandalisierung. Was ihnen (den Institutionen, Verf.) offensichtlich fehlt, ist die Kraft, die Folgewirkung des eigenen institutionellen Handelns einzuschätzen ebenso wie ein Gespür für die Verknüpfung institutioneller Verarbeitungsformen. Sie sind mittlerweile verfestigt und ritualisiert" (Jaschke 1988: 188).

Dieser Umgang mit rechtsextremen Strömungen hatte seinen Hintergrund in der ambivalenten Haltung der Bundesrepublik zur eigenen nationalen Identität. Das Angebot, sich als Wohlstandsstaat zu definieren, wurde ständig vom ungebrochenen Selbstbild einer deutscher Kulturnation, das sich vor allem im innenpolitischen Handeln äußerte, unterlaufen. Eine inhaltliche Auseinandersetzung mit dem zunehmenden Rechtsextremismus der achtziger Jahre hätte diese Widersprüche explizit gemacht und die brüchige Konstruktion der nationalen Identität womöglich ins Wanken gebracht. Bis zum Prozeß der deutsch-deutschen Vereinigung ließ sich diese Strategie durchhalten, dann stand die Frage nach einer deutschen Identität erneut auf der Tagesordnung. Der politische Diskurs fuhr zweigleisig: Ging es um die emotional aufgeheizte Themengruppe Asyl/Flucht/Einwanderung, versuchte man ein quasi völkisches "Wir-Gefühl" zu erzeugen. Ging es auf der eher klassisch-argumentativen Ebene um Nation/nationale Identität/internationale Integration, operierte man auf Basis der Konzeption vom modernen Wohlfahrtsstaat. Gefährdet wurde diese säuberliche Trennung in zwei 'Zuständigkeitsbereiche' nun durch die während der Asylrechtsdebatte überall in der Bundesrepublik auftauchenden rechtsorientierten Jugend- und Skinheadcliquen. Die Skinhead-Okkupierung von öffentlichen Plätzen sowie der Anspruch, Deutschland von Ausländern zu befreien, der in eskalierenden Gewalttaten zum Ausdruck kam, führte die beiden künstlich getrennten Bereiche öffentlich wieder zusammen und verwies damit auf den grundlegenden Widerspruch in der nationalen Identität, von dem die Asylrechtsdebatte getragen wurde. Selbststigmatisierung und Rituale der Jugendlichen fixierten während der Vereinigung somit eine politische Position, die offiziell zwar nicht formuliert, implizit aber zur Basis politischen Handelns geworden war. Bei den konservativen Parteien schon vor der 'Wende', bei SPD und FDP im Laufe der Asylrechtsdebatte. Allein durch ihre Existenz sprachen die Skinheads diese These aus, legten den Finger auf die Wunde: 'Deutschland den Deutschen!'

Nur so ist meines Erachtens der auffällige Unterschied im Umgang mit fremdenfeindlichen und rechtsextrem motivierten Gewalttaten vor und nach der deutsch-deutschen Vereinigung zu erklären.[117]

---

117 Zwar veröffentlichten 'Stern' und 'Spiegel' schon während der achtziger Jahre einige

> "Die Frage danach, wo die Ursachen für diese (...) Eskalation rassistisch motivierter Gewalt liegen, beschäftigt erst seit den Anschlägen von Hünxe, Hoyerswerda, Rostock, Mölln und Solingen Wissenschaft, Medien und Teile der Politik - und dies auch leider erst, seitdem es Tote und Schwerverletzte gegeben hatte. Dabei war schon 1988 ein schwerer Anschlag mit drei toten Menschen aus der Türkei erfolgt, der aber nicht öffentlich zur Kenntnis genommen worden ist." (Jäger 1997: 73f.)

Erst in der gesellschaftlichen Krise schenkte die Öffentlichkeit den Anschlägen und den TäterInnen erhöhte Aufmerksamkeit. Da sie meist als Skinheads oder dem Kult Nahestehende identifiziert wurden, begann der Kult zu irritieren, ebenso wie seine symbolische Artikulation und das gewalttätige Handeln seiner Mitglieder. Denn diese kümmerten sich nicht länger um die feinen Trennungen der politischen Diskurse, sondern stellten eine Art Kurzschluß her: von der ethnisch definierten Nation zur Asylrechtsdebatte. Oder noch direkter: von der ethnisch definierten Nation zum brennenden Ausländerwohnheim. Insbesondere vom Ausland wurde die explosionsartige Zunahme der Gewalttaten aus dieser Perspektive wahrgenommen und nicht selten setzte sich dort die Befürchtung durch, die vereinigte Bundesrepublik könne erneut zu einem nationalsozialistischen Staat werden.

Innerhalb der Bundesrepublik waren die Reaktionen unterschiedlich: Die Politik verurteilte die Täter aufs schärfste und ernannte sie zu Staatsfeinden. Gleichzeitig versuchte die Regierungskoalition dieses Phänomen für die Asylrechtsdebatte zu funktionalisieren, indem sie Verständnis für die Motive der Jugendlichen aufbrachte und lediglich ihre Handlungsweise mißbilligte (vgl. Kap. III.4) Von dieser ambivalenten Haltung, die zwischen Stigmatisierung und Verständnis hin- und herpendelte, war auch die Berichterstattung in den Medien getragen (vgl. Kap. III.5). Viele Reportagen gaben den Jugendlichen sogar die Möglichkeit, sich als mutige Kämpfer und entschlossene politische Akteure zu inszenieren.

Hierauf gründet das Spannungsfeld zwischen Stigmatisierung und Faszination, durch das die Skinheads schließlich zu negativen Helden charismatisiert und ihre Gewalttaten heroisiert wurden:

> "Helden, wie eine einfache phänomenologische Sichtung ergibt, sind Personen, die in risikoreichen, gefährlichen Lagen, deren Ausgang unübersehbar ist, Wagnisse auf sich nehmen, die andere nicht eingehen; sie sind Helden vor allem dann, wenn sie diese Wagnisse nicht bloß zum prickelnden Privatgenuß, (...) versuchen, sondern handeln angesichts eines Publikums, das selbst im Grenzraum steht, und handeln stellvertretend für diese. (...) Es ist Handeln, das vorausgeht, wenn andere beiseite stehen, wenn sie den Weg verloren haben und im Nebel treiben. Indem es sich an die Spitze stellt, zeigt es freilich auch auf, wo Markierungen, die man suchte, am Ende tatsächlich liegen, wo der Überstieg möglich ist und Neuland sich erstreckt; es gewinnt prototypische Wirkung, bindet Folgegruppen an sich und wird zur Führungsmacht." (Lipp 1985: 227f.)

Artikel über Skinheads, die jedoch mehr zur Skandalisierung beitrugen und keine öffentliche Debatte auslösten (vgl. Farin 1997: 244ff.).

Während der Asylrechtsdiskussion wurde die Figur des negativen Helden sowohl im politischen Diskurs als auch über die Medien permanent reproduziert und konnte somit für Jugendliche als Identifikationsangebot genutzt werden. Die Mittlerfunktion zwischen dem politischen Diskurs und den individuellen Bedürfnissen der Jugendlichen übernahm der Kult. Über ihn gelang es gesellschaftlich marginalisierten Jugendlichen, nicht nur durch Selbststigmatisierung wieder ins Zentrum der Gesellschaft zu rücken, sondern sich darüber hinaus auch als politische Avantgarde an deren Spitze zu stellen. Es ist genau dieses Selbstbild, das sich im Skinheadkult der Nachwendezeit niedergeschlagen hat, wie die folgende Analyse der Kultmedien zeigt.

5. Die Selbstbilder der deutschen Skinheadszene nach der 'Wende'

Die rasche Verbreitung des Kultes in den achtziger Jahren führte zur Herausbildung informeller Strukturen, die die lokalen Gruppen zu einem losen Netzwerk verknüpften. Von besonderer Bedeutung waren hierbei die spezifischen Medien der Szene, die sowohl ein Zusammengehörigkeitsgefühl erzeugten als auch die szenetypischen Selbstbilder reproduzierten. Die Zahl der Fanzines ebenso wie die der Musikbands stieg nach 1990 stark an. Rainer Erb schätzt, daß es 1992 ca. 80 unterschiedliche Szeneblätter gab (vgl. Erb 1994: 47).[118]

Die Fanzines bestehen meist aus mehreren DIN-A4- oder DIN-A-5-Blättern und erscheinen unregelmäßig in einer Auflage von 50-1000 Exemplaren. Der Inhalt setzt sich aus Szeneinformationen, Berichten über Konzerte und Interviews mit Bandmitgliedern zusammen. Sie sind alle im gleichen saloppen Stil geschrieben, wofür folgender Konzertbericht Martina Jansens - Redakteurin des Freiburger 'Schlachtruf' - als Beispiel dienen soll:

"Schon am Freitag abend startete ich mal wieder zugfahrermäßig nach Memmingen. Dort machten Nogge, noch einer (mir ist der Name mal wieder entfallen) und ich uns dann auch sogleich auf den Weg, um noch Schere abzuholen. In einer Eishalle stießen wir dann auch auf ihn, wie er da so dem Alkohol fröhnte und die kuriosesten Figuren auf dem Eis vollführte. So'n Mist aber auch, daß ich den Fotoapparat im Auto gelassen hatte. (...) Nach 'Wotan' erkletterten 'Störkraft' die Bühne und spielten ihr Programm in gewohnt guter Qualität runter. Auch auf der Pogofläche war inzwischen die Hölle los. (...) Aber auch hier war gegen 0.00 Uhr Schluß. Ich unterhielt mich noch mit den Italienern, mit Ed und mit dem 'Totenkopf' Redakteur (Hail Patrik!!), der als Dirlewanger Initiator durch den Saal sprang und mich mit Drum-Sticks malträtierte. Später ging's dann noch mit ein

118 Auch hier können Zahlen nur Tendenzen aufzeigen. M. E. war 1992/93 der Höhepunkt und viele dieser Blätter wurden schon nach wenigen Ausgaben wieder eingestellt.

Paar Loiten und den Amis in so'ne Kneipe oder Disco oder was immer das war, wo noch was gefeiert wurde. War noch ganz lustig, aber genauer braucht darauf auch nicht mehr eingegangen zu werden ..." (Schlachtruf #6: 8f.)

Fanzines sind szeneinterne Medien und nicht für außenstehende LeserInnen gedacht. Die Berichte dienen nicht nur der Weitergabe von Informationen, sondern erzeugen auch Nähe und Intimität. Konzerte, Parties und andere Ausflüge werden immer als erlebnisreich und lustig geschildert, wodurch ein ausgelassenes Lebensgefühl vermittelt wird. Demgegenüber weisen die vielen Symbole, Zeichnungen und Comics, die die Texte abwechslungsreich gestalten, auf die kultspezifischen Verhaltensformen hin. Selten geht es in den Texten um Gewalt, desto einprägsamer artikuliert sie sich jedoch in den Bildern. So ist auf der ersten Seite des zitierten Konzertberichtes eine Zeichnung zu finden, in der zwei Skinheads mit Baseballschlägern auf zwei Schwarze einschlagen. Sie hat jedoch keinen offensichtlichen Bezug zum Text, der keinerlei Form von Gewalttätigkeit andeutet (vgl. ebd.: 7).

Ebenso werden politische Themen selten direkt angesprochen. Vielmehr drücken sich politische Einstellungen durch visuelle und verbale Anspielungen aus. Es wird vorausgesetzt, daß die Lesenden sie verstehen, was zusätzlich ihr Gefühl, Mitglied einer großen Gemeinschaft zu sein, stärkt. Und diese ist mittlerweile international. Auf den Konzerten treffen sich Fans aus allen Ländern, in den Fanzines werden Bands aus Schweden, Italien und Chile interviewt, ebenso grüßen Skinheads und Skingirls aus ganz Europa und Amerika die LeserInnen in Deutschland.

Szenetypische Anspielungen, persönliche Anreden und die vielen Dankesgrüße erzeugen Intimität und fördern das Zusammengehörigkeitsgefühl zwischen HerausgeberInnen und LeserInnen sowie der gesamten Szene. Diese Stilmittel setzen jedoch voraus, daß die jugendlichen LeserInnen schon relativ stark in die Szene integriert sind. Zudem handelt es sich hierbei um eine Kommunikationsform, die im Kult selbst wenig ausgeprägt ist, da die Jugendlichen die nichtverbale symbolische Artikulation der verbalen vorziehen. Aus diesem Grund ist es kaum verwunderlich, daß die Fanzines von jüngeren Skinheads kaum gelesen werden. Auch bei den Jugendlichen, die ich während meiner Feldphase traf, spielten sie eher eine untergeordnete Rolle. Lediglich ältere Skinheads, die schon mehrere Jahre mit der Szene Kontakt hatten, lasen regelmäßig Fanzines und andere Broschüren. Die meisten Jugendlichen bekamen das kultspezifische Lebensgefühl über die Musik vermittelt. Den Einstieg bildeten hierbei fast ausnahmslos die 'Böhsen Onkelz'. Doch schon bald folgten radikalere Gruppen wie 'Kraftschlag', 'Störkraft' oder 'OI Dramz'. Diese vermittelten nicht nur ein allgemeines Kultgefühl, sondern auch jenes spezifische Selbstbild, das während des Vereinigungsprozesses als Identifikationsangebot für männliche Jugendliche so wichtig wurde.

Die Lieder der Skinhead- und Rechtsrockbands geben ebenso wie die Fanzines ein kultspezifisches Lebensgefühl wieder. So werden Parties und Saufgelage in schnellen Rhythmen besungen, wird der Zusammenhalt unter Kameraden heroisiert:

"Was sie auch schrien, was sie auch taten,
Deine Freunde haben Dich nie verraten,
es kommt die Stunde X, was mag auch geschehen,
sie werden Dir treu zur Seite stehen."
(Störkraft: 'Unter Froinden')[119]

Gleichzeitig konstituiert sich über die Gesamtheit der Texte ein kollektives Selbstbild, das für männliche Jugendliche eine geeignete Form der Selbststigmatisierung darstellt.

So steht in vielen Liedern die Selbstwahrnehmung als Opfer im Vordergrund. Nicht nur 'Türken' und 'Linke', sondern auch die Medien und der Staat scheinen die Skinheads gnadenlos zu verfolgen:

"Der Staat tut alles, um uns zu vernichten,
unter Zuhilfenahme von Horrorgeschichten ...
Polizei und Verfassungsschutz überwachen uns,
ziehen uns in den Schmutz."
(Kroizfoier: 'Ewiges Leben')

Der Skinhead fühlt sich nicht nur den Verleumdungen und der Strafverfolgung des Staates hilflos ausgeliefert, sondern glaubt darüber hinaus, daß die ganze Gesellschaft eine Verschwörung gegen ihn angezettelt habe. Schuldlos wird er verfolgt und der Vernichtung preisgegeben. Doch verbleibt er nicht in dieser weinerlichen Opferrolle, sondern stellt diesem Unrecht trotzig sein Selbstbild entgegen. So gibt er sich in der Öffentlichkeit "Dreckig Kahl Hundsgemein" (Störkraft) oder "Tätowiert, kahl, brutal" (Endstufe) und schreitet als einsamer Streiter für die deutsche Sache durch die Städte:

"Du marschierst mit Stolz durch die Straßen,
Du kämpfst gegen Kriminalität in Deinem Land,
ein Sohn des Volkes dieser Generation,
Du kämpfst für Deine Rasse und Nation[120]"
(Freikorps: 'Land meiner Väter')

Auf die Stigmatisierung durch die Gesellschaft antwortet der Skinheadkult nicht nur mit Selbststigmatisierung, sondern charismatisiert die Skinhead-Figur darüber hinaus zum Helden, der als Sachwalter der politischen Avantgarde verpflichtet ist, Deutschland vor dem Chaos zu bewahren. Hierbei wird der Kult häufig in die Kontinuität des Nationalsozialismus gestellt:

119 Die Musikzitate stammen entweder aus einschlägiger Literatur (vgl. Mengert 1994; Annas/Christoph 1994) oder von Kassetten der untersuchten Jugendlichen.

120 Diese Version stammt von einer Konzertaufnahme. Auf der Plattenversion wird 'Deine Rasse und Nation' durch 'Frieden und Deine Nation' ersetzt.

"Wir schauen zurück in die Vergangenheit,
in unseren Augen eine herrliche Zeit,
doch die Mächtigen, sie dachten damals schon rot,
und verhängten ein NS-Verbot,
doch Gedanken, die kann man nicht verbieten,
wir glauben nach wie vor an die alten Riegen ..."
(Kraftschlag: 'Trotz Verbot nicht tot')

Da der Staat in ihren Augen politisch gescheitert ist und dem angeblichen Niedergang des Landes untätig zuschaut, müssen die Skinheads diesem Verfall - notfalls mit Gewalt - Einhalt gebieten:

"Ihr schwarzen Völker im Süden,
wir lassen uns nicht länger von Euch betrügen,
wir wollen Eure Asylanten nicht,
sie rauszuwerfen, ist unsere Pflicht."
(Kraftschlag: 'Unser Land')

Eine Analyse der Texte, über dic hier nur ein sehr kurzer und exemplarischer Überblick gegeben wurde,[121] zeigt, daß die Inhalte der Lieder des Rechtsrocks in zwei Grundtypen zerfallen. Sie besingen einerseits das kultinterne Lebensgefühl, das durch wilde Ausgelassenheit und die Heroisierung des Zusammenhaltes gekennzeichnet ist. Zum anderen liefern viele Songs Darstellungen des charismatischen Helden, der bereit ist, für Deutschland zu kämpfen und deswegen von der Gesellschaft verleugnet und verfolgt wird.

Hierbei fällt auf, daß sich die Beschreibung des Kultes und die gesamte Konstruktion des tragischen Helden fast ausschließlich an männliche Jugendliche richtet. Die wenigen Lieder, die ausdrücklich Skin-Girls bzw. Renees ansprechen, folgen in der Darstellung der Mädchenrolle keinem einheitlichen Stereotyp. So werden sie in manchen Texten zu reinen Objekten degradiert, die den Kult lediglich um eine Abwechslungsmöglichkeit bereichern:

"Der eine zieht sie durch, der andere setzt sich drauf
und dann gibt es wieder Bier ...
Frauen, Bier und Tätowieren, das sind Dinge die uns verführen."
(Märtyrer: 'Frauen, Bier und Tätowieren')

Andererseits werden Mädchen auch durchaus als gleichwertige Kameradinnen beschrieben, die dem Mann kämpfend zu Seite stehen:

"Skinhead-Girl wir brauchen Dich,
ja Skinhead-Girl wir bauen auf Dich,
ganz egal, was sich auch tut, Du wirst immer zu mir stehn'.
Wir zwei, wir gehören zusammen, das kann ja jeder sehn'.
Auch Du trägst Doc Martens und hast kurzes Haar.

---

121 Die wenigen Ausschnitte zeigen nur die wichtigsten Facetten der Texte. Darüber hinaus gibt es Publikationen über die Musikstruktur der Lieder (vgl. PopScriptum 5/1995).

Auch Du kämpfst mit mir vereint gegen die linke Schar."
(Demotape, Gruppe unbekannt)

Die Beziehung zu den Mädchen changiert zwischen Verachtung und Heroisierung. Einmal werden sie als Sexobjekte benutzt, dann wieder als gleichwertige Kameradinnen besungen. Will ein Mädchen als Kameradin gelten, so muß sie nicht nur im Skinheadoutfit auftreten, sondern gleichermaßen darauf achten, daß sie ein ehrenwertes 'Deutsches Mädchen' (Oi Dramz) bleibt. Wird bekannt, daß sie sich jemals mit 'Linken' oder 'Nichtdeutschen' eingelassen hat, dann droht ihr die Stigmatisierung als 'Ausländerhure' (Kraftschlag).

6. Relabel und Charisma

Die Analyse der Kultmedien zeigt, daß sich nach der 'Wende'-Zeit innerhalb des Kultes das Selbstbild des negativen Helden durchgesetzt hat. Dies fand seine Entsprechung im politischen Diskurs und den öffentlichen Medien. Insgesamt hat sich demnach ein Umschwung vollzogen, der fast unbemerkt die einst stigmatisierten Skinheads gleichsam auf einen Sockel gehoben hat. Es hat hier ein Relabeling stattgefunden, in dem die ehemalige soziale Schuld der Stigmatisierten in Gnade umgewandelt wurde:

"Relabeling kehrt Schuld in Gnade um, und wenn Selbststigmatisierung Gegenstigmatisierung par excellence darstellt, bewirkt der Prozeß am Ende, daß nicht nur die Stigmatisierten auf-, sondern die Kontrollinstanzen, die auf sozialmoralisch zunächst 'normalem', alltäglichen Bewertungsboden stehen, abgewertet werden und in die Etikettierungszone des Defektiven, Bösen, Schuldhaften selbst geraten." (Lipp 1985: 204)

Ein vergleichbarer Prozeß war auch im Zusammenhang der Asylrechtsdebatte festzustellen. Das latent mitschwingende Verständnis für die Motive der Jugendlichen und der Raum, der ihnen zur Selbstinszenierung zur Verfügung gestellt wurde, ließen die übrigen Akteure des politischen Diskurses in einem negativen Licht erscheinen. Im Vergleich zur Eindeutigkeit und Tatkraft der jungen Männer wirkten die Politiker untätig und ziellos. Prinzipiell handelte es sich hierbei um eine Abwertung des politischen Meinungsbildungsprozesses zugunsten schneller Entscheidungen und restriktiver Sanktionen. Die beschriebene Funktionalisierung der jugendlichen TäterInnen während der Asylrechtsdebatte unterstützte diese Wahrnehmung zumindest latent. Ihr Handeln bekam dadurch den Anschein, Katalysator politischer Entscheidungen zu sein.

Es zeigt sich, daß der Umschlag von Stigma in Charisma nicht vorrangig von der stigmatisierten Person gesteuert werden kann, sondern das Ergebnis eines komplexen gesellschaftlichen Interaktionsprozesses darstellt:

"Charismatisierung tritt nicht spontan, nicht urplötzlich auf; (...) Impliziert sie einerseits, daß zwischen Stigmatisierten und Selbststigmatisierern hier, dem Publikum, einer potentiellen Gefolgschaft, ja der Masse der Handlungsträger dort gewissermaßen eine Wahlverwandschaft besteht, so zum anderen, daß Wahlverwandschaft dieser Art auch erst hergestellt, dynamisch aufgebaut, zur Kulmination und so zum Tragen gebracht werden muß." (Lipp 1985: 207)

Charismatisierungsprozesse sind in hohem Maße dynamische Prozesse. Sie finden vorrangig dann statt, wenn sich die Gesellschaft in einer Krise oder Umbruchsituation befindet. Ein solcher Zustand läßt sich im Sinne von Turner als liminale Phase beschreiben. In Kapitel III. habe ich dargestellt, daß die Vereinigung beider deutscher Staaten eine derartige Übergangsphase darstellte, in der bisherige Selbstverständlichkeiten virulent und neu ausgehandelt wurden. In dieser Zeit gewann die Figur des Skinheads ihre besondere Bedeutung, indem sie den zentralen Widerspruch der nationalen Identität der vereinigten Bundesrepublik in einer symbolischen Artikulation aufgriff. Die Gesellschaft reagierte hierauf mit einer ambivalenten Haltung, einer Mischung aus Ablehnung und Faszination. Die Jugendlichen sahen sich dadurch ins Recht gesetzt und konstruierten im interaktiven Prozeß mit der Öffentlichkeit ihr Selbstbild als Retter Deutschlands. Diese Figur des verfolgten negativen Helden, die die Jugendlichen aus dem liminoiden Bereich der Freizeitkultur in die Mitte der Gesellschaft katapultierte, machte sie zu politischen Akteuren.

Exkurs: Mädchen als negative Heldinnen?

Die Darstellung der Skinheads in Politik und Medien sowie das kultspezifische Selbstbild verhindern, daß Mädchen in der Konstruktion der Identifikationsfolie des negativen Helden auftauchen. Skin-Girls bzw. Renees werden in der Öffentlichkeit lediglich als MitläuferInnen wahrgenommen; sie lösen weder Erschrecken noch Faszination aus. Unterstützt wird diese Meinung beispielsweise dadurch, daß es nur eine Skin-Mädchenband gibt. Tatsächlich nehmen die Mädchen innerhalb der Szene aber durchaus eine aktive Rolle ein. Überproportional betätigen sie sich als Herausgeberinnen von Fanzines und nehmen aktiv am Szeneleben teil. Dennoch tauchen sie in der Selbstwahrnehmung des Kultes nicht als eigenständige Mitglieder auf, sondern gelten entweder als Sexobjekte oder entsexualisierte Kameradinnen, die an der Seite des Mannes kämpfen. Sie gelten jedoch nicht als weibliche Variante eines negativen Helden, sondern als androgyne Wesen, die sich keinem geschlechtsspezifischen Stereotyp zuordnen lassen.

7. Resümee

Der Skinheadkult weist eine mehr als dreißigjährige Geschichte auf. In dieser Zeit hat er sich von einer britischen Jugendkultur zu einem internationalen Phänomen ausgeweitet. Mit seiner Internationalisierung geht auch ein Bedeutungswandel einher. Während er in Großbritannien als eine Ausdrucksform der ArbeiterInnenjugendlichen gilt, wird er in der Bundesrepublik von Beginn an als rechtsorientierter Jugendkult[122] wahrgenommen. Hieraus läßt sich folgern, daß die von den Cultural Studies generalisierte These, der Skinheadkult sei ein magischer Rückzug der Jugendlichen aus der ArbeiterInnenklasse, nicht haltbar ist. Statt dessen versuchte ich in diesem Kapitel die These zu belegen, daß die nichtsprachliche Artikulationsform des Kultes einen restringierten Code darstellt, den die Jugendlichen als eine Möglichkeit der Selbststigmatisierung nutzen. Dabei kann die Bedeutung des Codes variieren, da sie von den regionalen Widersprüchen abhängt.

In der Bundesrepublik artikulierte er die völkische Grundlage der nationalen Identität, die bis zur deutsch-deutschen Vereinigung durch die Selbstwahrnehmung als demokratischer Wohlfahrtsstaat verschleiert werden konnte. Nach der 'Wende' brach der Widerspruch auf und führte zu einer ambivalenten Haltung gegenüber dem Skinheadkult. In einem Wechselspiel von Stigmatisierung und Charismatisierung avancierte der Skinhead zum negativen Held und machte so den Kult zum Medium marginalisierter Jugendlicher.

Die Analyse der Kultmedien zeigt, daß sie im Kult nicht nur die entsprechenden Identitätsangebote finden, sondern eine Gemeinschaft, in der sie sich aufgehoben fühlen können. Die Konzertberichte der Fanzines und die Spaß- und Sauflieder der Rockbands suggerieren Gleichheit, Intimität und Unmittelbarkeit, die eine Art euphorische Solidarität erzeugen. Hierüber wird der Skinheadkult zu einer Communitasbewegung, die über die lokalen Communitasgruppen ständig reproduziert wird. Wie solche Gruppen im lokalen Kontext entstehen, veranschaulicht die folgende Darstellung und Analyse.

---

122 In Kanada hingegen gelten Skinheads als antirassistische und linke Jugendkultur (vgl. Schissel/Makoad 1996: 322f.).

V. Eine Kleinstadt als Bühne

1. Die Suche nach Gemeinschaft

Erlingen ist eine Kleinstadt. Etwas abgelegen, aber mit der notwendigen Infrastruktur versehen, um die grundlegenden Bedürfnisse zu befriedigen: neben mehreren großen Supermärkten finden wir auch eine kleine Auswahl an Modegeschäften, Drogerien und Apotheken. Die Polizei liegt im Stadtzentrum, das Krankenhaus etwas außerhalb. Für die Freizeitgestaltung stehen ein Sportverein mit Stadion sowie mehrere Kneipen und Cafés zur Verfügung.

Allein für die Jugend sind die Möglichkeiten beschränkt. In Erlingen gibt es weder ein Kino noch eine Diskothek; lediglich ein Jugendzentrum in der Stadtmitte. Dieses ist jedoch zu klein, um verschiedene Cliquen gleichzeitig zu beherbergen. Immer wieder kristallisiert sich eine bestimmte Gruppe heraus, die durch ihr dominantes Verhalten die anderen verdrängt. Doch die Ausweichmöglichkeiten sind vergleichsweise rar. Im Sommer treffen sich die Jugendlichen auf öffentlichen Plätzen und an Straßenecken; im Winter privat in Kleingruppen. In diesem Umfeld entwickelte sich auch die von mir untersuchte rechtsorientierte Skinheadclique. Sie existierte von 1992 bis 1996. Wenngleich die Fluktuation der Mitglieder hoch war, bestand die Gruppe immer aus einem wechselnden harten Kern von zehn bis fünfzehn Personen, anfangs im Alter von 12 bis 14 Jahren. Viele von ihnen kommen hier zu Wort, andere - insbesondere die 'Führer' der Clique - haben den Kontakt verweigert, so daß ihr Einfluß auf die Gruppe nur indirekt beschrieben werden kann.

Zunächst trifft sich im Herbst/Winter 1992 eine kleine Gruppe von Jugendlichen regelmäßig auf dem Gelände des Schulzentrums. Es liegt auf einer Anhöhe am Rande des Städtchens und umfaßt nicht nur ein Gymnasium und eine Hauptschule, sondern ebenso eine Turnhalle mit einem kleinen Sportplatz und ein Hallenbad. Die Jugendlichen besuchen meist die Hauptschule, einige die Realschule in Egersheim. Bald ist hier jeden Nachmittag laute Musik zu hören, es wird erzählt, gelacht und gestritten. Eine ganz normale Clique, wie Corinna[123] mir versichert:

"Also ich bin vor fünf Jahren nach Erlingen gezogen, also besser gesagt nach Ruchen. Dann bin ich auf die Hauptschule nach Erlingen gekommen, und dann waren die meisten auch schon da. Die hab' ich dann nach und nach kennengelernt, dann hat's angefangen,

123 Alle Namen sind anonymisiert. Kurzporträts der Jugendlichen befinden sich im Anhang.

daß ich erfahren hab', daß sie am Hallenbad sitzen, und so 'ne Gesellschaft, das hat mich interessiert. Da war noch nicht die Sprache von rechtsradikal." (Corinna)

Corinna ist in Polen geboren und kam mit 8 Jahren nach Deutschland. Zunächst wohnte sie in einem Aussiedlerheim, dann in Pforzheim. Dort hatte sie "auch 'ne Superclique" (Corinna) gehabt, bestehend aus Jugendlichen unterschiedlicher Nationen. Als sie nach Erlingen zog, suchte sie wieder eine Clique und traf auf die Gruppe am Hallenbad. Wie viele andere Jugendliche findet Corinna hier gleichaltrige Freunde und Freundinnen zum Schwätzen, Albern oder Herumsitzen. Doch ganz so harmlos waren Corinnas FreundInnen nicht. Denn eine gewisse Militärbegeisterung war bei einigen Jungen von Anfang an vorhanden:

"Also eigentlich war das früher gar net so 'ne Clique eigentlich, sondern mehr so, ja gut ich mein', der Ursprung war eigentlich so, eine kleinere Clique, das hat sich damals Sturmtrupp genannt oder Sturmtruppe halt, weil da gibt's so 'e Komikheftle und das hat uns damals halt ziemlich begeistert so, was da drin war. Da haben wir uns halt Sturmtruppe genannt, grad' ein paar Leut', wir haben uns im Hallenbad getroffen so..." (Jürgen)

Neben der Militärbegeisterung haben sie auch schon ein "bissl die Einstellung gehabt" und waren "leicht patriotisch" (Ansgar). Was diese Einstellung im einzelnen beinhaltet, kann Ansgar nicht sagen, ist ihm zu diesem Zeitpunkt nicht wichtig, denn eine politische Einstellung steht noch nicht im Vordergrund, sondern lediglich das gemeinsame Beisammensein, betont er. Doch äußerte sich schon damals die fremdenfeindliche Einstellung bei einigen Jugendlichen durch eine aggressive Grenzziehung nach außen. So hatte Corinna am Anfang Probleme, in die Gruppe integriert zu werden:

"... früher haben sie gesagt, ich sei 'ne Scheißausländerin und so. Dann hab' ich denen das gesagt, ich bin keine Ausländerin, ich komm' aus Deutschland, Oberschlesien war früher mal Deutschland, und ich möchte nicht, daß man das jetzt sagt. Aber da haben sie ja den Christian aufgenommen, der kommt ja aus Rußland." (Corinna)

Schließlich wird Corinna wohlwollend aufgenommen und fühlt sich von den anderen Jugendlichen anerkannt und akzeptiert. Ebenso wie Corinna betont Nicole das Aufgehobensein in der Gruppe, verbindet damit jedoch gleichzeitig eine Abgrenzung von allem, was sie als links bezeichnet:

"...das war 'e Clique, und das war einfach schön, mit denen zusammen zu sein und dann hat man automatisch mitgeschwätzt, was die geschwätzt haben und so, und hab' dann denen auch recht gegeben so, weil ich hab' mich mit Haufen net verstanden so, wo schon den Palästinenserschal angehabt haben und schon geschrien haben, sie sind links, mit denen hab' ich mich auch net verstanden so, wie die schon rumgelaufen sind, mit grünen Haaren, das hat mir von Anfang an also net gefallen...." (Nicole)

Dem positiven Gruppengefühl folgt bald die Übernahme der Gruppenmeinung: auf einmal hat sie ihnen recht gegeben, hat sie verstanden. Demgegenüber versteht sie sich mit dem 'linken' Haufen, der laut herumschreit und so betont anders herumläuft, nicht. Der emotionalen Hinwendung zur Gruppe steht eine ästhetisch begründete Ablehnung all dessen gegenüber, was sie aufgrund äußerlicher Merkmale als links identifiziert. Offenbar geht mit dem emphatischen Einlassen auf die Einen eine pauschale Ablehnung der Anderen einher. Einen inhaltlichen Grund für die Abgrenzung nennt Nicole ebensowenig wie eine inhaltliche Bestimmung ihrer übernommenen Gruppenmeinung. Daß es sich hierbei um politische Gegensätze handelt, wird nicht unmittelbar deutlich, sondern setzt die Kenntnis der Symbole der jeweiligen politischen Gruppe voraus.

Doch zu diesem Zeitpunkt ist noch keine einheitliche symbolische Artikulation der Clique zu erkennen. Noch ist sie in ihren Ansichten und dem Auftreten heterogen und entwickelt sich zunächst von einer kleinen Jugendgruppe langsam zu einer großen Clique, deren regelmäßige Treffen am Hallenbad die Aufmerksamkeit der anderen Jugendlichen erregt:

"Na ja, dann hat sich das halt so entwickelt, daß man sich da jeden Tag getroffen hat öfters. Sind wir da rumgehockt so, von jetzt auf nachher eigentlich gar net so. Am Anfang war's nur, als wir zusammen im Hallenbad drin waren, und dann sind wir halt draußen noch rumgehockt, und irgendwann sind immer mehr dazugekommen, so durch andere Leut', also z.B. grad' als das Beispiel hab' ich einen gekannt und der ist dann mitgekommen und hat gesagt: 'Ah, da gefällt mir's und so, komm' ich mal wieder', sind das halt immer mehr geworden mit der Zeit." (Jürgen)

Jürgen schildert die Entstehung der Gruppe am Hallenbad plausibel als eine mehr oder weniger zufällige Entwicklung, denn nichts liegt näher, als sich nach dem Schwimmen noch zu einem kleinen Schwätzchen zu versammeln. Doch das Hallenbad ist kein unbedeutender Ort. Es liegt neben Hauptschule und Gymnasium und hebt sich hierdurch als neutraler Ort entscheidend von den aneinanderliegenden Schulhöfen ab. Denn diese sind Austragungsort eines schwelenden Konfliktes zwischen beiden Schulen, dessen Ursache auf den Versuch des Gymnasialdirektors zurückgeführt werden kann, seine Schule als Eliteschule von der Hauptschule abzugrenzen. Die LehrerInnen reproduzieren den Konflikt, indem sie ihre Verachtung gegenüber den SchülerInnen der Hauptschule offen ausdrücken und die Situation gleichzeitig als latentes Druckmittel nutzen. So rücken sie leistungsschwache SchülerInnen mit dem Satz: 'Geh' doch in die Hauptschule' in die Nähe der Hauptschule und suggerieren ihnen hierdurch, daß nur noch ein kleiner Schritt zum unaufhaltsamen sozialen Abstieg fehlt. Die strikte Trennung der Schulhöfe unterstreicht diese Drohung: Ihre Grenze ist undurchlässig und wird von LehrerInnen überwacht. Hat man sie einmal überschritten, dann gibt es kein Zurück. Die SchülerInnen beider Schulen tragen diesen Konflikt mit ihren Mitteln aus. So zeugen die ständigen kleineren Streitereien ebenso von der gegenseitigen Abneigung wie die diffamierenden Graffities an den Wänden der Schulen.

Mit dem Treffpunkt am Hallenbad verlagern die Jugendlichen den Konflikt an einen Ort außerhalb der Schulgelände. Demonstrativ besetzen sie durch ihr auffälliges raumgreifendes Verhalten einen öffentlichen Platz, der dem unmittelbaren Zugriff der Institution Schule entzogen ist und zur freien Spielwiese der Auseinandersetzung wird. Hier können sie versuchen, die Hierarchisierung zu durchbrechen und sich neu zu definieren. Natürlich provozieren diese Versuche neue Konflikte. So sind die zunehmenden Streitereien zwischen den jungen Haupt- und Realschülern[124] mit den meist älteren Gymnasiasten zweifellos darauf zurückzuführen. Noch gelten derartige Konflikte nicht als politisch, sondern werden lediglich mit einer tiefen gegenseitigen Abneigung begründet:

"Das ging ja schon von klein auf los, weil mit Politik hat das gar nichts zu tun, das war da am Hallenbad, da kommt einer her, Punk, geht auf uns los, und die andern stehn dazu, ich mein', da waren wir 12 Jahre, die waren alle 16, 17 schon, und da haben sie Bier aufgemacht, auf uns geleert, Bier auf uns geschmissen alles. Das hat mit Politik damals noch nie was zu tun gehabt, und so haben sie dann weitergemacht irgendwann einmal ..." (Ansgar)

Ansgar zufolge konstituiert sich die Clique der Jugendlichen entlang eines lokalen Konfliktes, der schon seit einigen Jahren einen Teil der Jugendlichen in Erlingen spaltet und hierarchisiert.

Die Besetzung eines öffentlichen Raumes jenseits, aber in der Nähe des Konfliktortes ist ein demonstrativer und provozierender Akt, bei dem die Jugendlichen eigenmächtig neue Grenzen markieren. Doch können Gruppengrenzen nur im Zusammenhang mit konkreten anderen Gruppen gezogen werden. Wie in jeder anderen Stadt laufen auch in Erlingen Jugendliche in lockeren Cliquen umher, die über gemeinsame Merkmale identifiziert werden können. In der Innenstadt sind vorrangig türkische Jugendcliquen zu finden, denn auch hier macht sich die allgemeine Umstrukturierung der Städte bemerkbar, bei der sich Migrantenfamilien im Innenstadtbereich ansiedeln, während die deutschen in die 'besseren' Wohngegenden ziehen. Diese gesellschaftspolitisch bedingte Segregation beeinflußte die Wahrnehmung der Jugendlichen, schon bevor sie mit dem rechtsorientierten Skinheadkult in Kontakt kamen. Denn als Kleingruppen konkurrieren sie mit den türkischen Jugendlichen um die zentralen Plätze der Innenstadt. Es ist also nicht erstaunlich, daß durch die eigene Grenzziehung nicht nur 'die Linken', sondern auch 'die Türken' langsam zu identifizierbaren politischen Feindgruppen transformiert werden. Hierbei fällt den Jugendlichen am Hallenbad die Definition 'der Türken' vergleichsweise leicht. Sie erfolgt allein nach scheinbar äußerlich sichtbaren ethnischen Kriterien. Bei 'den Linken' gestaltet sich die Zuordnung in Erlingen etwas schwieriger. Eigentlich fehlt eine deutlich erkennbare linksorientierte Subkultur; nur wenige bekennen sich offen zur einer linken politischen Orientierung oder Subkultur. Bei jenen handelt es sich um SchülerInnen des Gymnasiums, wodurch sie unabhängig von der politischen Orientierung schon zur gegnerischen Gruppe gehören.

124 Die Realschule befindet sich nicht in Erlingen, sondern in einer Nachbargemeinde.

Vor diesem Hintergrund liegt es nahe, die nicht näher definierbare Gruppe der 'Gymnasiasten' über eine politische Zuschreibung als 'Linke' zu definieren. Indem nun alle, die auf das Gymnasium gehen als 'Linke' bezeichnet werden, transformiert die 'Hauptschulclique' den Konflikt zwischen den Schulen zu einem politischen Konflikt und gibt den zukünftigen Auseinandersetzungen eine neue Legitimationsgrundlage. Doch handelt es sich hierbei um einen langsamen Prozeß, der sich im Zusammenhang mit ihrer Aneignung der rechten Symbole vollzieht:

"Das Aussehen hat schon am Anfang fasziniert so, die Stiefel an und dann kurze Haare, net so schmuddlig wie die Punks oder sowas, weil das muß ja schon sauber sein irgendwie, daß man sauber ist usw., net rumläuft wie so ein Assi, na ja und dann die Einstellung, daß man halt stolz aufs Land usw., daß man da Zugang zu findet, weil man wollte keine Anarchie sehen usw., wollt' ich von mir aus net. Das hat mir net gefallen so die ganzen Leut', wie die rumgerannt sind und die Einstellung, was die gehabt haben da, die ganzen Ausländer und solches Zeug da. Ja hab' öfters mal auf die Schnauze gekriegt von den Ausländern und hab' paar Auseinandersetzungen gehabt zwischen den Linken, und dann hab' ich mich halt langsam reingesteigert." (Ansgar)

Zunächst begeistern sich die Jugendlichen für die Musik. Die Auswahl ist vielfältig, für jeden Geschmack und jede Stimmung gibt es etwas Entsprechendes. So bevorzugen die Mädchen die "Böhsen Onkelz", die vor allem persönliche und gruppeninterne Situationen thematisieren. Ihre Lieder verbalisieren die diffusen persönlichen Gefühle und frustrierenden Alltagssituationen und werden gerne zur Beschreibung eigener Erfahrungen zitiert.

Nach den ersten Onkelz-Kassetten folgen die extremeren Gruppen wie "Störkraft", "Endstufe" oder "Kraftschlag". Die musikalische Nähe dieser Gruppen zur Heavy-Metal-Musik ist verblüffend, und die Härte von Musik und Inhalt begeistert vor allem die Jungen. Hier werden politische Inhalte in kurzen griffigen Statements formuliert, Macht und Stärke besungen sowie Kameradschaft und Zusammenhalt heroisiert:

"Ja, daß die halt irgendwie, wie sie sich geben, also daß sie sich net unterkriegen lassen und lauter Zeug halt, daß da ein Zusammenhalt da ist, daß das irgendwie Stärke vermittelt oder was, von der ganzen Gruppe, das hat halt damals ziemlich begeistert, ziemlich beeindruckt so. Halt allgemein fasziniert eigentlich. Die ganzen Texte sind sowieso irgendwie ansprechend so, also ich glaub', wenn das jemand hört, der hört da automatisch hin, und denkt sich, was singen die überhaupt so, denk mal drüber nach, das hat mich halt damals ziemlich begeistert, also für mich ziemlich, wie soll ich das sagen so, imponiert halt so, durch das ganze Auftreten, was die da verbreitet haben, also wie die sich geäußert haben so, was weiß ich." (Jürgen)

Jürgen regen die Lieder zum Nachdenken über seinen Alltag oder Gefühle an. Gleichzeitig konkretisieren sie in knappen Reimen, denen selten differenzierte politische Aussagen oder gar politische Ziele zugrundeliegen, die latent vorhandene Gruppenmeinung der Clique und lassen hierdurch die Grenzen nach außen schärfer hervortreten. Ebenso beschreiben viele Lieder szenetypische Verhaltensstile, die den Jugendlichen als leichtverständliche Anleitung dienen.

Mit dem Musikgeschmack verändert sich langsam auch das Outfit. Ein Wandel, der im Winter 1992/93 sichtbar wird. In dieser Zeit reißen die Berichte über die anhaltenden Überfälle auf Flüchtlingsheime und AusländerInnen nicht ab. Die Spitze des Eisberges bilden die Vorfälle in Rostock und Mölln in der zweiten Jahreshälfte 1992. Sie rufen vielfältige Reaktionen im In- und Ausland hervor. Nach einer Zeit des Verdrängens und Verharmlosens fangen auch die Regierungsparteien an, auf die eskalierende Gewalt zu reagieren. Im Fernsehen werden Aufklärungsfilme gezeigt und Diskussionen mit und über rechtsorientierte Jugendliche geführt. Die Jugendlichen sind fasziniert von der Aufmerksamkeit, die die Medien rechtsorientierten Jugendlichen, die sie meist im Outfit des Skinheadkultes zeigen, schenken. Begierig sieht man jeden Film, jeden Kommentar, der im Fernsehen gezeigt wird, und kommentiert ihn in der Gruppe. "Romber Stomber",[125] einer der vielen 'Aufklärungsfilme', avanciert bald zum wichtigsten Kultfilm unter den Jugendlichen. Er spielt in Australien und schildert die Entstehung und den Zerfall einer Skinheadgruppe. Die Jugendlichen besticht er durch seine detaillierte Schilderung des Kultes. In unterhaltsamen und spannenden Szenen über gruppeninterne Parties, Treffen und Streitereien führt er die Symbole und Handlungspraxen des Kultes vor. So verkörpert Hando, die Hauptfigur des Filmes, mit seinem massigen Körper und dem dazugehörenden Outfit das Bild des typischen Skinheads und wird für viele Jungens zum Vorbild.[126] Er hält die Gruppe bis zum Schluß zusammen, organisiert typische OI-Parties und ist der Führer bei den ständigen Konflikten mit einer ausländischen Jugendgruppe.

Jan hat Ähnlichkeiten mit Hando; auch er ist groß, massig und verkörpert mit seinen schweren Stiefeln, den hochgekrempelten Hosen und seiner Glatze den typischen Skinhead. Er ist schon länger dabei und kennt sich in der Szene aus. Zu einer Zeit, als die Bewohner der idyllischen Kleinstadt noch in Unwissenheit verharrten, als sie noch glaubten, derartige Auswüchse würden an ihnen unbeschadet vorüberziehen, zeigte er schon ein reges Interesse für den Kult und traf sich mit einigen anderen Skinheads und Hooligans regelmäßig in einer Szenekneipe in der nächst größeren Stadt. Er und fünf weitere Erlinger bildeten die 'erste Erlinger Szene' Ende der achtziger Jahre. Sie fielen zwar durch einige kleinere und größere Gewalttaten auf, doch gab es erstaunlich wenig strafrechtliche Interventionen. Offenbar wurde das Phänomen nicht ernst genommen, da die Gewalt von rechtsorientierten Jugendlichen noch nicht jene medienpolitische Bedeutung erreicht hatte wie im Jahre

---

125 "Romber Stomber" ist in fast allen rechtsorientierten Skinhead- und Jugendgruppen einer der beliebtesten Filme. Während meiner Feldforschung wurde er immer wieder als der wichtigste Kultfilm genannt, da seine Darstellung des Skinheadkultes authentisch sei.

126 Hando ist auch ein häufiger Spitzname in der Szene.

1992/1993. So erzählt Jörn, einer der Älteren, daß eine Schlägerei beim Altstadtfest, bei der zwei völlig unbeteiligte Jugendliche öffentlich verprügelt wurden, für ihn und seine Freunde keine Folgen hatte. Offenbar vermied es die Öffentlichkeit, hierin etwas anderes als eine Schlägerei zwischen Jugendlichen zu sehen, sei es, daß man das Problem ignorieren wollte oder erst gar nicht wahrnahm, da die angebliche Idylle des Städtchens eine derartige Interpretation der Situation nicht zuließ. Erst als ca. 20 Skinheads und Hooligans ein Clubhaus, das an jenem Abend zu einer Disco umfunktioniert war, stürmten, fühlten sich auch die Erlinger zumindest mit dem Problem kollektiver Jugendgewalt konfrontiert. Diese Veränderung der öffentliche Wahrnehmung ist auch Jörn nicht entgangen:

> "Am nächsten Tag, wie ich dann zum Blocker gehen wollte, bin ich durch die Stadt gelaufen und dich haben alle Leute so angeguckt und die Straßenseite gewechselt, weil von dem Zeitpunkt an, ist das erst so in Erlingen hochgekommen, so mit den Skins und rechts und Hools. Sie haben's vorher nicht gewußt. Daß sie in Erlingen da sind, und daß wenn es sein muß, daß es gibt. Von dem Tag an, das ging dann monatelang so, da haben sie voll Schiß gehabt. Da hast du allein ins Jugendzentrum reinlaufen können, da haben sie sich alle verkrochen, weil sie Schiß gehabt, weil sie gewußt haben, wenn sie einen E. anlangen, dann kriegen sie es mit den ganzen Karlsbronnern zu tun. Und die Karlbronner hatten damals schon eine große Szene. Ahja gut man kann sagen, das war so die Geburtsschlägerei für die Erlinger Szene so." (Jörn)

Doch bildete die 'Erste Erlinger Szene' keine stabile Gruppe und löste sich bald auf: einige waren aufgrund ihrer Bewährungsstrafen zur Zurückhaltung gezwungen, andere konzentrierten sich stärker auf ihren Beruf, wechselten zur Technoszene oder zu einer anderen Jugendszene.

Jan war jedoch stärker in den Kult hineingewachsen und kannte nicht nur die überregionalen Szenezusammenhänge, sondern hatte dort auch einen Namen. Er weiß viele Geschichten und Erlebnisse aus der Szene zu erzählen, bspw. über seine Erfahrungen bei der Eskalation in Rostock oder über Konzerte bekannter OI-Gruppen. Wenn er erzählt, hören die Jugendlichen begeistert zu, die Erlebnisse aus erster Hand vergrößern den Wunsch, endlich auch zur Szene zu gehören.

Neben Jan gesellt sich ein weiterer junger Mann zur Clique. Er heißt Karl und ist wie Jan begeisterter Funker. Die ersten Kontakte kommen über das Funken zustande und man möchte ihn kennenlernen. Er ist ein Außenseiter, verhält sich gegenüber den Jugendlichen nicht wie ein Erwachsener, ist weder herablassend noch verurteilt er ihre Begeisterung für den Kult. Vielleicht führt die gegenseitige Anerkennung oder aber seine Bewunderung für Hitler zu den ersten Kontakten.

Die Jugendlichen werden neugierig, und Karl fühlt sich bestätigt. Schon bald besuchen ihn Corinna, Jan, Jürgen und einige andere Jugendliche zu Hause und lassen sich von seiner großen Sammlung militärischer Gegenstände aus der NS-Zeit beeindruckend. Karl merkt schnell, daß die Jugendlichen für seine Sicht auf den Nationalsozialismus empfänglich sind und wartet mit immer längeren und spannenderen Geschichten auf. Die Jugendlichen sind ein dankbares Publikum und geben ihm viele Gelegenheiten, sich zu produzieren: In der Fremdenlegion sei er gewesen, habe in Afrika und der ganzen Welt gekämpft. Auch vor 'Linken' habe er keine Angst. Obwohl sie besonders gefährlich seien und auf alle schießen, würde er vor ihnen nicht davonlaufen, sondern stehenbleiben und kämpfen, erzählt Andreas.

Unter dem Einfluß der Erzählungen radikalisieren sich die Jugendlichen, was mit einer zunehmenden Aneignung der entsprechenden Symbole einhergeht. Noch im Frühjahr 1993, als der Sozialarbeiter[127] die Jugendclique zum ersten Mal aufsucht, kann er nur bei genauem Hinsehen die Clique als eine rechtsorientierte erkennen. Erst wenige haben Jan nachgeeifert, viele tragen nur Rangerstiefel oder "Dreiloch", einige haben sich noch ein Lonsdale Sweatshirt übergezogen. Doch ebenso viele belassen es bei der üblichen Kleidung, bestehend aus Jeans, Sweatshirt und Turnschuhen. Die heterogene Zusammensetzung der Gruppe spiegelt sich auch in der unterschiedlichen Reaktion der Jugendlichen beim ersten Kontakt mit dem Sozialarbeiter wider. Die radikalere Gruppe beäugt ihn mißtrauisch, und Karl versucht gar einen Kontakt zu verhindern, während andere an weiteren Kontakten interessiert sind und ihn gezielt aufsuchen, als er sich einige Tage fern hält. Über diese Gruppe gelingt es dem Sozialarbeiter langsam das Vertrauen der Jugendlichen zu gewinnen, die ihn schließlich als ihren 'Sozi' in das Gruppenleben miteinbezieht.

2. Von der Jugend- zur Skinheadclique

Ab dem Frühsommer 1993 beginnen die Jugendlichen ihren Kult immer stärker in der Öffentlichkeit auszuleben. So kauft sich Jürgen die ersten Springerstiefel und Ansgar seine ersten "Dreiloch":

"Auf einmal ging's los. Es ging langsam los mit den Kleidern, also Lonsdale Pullover usw., und dann hab' ich mir so gefälschte Schuhe gekauft, so Dreiloch, also keine Stiefel, so Dreiloch gekauft, gefälschte, weil kein Geld dagewesen war, und da hab' ich mir die ersten Dreiloch gekauft, und dann hab' ich mir Stiefel gekauft und dann jetzt zum Schluß, seit einem Jahr Glatze, also Haare rasiert." (Ansgar)

---

127 Die Mobile Jugendarbeit wurde 1992 von einem Trägerverein gegründet. Die Notwendigkeit eine aufsuchende Sozialarbeit einzurichten, ergab sich aus einer Feldstudie von 1988, die die Lebenslagen von Jugendlichen in der ländlichen Region untersuchte und feststellte, daß Jugendliche im ländlichen Raum in besonderem Maße der sozialen Kontrolle ihres Umfeldes ausgesetzt sind, was eine Lösung evtl. auftretender Probleme erschwert (vgl. Hellwich/Toepler 1988). Die Mobile Jugendarbeit wurde zunächst mit einem Sozialarbeiter ausgestattet und 1994 um eine Kraft erweitert.

Das Tragen der schwarzen klobigen Schuhe gibt ihnen das Gefühl von Stärke und Sicherheit sowie Zugehörigkeit zur Gruppe. Doch ist dies erst der Anfang, denn schon bald gehen in der Gruppe Versandheftchen um, aus denen gemeinsam die Kleidung, Aufnäher und Musikträger bestellt werden. Oder die Jugendlichen treffen sich samstags für einen gemeinsamen Ausflug in die nächst größere Stadt und suchen dort in einschlägigen Geschäften, ihr kultgemäßes Outfit durch den Erwerb von Domestoshosen, Lonsdale- Sweatshirt, Fred-Perry-T-Shirt und schwarzer Bomberjacke zu vervollständigen. Jedes Kleidungsstück, jede neue Kassette, CD oder andere Kultgegenstände werden in der Gruppe gebührend bewundert und spornen andere an, gleichzuziehen. Doch das Taschengeld der 12- bis 15-jährigen Jugendlichen reicht kaum zur kultgemäßen Ausstattung aus. Deswegen entwickelt sich während der täglichen Treffen ein reger Tauschhandel unter den Jugendlichen. Pullover und Jacken wechseln mehrmals ihre Besitzer, Musikkassetten werden zum Kopieren verliehen und Aufnäher getauscht. Langsam wachsen die Jugendlichen in den Kult hinein, unmerklich entwickelt sich ihr Gruppenleben zur zweiten Normalität. Noch schrecken viele davor zurück, mit dem Schneiden der Glatzen die Symbolisierung des Körpers zu vollenden. Denn Kleidungsstücke lassen sich austauschen, wenn der Krach mit den Eltern zu groß wird und prekäre Situationen vermieden werden müssen. Doch eine Glatze kann kaum noch verdeckt werden und zeigt in Verbindung mit den anderen Symbolen eindeutig die Gesinnung an.

Der Druck der Eltern hält viele noch zurück, doch langsam überwinden die meisten Jungen dieses Hindernis und lassen sich bei einer der regelmäßig stattfindenden Rasiersessions die Haare schneiden. Erst nur den Haaransatz an den Schläfen und im Nacken, dann, nach langem Zögern, den Rest. Schließlich will man ja auch dazugehören und ein richtiger Skinhead sein und beim gemeinsamen Auftreten auf öffentlichen Plätze bewundert werden und erschrecken:

> "Aber ich mein', es ist auch irgendwo, man kommt sich schon irgendwo gut vor, gell, wenn man eine Clique ist von 5 oder 10 Leuten und läuft abends durch die Stadt, gell, und alle die gleiche Jacke oder so, weil ich mein', entweder 'e Harrington-Jacke oder 'en Donkey-Mantel oder Bomberjacke, gell, mehr oder weniger sieht ja alles gleich aus, ..." (Katharina)

Auch Nicole ist davon fasziniert, sich in der Gruppe öffentlich zu inszenieren, so "daß jeder weiß, wie deine Einstellung ist" (Nicole). Das Gefühl von Macht und Stärke weicht jedoch sofort, wenn sich die Jugendlichen einzeln in der Stadt bewegen. Dann fühlen sie sich als Mitglied einer unterdrückten Minderheit, die "komisch angeguckt" und stigmatisiert wird.

Während Jürgen und Ansgar schon bald vollständig in den Kult hineingewachsen, wagen Mädchen wie Nicole noch nicht den letzten Schritt zu vollziehen, denn hier werden nicht nur politische Tabus durchbrochen. Ihre MitschülerInnen, Eltern und Passanten sind schon jetzt irritiert, wenn sie sich mit ihren klobigen Schuhen, leicht hochgekrempelten Hosen, dem Lonsdale-Pullover und der Bomberjacke auf öffentlichen Plätzen bewegt. Die kaum wahrnehmbaren abschätzigen Blicke signalisieren, daß sie schon jetzt die Grenze der ihr gesellschaftlich zugewiesenen Weiblichkeitsrolle überschritten hat. Demzufolge sind die Befürchtungen von Nicole, daß sie mit Glatze offen diffamiert und abgewertet werde, nicht ganz unberechtigt:

"...wenn ich da jetzt mit rasierten Haaren kommen würde, da heißt's dann gleich, oh, da schafft ein Skingirl oder eine Nazischlampe, die schafft da drin, da gehn wir gleich net einkaufen." (Nicole)

Diesem Vorwurf entziehen sich Nicole und die meisten anderen Mädchen der Gruppe, indem sie lediglich den Haaransatz am Nacken und an den Schläfen ausrasieren lassen. Bei Bedarf können die Haare hochgebunden und über den ausrasierten Haaransatz die Gesinnung angezeigt werden.

Das zunehmende Interesse am rechtsorientierten Skinheadkult bestimmt auch die Gruppenkommunikation: Bei den täglichen Treffen hört man den Geschichten von Jan zu, diskutiert über die Anschaffung der nächsten Kleidungsstücke, bewundert und kritisiert sich, tauscht Neuigkeiten aus, lacht miteinander und verfolgt die Auseinandersetzungen in den Medien. Das Beisammensein, die gemeinsame Auseinandersetzung erzeugt ein Gefühl von Zusammenhalt und Gemeinschaft, das durch die täglichen Treffen reproduziert wird. Hierüber findet die Gruppe zu einer neuen Gruppenidentität, die ihr Verhältnis zur Umwelt und die politischen Einstellungen vollständig verändert. Sie entwickelt sich zu einer rechtsorientierte Skinhead- und Jugendclique, die sich nicht mehr passiv von den anderen abgrenzt, sondern ein handelndes Subjekt, das sich im öffentlichen Raum demonstrativ inszeniert, bildet.

Gleichzeitig verändert die neue Gruppenidentität die interne Gruppenstruktur. Das lockere freundschaftliche Beisammensein, zu dem sich die Jugendlichen zwanglos zusammenfanden, ist nun informellen Regeln und Zwängen unterworfen. Gradmesser der Zugehörigkeit zur Gruppe ist bald nicht mehr eine freundschaftliche Beziehung, sondern das gemeinsame Interesse am Kult. Während zuvor die Gruppe langsam durch gemeinsame Erlebnisse und Treffen zusammenwuchs, zeigt nun das Tragen der kultspezifischen Symbole die Zugehörigkeit zur Gruppe an. Die vorwiegend freundschaftlichen Beziehungen der Gruppenmitglieder sind einer quasi mechanischen Beziehung gewichen, die mit dem kultspezifischen Begriff Kameradschaft zusammengefaßt und in vielen Liedern besungen wird:

"Nur ein echter Kamerad kann verstehen, wie es mir geht,
denn er fühlt genauso und er denkt genauso, er
weiß, wie es um mich steht." (Freikorps: "Echter Freund")

Die Veränderungen in der Gruppe bringen jene in Verlegenheit, die sich bisher zu der vorherrschenden Gruppenentwicklung distanziert verhalten haben. Sie trafen sich regelmäßig mit den Jugendlichen, weil man zusammen in die Schule ging und Freunde suchte, um etwas miteinander zu unternehmen. Seit die Zugehörigkeit zur Gruppe sich über den Kult definiert, geraten sie unter Entscheidungsdruck. Entweder sie verlassen die Gruppe oder sie passen sich der neuen Gruppenidentität an. Viele Jugendliche kommen nur noch selten zum Treffpunkt oder bleiben ihm ganz fern, andere entscheiden sich wie Corinna für die Gruppe:

"Ne, ich hab' keine Stiefel, ich hab' also die niedrigen gekauft, die Doc Martens, die hab' ich mir gekauft, aber ich hab' auch nicht weiße Schnürsenkel dringehabt oder so, aber ich wollte zeigen, daß ich auch so was haben kann wie die: 'ah, hast du jetzt auch so Schuh', oh das sieht geil aus' und so. Auf das hab' ich eigentlich gewartet, daß sowas kommt, weil ich weiß nicht, ich hab' Angst gehabt, daß ich aus der Clique ausgestoßen werde....Ich hatt' Angst meine Freunde zu verlieren, das waren meine Freunde, wo man von Anfang an über alles schwätzen konnte, wir haben Spaß gemacht in der Schule und so." (Corinna)

Die Angst, wieder alleine zu sein, ist real, denn es war nicht einfach, von der Gruppe akzeptiert zu werden. Mit ihrer Entscheidung beginnt eine Gratwanderung, bei der Corinna immer wieder Gefahr läuft, aus der Gruppe ausgeschlossen zu werden

Gleichzeitig wird die Gruppe durch ihre langsame Transformation zu einer rechtsorientierten Skinhead- und Jugendgruppe für andere Jugendliche attraktiv. Manche Jugendliche bringen ihre FreundInnen mit, andere kommen kurz vorbei, um einen Bekannten zu begrüßen. Einige schauen dem Treiben der Gruppe vorsichtig aus der Ferne zu, laufen "zufällig" vorbei, denn das Hallenbad ist gut sichtbar und von allen Seiten zugänglich.

Die Gruppe wächst schnell an, und ihr raumgreifendes Auftreten, die laute Musik und Unterhaltung werden zum Ärgernis der dortigen Bewohner und der Verantwortlichen des Schulzentrums. Andere, wahrscheinlich ältere Gleichgesinnte, nutzen die Situation, indem sie den Anwohnern drohen oder Naziparolen sprühen, was im Zweifelsfalle auf die Gruppe zurückfällt. Auch die Polizei ist auf die Gruppe aufmerksam geworden. Sie erscheint regelmäßig am Hallenbad und nimmt demonstrativ die Personalien auf. Noch glauben die Beamten, daß es sich hierbei um eine Gruppe an sich harmloser Jugendlicher handeln, die von älteren 'verführt' werde und sich mit derartigen Machtdemonstrationen einschüchtern ließe.

Natürlich finden es die Jugendlichen unangenehm, ständig von der Polizei kontrolliert zu werden, doch beeinträchtigt es ihr Verhalten wenig. Mittlerweile ist es Sommer, und Parties werden auf den außerhalb liegenden Gartenstücken oder am Steinbruch gefeiert. Häufiger trifft man sich jedoch ganz ziel- und planlos am Hallenbad und ist dankbar, zu erfahren, daß irgendwo eine Party stattfindet. In Erlingen hat es Tradition, daß die Jugendlichen im Sommer ihre Parties in den elterlichen Schrebergärten feiern. Ebenso ist es üblich, daß direkt geladene Gäste ihrerseits Jugendliche einladen. So kommt es, daß auch die Erlinger Jugendclique immer wieder über Dritte eingeladen wird. Eine solche Gelegenheit zur Inszenierung läßt sie sich selten entgehen, denn schon ihr Auftauchen als einheitlich gekleidete Skinhead-Gruppe flößt den anderen Gästen Angst und Respekt ein. Die Cliquenmitglieder genießen das Gefühl von Macht und Stärke, werden dreister und fangen an 'ihre' Lieder zu singen. Der Alkohol und die Musik lassen die durch ihr Auftauchen entstandene Spannung unerträglich werden, die ganze Atmosphäre schreit förmlich nach Entladung. Ein falsches Wort oder eine falsche Geste kann die gesamte Clique provozieren und zu einer Schlägerei führen. Wird die Situation jedoch von außen gestört, dann fällt die Spannung in sich zusammen und verläuft im Sande:

"Immer wenn's irgendwo dicke Luft gegeben hat, auf irgendeiner Party oder so. Und wir gedacht haben, so jetzt ist das Maß voll, jetzt reicht's, jetzt hauen wir ihnen eine auf die Lapp. Und waren schon im Ansatz dazu, wollten auf sie zu gehen und wollten sie umboxen, dann ist auf einmal aus heiterem Himmel der Sozi aufgetaucht und fängt an, den Streit zu schlichten. Das war das Eklige dran. Zum Schluß war er auf jeder Party, wo wir auch waren. Wir haben ihn nie gesehen und auf einmal ist er dagestanden, he Jungs, so geht es doch nicht, diskutiert doch. Und dann war unsere Kampfmoral wieder hin, äh toll, äh scheiße. Dann ging schon nichts mehr, dann haben wir uns hingehockt und uns zugesoffen." (Jörn)

Nicht immer kommt es zu einer Eskalation, doch schon das Auftauchen der Gruppe und die Reaktion der übrigen Gäste lassen Situationen entstehen, die fast zwangsläufig auf eine Schlägerei hinauslaufen, wenn keine Störungen von außen den Ablauf unterbrechen. Danach ist es oft schwierig zu rekonstruieren, ob die Jugendlichen gezielt eine Eskalation herausgefordert haben oder sie lediglich einer Einladung gefolgt sind und an der Party teilnehmen wollten. Denn nicht alle Jugendlichen der Clique sind wie Jörn darauf aus, in eine Schlägerei verwickelt zu werden. Doch können sie sich selten dem Sog des Geschehens entziehen. Schon bald ist die Gewalttätigkeit der Clique unter den Jugendlichen in Erlingen ein offenes Geheimnis, und nicht selten lädt sie ein Jugendlicher absichtlich ein, um die Party eines Gleichaltrigen zu sprengen.

Der Bekanntheitsgrad der Gruppe wächst und zieht auch Jugendliche wie Andreas und Annette an. Andreas hatte sich im Frühjahr ein- oder zweimal dazugesetzt, weil er einige aus dem Fußballverein kannte. Er weiß, daß sie rechts eingestellt sind, aber damit hat er nichts zu tun. Er sieht sich als einen ganz normalen Jugendlichen, der wie viele andere auch lediglich für Heavy Metal schwärmt. Doch die Skinheads sind ihm im Fernsehen schon aufgefallen. Als sie 1989/90 in Erlingen herumliefen, hat ihn das sehr beeindruckt, "so groß und breit und kurze Haare" (Andreas). Wenn einer so daherkam, haben alle Respekt vor ihm gehabt. Die Aufforderung von Jan, öfter mal vorbeizukommen, ist also nur noch der letzte Anstoß, der ihn zur Gruppe führt.

Andreas findet sich bald regelmäßig am Treffpunkt ein und ist begeistert vom Zusammenhalt und der Kameradschaftlichkeit der Gruppe.

Inzwischen ist Karl in der Gruppe zu einem informellen Führer geworden, auf den man hört, denn er kennt sich in der Politik aus und hat viele Abenteuer erlebt, die sich die Jugendlichen in ihren kühnsten Träumen nicht ausgemalt hätten.

Doch ihm genügt es bald nicht mehr, lediglich bewundert zu werden. Er möchte zum anerkannten Meinungsführer der Gruppe werden und beschuldigt einige der jüngeren, sie wären nicht solidarisch genug. Gleichzeitig setzt ihn die Polizei unter Druck, denn sie kennt Karl als '*guten Kunden*' (Interview Polizei, 14.12.1995). Sie legt ihm nahe, die Gruppe zu verlassen und hofft, dadurch weitere Auswüchse der Gruppe zu verhindern. Parallel dazu verstärkt sie die Kontrollen, worüber sich die Jugendlichen beim 'Sozi' beschweren, da sie sich gestört und beobachtet fühlen. Er initiiert daraufhin ein Gespräch zwischen den Jugendlichen und der Polizei, bei dem die Polizei anbietet, die Kontrollen zu reduzieren, wenn die Jugendlichen zurückhaltender agieren. Gleichzeitig versucht sie die Jugendlichen gegen Karl zu beeinflussen und ihnen klar zu machen, daß er ein Aufschneider sei.

Das aufkeimende Mißtrauen der Jugendlichen gegenüber Karl verstärkt sich vermutlich durch den Druck der Polizei. Karl versucht diesem mit einem autoritären Auftreten entgegenzuwirken. Immer lauter wirft er einigen vor, 'undeutsch' zu sein oder gar die Gruppe auszuspionieren. Dieser Vorwurf trifft vor allem Annette, die erst vor kurzem zur Gruppe gestoßen ist. Sie ist noch nicht lange in Erlingen, wohnt in einem Kinderheim und geht auf die Hauptschule. Über diesen Weg kommt sie zur Gruppe und findet hier schnell FreundInnen. Annette ist klein, blond, gutaussehend und wird bald von vielen Jungens hofiert, denn Mädchen sind rar in der Clique. Karl wirft Annette vor, sie würde die Gruppe ausspionieren und alles den 'Linken' im Heim weitererzählen. Auch andere Mitglieder versucht Karl auszugrenzen, indem er ihnen 'undeutsches' Verhalten vorwirft. Hatten die Jugendlichen Karls Autorität bis zu diesem Zeitpunkt fraglos anerkannt, so finden sie nun seine Geschichten weniger spannend oder gar unglaubwürdig, und der ehemalige Held entpuppt sich in ihren Augen nun tatsächlich als Aufschneider. Die Interaktion zwischen Karl und dem Großteil der Gruppe gerät zu einer Abwärtsspirale, da Karl das Schwinden seiner Autorität mit immer dogmatischerem Auftreten aufzuhalten sucht. Die Jugendlichen reagieren hierauf nicht mit offenem Protest; es genügt, wenn sie sich abwenden und nicht mehr auf ihn hören.

So entziehen sich einige Jugendliche seinem Wirkungsbereich und es kommt zu einer Spaltung der Gruppe. Während Karl noch einige Jugendliche weiterhin am Hallenbad um sich scharen kann, trifft sich der Großteil nunmehr am Bahnhof der Stadt. Er liegt gut sichtbar unweit vom Stadtkern entfernt. Ob dieser Platz bewußt gewählt wurde, läßt sich heute schlecht beurteilen, doch ist auch dieser Platz hervorragend für die öffentliche Inszenierung geeignet.

Hier treffen sich die abgewanderten Jugendlichen täglich am 'Häusle'. In kleinen Gruppen stehen sie beieinander, die Pärchen hier, die Mädchen dort, einige Jungens stehen um Jans Auto, suchen die Musik aus und erzählen sich die letzten 'Abenteuer'. Die Gruppe wirkt wie eine ganz normale Jugendclique. Vielleicht stört manche die einheitliche Kleidung, von der mittlerweile bekannt ist, daß sie vor allem von rechtsorientierten Skinheads getragen wird. Oder einige fühlen sich durch die laute, aggressive Musik gestört. Manchmal dringen Textfetzen wie 'Kanake verrecke'[128] oder 'Wir kämpfen für Zusammenhalt, wenn es sein muß mit Gewalt'[129] ans Ohr und die PassantInnen wechseln peinlich berührt die Straßenseite. Sonst unterscheidet sie wenig von anderen umherlaufenden Jugendcliquen. Auch sie albern herum, lachen laut auf, wenn einer auf den Arm genommen wird und jagen sich gegenseitig ums 'Häusle' oder über den Platz. Dann, plötzlich wird dieses Treiben unterbrochen und es entsteht eine gespannte Stille. Einige männliche Jugendlichen lösen sich aus der Gruppe und laufen breitbeinig umher. Durch ihre Kleidung haben sie etwas Bedrohliches an sich und offenbar ist es ihre Absicht, die vorbeilaufenden PassantInnen zu beeindrucken. Diese laufen peinlich berührt und verlegen davon. Solche Szenen sind nicht selten, denn die Möglichkeiten dazu sind am Bahnhof fast unerschöpflich. Ein breites Publikum passiert im Laufe des Tages diese Stelle: Am frühen Nachmittag treffen sich hier auswärtige SchülerInnen, um gemeinsam nach Hause zu fahren, und gegen Abend kommt die auswärtig arbeitende Bevölkerung vorbei.

Die Jugendlichen sitzen hier bis spät abends, denn es ist Sommer und die lauen Nächte sind angenehm. Das ist auch die Zeit, in der die Älteren kommen, die schon in der Ausbildung sind. Sie werden mit lautem 'Hallo' begrüßt und bringen somit eine gewisse Unruhe in die Gruppe. Der Abend ist lang, und das Bier gehört zum allabendlichen Treffen. Doch die Jugendlichen sind meist knapp bei Kasse, deswegen legt man zusammen, um sich bei der nahegelegenen Tankstelle Sixpacks zu kaufen.

Auch die Polizei hat die Spaltung der Jugendlichen beobachtet und den neuen Treffpunkt entdeckt. Das war nicht schwer, denn die Jugendlichen fallen auf und hinterlassen ihre Spuren. Graffiti an den Wänden des 'Häusle' und in den Toiletten zeugen von ihrer regelmäßigen Anwesenheit. Schon von weitem sehen die Jugendlichen das Polizeiauto in die Straße zum Bahnhof abbiegen, und ein Raunen geht durch die Gruppe. Zwar hält sich die Polizei an die Abmachung, doch nach jedem Vorfall häufen sich die Kontrollen.

128 Landser: 'Kanake verrecke'
129 Werwolf: 'Tätowiert und Kahlrasiert'

Noch immer glaubt sie an ihre Strategie, sie könne die Jugendlichen hiermit abschrecken.

Mittlerweile haben sich viele Jugendliche hier eingefunden, aber es gibt auch noch Unentschlossene, die zwischen der Hallenbad- und Bahnhofsgruppe hin- und herpendeln und sich nicht zuordnen können oder wollen. Vielleicht hängt ihre Unentschlossenheit auch mit der inhaltlichen Entwicklung der beiden Gruppen zusammen. Denn während die Jugendlichen um Karl immer dogmatischer und radikaler werden, zeichnet sich bei der Bahnhofsgruppe eine zunehmende Offenheit ab. Dort kommt es zu Kontakten mit den ehemaligen Kontrahenten. Ein Jugendlicher, der als Punk sichtbar zur linksorientierten Jugendkultur um das Jugendzentrum gehört, schließt langsam mit den Jugendlichen Freundschaft. Hierüber kommt es zu ersten Berührungen mit dem Jugendzentrum.

Gleichzeitig spitzt sich die Situation am Hallenbad dramatisch zu, und die Spannungen um Karl werden unerträglich. Immer penetranter nutzt er seine Stellung aus, um andere Jugendliche zu diffamieren und auszugrenzen. Schließlich eskaliert die Situation bei einem Grillfest am nahegelegenen Steinbruch:

> "...da wollten wir eigentlich ein Ferkel schlachten, da wollten wir so eine richtige Party machen, und 10 oder 15 Stück waren wir da. Ja, alle haben was getrunken, dann hat der Karl so ein Schlachtmesser dabei gehabt, gell, und dann ist er irgendwann mal durchgedreht und ist auf den Steini losgegangen, der Karsten, damals waren wir noch mit dem Karsten, da war der Steini[130] noch gar nicht bei uns, weil er hat gesagt, er will net mit Jugendlichen zusammensein. Ja und dann hat's angefangen, dann ist der Karl hat uns alle blöd angemacht und so, wir wären Verräter und so, wir hätten seine rechte Szene verraten, die Polizei hätt' ihn angeklagt, daß er unser Führer wäre, das hat der alles auf uns geschoben, ..." (Corinna)

Angefangen hat der Streit, als Karl einem Mädchen die Teilnahme an der Party verbieten wollte, mit dem Hinweis, sie sei Russin und habe deswegen in einer rechten Gruppe nichts zu suchen. Karsten und der Rest der Gruppe verteidigen das Mädchen, wodurch die Situation eskaliert. Karl untergräbt an diesem Abend durch sein Verhalten und die Beschuldigungen vollständig seine Autorität, was zur Folge hat, daß sich die Jugendlichen endgültig von ihm abwenden. Noch heute sind Jugendliche wie Corinna und Annette über Karls Behauptung, er sei der Führer gewesen, empört. Und auch Katherina zufolge gab es in ihrer Clique keine Führer, sondern nur Personen, auf die man hörte, weil sie älter und erfahrener waren:

> "Ja, also wie wir damals die Clique noch zusammen waren, waren's halt meistens die älteren einfach. Wir haben keine Anführer gehabt oder sowas, aber ich denk' mal, das ist wohl normal, die älteren sind auch meistens vernünftiger und so ..." (Katherina)

130 Es handelt sich hier um Jan, den älteren Bruder von Karsten. Entgegen Corinnas Behauptung tauchte Jan schon relativ früh in der Clique auf, wenn auch am Anfang nur sporadisch. Dennoch beeinflußte er die Clique, wie oben beschrieben, stark.

Doch nicht alles, was die Älteren sagen oder tun, wird von den Jüngeren toleriert. Karl kann seine Autorität nicht wiederherstellen, die Gruppe am Hallenbad zerfällt. Einige finden sich am Bahnhof ein, andere verlassen die Gruppe. Mittlerweile ist die Zeit der lauen Sommernächte vorbei, es ist Herbst und der Treffpunkt am Bahnhof wird ungemütlich. Die Gruppe sucht nach einem neuen Treffpunkt, der auch für den nahenden Winter geeignet ist. Das Jugendzentrum stellt hier eine Möglichkeit dar, doch noch sind die Jugendlichen unsicher, ob sie sich hineinwagen sollen. Es liegt mitten in der Stadt und wird von einer Jugendpflegerin betreut. Im Prinzip steht es allen Jugendlichen offen, doch in der Praxis dominiert immer eine Jugendclique den Aufenthaltsraum. Im Spätsommer 1993 entsteht die günstige Situation, daß die bisherige Jugendzentrumsclique dabei ist, sich aufzulösen. Ein Vakuum entsteht.[131]

Zögernd nutzen die Jugendlichen vom Bahnhof ihre losen Kontakte, um mal reinzuschauen, an der Bar etwas zu trinken und kurz 'Hallo' zu sagen, und danach schnell wieder zu verschwinden. Manchmal setzt sich auch eine kleine Gruppe in den Hof und wartet ab, was geschieht. Bald lassen die Bedenken nach, denn der befürchtete Widerstand der Jugendlichen im Jugendzentrum bleibt aus, und immer mehr der Jüngeren aus der Clique verweilen dauerhaft im Jugendzentrum. Es avanciert langsam zum regelmäßigen Treffpunkt der Clique; hier können sie sich ungezwungen bewegen und ihre Musik hören. Zwar gibt es immer mal wieder kleine Reibereien und Rempeleien, wenn man an anderen Jugendlichen vorbei muß oder zu eng aufeinander sitzt, beim Streit um den Thekendienst oder die Aufräumarbeiten. Auch das Problem, welche Musik wann und wie häufig aufgelegt werden soll, ist ständiger Konfliktstoff. Nicht alle Jugendlichen der bisherigen Jugendzentrumsclique akzeptieren kritiklos, daß diese Gruppe, die ihre rechte Einstellung derart offen zur Schau stellt, im Jugendzentrum toleriert wird.

Doch die Jugendpflegerin läßt sie gewähren. Sie vertritt den Standpunkt, daß es keinen Grund zum Eingreifen gibt, solange die Skinheads nicht randalieren, gegenüber anderen Jugendlichen handgreiflich werden oder die Regeln des Jugendhauses mißachten.

Die Dominanz der rechtsorientierten Jugendclique verdrängt langsam die anderen Jugendlichen. Zu erdrückend ist die Vehemenz, mit der diese Jugendlichen durch ihren Kult den Raum besetzen. Es ist unmöglich, die laute aggressive Musik, die die Jugendlichen sichtlich aufheizt, oder das Prahlen, welche 'Türken' oder 'Zecken' man 'durchgelassen' hat, zu ignorieren. Das Verhalten der anderen Jugendlichen unterscheidet sich allerdings kaum von jenem der Clique. Als 'Heavies'[132] hören auch sie laute Musik und stellen

131 Die Informationen über das Jugendzentrum stammen aus dem Experteninterview mit der dort arbeitenden Jugendpflegerin.

132 Es handelte sich vor allem um Heavy Metal Fans, worunter sich auch wenige Punks mischten.

ihre mit schwarzen Lederhosen und Jacken bekleideten Körper gerne zur Schau. Politik steht jedoch nicht im Vordergrund, man fühlt sich eher unpolitisch, vielleicht ein bißchen links eingestellt und ist deswegen sichtlich irritiert von der starken Politisierung des Jugendzentrums (vgl. Stock/ Mühlberg 1990).

Nach und nach weichen viele der bisherigen BesucherInnen dem Druck der rechtsorientierten Jugendlichen und bleiben dem Jugendzentrum fern:

"Ja, ja klar. Eine Zeitlang war damals das JUZ fast, kann man sagen fast nur für uns. Wir sind halt immer dringehockt, von uns sind immer mehr gekommen, und irgendwann haben sich die anderen gesagt, da gehen wir nicht mehr rein, oder was. Ab und zu war da mal von uns ein paar Vollgesoffen, von denen paar Vollgesoffenen hat's irgendwie Streit gegeben. Und da hat mal irgendwann einer den Ranzen vollgekriegt, und dann sind die anderen nicht mehr gekommen und irgendwann waren dann nur noch mir drin gehockt." (Jürgen)

Je mehr der ehemaligen BesucherInnen fernbleiben, desto stärker nimmt das Selbstbewußtsein der Jugendlichen zu. Das Jugendzentrum ist nun ihr Treffpunkt, in dem sie ungehindert agieren können, für das sie aber auch die Verantwortung tragen. Einige der Jugendlichen stellen sich der Verantwortung, werden Mitglied des Jugendzentrums und lassen sich gar in den Vorstand wählen.

In dieser Zeit stößt Klaus zur Gruppe. Er kennt Jan aus dem 'Keller'[133], der hat ihm erzählt, daß in Erlingen was los sei, daß dort eine Gruppe entsteht, mit der was anzufangen sei. Klaus kommt mal vorbei und ist begeistert. Eigentlich findet er sie noch etwas jung, aber das muß ja nicht unbedingt von Nachteil sein. Beim nächsten Mal bringt er auch seinen zwei Jahre jüngeren Bruder Michael mit, der sich ebenfalls der Clique anschließt. Auch er ging zuvor mit seinem Bruder regelmäßig in den 'Keller', doch bei der Gruppe bleibt er, weil er sich angenommen und verstanden fühlt:

"Ja gut, durch die Clique bin ich dazu gekommen, als ich von Karlsbronn weggezogen bin und zwar nach Iringen zu meiner Oma und bin dann zusammen mit meinem großen Bruder mal nach Erlingen gegangen ins Jugendzentrum, und dadurch hab' ich noch einige kennengelernt, mit denen wir uns ziemlich schnell gut verstanden haben und haben uns auch regelmäßig getroffen." (Michael)

Der Umzug zu seiner Großmutter ist das vorläufige Ende eines Hin- und Herpendelns zwischen seinen Eltern. 1989, als Michael 13 Jahre alt ist, trennen sich seine Eltern. Zunächst zieht er mit seinen älteren Geschwistern Klaus und Marina zu seiner Mutter, bald gibt es Streit zwischen ihm und ihrem Lebenspartner. Er wechselt zu seinem Vater, der inzwischen wieder verheiratet ist. Doch auch hier kommt es zu Auseinandersetzungen, die dazu führen, daß Michael zu seiner Großmutter nach Iringen zieht.

133 Der 'Keller' war eine der bekanntesten Szenekneipen der Region, Seit Ende der achtziger Jahre war er Treffpunkt für Hooligans und Skinheads und ist mittlerweile geschlossen.

In dieser Zeit fängt Michael seine Ausbildung als Maler und Lackierer an und stößt zur Gruppe. Sie gibt ihm Halt und ersetzt die zerfallene Familie.

Klaus verkörpert im Gegensatz zu Michael den typischen Skinhead und ist der Polizei als aggressiver Schläger bekannt. Ebenso wie Jan bewegt er sich schon länger in der Szene und beeindruckt die noch unerfahrenen Jugendlichen mit seinem Auftreten und seinen Heldengeschichten. Er nimmt die Ideale der Szene, Zusammenhalt und Kameradschaft, ernst, und greift immer wieder bei internen Streitereien vermittelnd und drohend ein, um die Gruppe zusammenzuhalten. Gleichzeitig scheut er keine Auseinandersetzung und glaubt die Gruppe gegen vermeintliche Feinde verteidigen zu müssen, was ihm in der Gruppe den Spitznamen 'Metzger'[134] einbringt. Schon bald gilt er in der Gruppe als einer, auf den man hört, dem man vertraut. Durch sein Auftauchen ist nun scheinbar die prekäre Situation entstanden, daß sich zwei ältere Jugendliche in der Gruppe befinden, die gleichermaßen durch ihre Szeneerfahrung sowie ihr imposantes Auftreten die Jugendlichen beeindrucken und hierdurch eine gewisse Autorität genießen. Leicht könnte ein Machtkampf entstehen und die Gruppe erneut spalten, doch das Gegenteil tritt ein: Aufgrund ihrer Verschiedenheit bilden sie ein Tandem, das die Gruppe über einen längeren Zeitraum dominiert. So ist Jan im Vergleich zu Klaus eher bedächtig und zurückhaltend; er handelt nicht einfach im Affekt und schafft es immer, sich genau dann zu bremsen, wenn die Situation außer Kontrolle zu geraten droht. Geichzeitig ist er einer der wenigen aus der Gruppe, der sich stärker mit den Inhalten der Szene auseinandersetzt. Neben den szenetypischen Fanzines[135] und Musikmagazinen[136] liest er auch regelmäßig die Nachrichten der HNG[137] und Flugblätter verschiedener Parteien. Hierdurch bildet er quasi den intellektuellen Kopf der Gruppe, während Klaus aufgrund seiner oft unberechenbaren Aggressivität die Exekutive des Duos darstellt.

In dieser Zusammensetzung dominieren sie die Gruppe fast ein ganzes Jahr, und nicht nur Michael ist der Meinung, daß "durch die zwei praktisch, kann man sagen, was draus geworden ist, in Erlingen" (Michael).

---

134 Der Name leitet sich auch aus seinem Beruf als Metzger ab.

135 Fanzines sind unregelmäßig erscheinende Szeneblätter (vgl. Kap. IV.5).

136 "Moderne Zeiten" ist eine seit 1993 monatlich erscheinende Musikzeitschrift, die ausführlich über Konzerte, Gruppen, einzelne Musiker und neu erschienene Tonträger berichtet.

137 Die Nachrichten der HNG ist das Informationsblatt des eingetragenen Vereins 'Hilfsorganisation für nationale und politische Gefangene und deren Angehörige'. Es wird von dem Ehepaar Müller herausgegeben, das innerhalb des rechtsextremen Spektrums Deutschlands zu den wichtigsten Personen zählt. Ihre Gärtnerei in Mainz-Gonsenheim ist beliebter Treffpunkt. Jan war Mitglied der HNG.

3. Erste Risse in der ländlichen Idylle

Im Spätherbst pendelt sich eine gewisse Gruppenroutine ein: Nachmittags, nach der Schule, treffen die Jüngeren der Gruppe im Jugendzentrum ein. Um 18 Uhr, wenn es schließt, machen sich viele auf den Heimweg, andere schauen noch am Bahnhof vorbei, ob schon einige der älteren dort eingetroffen sind, die in der Ausbildung oder berufstätig sind und unter der Woche erst abends Zeit haben. Außerdem können sie ihre Abneigung gegenüber dem Jugendzentrum kaum verhehlen. Für sie ist es 'Feindesland', damit wollen sie nichts zu tun haben.

Mit der täglichen Routine hat sich auch die Gruppe stabilisiert und ihr Selbstbewußtsein zugenommen. Offenbar ist hier die Ursache für die zukünftig stärkere Außenorientierung zu suchen, die schon den November 1993 zu einem 'heißen Monat' werden läßt (Experteninterview Polizei) Er beginnt damit, daß sich drei der Älteren auf den Weg machen, um 'Linke abzuklatschen'. Langsam fahren sie durch den Ort, aufgeputscht durch die laute Musik und den Alkohol suchen sie ihre Opfer. Läuft jemand zufällig am Staßenrand entlang oder steht an der Bushaltestelle, dann fahren die Jugendlichen langsamer und schauen, ob es sich hierbei um ein 'feindliches' Gesicht handelt. Geht die Person auf das Gymnasium, hat sie irgendwelche 'linke' Symbole, wurde sie mal bei 'Linken' gesehen oder ist sie gar mit einem verwandt?

Der kleinste Hinweis aktiviert ein Reaktionsmuster, daß man bei vielen vergleichbaren Gelegenheiten wiederfindet. Das Erkennen eines 'feindlichen' Anzeichens führt nicht direkt zur gewalttätigen Handlung. Die Jugendlichen fühlen sich zunächst nur provoziert und reagieren darauf, indem sie ihren Wagen anhalten, aussteigen und die betroffene Person mit Vorwürfen zu provozieren suchen: "Hast du uns gerade den Stinkefinger gezeigt? Was hast du überhaupt für einen Fetzen an? Willste was?" Der Angesprochene ist verwirrt über den plötzlichen Überfall und reagiert abwehrend. Doch darauf wird mit neuen Vorwürfen geantwortet, was den Betroffenen noch stärker in die Enge treibt. Langsam bekommt er es mit der Angst zu tun. Denn gegen drei kräftige junge Männer, deren Verhalten und Aussehen keine Zweifel an ihrer Absicht aufkommen lassen, kann er nichts ausrichten. Er versucht auszuweichen, zu flüchten. Dies ist das Zeichen zum Angriff; nun beginnen sie ihr Opfer zu jagen.[138]

Obwohl derartige und ähnliche Übergriffe seit dem Spätherbst 1993 gehäuft auftreten, sind scheinbar auffällig wenig ausländische Jugendliche davon

138 Es handelt sich hierbei um eine idealtypische Darstellung eines Übergriffes, der aus den Informationen der Polizei und der Jugendlichen rekonstruiert wurde. Grundlage sind mehrere Experten- und Einzelinterviews.

betroffen. Dies liegt daran, daß solche Übergriffe selten bekannt werden, da ausländische Jugendliche aufgrund ihres distanzierten Verhältnisses zur Polizei selten Anzeige erstatten. Statt dessen greifen sie lieber zur Selbstjustiz, was die rechtsorientierten Jugendlichen ihrerseits einschüchtert.[139]

Nicht selten macht sich auch die ganze Gruppe auf den Weg. Ihr Ziel ist dann entweder eine Party oder die einzige Diskothek der Umgebung. So kommt es vor, daß dort plötzlich zwanzig Jugendliche der Clique auftauchen, alle in schwarzen Schuhen oder Stiefeln, hochgekrempelten Jeans, Lonsdale-Pullover und Bomberjacke gekleidet. Die Größe der Gruppe und ihre einheitliche Kleidung verbreiten Angst. Doch manchmal rührt sich jemand, möchte nicht wortlos der Machtdemonstration weichen und fängt an zu diskutieren. Die Clique empfindet sein Verhalten als Provokation und antwortet darauf in provozierender Weise. Die Spannung wird langsam unerträglich und führt zur Entladung, wenn nicht der 'Sozi' oder die Polizei auftaucht, um zu intervenieren. Doch gleichgültig wie sich die Situation entwickelt, solche Machtdemonstrationen werden von der Clique immer als Erfolg gewertet, denn in jedem Fall hat sie sich unter den Jugendlichen Respekt verschafft.

Obwohl die Vorfälle gegen Ende des Jahres auffallend zunehmen, kommt es selten zu einer strafrechtlichen Verfolgung. Noch immer glaubt die Polizei, ebenso wie andere städtische Institutionen, es handele sich um verirrte Jugendliche, und sie interpretieren die Gewalttätigkeiten unter Jugendlichen als eine extremere Form der Jugendgewalt.

Doch um die Jahreswende bekommt dieses Bild zumindest bei einigen Gemeinderatsmitgliedern Risse. Der Grund ist eine als 'ernsthaft' wahrgenommene Eskalation, die mit einer harmlosen Bitte der Jugendlichen ihren Anfang nimmt. So fragen sie den 'Sozi', ob er ihnen einen Raum für Sylvester organisieren könne. Er geht mit diesem Anliegen zur Stadt, die es mit dem Argument zurückweist, daß in Erlingen keine Räume mehr frei wären. Auf den Hinweis, daß der leerstehende Kindergarten in Rolingen gut für eine Feier geeignet wäre, reagiert die Stadt ablehnend, da die Toiletten dort nicht ganz in Ordnung seien und der Raum deswegen nicht verfügbar sei. Die Kirche bietet zwar einen Raum an, macht aber die Einschränkung, daß dort nicht geraucht werden darf und er bis zwölf Uhr wieder geräumt sein muß. Daß unter diesen Bedingungen keine Jugendgruppe eine Sylvesterparty feiern kann, wissen alle Beteiligten.

Einer der Ortsvorsteher der Gemeinde hat das erfolglose Bemühen des Sozialarbeiters beobachtet und bietet ihm nun an, die Jugendlichen könnten an der Feier, die sein Sohn mit der Landjugend in der Grundschule von Rohlingen organisiert, teilnehmen. Als die Jugendlichen davon erfahren, haben sie sich schon entschlossen, in der Garage von Jan und Karsten zu feiern, die im gleichen Ort wohnen.

---

139 Es handelt sich hierbei um eine Vermutung der Polizei, die durch die Aussagen der Jugendlichen weitgehend bestätigt wird (Experteninterview Polizei, 14.12.95).

Doch die Einladung haben sie nicht vergessen. Die dortigen Jugendlichen geben schon im Vorfeld zu erkennen, daß die Clique nicht erwünscht sei, was sicherlich mit ein Grund ist, sich zu später Stunde, als das Bier langsam zur Neige geht und die Langeweile überhand nimmt, aufzumachen und die Reaktionen der anderen auf Auftauchen zu testen. Wie es zur Eskalation kommt, ist heute kaum noch rekonstruieren, man weiß lediglich, daß Klaus plötzlich eine Gaspistole zieht und schießt.

Obwohl niemand ernsthaft verletzt wird, wandelt sich die Haltung des Ortsvorstehers gegenüber der Jugendclique: Für ihn ist sie nicht mehr nur eine etwas über die Stränge schlagende Jugendgruppe, die man lediglich mit einem anderen Umfeld konfrontieren muß, sondern eine ernstzunehmende potentielle Gefahr, die nur durch professionelle Hilfe beseitigt werden kann.

Seine Einsicht macht ihn von nun an zu einem aktiven Verfechter der Anliegen der mobilen Jugendarbeit im Gemeinderat von Erlingen.

4. Ein 'heißer Sommer'

Anfang 1994 bekommt Julia Kontakt zur Gruppe. Doch es dauert einige Monate, bis sie von der Gruppe akzeptiert wird. Sie wohnt noch nicht lange in der Gegend, denn ihre Familie ist erst nach dem Mauerfall von Thüringen in die Umgebung von Erlingen gezogen. Julia verlor hierdurch nicht nur ihr gesamtes soziales Umfeld, sondern auch ihr bisheriges Wertesystem. Gleichzeitig schlägt ihr in Westdeutschland die unverhohlene Abneigung der hiesigen Bevölkerung gegenüber ehemaligen DDR-Bürgern entgegen. Erst als die fünfköpfige Familie nach Erlingen zieht, und sie den heimischen Dialekt langsam übernimmt, lassen die Diffamierungen nach. In dieser Zeit lernt sie Einzelne aus der Gruppe kennen und pflegt lose Kontakte. Ihre zögernde Haltung hängt vor allem mit den Vorurteilen zusammen, die ihr die Jugendlichen als ehemaliger DDR-Bürgerin entgegenbringen. Ebenso wie Corinna muß sie viel Überzeugungsarbeit leisten, um schließlich in der Gruppe akzeptiert zu werden. Dies gelingt ihr erst durch ihre Freundschaft mit Hans, der im Mai zur Gruppe stößt und schon bald einer der aggressivsten Schläger wird. Doch ebenso wie Corinna wird auch ihr eine vollständige Integration nie gelingen:

> "Also gut zu melden hatte ich eh nicht viel. -Warum?- Ah, weil ich nicht aus Deutschland komme und Ausländer können keine Rechten sein, so. Am Anfang war's, dann haben sie gesagt o.k., bist blond und blauäugig[140], bist auch deutsch und so. Von daher wurde ich akzeptiert." (Julia)

---

140 Julia ist weder blond noch blauäugig, ihre Haarfarbe läßt sich bestenfalls als Dunkelblond bezeichnen.

Katharina hingegen hat es einfacher, in die Gruppe aufgenommen zu werden. Auch sie ist keine gebürtige Erlingerin, wohnt mit ihren Eltern und ihrem jüngeren Bruder erst seit 1991 in der Stadt und kann den Verlust ihrer bisherigen Freundinnen nur schwer verwinden. Heute noch sind ihr die ersten zwei einsamen Jahre, bevor sie die Clique kennenlernte, lebhaft in Erinnerung. Doch nicht nur das Bedürfnis nach einem neuen Freundeskreis führt Katharina zur Gruppe. Täglich kann sie einige der Mitglieder beobachten. Sie ist fasziniert von deren Auftreten, wenn sie über den Schulhof oder durch die Stadt laufen. Schließlich kommt sie über Kontakte im Konfirmandenunterricht zur Gruppe:

"Ja, ja, ich hab' die da alle kennengelernt, em, vom Konfirmandenunterricht, das waren so drei, vier Leut', drei Kerle und e' Mädle, und da bin ich mit der Gisela, meiner Freundin, mit der war ich damals immer zusammen, und da hab' ich die auch noch mitgenommen, da sind wir immer am Grillmaster gehockt, das ist sowas wie McDonalds halt, bloß viel kleiner halt, so in Erlingen, und da sind auch viele, die kannt' ich grad' aus dem Jugendzentrum von denen, auch runtergekommen, und da hab' ich die halt kennengelernt, irgendwann bin ich dann halt auch mal mit rauf, weil ich wollt' da nit rauf, weil ich hab' gedacht: 'Du kennst die ganzen Leut' net'. Und dann haben sie mich doch noch mit raufgeschleift. Ah ja, und da bin ich fast jeden Tag dort gehockt mit denen Leut', wo ich gekannt hab', hab' natürlich immer mehr Leut' dazu kennengelernt, ist ja klar, gell, paar davon waren auch bei mir auf der Schul', ah ja, und die Kontakte haben sich halt so ergeben, gell." (Katherina)

Katharina wächst langsam aber kontinuierlich in den Gruppenzusammenhang hinein und entwickelt eine zunehmende Begeisterung für den Kult: "...ich war praktisch, sagen wir mal, voller Enthusiasmus mit meinen Idealen, um das zu verwirklichen, das zu verkörpern und so" (Katherina). Das Ideal der Gruppe ist für sie der Zusammenhalt, der mit dem Begriff der Kameradschaft umschrieben wird.

Täglich trifft sie sich mit den Jüngeren der rechtsorientierten Clique im Jugendzentrum. Katharina lernt die Gruppe offenbar zu einem günstigen Zeitpunkt kennen, denn es lassen sich deutliche Verhaltensänderungen bei einigen Jugendlichen im Jugendzentrum feststellen. Nachdem die demonstrative Besetzung des Raumes erfolgreich abgeschlossen scheint, übernehmen die Jugendlichen auch die Verantwortung für die Pflege der Räume und die Organisation. So wird Karsten beispielsweise in den Vorstand der Jugendzentrums gewählt, und andere beginnen mit großem Engagement, die Außenanlagen zu erneuern. Immer wieder versuchen einige der Jüngeren die Älteren in die Aktivitäten einzubinden. In dieser Zeit kommt es zu dramatischen Zwischenfällen im Jugendzentrum. In den Pfingstferien, während das Jugendzentrum geschlossen ist, werden die Außenanlagen vollständig verwüstet. Die von den Jüngeren mühevoll angelegten Beete und Wege, die selbstgezimmerte Theke werden in kürzester Zeit mutwillig zerstört. Zunächst herrscht Ratlosigkeit und Verwirrung. Doch schon bald ergeben die Ermittlungen der Polizei, daß die Randalierer vorrangig unter den Älteren aus der Clique zu suchen sind. Auch wenn die Jugendpflegerin noch heute keine Erklärung für diese dramatische Entwicklung findet, da es ihrer Meinung keine sichtbaren Hinweise gab, so ist sie doch eine logische Folge der vorangegangenen Gruppendynamik.

Denn schon lange sehen die Älteren dem Treiben der Jüngeren mit wachsender Skepsis zu und stehen der Aneignung der Räume des Jugendzentrums ablehnend gegenüber. Die Gruppe entwickelt sich hierdurch wie eine Schere auseinander: Während die jüngeren Cliquenmitglieder das Jugendzentrum immer stärker als ihr Territorium identifizieren, sehen die älteren noch immer den Bahnhof als den 'richtigen' Treffpunkt an. Somit entsteht die Situation, daß die Gesamtgruppe nur noch am Wochenende zusammenkommt, was ihre Geschlossenheit gefährdet. Gleichzeitig ruft diese Spaltung unterschiedliche Verhaltensmuster hervor. So läßt das Engagement der Jüngeren für das Jugendzentrum die politischen und gewalttätigen Aspekte zunehmend in den Hintergrund treten. Demgegenüber radikalisiert sich die Bahnhofsgruppe zusehends. Eine Entwicklung, die durch das Auftauchen von Isabelle, ihrer Freundin Karla und Jörn verstärkt wird.

Denn als Isabelle nach Erlingen kommt, hat sie schon eine richtige Szenekarriere hinter sich, die sie quer durch die Bundesrepublik führte. Ihre ersten Kontakte knüpfte sie in ihrem Heimatort am Bodensee:

"Also es war, ich bin mit 12 in die Szene gerutscht, und mit 13 hab' ich das erste Mal meinen Kopf rasiert, na ja, dann bin ich mit 15 von daheim raus, bin dann ins Heim, ne Mädchen-WG war das erstmal, also vom Jugendamt aus, und dann bin ich da rausgeschmissen worden, weil ich Ärger hatte mit 'ner Italienerin da drin, ja und bin ich zu 'ner Freundin gezogen, in den Schwarzwald. Dann hab' ich bei 'nem Kumpel gewohnt von mir, der hat eine Pension, da hab' ich mein eigenes Zimmer gehabt und so, und der hat halt auch so Beziehungen gehabt, so in die Szene rein und so. War halt gut angesehen, na ja, und wir sind halt mal da hin gefahren nach Augsburg, nach Schlesien, nach Litauen, und nach Estland sind wir gefahren, Weißrußland und dann bin ich mit 16 nach Konstanz zurück, wo ich geboren worden bin, und dann gab's Probleme mit den Eltern und so, und dann bin ich wieder ins Heim gegangen, aber freiwillig dann, und zwei Wochen oder bin ich wieder raus, weil ich gedacht hab', ich möcht' ja nicht ins Heim und so, ja am Anfang hab' ich erst gedacht, ich möcht' mir so ein eigenes Leben aufbauen und so, normal mehr, aber hab's dann doch nicht gemacht und dann bin ich halt wieder in die Szene so und so, dann irgendwann bin ich hierher gekommen." (Isabelle)

Jan lernt Isabelle auf einem OI-Konzert im Sommer 1993 kennen und freundet sich mit ihr an. Diese Freundschaft ist für die heimatlose Reene der Grund, erneut alle Brücken abzubrechen und im Frühsommer 1994, kurz vor dem Vorfall am Jugendzentrum, nach Erlingen zu ziehen, begleitet von ihrer Freundin Karla. Schon bald hat Isabelle innerhalb der Bahnhofsgruppe als Mädchen eine herausragende Stellung. Nicht nur ihre Szeneerfahrung und ihr eindeutiges Auftreten als Reene verschaffen ihr diese Position, sondern auch ihr gewalttätiges Verhalten:

"Das einzige Mädel, das aktiv dabei war, das war die Isabelle. Und das ist einfach das beste, wenn du eine Schlägerei hast und du weißt, daß deine Freundin mittendrin ist und mit mithilft. ... da ist die Freundin net die Freundin. Da ist sie wirklich mehr ein Kamerad, ein Kumpel,..." (Jörn).[141]

Der Interpretation des Sozialarbeiters zufolge bewirkte das Auftauchen von Isabelle eine auffällige Verhaltensänderung unter den Jungen. So unterlief offenbar Isabelles starke Neigung zur Gewalt das Selbstbild der Jungen als harte kämpfende Männer und zwang sie dazu, es durch erhöhte Gewaltbereitschaft wiederherzustellen. Hierdurch wird eine Spirale der Gewalt innerhalb der Gruppe in Gang gesetzt, die auch bei Jörn, der in dieser Zeit zur Gruppe stößt, erfaßt. Er gehörte ebenso wie Jan schon der 'ersten Erlinger Szene' an, hatte sich aber zeitweilig zurückgezogen. Bei der Entstehung der 'zweiten Erlinger Szene' war sein jüngerer Bruder Gerhard maßgeblich beteiligt. Über diesen Weg verfolgt Jörn die Entwicklung der Gruppe, bleibt aber zunächst skeptisch:

"Ahja, dann ist mein Kleiner gekommen und hat gesagt: 'Komm' doch mit an den Bahnhof, da treffen wir uns immer'. Davor hatten sie sich regelmäßig am Hallenbad getroffen, aber da bin ich noch nie dabeigewesen. Das war einfach net mein Ding, da hab' ich auch noch gemeint: 'Das sind Jungspunde, was willst du von denen erwarten?' Und dann am Bahnhof, wie sie sich am Bahnhof getroffen haben, da hab' ich mich mal dazugehockt." (Jörn)

Schon bald geht Jörn regelmäßig zum Treffpunkt, dort fühlt er sich wohl, kann mit Jan in der gemeinsamen Vergangenheit schwelgen und mit Isabelle und 'Metzger' Szeneerfahrungen austauschen. Der Gedanke, in Erlingen wieder eine 'richtige' Szene aufzubauen, wird immer greifbarer, doch stört hierbei das Engagement der Jüngeren im Jugendzentrum, da es nicht nur die festgezurrten Gruppengrenzen aufzuweichen, sondern gar die Gruppe zu spalten droht.

Offenbar sollten die Zerstörungen am Jugendzentrum dem Engagement der Jüngeren ein Ende setzen und sie wieder in die Gruppe einbinden.

Gleichzeitig versuchen andere Jugendgruppen wieder im Jugendzentrum Fuß zu fassen, was zu häufigen Reibereien führt. Jürgen sieht die Zerstörung der Außenanlagen als einen Schlußpunkt dieser Entwicklung, nach dem sich die rechtsorientierten Jugendlichen endgültig aus dem Jugendzentrum zurückziehen:

---

141 Zum Zeitpunkt des Interviews war Jörn mit Isabelle befreundet.

"...und da hat's halt irgendwie Streit gegeben. Und da waren wir fertig mit Renovieren innendrin, und da haben wir gesagt, so die können uns am Arsch lecken. Und haben die mal außen renoviert, und dann sind wir halt hin und haben plattgemacht, alles." (Jürgen)[142]

Tatsächlich wurden danach die Aktivitäten am Jugendzentrum eingestellt, einige zogen sich enttäuscht zurück, andere integrierten sich wieder vollständig in die Bahnhofsclique. Dort hält sich bei einigen, trotz gegenteiliger Ergebnisse bei den polizeilichen Ermittlungen, hartnäckig das Gerücht, die 'Linken' hätten die Renovierungsarbeiten zerstört und sie aus dem Jugendzentrum verdrängt.

Parallel zur Entwicklung am Jugendzentrum hat Volker, einer der jüngeren Cliquenmitglieder, bei Rohlingen ein Gartengrundstück "organisiert", das sich einige der Jugendlichen als Treffpunkt herrichten wollen. Es gehört einer alten Frau, die es nicht mehr bepflanzen wollte. Noch in den Pfingstferien organisiert die Gruppe dort ein Fest. Auch der Sozialarbeiter wird eingeladen, was während des Festes zu einer Auseinandersetzung führt. Eine Gruppe älterer radikaler Skins, die aus dem Nachbarort 'zu Besuch' gekommen waren, mokieren sich in Anwesenheit des Sozialarbeiters darüber, daß er eingeladen worden ist, während die Erlinger Jugendlichen ihn als 'ihren Sozi' verteidigen. Eine heftigere Konfrontation bleibt jedoch aus, weil die auswärtige Skingruppe das Fest bald verläßt.

Letztendlich macht die Auseinandersetzung den Jugendlichen deutlich, daß eine selbstverständliche Beteiligung des Sozialarbeiters nicht von allen akzeptiert wird und ihre Glaubwürdigkeit als Skinheadclique unterläuft. Dies hat zur Folge, daß sie ihn bei bestimmten Aktivitäten nicht mehr mit einbeziehen.

5. "... daß es so ausartet, damit haben wir nicht gerechnet"

Zur weiteren Benutzung des Gartenstückes kommt es nicht mehr. Die Gruppe verlegt ihren Treffpunkt wieder an den Bahnhof. Der Rückzug aus dem Jugendzentrum und der mißlungene Versuch, das Gartenstück zu einem Treffpunkt herzurichten, führt dazu, daß einige der weniger radikalen jüngeren Jugendlichen die Gruppe verlassen. So bricht Karsten bspw. alle Kontakte ab, und Corinna schaut immer seltener am Bahnhof vorbei.

---

142 Die Darstellung, daß die rechten Jugendlichen innen und andere Jugendliche außen renoviert hätten, ist nicht korrekt. Dies geht sowohl aus dem Experteninterview mit der für das Jugendzentrum zuständigen Jugendpflegerin hervor (vgl. Interview Eichler, 20.01.95) als auch aus einigen Interviews mit den Jugendlichen.

Insgesamt führen die Entwicklungen im Frühjahr 1994 zu einer Radikalisierung der Gruppe. Immer selbstbewußter und aggressiver artikulieren sich die Jugendlichen als rechtsorientierte Skinheadclique. So bleibt es nicht aus, daß die Gewalttaten gegenüber anderen Gruppen oder Jugendlichen zunehmen. Auffallend ist allerdings, daß nun auch die Mädchen offen Gewalt ausüben. So kommt es während einer Schulpause zu einer Schlägerei, bei der Annette eine Hauptschülerin schwer verletzt, und auch Nicole wird wegen Körperverletzung strafrechtlich verfolgt. Ihren Höhepunkt erreicht diese 'unruhige' Zeit jedoch durch die Gewalt am Gymnasium. In der ersten Juliwoche, die Sommerferien stehen vor der Tür, finden Abschlußfeiern statt. Die SchülerInnen der Hauptschule werden schon am Donnerstag feierlich entlassen, für die AbiturientInnen ist am darauffolgenden Samstag ein aufwendiges Abschlußfest geplant. Während ersteres reibungslos verläuft, sind schon am Freitag die ersten Anzeichen für die Auseinandersetzung am folgenden Tag zu erkennen. An diesem Tag findet im Jugendzentrum ein Punkkonzert statt.

Wie üblich treffen sich die Jugendlichen am Bahnhof, kaufen Getränke an der Tankstelle und lümmeln um das Bahnhofshäuschen herum. Eigentlich wissen sie nichts mit sich anzufangen, und als das Geld und damit das Bier zur Neige geht, droht der Abend in Langeweile zu versinken. Da fällt einigen plötzlich die Veranstaltung im Jugendzentrum ein. Später, bei der Polizei, werden die Jugendlichen behaupten, sie seien nur wegen der Getränke vorbeigekommen, am Abend selbst hingegen ist man froh, noch einen Höhepunkt gefunden zu haben. So machen sich ca. zwanzig Jugendliche erwartungsvoll auf den Weg ins Jugendzentrum. Dort angekommen, geht etwa die Hälfte der Gruppe hinein, um die Situation abzuschätzen. Die Veranstaltung ist schon beendet und viele der Anwesenden wollen gerade aufbrechen. Die Jugendlichen werden kaum beachtet. Vielleicht fühlen sich einige deswegen schon bald ermutigt, die Bandmitglieder, die gerade ihre Anlage zusammenpacken, mit rechten Sprüchen zu provozieren. Andere werfen Bierflaschen um und zertreten Kassetten. Jens läuft nach draußen und ruft den anderen zu, daß es Freibier gäbe, was weitere aus der Clique ins Jugendzentrum lockt.

Doch kommt es an diesem Abend zu keiner gewalttätigen Auseinandersetzung, da die Jugendpflegerin frühzeitig die Polizei informiert hat. Diese vertreibt die rechtsorientierten Jugendlichen vom Gelände des Jugendzentrums und es kehrt Ruhe ein. Die Jugendlichen sind dennoch zufrieden; es war ein gelungener Abend. Wieder einmal konnten sie ihre Macht demonstrieren, wieder einmal haben sie den 'Sieg' davon getragen.

Als sie sich am nächsten Tag erneut an ihrem Treffpunkt versammeln, schwelgen sie in der Erinnerung. Bei Bier und Musik entsteht noch einmal die euphorische Stimmung des gestrigen Abends und weckt den Wunsch nach weiteren Taten. Einer der Jugendlichen schlägt vor, zu einem Straßenfest ins Nachbardorf zu fahren. Doch wird der Vorschlag fallengelassen. Warum sie die Idee nicht weiterverfolgen, läßt sich heute nicht mehr rekonstruieren. Später werden die Jugendlichen vor Gericht aussagen, daß nicht genügend Fahrmöglichkeiten vorhanden waren. Denkbar ist aber auch, daß für diesen Vorschlag keine richtige Begeisterung aufkam, weil einige sich vom Abifest mehr versprachen.

Denn der Vorschlag auf das Abifest zu gehen, fällt bei vielen auf fruchtbaren Boden. Warum sollte man nicht gleich noch einmal seine Macht demonstrieren und diesmal das ganze Gymnasium einschüchtern? Außerdem würden sie lediglich dem Motto des Festes, 'Offene Türen', folgen.[143] Nur wenige zögern und zeigen kaum Lust auf derartig provozierende Auftritte, die leicht zu Handgreiflichkeiten führen könnten. Jan äußert seine Bedenken und schlägt vor, den Abend am Swimmingpool seiner Eltern fortzusetzen. Eine schwache Alternative, wo doch der gestrige Abend so erfolgreich verlaufen ist. Jan kann sich nicht durchsetzen, trennt sich jedoch auch nicht von der Gruppe, als diese aufbricht.

Natürlich bleibt die Gruppe nicht unerkannt, als sie geschlossen und in bekanntem Outfit zum Schulzentrum schlendert. Aus vorbeifahrenden Autos werden sie als 'Nazischweine' beschimpft, worauf die Jugendlichen erbost mit 'linke Zecken' oder 'Bazillen' kontern. Schon jetzt ist die Stimmung aufgeheizt, und die Gruppe gleicht einem Pulverfaß. Am Gymnasium angekommen, schauen sich die Jugendlichen zunächst um. Einige gehen zum Bierstand oder suchen nach etwas Eßbarem. Ansgar und Christian marschieren mitten durch die Menge in die Aula. Das Erscheinen der Clique ruft Verwunderung oder Verärgerung hervor und führt zu provozierenden Bemerkungen, worauf Ansgar und Christian mit Schimpftiraden antworten. Die anderen werden auf diesen Wortwechsel aufmerksam und gesellen sich dazu. Die Wortwechsel werden aggressiver und lauter, bis Hans der Geduldsfaden reißt und er handgreiflich wird. Gleich einer Kettenreaktion kommt es zu einer Schlägerei, die zunächst durch das Eingreifen einiger Lehrer ihr vorläufiges Ende findet. Auch die Polizei ist inzwischen eingetroffen und verweist die Clique vom Schulgelände. In kleinen Gruppen entfernen sich die Jugendlichen, noch immer sind sie aggressiv und gereizt, sie wollen sich eine derartige Vertreibung nicht gefallen lassen und provozieren immer wieder handgreifliche Auseinandersetzungen mit den Besuchern des Festes. Gegen 23 Uhr beschließt man, das Fest wegen der ständigen Störungen abzubrechen. Lediglich ca. 50 aufgebrachte FestbesucherInnen halten sich noch auf dem Schulgelände auf. Zwischen ihnen und den noch anwesenden Cliquenmitgliedern kommt es erneut zu Beschimpfungen, Schlimmeres kann nur durch das Eingreifen der LehrerInnen verhindert werden. Erneut schreitet die Polizei ein. Diesmal nimmt sie einige der flüchtenden Jugendlichen in Gewahrsam.

143 Ein Argument, das immer wieder in den Interviews auftaucht.

Die Eskalation am Gymnasium ist der vorläufige Höhepunkt einer ganzen Kette gewalttätiger Auseinandersetzung. Doch unterscheidet sie sich von ihnen nicht nur aufgrund ihres Ausmaßes, sondern auch wegen ihrer Einschätzung in der Öffentlichkeit. Durch diesen Vorfall wird die Clique schlagartig regional und überregional bekannt und bekommt im Licht der Öffentlichkeit eine neue Zuschreibung. In den Überschriften wie "Staatsschutz untersucht 'Skin'-Attacken"[144] oder "Rechtsradikale Jugend verunsichert Kleinstadt"[145] wird deutlich, daß sich das Bild der Clique in der Öffentlichkeit langsam wandelt. Noch schwanken die Einschätzungen, ob es sich hierbei um irregeleitete Jugendliche, eine rechtsorientierte Jugendgruppe oder eine rechtsradikale Skinheadgruppe handelt. So befürchtet ein Lehrer des Gymnasiums in einem Leserbrief, daß "es in nicht allzu ferner Zeit 'Krieg' gibt in unserem beschaulichen und sauberen Städtchen"[146], da keine verbale Auseinandersetzung mit diesen Jugendlichen mehr möglich sei. Mit seiner Sorge um den guten Ruf der idyllischen Kleinstadt steht der Lehrer nicht allein. Sie bestimmt die Diskussion des Vorfalls in der Bevölkerung. So wird nicht nur der Polizei mangelnde Prävention vorgeworfen, sondern häufig auch die Mobile Jugendarbeit verantwortlich gemacht: Viele können nicht verstehen, wie so etwas passieren konnte, obwohl die Gruppe von einem Sozialarbeiter 'betreut' wird.

Eine der wenigen Bemühungen, sich ernsthaft mit dem Problem auseinanderzusetzen, stellt die Organisation eines runden Tisches durch den Bürgermeister und den Gemeinderat dar. Er sollte der intensiveren Kommunikation zwischen den betroffenen Institutionen wie Polizei, Schulen, Mobile Jugendarbeit und Gemeinderat dienen. Doch blieb es bei einem einmaligen Treffen, da sich die VertreterInnen der einzelnen Institutionen nicht auf eine gemeinsame Strategie einigen konnten.

So lehnt der Direktor des betroffenen Gymnasiums von Anfang an das Projekt ab und legt der Polizei nahe, ihre bisherige Zurückhaltung zu überdenken (vgl. Heilbronner Stimme 06.07.1994). Demgegenüber befürwortet die Polizei den Vorschlag, doch glaubt sie immer noch nicht an eine Politisierung der Gesamtgruppe, sondern verteidigt öffentlich ihre Theorie der Verführung, indem sie angibt, daß lediglich Jan und Nicole als 'richtige' Skinheads einzuschätzen seien:

> "Vor allem der 21-jährige Rohlinger wird der rechten Szene zugeordnet, bei den anderen handelt es sich vermutlich um 'Mitläufer'. (...) Nach dem bisherigen Stand der Ermittlungen geht die Polizei nicht von typisch 'rechtsradikalen' Straftaten aus. Zumal sich die 'Randale' nicht gegen Ausländer gerichtet hatte, sondern es sich bei den Streitigkeiten offensichtlich um schon seit längerer Zeit vorhandene, schwelende politische Meinungsverschiedenheiten handelte." (Rhein-Neckar-Zeitung 09.07.1994)

---

144 Rhein-Neckar-Zeitung 09.07.1994
145 Stuttgarter Zeitung 18.07.1994
146 Heilbronner Stimme 11.07.1994

Auch der Sozialarbeiter unterstützt die Idee des runden Tisches; er sieht die Jugendlichen nicht als rechtsextreme Skinheads, läßt aber an ihrer rechten Orientierung keinen Zweifel. Als Ursache sieht er weniger eine von außen herangetragene politische Beeinflussung, sondern die mangelnde Anerkennung der Jugendlichen in Schule, Elternhaus und lokalem Umfeld:

"Der Sozialarbeiter, ..., warnt davor, die jungen Leute, was häufig geschehe, als Skinheads zu stigmatisieren; dadurch würden, befürchtet er, die Fronten verhärtet und rechte Ideologen angelockt. Frank Schmitt hält die meisten der 20 bis 30 Jugendlichen, die sich abends am Bahnhof treffen, zwar für 'rechtsorientiert'. Vor allem aber kämen die 14- bis 21jährigen zusammen, weil sie in der Gruppe sozial akzeptiert würden und dort jene Anerkennung fänden, die ihnen sonst verweigert wurde." (Süddeutsche Zeitung 25.07.1994)

Die Diskussion um die Einschätzung der Gruppe beinhaltet eine neue Haltung gegenüber ihren Gewalttaten: Sie gelten jetzt weniger als eine extremere Form von Bandenkriminalität, sondern vielmehr als Bedrohung des Staates. Nun wird nicht mehr ausschließlich wegen Körperverletzung ermittelt, sondern auch der Vorwurf des schweren Landfriedensbruches erhoben. Doch auch hier spiegelt sich die Unsicherheit über die Zuordnung der Gruppe wider:

"Daß mittlerweile auch der Staatsschutz die 'Frage nach der politischen Motivation' der Jugendlichen stellt, wird in der Heilbronner Polizeidirektion allerdings nicht so hoch bewertet. Wahrscheinlich sei es kein ausgesprochen rechtsradikales Problem, meinen die Ordnungshüter, aber vorsichtshalber sind in Erlingen nun doch drei Polizeibeamte eigens für die Ermittlungen abgestellt worden." (Stuttgarter Zeitung 18.07.1994)

Der unsicheren Öffentlichkeit halten die Jugendlichen ihr eigenes Selbstbild entgegen. In einem Interview machen sie deutlich, daß sie keine 'irregeleiteten' Jugendlichen seien, sondern eine rechtsorientierte Clique, die der rechten Szene zuzuordnen ist:

"Alfons: 'Das ist auch ein wichtiger Teil in der rechten Szene, die Kameradschaft. Das bedeutet mir was. Wenn mir das fehlen würde ...
HSI:[147]'Und Vereine?'
Gerhard: 'Die meisten sind in Vereinen, vor allem Sport. Aber da gibt's keine Probleme. Politisches wird da nicht diskutiert.'" (Heilbronner Stimme 15.07.1994).

Im gleichen Maße wie sich die Clique dem definitorischen Zugriff des lokalen Umfeldes entzieht, wird ihr Selbstbild und ihr Selbstbewußtsein gestärkt. Beim nächsten Treffen am Bahnhof werden die anderen ausgiebig über das Ereignis informiert, einzelne Scharmützel im Detail wiederholt und dabei in kleine Heldengeschichten verwandelt. Doch ist die Einschätzung des Ereignisses sehr unterschiedlich, denn in die Begeisterung mischt sich auch Unsicherheit; noch können sie die Folgen nicht abschätzen. Für die aktiven Ju-

147 HSI bedeutet Heilbronner Stimme. Alle Namen in diesem Artikel sind von der Zeitungsredaktion anonymisiert.

gendlichen wie Jörn und Nicole, Christian und Ansgar war der Abend ein "großer Sieg" (Jörn). Sie haben ein Fest von mehreren hundert Personen 'aufgemischt' und den Abbruch erzwungen. Und schließlich war es ja nicht irgendein Fest an irgendeinem Ort, sondern das Abifest auf dem Schulhof des Gymnasiums. Bewußt haben sie die territoriale und soziale Grenze der Schulhöfe überschritten und dort ihre Macht demonstriert. Seitdem fühlen sich manche der Gruppe stärker verbunden:

"...da hab' ich erst eigentlich kapiert, an dem Tag, wie und was, warum das so ist und wie die eigentlich denken, so vorher war ich immer dabei, hab' halt groß rumgeschwätzt über das und so und jenes, und hab' ich gewußt, was die meinen jetzt von den Linken und von provozieren, da hab' ich so selber gemerkt,..." (Annette).

Das Erleben der Konfrontation verfestigt offenbar die dichotome Wahrnehmung und stärkt die Verbundenheit der Gruppe. Lediglich der 'Sozi' paßt nicht in dieses Schema. Als er am Montag die Jugendlichen das erste Mal nach dem Vorfall am Bahnhof antrifft, wirken sie nervös und verschlossen. Es regt sich so etwas wie schlechtes Gewissen, wieder mal haben sie ihn enttäuscht, und nun stehen sie schuldbewußt herum und wollen nicht so richtig mit der Wahrheit herausrücken.

Vielleicht sind es solche Schuldgefühle, vielleicht ist es aber auch die Angst vor einer weiteren Eskalation und deren strafrechtlichen Folgen, die die Bahnhofsclique zur Zurückhaltung mahnen, als sie bei einer öffentlichen Beachparty nicht nur mit ungewöhnlicher Passivität auf eine nahende Auseinandersetzung mit türkischen Jugendlichen reagiert, sondern zudem den Ort des Geschehens schnell verläßt.

Neben der anhaltenden Siegesgewißheit und dem Schuldgefühl gegenüber dem Sozialarbeiter kommt ein weiteres Gefühl auf. Die anhaltende Diskussion um die Gruppe, die verschärften Polizeikontrollen und die einsetzende Strafverfolgung geben ihren Mitgliedern das Gefühl Opfer eines Prozesses zu werden, den sie zwar in Gang gesetzt haben, dessen Folgen ihnen jedoch über den Kopf wachsen. Es wird weniger mit ihnen als über sie geredet. Ihre Perspektive scheint nicht gefragt, im Vordergrund stehen vielmehr die stereotypen Bilder der einzelnen Akteure, die in der Diskussion zu Wort kommen. Diese Erfahrung müssen die Jugendlichen machen, als sie sich zu einem Interview bereit erklären. Natürlich sind mittlerweile auch die überregionalen Medien auf die Kleinstadt aufmerksam geworden. Seit den Anschlägen von 1992 und 1993 ist es ruhiger geworden um das Thema Rechtsextremismus. Der Vorfall in Erlingen könnte es wieder aufwerten. Wahrscheinlich gibt es deswegen mehrere Anfragen von verschieden Magazinen und Fernsehanstalten. Sie stoßen bei dem Sozialarbeiter auf offene Ohren, da er der Stigmatisierung der lokalen Presse entgegenwirken will. Sorgfältig wägt er ab, und seine Wahl fällt auf eine Reportage für die "Tagesthemen". Die Jugendlichen sind erst skeptisch und zögern, doch bald schon sehen sie das

Vorhaben als eine Möglichkeit, endlich zu sagen und zu zeigen, wie sie wirklich sind und was sie wirklich denken. Große Erwartungen werden daran geknüpft, schließlich wollen sie nicht nur einer anonymen Öffentlichkeit, sondern auch der näheren Umgebung etwas über sich mitteilen. In einem informellen Gespräch unterhält sich eine Journalistin zunächst mit den Jugendlichen. Viele kommen zu Wort und fühlen sich verstanden. So betont Annette, daß nicht alle die gleiche Meinung haben. So denke sie "...ganz anders wie die Isabelle, die Isabelle ganz anders, wie die Gisela, Gisela wieder wie die andere Gisela"[148] (Annette). Jeder denke eben ganz anders und ihre eigene Meinung unterscheide sich sogar von der ihres Freundes Jens.

Katherina und Gisela erzählen, daß für sie die Kameradschaft das wichtigste sei. Eine richtige Kameradschaft zeichne sich dadurch aus, daß es, egal, ob man sich leiden könne oder nicht, wichtig sei, daß jeder in der Clique für den anderen einstehe, erklären sie der Journalistin. Erst dann komme für sie die Politik, die in ihren Augen völlig daneben liege, "... sonst hätten wir so Probleme z.B. net, ob's jetzt Asylpolitik ist oder z.B. Umweltverschmutzung" (Katherina). Da hätten sie neulich wieder so eine heiße Diskussion darüber geführt.

Aber eine Neuauflage des "Dritten Reiches" wollen beide nicht mehr. Zwar hatte das System in ihren Augen auch positive Seiten, doch die Vergasung der Juden finden beide nicht gut und Katherina kritisiert auch die Rolle der Frau im Nationalsozialismus. Daß der Mann arbeiten gehe, und sie bleibe zu Hause, daß sei nicht ihr Ding, dann wäre sie ja immer auf den Mann angewiesen, entrüstet sie sich. Isabelle hingegen steht dem Nationalsozialismus kritiklos gegenüber. Sie glaubt nicht, daß es eine Judenvergasung gegeben hat, das alles sei nur Verleumdung. Aber eigentlich interessiert sie das Politische nicht mehr so sehr. Sie möchte nur noch das machen, was ihr Spaß macht, "... nicht so viel Politik und halt Parties, Glatzenparties, Skinkonzerte oder so" (Isabelle).

Für Jörn hingegen ist Skinsein nicht nur Spaß, sondern ein Bekenntnis zu Deutschland, das heißt: für Deutschland zu kämpfen. Das sei aber nicht zu verwechseln mit den Nazis, denn die Skinheads haben ihren eigenen Ehrenkodex. Er würde sich niemals irgendeiner Partei unterordnen. Skinsein, "...das ist Way of Live, ganz original" (Jörn). Und er schickt gleich noch ein Zitat von "Feuerstoß" hinterher: "Wir sind Skins, wir lassen uns von niemandem sagen, was wir zu tun und zu lassen haben." Auch Ansgar will sich nicht als Nazi bezeichnen lassen, obwohl er einige Sachen von Hitler nicht schlecht findet. Er habe zum Beispiel für Arbeit und Ordnung gesorgt, er hätte auch heute der "Überflutung" von Asylanten und Ausländern einen Riegel vorgeschoben (Ansgar). Schließlich gäbe es immer zwei Seiten, wirft

148 Die Zitate stammen nicht aus dem Rohmaterial der Reportage, da dieses mittlerweile vernichtet ist. Es handelt sich hierbei um eine fiktive Rekonstruktion, bei der die Ansichten und Zitate aus meinen Interviews stammen.

Jürgen ein, "daß er die Juden vergast hat oder was, gut, daß das net in Ordnung war, o.k ..., er hat schon viel Schlechtes gemacht, aber bestimmt auch Gutes, sonst hätt' er sich gar net so durchgesetzt" (Jürgen).

Während sich die Jugendlichen im Vorgespräch offen und frei äußern, sind viele vor der Kamera zurückhaltend. Offensichtlich ist aber auch der Journalistin wenig an einer differenzierten Darstellung gelegen, da sie vor allem die Mädchen nicht dazu motiviert, vor der Kamera auszusagen.

Als die Reportage Ende August 1994 gezeigt wird, sind die Jugendlichen enttäuscht: Gezeigt werden nicht jene, die sich gut artikulieren und ihre Meinung differenziert wiedergeben können, nicht die Vielschichtigkeit der Einstellungen in der Gruppe, und auch die Mädchen der Clique kommen kaum zu Wort. Gezeigt werden diejenigen, die den stereotypen Vorstellungen eines 'richtigen' Skinheads entsprechen: die großen, breitschultrigen jungen Männern, wie 'Metzger', die kaum differenziertere politische Inhalte artikulieren können als die Slogans der von ihnen verehrten Musikgruppen.

Die Jugendlichen sind verärgert. Ihr Vertrauen, das sie der Journalistin entgegengebracht haben, wurde mißbraucht. Statt aufzuklären, festigt dieser Beitrag die Stigmatisierung der Jugendlichen in ihrem lokalen Umfeld. Auch das Verhältnis zu 'ihrem Sozi' ist zeitweilig gestört, da er die Clique schließlich überredet hat und sie ihm vertraute. Der Sozialarbeiter findet die Reaktion verständlich, denn auch er erhoffte sich eine differenziertere Darstellung und beschwert sich bei der verantwortlichen Journalistin. Diese wimmelt ihn mit der Bemerkung ab, sie müsse sich schließlich an dem orientieren, was die Leute sehen wollten.

Den Jugendlichen wurde hierdurch die letzte Möglichkeit genommen, ihren Ansichten Gehör zu verschaffen und somit eine Auseinandersetzung mit ihnen in Gang zu setzen. Nach dem Scheitern des Interviews und des runden Tisches, dessen einziges Resultat die Durchführung eines Jugendtages war, an dem jedoch letztendlich nur zwei der rechtsorientierten Jugendlichen mithalfen, blieben die verschärfte Strafverfolgung und die Betreuung der Jugendlichen durch die Mobile Jugendarbeit die einzigen Formen der öffentlichen Auseinandersetzung. Die Bevölkerung antwortete mit Ausgrenzung und Stigmatisierung. Eine Strategie, die in dieser Kleinstadt nicht nur die Jugendlichen selbst, sondern auch deren Familien unter Druck setzte. Gleichzeitig vertieft sich der Riß in den Familien, da die Eltern die Kontakte ihrer Kinder zur Gruppe zu unterbinden suchen. Dies schweißt die Jugendlichen jedoch noch stärker zusammen. Darüber hinaus erfährt die Clique innerhalb der Szene eine enorme Aufwertung. Früher wurden sie als 'kleine Jungspunde' belächelt, lediglich Jan und Nicole galten als richtige Skinheads. Nun hat sie sich als 'die Erlinger Clique' einen Namen als ernstzunehmende Skinheadclique gemacht. Sicherlich ist diese Aufwertung mit ein Grund dafür, daß Gisela noch heute die damalige Zeit als ihre schönste beschreibt:

"Das war eine größere Clique, das waren am Bahnhof, was weiß ich, es sind nicht immer alle gekommen, so ab und zu halt, aber wenn sie alle da waren, dann waren es 15 Stück, oder am Rathaus, wenn sie alle da waren, die gesamte Clique, das war toll. Da war viel mehr Action, viel mehr Leut', die sich zusammengefunden haben, die halt, viel mehr Kerle waren dort. Es war halt einfach super, es war Sommerzeit, da konnt' man viel mehr machen, da ein Festl, da eine Party. Oder einfach oben hocken und da sein Bier trinken. Das ging 'ne Weile, dann haben die Bullen dagestanden, es hat uns aber überhaupt nicht gestört, in dem Moment, weil es war einfach Gaudi. Es war das Beste." (Gisela)

6. Führungsstreit und Spaltung der Gruppe

Dem durch das tägliche Zusammentreffen permanent reproduzierten euphorischen Gruppengefühl steht eine mißtrauische Außenwelt gegenüber. Die ängstliche Zurückhaltung der Bevölkerung ist einer offenen Ablehnung gegenüber der Erlinger Clique gewichen. Die Jugendlichen nehmen diese Veränderung der öffentlichen Wahrnehmung durch die verschärften Polizeikontrollen und die *komischen* Blicke, die ihnen vorübereilende Passanten zuwerfen, wahr. Zunehmend macht sich in der Gruppe eine diffuse Unbehaglichkeit breit und stört die Ausgelassenheit der Gruppentreffen. Der Treffpunkt am Bahnhof wandelt sich langsam von einem Ort öffentlicher Inszenierung zu einem Ort öffentlicher Stigmatisierung. Vor diesem Hintergrund ist es nicht verwunderlich, daß die Bemühungen des Sozialarbeiters, die Jugendlichen dem Blick der Öffentlichkeit zu entziehen, auf fruchtbaren Boden fallen. Seinen beiläufig vorgebrachten Vorschlag, daß sie sich ja auch vor dem Büro der Mobilen Jugendarbeit am Rathaus treffen könnten, greifen die Jugendlichen gerne auf, als der Treffpunkt am Bahnhof Anfang September langsam unerträglich wird. Das Rathaus liegt etwas abseits vom Zentrum und ist von hohen Bäumen umgeben, so daß die Jugendlichen dort lediglich den Blicken der Angestellten und weniger Besucher ausgesetzt sind.

Doch nicht nur räumlich, sondern auch strukturell hat sich die Gruppe verändert. Schon länger hatte der Sozialarbeiter mit den männlichen Jugendlichen im Sommer eine Fahrt an die Ostsee geplant. Wegen des Vorfalls am Gymnasium konnten viele nicht mitfahren. Einige der dominanten Jugendlichen wie Jan und Hans fuhren mit, so daß der Sozialarbeiter dennoch die mit der Fahrt verbundene Strategie verfolgen konnte. Sein Ziel war es, insbesondere den bisherigen informellen Führer Jan zu mäßigen und über ihn die gesamte Gruppe zu beeinflussen. Bei Jan fielen seine Bemühungen durchaus auf fruchtbaren Boden, da jener seit geraumer Zeit gegenüber dem Kult, seiner Ideologie und Praxis ambivalente Gefühle hegte. Schon damals, als viele der Jugendlichen sich im Jugendzentrum engagierten, hatte er Kontakte zu anderen nicht politisierten Jugendlichen gesucht. Doch als einer der ältesten und bekanntesten Skinheads der Stadt wurden seine Bemühungen von diesen Jugendlichen mit distanzierter Freundlichkeit beantwortet. Gleichzeitig lief er Gefahr, sich bei seiner eigenen Gruppe zu diskreditieren. So gab es zu dieser Zeit Gerüchte, daß er sich bei den Linken herumtreibe und sich mit ihnen verbünden wolle. Worauf er mit dem Hinweis reagierte, er würde sie nur ausspionieren (vgl. Corinna).

Für Jan bedeutet die Ostseefahrt und die darauffolgende zunehmende Orientierung am politisch gemäßigten OI-Skin den langsamen Ausstieg aus der Szene. Trotz dieser positiven Entwicklung ging die Strategie des Sozialarbeiters nicht auf. Nach der Rückkehr der Jugendlichen hatte sich die Gruppenstruktur vollständig verändert. Jene drei jungen Männer aus dem Nachbardorf, deren bestimmendes Verhalten schon beim Gartenfest im Frühsommer aufgefallen war, setzten sich langsam in der Gruppe durch. Sie hatten seit dieser Zeit einen losen Kontakt zur Erlinger Bahnhofsclique gehalten. Nach dem Vorfall am Gymnasium tauchen sie häufiger auf und beeinflussen die Gruppe zunehmend. Die führende Figur der Dreiergruppe ist Daniel. Auch er ist, wie Karl und Jan, groß, breit und kurzgeschoren. Doch fühlt er sich weniger dem Skinheadkult, sondern stärker dem organisierten Rechtsextremismus verpflichtet. Bis zu ihrer Auflösung war er in der 'Nordischen Jugend' aktiv und vertritt ungebrochen eine rechtsextreme Ideologie. Offenbar hat er mehr zu bieten als Jan. Vielleicht erzählt er spannendere Geschichten und imponiert den Jugendlichen mit seinen parteipolitischen Erfahrungen und Kenntnissen über den Nationalsozialismus. Langsam wird er zu demjenigen, auf den man hört, während Jans Autorität in gleichem Maße schwindet. Auch 'Metzger' ist von Daniel fasziniert, was sicherlich auch damit zusammenhängt, daß Daniel vor allem die großen, breiten Jugendlichen um sich versammelt. Hierin liegt einer der Gründe, daß langsam Spannungen zwischen jenen, die mit Jan den politisch gemäßigten OI-Skin bevorzugen und den anderen, die von Daniels Auffassungen fasziniert sind, entstehen. Gleichzeitig entzieht sich der radikalere Teil der Gruppe auch zunehmend dem Einfluß des Sozialarbeiters. Konnte im Frühjahr bei der Party auf dem Gartenstück seine Teilnahme am Gruppengeschehen noch erfolgreich gegenüber Daniel verteidigt werden, so überträgt sich dessen Mißtrauen langsam auf viele der anderen Gruppenmitglieder. Hierbei ist der Sozialarbeiter mit einem eigenartigen Mechanismus konfrontiert. Sobald er einzelne Jugendliche antrifft, sie in ein Gespräch verwickelt, verhalten sie sich wie vor dem 'Führungswechsel'. Begegnet er ihnen jedoch in der Gesamtgruppe, dann teilen sie das Mißtrauen der anderen. Offenbar hat Daniel die Gruppengrenzen neu gezogen und den Sozialarbeiter hierdurch ausgeschlossen. Mit der Verschiebung der Grenzen sind auch gruppeninterne Veränderung verbunden, da viele neue Jugendliche aus der Umgebung hinzustoßen:

"... aber es wurden immer mehr wirklich Rechtsradikale von auswärts, so wie Fürth, Tutzing, und es wurden immer mehr, gell. Und das war dann wirklich so 'ne rechtsradikale mit Sieg Heil und so Zeug, gell, also richtig rechts mit Glatze und so, gegen Ausländer, also die haben sich dabei wahrscheinlich nichts gedacht. Und dann haben wir Ärger wieder am Rathaus gekriegt, das war das dritte Mal, daß wir Ärger gekriegt haben. Aber wir haben uns nicht verdrängen lassen, wir sind dort geblieben." (Corinna)

Obwohl die Gruppe seit dem Gymnasiumvorfall stärker von der Polizei beobachtet wird, steigt mit der Radikalisierung auch wieder die Anzahl der Provokationen und Eskalationen seitens der Jugendlichen. Gleichzeitig sind sie jedoch auch für andere zu einer identifizierbaren Gruppe geworden, wie ein Überfall einer türkischen Jugendgruppen verdeutlicht. Er ist auf die scheinbar bedeutungslose Auseinandersetzung bei der Beach-Party zurückzuführen. Offenbar haben sich die türkischen Jugendlichen hierdurch stärker provoziert gefühlt, als die Jugendlichen der rechtsorientierten Jugendlichen es vermutet hatten.

Es geschieht an einem ganz normalen Septembertag. Wie immer trifft sich die Clique am Rathaus, diesmal nicht direkt vor dem Gebäude, sondern etwas abseits. Plötzlich steht eine große Gruppe türkischer Jugendlicher drohend vor ihnen. Viele sind unbekannt und vermutlich als Verstärkung aus der nahegelegenen größeren Stadt gekommen. Sie umstellen die Rathausclique und zwingen sie unter Drohungen, ihren gesamten Schmuck abzugeben. Eingeschüchtert von ihren Gegnern, geben sie ihn widerstandslos ab, so daß es zu keiner handgreiflichen Auseinandersetzung kommt. Zumal auch die türkischen Jugendlichen sich mit ihrer siegreichen Machtdemonstration zufrieden geben und bald wieder verschwinden.

Scheinbar ein relativ kurzer und wenig skandalöser Auftritt, aber seine Wirkung zeigt sich noch heute an der Empörung der Jugendlichen, wenn sie diesen Vorfall erwähnen, um anderen die Macht und Dominanz 'der Türken' zu demonstrieren.

Ein weiteres Ereignis aus dieser Zeit schreibt sich in das kollektive Gedächtnis der Gruppe ein: Die erste Inhaftierung eines Gruppenmitgliedes.

Schon mehrmals hatte 'Metzger' mit der Polizei Kontakt, kam aber bisher immer mit einem blauen Auge davon. Diesmal gab die Justiz nicht nach und verurteilte ihn zu zwei Jahren Haft ohne Bewährung. Diese Strafe ist für viele aus der Gruppe unfaßbar. Immer wieder hatten einige Kontakt mit der Polizei oder gar mit dem Gericht, manche hatten schon eine Bewährungsstrafe, aber zu einer Inhaftierung war es bisher noch nicht gekommen. Auch heben sich in ihren Augen seine Vergehen kaum von denen der anderen ab. Vielen erscheint die Strafe von zwei Jahren unangemessen hoch. Für Michael war die Verhaftung seines Bruders ein besonders schwerer Schlag. Jetzt hat er nicht nur seine Eltern, sondern auch noch seinen Bruder verloren. Es dauert lange, bis er dieses Ereignis überwindet:

"Früher hab' ich das gar nicht hören können, als mein Großer frisch im Knast war. Das war ganz schlimm." (Michael)

Andere bekommen Schuldgefühle, können nicht verstehen, warum es gerade ihn trifft. Schließlich haben sich alle schon mal ähnlicher Vergehen schuldig gemacht. Muß er nun für alle büßen?[149] Wahrscheinlich sind es solche oder ähnliche Gedanken, die im weiteren Verlauf der Gruppenentwicklung zu einer starken Idealisierung von 'Metzger' führen. In ihrer Erinnerung gilt er als derjenige, der die Gruppe zusammenhielt, indem er die internen Streitereien schlichtete und nach außen die Gruppe verteidigte. Für Corinna war die Verhaftung von 'Metzger' auch der Grund für den endgültigen Ausstieg:

"Wenn der 'Metzger' was gehabt hat, hat er immer was gegeben und so. Aber dann ist er in die Jugendvollzugsanstalt, dann war's vorbei. Ich möcht' so gerne noch, daß die Clique so ist wie sie früher war. Aber das wird nie mehr funktionieren ..." (Corinna)

Vielleicht sind es nicht nur die Schuldgefühle, sondern auch die kurz darauf folgenden gruppeninternen Auseinandersetzungen, die 'Metzger' in einem so positiven Licht erscheinen lassen. Denn mit der Inhaftierung hat Daniel an Macht gewonnen und versucht sie in seinem Sinne auszunutzen. Sein Ziel ist es, die Gruppe in eine parteiähnliche Organisation zu verwandeln. Doch Daniel genießt nicht das uneingeschränkte Vertrauen, auch fühlen sich viele Jugendliche eher als Skinheads und wollen nicht in eine feste Struktur eingebunden werden. Zudem verstößt seine auffallende Bevorzugung der Jugendlichen, "wo groß sind und kräftig, wo Eindruck schinden" (Jörn), gegen das Kameradschaftsprinzip. Gleichzeitig wird gemunkelt, daß er zwar die Gruppe gegen andere aufhetzt, selbst aber der erste ist, der bei einer nahenden Eskalation vom Schauplatz des Geschehens verschwindet. Ein Verdacht, der nicht ganz von der Hand zu weisen ist, da Daniel im polizeilichen Stafregister nicht auftaucht. Noch ist kein offener Streit ausgebrochen, die Jugendlichen begnügen sich damit, andere hinter vorgehaltener Hand zu beschuldigen. Manchmal werden die Konflikte auch über die Musik ausgetragen:

"Die Fürther Glatzen, und da war der Daniel dabei, und der war ja der Gründer der nordischen Jugend. Und der wollte dann in Erlingen, weil in Erlingen ja ein Haufen Leute waren, was er in Fürth nimmer gehabt hat, die wollten einen dann einfach mehr so parteilich erziehen, daß sie ihn als Führer ansehen. Und da ist jeden Abend Renecke[150] Musik gelaufen. Und da hat er immer erzählt, von Parteien und so ein Zeug und Renecke mußte laufen, das sind deutsche nationalbewußte Lieder. Das hat ihn natürlich immer angekotzt, wenn der Mike und ich mit dem Auto hochgefahren sind, sind neben ran gefahren und haben ganz laut den Radio aufgedreht, und von Störkraft gesungen worden ist: 'Wir sind dreckig, dreckig, kahl, kahl und hundsgemein.' Das hat ihm gar nicht gepaßt." (Jörn)

Schließlich entladen sich die Spannungen in einem Streit zwischen Daniel und Jan, dessen Ursache letztendlich niemand rekonstruieren kann. Kaum anzunehmen, daß lediglich die Unzufriedenheit mit Daniel zur Spaltung der

---

149 Tatsächlich hat sich 'Metzger' schon mehrerer Vergehen schuldig gemacht, die nicht direkt mit der Gruppe zusammenhängen. Sie wurden zusammen mit der letzten Tat, einer schweren Körperverletzung, die schließlich zu seiner Verhaftung führte, verhandelt.

150 Frank Renecke ist dem organisierten rechtsextremen Spektrum zuzuordnen.

Gruppe führt, denn außer Jan würde niemand offen gegen ihn opponieren. Vielmehr lösen Daniels Strukturierungsversuche einen Prozeß der Entsolidarisierung aus. Langsam schwindet der Gruppenkonsens, und ein Gefühl des Mißverstehens und Mißtrauens greift um sich. Nun sieht man auch die bisherigen Mitglieder der Gruppe in einem anderen Licht: Sie scheinen nicht mehr die Kameraden, die unabhängig von Sympathie oder Antipathie für einen einstehen, sondern die Jugendlichen sehen sie als Individuen, mit denen sie entweder schon lange befreundet sind oder keine besonderen Sympathien verbinden. Immer seltener treffen sich die Jugendlichen am Rathaus; immer seltener sitzt die Clique vertraut beieinander. Statt dessen stehen sie in kleinen Gruppen vor dem Büro der Mobilen Jugendarbeit. Hier lassen sie ihrem Unmut über andere freien Lauf. Einige reagieren auf die zunehmenden Spannungen wie Corinna und halten sich ganz vom Treffpunkt fern.

Der Streit ist demnach nur der Schlußpunkt eines Gruppenprozesses, der das füreinander empfundene Vertrauen unterhöhlt hat. Aus diesem Grund kann auch keiner der Jugendlichen rückblickend erklären, was letztendlich zur Spaltung der Gruppe führte:

"Ich kann mir's net erklären, also geheißen hat es mal, die anderen, die haben halt immer, jeder hat die Schuld abgeschoben, das war halt, am Anfang waren's halt zwei Cliquen, die eine hat halt hier gehockt und dann halt die andere beim Daniel und dann mir halt gegen die, über die gelästert, die halt über uns gelästert. Und jeder hat die Schuld auf die anderen geschoben. Das war von beiden Seiten, die Schuld, nicht nur von einer Seite. Man kann net die Schuld auf einen schieben, sondern es sind alle beteiligt." (Gisela)

Durch den Streit zwischen Daniel und Jan spaltet sich die Gruppe in drei Teilgruppen. Jan, Ansgar, Michael, Gerhard, Andreas und einige andere Erlinger Jugendliche treffen sich nun entweder privat oder in Kneipen. Ihre Orientierung an den gemäßigten OI-Skins führt langfristig zur Öffnung für andere Jugendszenen. So besuchen sie im Herbst 1994 mit dem Sozialarbeiter OI- und Punkkonzerte und knüpfen lose Kontakte zu Jugendlichen, die ihrer Szene nicht nahestehen. Manchmal stoßen auch Jörn und Isabelle zu ihnen, doch bleibt das Verhältnis distanziert. Vielleicht liegt es daran, daß Jörn und Isabelle mittlerweile befreundet und zusammen in eine Wohnung etwas außerhalb von Erlingen gezogen sind. Oder sie können sich nicht richtig mit der gemäßigten OI-Richtung anfreunden. Denn manchmal tauchen beide ganz unvermittelt bei Mike auf, wo eine weitere Teilgruppe ihren Treffpunkt hat. Hier sind diejenigen zu finden, die eine radikalere Richtung vertreten, sich aber nicht organisieren wollen. Jeden Abend sitzen sie dort zusammen, trinken ihr Bier und scherzen miteinander. Es geht auf den Winter zu, draußen ist es kalt und unfreundlich, was die Gruppenaktivitäten automatisch einschränkt. Das bekommen auch Daniel und seine AnhängerInnen zu spüren, die sich nach der Spaltung noch immer am Rathaus versammeln. Diese Gruppe besteht vor allem aus den auswärtigen Skins, Hans, Gerhard und der Mehrzahl der Erlinger Mädchen. Mittlerweile ist Katherina mit Daniel befreundet, und zwischen Julia und Hans bahnt sich ebenfalls eine Liaison an. Auch andere Mädchen bevorzugen die Gruppe um Daniel. Schließlich sind hier die männlichen Jugendlichen älter und mal eine willkommene Abwechslung, denn für Mädchen ist es nicht so einfach, nach außen Kontakte zu knüpfen wie für die Jungen. Schnell werden sie von den männlichen Mitgliedern der Gruppe mißtrauisch beäugt und laufen Gefahr als Spioninnen diffamiert zu werden. Außerdem sind Jungen, die nicht zur Szene gehören, mittlerweile vorsichtig, denn die Clique ist bekannt für ihre scheinbar unkalkulierbare Aggressivität. Viele Mädchen akzeptieren diese Einschränkung, denn, so begründet Nicole gegenüber Michael ihr Verhalten: "Die meisten Kerle stehen doch hinter uns, oder?" (Nicole)

Vor dem Hintergrund dieser Situation ist es also nicht verwunderlich, daß sich die meisten Mädchen aus Erlingen zu der Gruppe um Daniel gesellen. Doch seine Vorstellung über die Rolle der Mädchen geht über diese leicht zu rationalisierende Unterordnungsstrategie hinaus. Seine Versuche, mit dem Rest der Gruppe eine rechtsextreme Organisation aufzubauen, beinhaltet auch eine strenge Trennung der Geschlechterrollen. Derzufolge werden die Mädchen aufgefordert, als unweiblich definierte Verhaltensweisen zu unterlassen und sich unterzuordnen:

"Ah, ich mein' wir hocken in der Ecke und die Kerls sind da gehockt und haben halt das Stimmrecht gehabt und haben halt diskutiert und wir als brave Mädels haben uns halt dazugehockt und haben zugehört und was getrunken. Auch nur in Grenzen, weil wenn dann eine voll war, dann hieß es: 'Was ist los mit der?' Weil als deutsches Mädchen gehört es sich nicht voll zu sein und außerdem darfst du überhaupt nicht trinken. Also alles so Regeln aufgestellt, die Kerle. ... Ah, nicht aus der Bierflasche trinken, nicht voll sein, nicht mit Türken schwätzen, ... lauter solches Zeug." (Julia)

Zunächst passen sich die Mädchen den Vorgaben der männlichen Gruppenmitglieder an. Doch langsam entwickeln sie widerständige Strategien, mit denen sie die Regeln unterlaufen. So provozieren sie die Jungens bewußt, indem sie sich betrinken oder türkische Jugendliche ansprechen. Dies ruft immer wieder Diskussionen hervor, doch in der verbalen Argumentation sind die Mädchen den Jungen meist überlegen:

"Wenn's dann hieß: 'Warum trinkst du aus der Bierflasche?' 'Laß' mich doch aus der Bierflasche trinken, das macht halt Spaß. Ihr macht's doch auch.' Wir ham halt immer so, wenn sie es dürfen, dann dürfen wir es auch und irgendwann haben sie halt nicht mehr gewußt, warum wir das nicht dürfen." (Julia)

Besonders extrem ist die Kontrolle über die Mädchen, wenn sie mit den dominierenden Skinheads befreundet waren. Daniel versucht bei seiner Freundin Katherina jeden Kontakt mit anderen Jugendlichen zu verhindern. Hierüber gibt es viel Streit und Zank, bis Katherina schließlich in der Beziehung und innerhalb der Gruppe offen gegen ihn opponiert und nichtzuletzt das Ende der Freundschaft einleitet. Insgesamt scheitern Daniels Bestrebungen, eine neue Organisation zu gründen. Gegen Ende des Jahres werden die Treffen dieser Gruppe immer seltener und hören schließlich ganz auf. Ein wesentlicher Grund hierfür ist nicht nur die mangelnde Möglichkeit, sich regelmäßig zu treffen, sondern auch der Umstand, daß einige der Jugendlichen wieder Kontakt zu den Jugendlichen der anderen Gruppe aufnehmen.

7. Reorganisation und erneute Spaltung der Gruppe

Die Neuformierung der Clique schildern die Jugendlichen als einen Zufall: Man habe sich auf einer Party mal wieder getroffen, von den alten Zeiten geschwärmt und festgestellt, daß es doch eigentlich ganz schön war. Aus den drei Gruppen entstehen nun zwei, deren Ausprägung und Entwicklung sich stark voneinander unterscheiden. Jan und einige andere Jugendliche orientieren sich zunehmend an der gemäßigten OI-Richtung des Skinheadkultes und suchen dadurch eine weitere Verstrickung in gewalttätige Ausschreitungen zu verhindern, ohne ihre Identität als Skinhead aufgeben zu müssen. Sie haben wenige Treffpunkte und meiden die öffentliche Inszenierung. Bevorzugt werden Privaträume oder Kneipen aufgesucht, wo sie keinem größeren Publikum ausgesetzt sind. Der Zusammenhalt unter diesen Jugendlichen wird lockerer und beruht stärker auf gegenseitiger Sympathie als auf der funktional ausgerichteten kameradschaftlichen Beziehungsform. Hierin liegt auch einer der Gründe, warum sich die Gruppe gegen Frühjahr langsam auflöst. Einigen Jugendlichen um Jan gelingt es, aus der Gruppe auszusteigen, andere wie Andreas und Michael schließen sich der anderen Gruppe an.

Bei dieser Gruppe ist bis zum Frühsommer 1995 erneut eine Radikalisierung festzustellen. Als die Tage wärmer und länger werden, finden wieder regelmäßige Treffen an einem öffentlichen Ort statt. Diesmal handelt es sich um einen Spielplatz, der weder so gut geschützt wie das Rathaus, noch so zentral wie der Bahnhof liegt. Der Ortswechsel ist einerseits durch den Umzug der mobilen Jugendarbeit in das Stadtzentrum bedingt, andererseits ist mit der zunehmenden Radikalisierung deutlich der Drang nach größerer Öffentlichkeit zu spüren. Dennoch sind die Jugendlichen noch etwas zurückhaltend, da die Strafverfolgungen bezüglich der Abitursfeier noch nicht abgeschlossen sind und die Gerichtsverhandlung noch aussteht. Im Laufe des Frühsommers stellt sich das übliche Gruppenleben ein, und die Jugendlichen werden immer selbstbewußter. Die Polizei registriert die Neuformierung der Gruppe aufgrund der erneut ansteigenden Konflikte. Im Winter verhielten sich die Jugendlichen ausgesprochen ruhig, doch nun nehmen die Beschwerden wieder zu. Die Radikalisierung der Gruppe wird auch an der Kleidung sichtbar: Lonsdale- Pullover und Bomber-Jacke werden angelegt, die Turnschuhe gegen Stiefel getauscht und die Haare immer kürzer rasiert.

Gleichzeitig versuchen sich Jörn und Isabelle, die inzwischen befreundet sind, als FührerInnen zu etablieren. Bei ihnen, Jörns Bruder Gerhard, Ansgar und Hans ist eine besonders starke Veränderung zu bemerken:

"Ja, also ich weiß net, zu einigen von meinen Kumpels hab' ich so ein richtiges Haßgefühl mit der Zeit, sich steigern gesehen, also so richtig. Der Gerhard ist so verbohrt geworden. Früher war er lockerer, aber irgendwann hat er nur noch stur geradeaus geguckt. Also der hat überhaupt keine Argumente mehr irgendwo gelten lassen. Er hat seine Meinung gehabt und das war die Meinung überhaupt. Also er ist sowieso ein Typ, der sehr rechthaberisch ist und so. Also für mich ist er ein Phänomen, weil er steckt voller Widersprüch', gell. Von der Art her, auf der einen Seite ist er wahnsinnig hart und auf der anderen Seite, wenn der mal allein bei mir war, gell, da hat er auf einmal geredet wie ein Wasserfall, was er normalerweise auch net macht. Er ist sehr ruhig und dann hat er auch ein bissel rausgelassen. Oder grad' so der Ansgar, der ist auch so, so extrem war der, der hat einmal eine Richtung und kein Aug' mehr für andere Dinge. Sondern, ich hab' das Ziel vor Augen, und das verfolge ich und ich will nichts anderes mehr wissen. Also einfach, verbohrt irgendwie (...) Sie ist ein Haßmensch, die ist total verbohrt. Also die Isabelle ist ein Haßmensch, gell, sie ist, sie steckt wirklich voller Aggressionen, gell." (Katherina)

Die Entwicklung der Gruppe und ihrer Aktivitäten hat große Parallelen zum Vorjahr. Sie konstituiert sich im Frühjahr neu und weist eine zunehmende Radikalisierung auf, je weiter das Jahr fortschreitet. Für die Jugendlichen gewinnt das Gruppenleben zunehmend an Bedeutung, die täglichen Treffen erzeugen ein euphorisches Kameradschaftsgefühl. Auch die Konflikte mit dem Umfeld nehmen zu. Schließlich drohen die verstärkten Gruppenaktivitäten ebenso wie im Vorjahr, in eine außergewöhnliche Gewalteskalation zu münden. Diesmal findet die Ausschreitung im Rahmen des Altstadtfestes statt, das jedes zweite Jahr im August durchgeführt wird. Wie sie letztendlich angefangen hat, bleibt auch heute, nach der Gerichtsverhandlung unklar, da mehrere kleinere Scharmützel stattfanden, bei denen die Jugendlichen sowohl Opfer als auch TäterInnen waren.

Während des Altstadfestes taucht die Clique nicht als geschlossene Gruppe auf, sondern in kleinen Grüppchen an ganz unterschiedlichen Plätzen. Sie sind auch nicht wie üblich einheitlich in ihrem Skinheadoutfit gekleidet, sondern tragen vorrangig normale Alltagskleidung. Die Vermutung liegt nahe, daß sie nicht auffallen wollen, da gerade wenige Tage zuvor die Verhandlungen wegen des gewalttätigen Konfliktes beim Abiturfest stattgefunden hatten. Dabei wurden acht der ca. 20 beteiligten Jugendlichen des Landfriedensbruchs für schuldig befunden, ihre Jugendstrafe jedoch auf Bewährung ausgesetzt.[151] Eine erneute Handgreiflichkeit würde unwillkürlich zu einem längeren Freiheitsentzug führen.

Falls sie die Absicht gehabt hatte, diesmal friedlich das Fest zu genießen, findet dies ein jähes Ende. Eine kleine Gruppe türkischer Jugendlicher taucht

151 Neben den sieben Jungen Ansgar, Michael, Jörn, Gerhard, Hans, Christian, Jens, wurde Isabelle als einziges Mädchen verurteilt.

vor Hans und Jürgen auf. Sie provozieren die beiden und schließlich kommt es zu einer Auseinandersetzung, bei der die türkischen Jugendlichen mit einem Bierkrug auf die anderen einschlagen. Jürgen stürmt blutüberströmt davon und trifft auf andere Jugendliche aus der Clique. Nun schaukeln sich die Emotionen hoch:

> "Da hab' ich mir erst mal den Jürgen angeguckt und mit dem geschwätzt usw.. Da hab' ich mein Bier gezahlt, da guck' ich weiter, und da kommt der nächste angerannt: 'Ah der Hans liegt hinten, die haben ihn zusammen umgehauen.' Der ist gar net aufgestanden der Hans, der war bewußtlos und alles. Der ist dreimal genäht worden am Kopf. Na und jetzt sind wir auch rausgerannt, ein bissel alkoholisiert gewesen, rumgeschrien. Ich hab' gedacht, das wären die Linken gewesen. Ich bin auch zu den Linken so: 'Was war das jetzt usw..' Ich hab' nichts gemacht; ich hab' bissel rumgestänkert, lautstark halt. Na ja, und dann hatten wir auch da oben bissel Händel. Dann war da einer, der hat einen Baseballschläger gehabt und hat dann zugeschlagen. Und einer von uns war da, der hat auf dem Boden gelegen und zwei Stück auf ihm drauf. Und da ist einer gekommen und hat mit dem Baseballschläger reingeschlagen." (Ansgar)

Ganz offensichtlich beruht die zweite Eskalation mit den 'Linken' am Stand des Jugendzentrums auf einem Gerücht, das Ansgar in die Welt gesetzt hat. Doch ebenso wie bei den vorangegangen Eskalationen läßt sich der Ablauf nicht mehr stoppen, sobald er in Gang gesetzt ist. Im Gegensatz zum Abitursfest greift diesmal keine erwachsene Person ein, und es kommt zu einer handgreiflichen Auseinandersetzung, bei der die 'linken' Jugendlichen sich erstmals wehren. Auf beiden Seiten gibt es Verletzte, doch sind die 'Linken' stärker betroffen, da die rechtsorientierten Jugendlichen Eisenstangen und Schlagstöcke einsetzen. Nach einer Weile, es ist schon 2 Uhr nachts, löst sich die streitende Gruppe auf, ohne daß eine Partei den Sieg davongetragen hätte. Für die rechtsorientierte Skinhead- und Jugendclique war dies keine gelungene Machtdemonstration. Aus diesem Grund beschließen einige, die Auseinandersetzung am nächsten Tag fortzusetzen. Dazu kommt es nicht mehr, da mittlerweile auch der Sozialarbeiter von der Eskalation erfahren hat. Ihm wurde eine Tasche mit Baseballschlägern und Eisenstangen zugespielt, die ein Junge angeblich hinter einem Busch gefunden hat. Er sucht die Gruppe an ihrem Treffpunkt auf und redet ihnen ihr Vorhaben aus. Die Argumente sind überzeugend, denn fast alle versammelten Jugendlichen haben eine Bewährungsstrafe und ihnen droht Freiheitsentzug bei einer erneuten Eskalation. Auch die Auseinandersetzung in der Nacht wird ein Nachspiel haben, da die angegriffenen Jugendlichen am Stand des Jugendzentrums Strafanzeige erstatten. Betroffen hiervon sind Gerhard und drei weitere Jugendliche, die bisher strafrechtlich noch nicht aufgefallen sind. Sie werden nicht sofort belangt, doch Gerhard, der schon bei der Abiturfeier aktiv war, muß nun mit einer Festnahme rechnen. Sie erfolgt ca. eine Woche nach der Tat. Hier hat die Polizei zu lange gezögert und die gruppendynamische Situation unterschätzt. Denn nach dem Altstadtfest ist die Stimmung unter den Jugendlichen noch gereizter und aggressiver als zuvor. Das erste Mal mußten sie in ihren

Augen eine Niederlage einstecken und nun sinnen sie nach Rache und Vergeltung:

"Die wo dabei waren, und wo entkommen sind, haben gemeint, das war voll die üble Klopferei. Und die, die es erwischt hat, so wie der Hans, der Jürgen und der Müller, die haben alle gemeint, äh haben die uns gegeben. Das war halt für uns, wir waren wie vor den Kopf gestoßen, weil das für uns völlig unerwartet kam. Das war wie mit meinem Hund, spiel' ich mit dem, geh' Gassi und alles und nach zehn Jahren fällt er mich auf einmal an. Dann bin ich auch wie vor den Kopf gestoßen. Weil ich einfach nicht kapiere, wie das kommen kann. Und genau ist das mit den Linken gegangen, ich hab's einfach nicht geschnallt. Auf jeden Fall war hinterher ganz groß das Geschrei nach Vergeltung, Rache, Rückschlag und so." (Jörn)

Doch es geht hier nicht nur um die Rache an einzelnen Personen. Der mißlungene Abend zehrt deutlich an der Gruppenehre. Zum ersten Mal ist die 'feindliche' Gruppe nicht vor der Gewalt zurückgewichen, sondern hat mit Gegengewalt geantwortet. Zwangsläufig muß die Gruppe nun eine Gelegenheit finden, um ihre Ehre wiederherzustellen, um sich den Respekt im lokalen Umfeld erneut zu sichern. Schon wenige Tage später ergibt sich eine Möglichkeit auf einer Gartenparty in einem nahegelegenen Nachbarort. An diesem Abend sind etwa 15 Jugendliche am Treffpunkt versammelt. Einige der Älteren haben ihre Autos mitgebracht, und geschlossen fahren sie zum Fest. Es findet auf einem Gartenstück statt und ist somit vor überraschenden Polizeieingriffen geschützt. Bei ihrer Ankunft wird schnell deutlich, daß die Clique nicht erwünscht ist, doch werden sie aus Angst ignoriert. Da sie noch etwas abseits stehen, stellen sie keine große Störung dar. Dann beginnt die Clique vorbeieilende Jugendliche zu provozieren, was jedoch zu keiner Gegenreaktion führt. Schließlich gibt es ein kurzes Gerangel an der Musikanlage, da einige aus der Clique ihre Musik auflegen möchten. Auch dieser Affront führt nicht zur gewünschten Gegenreaktion, und die Stimmung in der Clique kocht langsam hoch. Sie findet schließlich ihre Entladung, als ein Punk auf der Party auftaucht. Seine bunten Haare, seine Kleidung sind offensichtlich die notwendigen Signale zur Entladung der aufgestauten Aggression. Zunächst wird er angepöbelt, dann gejagt, und als er dann am Boden liegt, treten einige der Skinheads hemmungslos auf ihn ein. Es kommt zu weiteren Rempeleien und Streitereien. Daß hier keine Massenschlägerei entsteht, liegt einerseits an der Zurückhaltung der übrigen Besucher. Andererseits ist einigen Jugendlichen aus der Erlinger Clique die Brisanz der Situation bewußt und sie drängen darauf, den Ort zu verlassen, bevor die Polizei eintrifft. Aus diesem Grund verschwindet die gesamte Clique schon kurz nach dieser Auseinandersetzung und glaubt so einer Strafverfolgung zu entkommen.

Beim Treffpunkt am nächsten Tag ist eine gewisse Euphorie über den gelungenen Auftritt am Vorabend zu spüren. Endlich hat man sich wieder Respekt verschafft und sein Selbstbewußtsein wieder hergestellt. Doch schon zu diesem Zeitpunkt äußern manche ihre Zweifel und haben Angst vor einer

Anzeige. Nicht zu Unrecht, wie sich bald herausstellt. Denn mittlerweile geht die Polizei jeder Ausschreitung nach, in die die Jugendlichen verstrickt sind. Schon bald werden sie von der Polizei aufgesucht und am folgenden Dienstag vernommen. Wenige Tage später wird Gerhard, der auch diesmal der Aggressivste aus der Gruppe war, festgenommen. Ebenso wie bei der ersten Festnahme eines Cliquenmitgliedes trifft es die Gruppe unerwartet. Einige, wie Jörn, Isabelle und Ansgar reagieren hierauf mit gesteigerter Aggression und fordern erneut Vergeltung. Die meisten jedoch lassen sich diesmal nicht davon anstecken. Zu groß ist die Angst, ebenso wie Gerhard ins Gefängnis zu kommen. Trotz des 'Sieges' kann die Gruppensolidarität nicht wiederhergestellt werden. Es kommt intern zu Spannungen und Streitereien, wodurch viele gehen langsam auf Distanz. Die Strategien sind hier ganz unterschiedlich. Zunächst versuchen sich alle etwas unauffälliger zu kleiden, die Jungen lassen die Haare wieder wachsen. Viele dieser Jugendlichen besuchen immer häufiger Technoparties. Hier gehen sie in der Masse und Anonymität unter und müssen nicht fürchten, von den anderen Jugendlichen sogleich erkannt und ausgegrenzt zu werden. Andere nutzen den Freund oder die Freundin für einen langsamen Rückzug oder konzentrieren sich stärker auf ihre Ausbildung und sportliche Aktivitäten. Bis zum Spätsommer kommen immer weniger Jugendliche zum gemeinsamen Treffpunkt. Damit nimmt auch das Solidaritätsgefühl unter den übrigen Gruppenmitgliedern spürbar ab:

"Das war ein bestimmter Punkt oder ab einem bestimmten Moment. Es ist einfach weniger geworden, die Begeisterung hat sich irgendwann verloren. Ja einmal kann sein, zweimal, ah ja dreimal[152], und irgendwann hat man dann resigniert so. Es ist immer weniger geworden, immer weniger, und dann hab' ich irgendwie gedacht: 'Äh, leck' mich am Arsch'." (Katherina)

Der Auflösungsprozeß ist unaufhaltsam. Die meisten Jugendlichen treffen sich bald nur noch in Kleingruppen, um abends in die Disko oder Kneipe zu gehen. Nur eine kleine Clique um Jörn und Isabelle bleibt den Skinheads weiterhin verbunden und sucht in Nachbarorten neuen Anschluß.

Obwohl die Jugendclique seit September nicht mehr besteht, gibt es immer wieder Gelegenheiten, bei denen die Jugendlichen zusammenkommen können. Eine derartige Möglichkeit ist die im Sommer 1995 ins Leben gerufene Kameradschaft.[153] Sie wurde von einem ehemaligen 'Republikaner' gegründet und kommt einmal im Monat in Erlingen zusammen. Viele der Jugendlichen, die die Clique verlassen haben, schließen sich ihr an. Manche

152 Gemeint ist die jährlich wiederkehrende Spaltung der Gruppe.

153 Die Kameradschaften sind dezentral organisierte Gruppen, die meist von Mitgliedern aus dem organisierten rechtsextremen Spektrum initiiert werden. Hiermit wird auf die zunehmenden Verbote rechtsextremer Organisationen reagiert. Über die Kameradschaften wird vor allem versucht, Jugendliche ins organisierte Spektrum einzubinden. In diesem Zusammenhang finden regelmäßig Kameradschaftsabende statt, bei denen Jugendlichen rechte Inhalte und Argumente nahegebracht werden. Während meiner Feldforschung bin ich vielen Jugendlichen begegnet, die an Kameradschaftsabenden teilnehmen.

kommen nur sporadisch, andere wie Katherina, Ansgar, Michael und Andreas sind dauerhaft interessiert. Ganz engagiert diskutieren sie über Themen wie Arbeitslosigkeit oder Ausländerpolitik und vertiefen hierüber ihre fremdenfeindlichen und rechtsextremen Einstellungen.

Auch Jörn, Isabelle, Annette und Jens, die zum letzten Rest der Skinheadclique gehören, suchen die Treffen auf, stoßen jedoch bei den Organisatoren auf heftigen Widerstand. Denn bei diesen Treffen soll es ruhig und vernünftig zugehen, da scheint Isabelle mit ihrem Reneeoutfit nicht hineinzupassen:

> "Nur das ist das einzige, was der Dany nicht möcht', der denkt auch ein bissel anders wieder, net so ganz wie Hitler, aber mit weißen Schuhbändeln darf man nicht reinkommen zu seinen Sitzungen. Da hat's am Anfang auch geheißen und keine Mädchen mit abrasierten Haaren." (Annette)

Die Kleider- und Verhaltensvorschriften stoßen bei den Skinheads und Renees auf Ablehnung, so daß ihre Besuche immer seltener werden und meist provozierenden Charakter haben. Doch langsam verliert Erlingen jegliche Anziehungskraft, und sie suchen in den Nachbarorten nach Gleichgesinnten.

Ab Oktober 1995 hat sich die rechtsorientierte Jugend- und Skinheadgruppe, die seit ca. drei Jahren bestand, endgültig in ihrer alten Form aufgelöst. Nur noch einmal kommt die gesamte Gruppe bei einem Fest im Nachbarort zusammen, doch kann dies das Gruppengefühl nicht wiederherstellen. Sympathie und Abneigung bestimmen nun die Beziehungen und verdrängen das einstige Gemeinschaftsgefühl und die gemeinsam geteilte Einstellung zum Kult:

> "Zum Schluß haben wir uns untereinander noch geprügelt. Der Hans und ich, als mit dem Hans primär wegen dem, weil der Hans in Karlshofen, da hab' ich noch mit ihm diskutiert. Da hat er gemeint, Skinheadsein ist doch Scheiße, die Szene kannst du doch vergessen ... Und wenn ich dann als Skin sag', ich kämpf' für mich, ich Kämpf für mein Land, dann akzeptiert das der Hans auf einmal nicht mehr (...) Vor drei Monate hätt' er mich noch verstanden und jetzt auf einmal, es ist wie eine Gehirnwäsche bei ihm, versteht er mich nicht mehr." (Jörn)

8. Epilog

Der Großteil der ehemaligen Gruppenmitglieder hat sich dauerhaft vom Skinheadkult entfernt. Viele beendeten mittlerweile die Schule und sind in der Ausbildung. Gerhard wurde im Februar 1996 zu einer Freiheitsstrafe von einem Jahr und neun Monaten verurteilt, die er verbüßt hat. Auch er hält sich seither vom Skinheadkult fern.

Im Gegensatz dazu wurde sein Bruder Jörn mit anderen zu mehrjährigen Haftstrafen verurteilt. Er war in der Restclique verblieben. Sie konstituierte sich im Frühjahr/Sommer 1996 mit anderen Jugendlichen aus den Nachbarorten neu und hatte ihren Treffpunkt in dem gemeinsamen Haus von Jörn und Isabelle. Wie in den vergangenen Jahren hatte die Radikalität der Gruppe bis zum Sommer zugenommen und entludt sich erneut in einer extremen Gewalttat. Diesmal richteten sie ihre Aggressionen gegen einen Außenseiter eines Nachbarortes. Aus ungeklärten Gründen kam es zu einer Auseinandersetzung zwischen ihm und der Gruppe, bei der diese den Gegner derart malträtierte, daß er keine Regungen mehr zeigte. Aus Angst, einen Menschen getötet zu haben, verschleppten sie ihn in ein Waldstück und ließen ihn dort liegen. Wenige Tage später wurde er tot aufgefunden.

Zu diesem Zeitpunkt besuchte ich die Jugendlichen nur noch sporadisch. Nach diesem Ereignis stellte ich jedoch den Kontakt gänzlich ein. Meine Grenze des Verstehenwollens war überschritten, und die Nähe zu den Jugendlichen, die über den Feldaufenthalt entstanden war, erschien mir unerträglich. Sicherlich, mir war die Emotionalität, mit der die Jugendlichen die Inhalte des Kultes artikulierten und lebten, nicht entgangen. So zeigt die in diesem Kapitel beschriebene Gruppenentwicklung deutlich, wie sich die ehemalige Peer-Group zu einer rechtsorientierten Jugend- bzw. Skinheadgruppe wandelt. Sie durchläuft mehrere Phasen der Spaltung und Reorganisation, bei der die Gruppe immer stärker in Richtung des Skinheadkultes homogenisiert wird. Hierbei entsteht eine spezifische Form der Gruppensolidarität, die die Jugendlichen mit dem Begriff 'Kameradschaft' beschreiben. Mit Kameradschaft verbinden die Jugendlichen besondere zwischenmenschliche Qualitäten, die sich nicht nur in einem starken Zusammenhalt, sondern ebenso in einem gleichberechtigten Miteinander äußern. In diesem Sinne hat sich die Jugendclique über den Skinheadkult zu einer Communitasgruppe entwickelt. Ihr liminaler Charakter zeigt sich daran, daß sie sich immer jenseits der gesellschaftlichen Strukturen bewegt. So lassen sich die Jugendlichen weder von politischen Gruppen oder Führern dominieren noch von gesellschaftlichen Institutionen kontrollieren. Selbst der Sozialarbeiter, der von fast allen anerkannt wird, hat nur begrenzten Einfluß auf die Aktivitäten der Gruppe und wird immer wieder durch deren Eigendynamik überrascht. Mit der Übernahme des Kultes haben sich spezifische Verhaltensmuster und Rituale entwickelt, die von außen zwar schwer einschätzbar sind, aber dennoch einer immanenten Logik folgen, die durch die folgende Symbol- und Ritualanalyse erklärt werden können.

VI. Zwischen Macht und Ohnmacht: Entstehungsbedingungen rechtsorientierter Jugend- und Skinheadgruppen

Die untersuchte Jugendgruppe traf sich seit 1992 regelmäßig an verschiedenen Plätzen des Ortes. Sie existierte bis zum Herbst 1995[154] und durchlief in dieser Zeit mehrere Phasen der Transformation, Spaltung und Neukonstituierung. In dieser Zeit wird sie durch einige spektakuläre Auseinandersetzungen überregional bekannt und zum Störfaktor der idyllischen Kleinstadt.

Die Gruppe formiert sich zunächst ganz unscheinbar und wird lange Zeit vom Umfeld kaum beachtet. So treffen sich einige 12- bis 14jährige Jugendliche ganz zwanglos und unverbindlich vor dem Hallenbad der Stadt. Dort wird erzählt, gealbert, und einige Jungen beginnen sich für den Militarismus zu begeistern. Das Hallenbad erweist sich in vielerlei Hinsicht als ein geeigneter Treffpunkt: So liegt es zwar jenseits der Innenstadt, wo die Gruppe sofort die Aufmerksamkeit der Erwachsenen auf sich ziehen würde, gleichzeitig ist es durch die Nähe zum Gymnasium und zur Hauptschule für die Jugend der Stadt ein zentraler Ort. Unabhängig von der Tageszeit steht die Clique immer im Blickfeld vorbeieilender Jugendlicher. Gleichzeitig gehen die Treffen, die Musik und ihr Gezänk in der allgemeinen Geräuschkulisse unter.

Den Erwachsenen fällt die Entstehung der Jugendclique kaum auf. Nur die passierenden Jugendlichen registrieren eine Veränderung, doch sind die Zeichen noch nicht eindeutig genug, um auf eine rechtsorientierte Jugend- oder Skinheadgruppe zu schließen. Auch bei näherem Hinsehen kann eine solche Entwicklung kaum vermutet werden, da die Zusammensetzung der Gruppe und die Motivationen ihrer Mitglieder sehr heterogen sind. Karsten, Gerhard und Nicole kennen sich aus der Hauptschule. Ansgar und Jürgen gehen zwar zur im Nachbarort gelegenen Realschule, kommen also nicht zwangsläufig am Treffpunkt vorbei, doch lernen sie die anderen Jugendlichen über einen Freund kennen. Corinna zieht in einen Nachbarort von Erlingen und kommt in die Hauptschule nach Erlingen. Sie ist auf der Suche nach Kontakten und stößt dabei auf die Clique, die sie nach einigem Zögern integriert.

Die Suche nach einer gleichaltrigen Peer-Group ist jedoch kein außergewöhnliches Phänomen, sondern zeigt nur jene 'Suche nach Gemeinsamkeit' oder Gemeinschaft, die das Forschungsteam um Ralf Bohnsack in seiner breit

154 Die meisten der von mir untersuchten Jugendlichen distanzierten sich in dieser Zeit vom Kult und verließen die Gruppe. Einige jedoch taten sich im darauffolgenden Frühjahr mit Jugendlichen aus den Nachbarorten zusammen und führten sie in neuer Zusammensetzung fort.

angelegten Studie[155] über ganz unterschiedliche Jugendgruppen als allgemeine Tendenz der Jugendlichen während ihrer Adoleszenz herausarbeitet. Jugendliche schaffen sich über die Peergroup einen sozialen Binnenraum, in dem sie ihre Erfahrung "milieuspezifischer Desintegration bzw. der damit verbundenen 'habituellen Verunsicherungen'" verarbeiten können (Bohnsack u.a. 1995: 9). Die Cliquen werden zu einem Ort, an dem die Jugendlichen ihre Identität im Austausch mit den konkreten Anderen entwickeln.

Neuere Untersuchungen über Kinder und Jugendliche in der Kultur- und Sozialanthropologie betonen, daß Peer-Groups besonders geeignet sind, neue kulturelle Bedeutungen auszuhandeln (vgl. Amit-Talai/Wulff 1995).

Ein solcher Prozeß läßt sich bei der Band Hiptext feststellen, die von der Forschungsgruppe um Ralf Bohnsack untersucht wurde. Die Autoren beschreiben, wie sich über das lockere Zusammenspielen einiger Jugendlicher die Band konstituiert. Es handelt sich hierbei um einen langsamen Prozeß, in dem die Jugendlichen ihre unterschiedlichen musikalischen Interessen und Fähigkeiten aufeinander abstimmen müssen. Gemeinsamkeit und Gruppensolidarität werden somit über einen gemeinsamen verbalen und musikalischen Austausch hergestellt. Daß sie hierdurch zu neuen Wahrnehmungsmustern gelangen, zeigen die von den Mitgliedern geschriebenen Texte, in denen sie offen für das universalistische Prinzip der Toleranz eintreten (vgl. Bohnsack u.a. 1995: 24). Es handelt sich hierbei nicht nur um ein universalmoralisches Prinzip, das ihnen eine postkonventionelle Reife (Kohlberg 1976) bescheinigt,[156] sondern es hat zu dieser Zeit auch normüberschreitenden Gehalt, der in ihrem bedingungslosen Anerkennen des fremden Anderen der seit der deutsch-deutschen Vereinigung umsichgreifenden Intoleranz ihren Spiegel vorhält[157].

Dem verbal-kommunikativen Handeln der Bandmitglieder von Hiptext wird das habituelle Handeln der Hooligans gegenübergestellt. Sie bilden eine 'episodale Schicksalsgemeinschaft', die sich im situativen Aktionismus immer wieder neu konstituiert. Gruppensolidarität entsteht hier nicht über eine

155 In dieser Studie werden unterschiedliche Musikgruppen, Hooligans und linke gewaltbereite Gruppen mittels qualitativer Methoden untersucht.

156 Diese Perspektive erscheint mir insofern fragwürdig, als in der Gruppendiskussion mit den Bandmitgliedern deutlich wird, daß es sich hier um eine kollektive Grundhaltung handelt, die nicht zwangsläufig auf die individuelle Wahrnehmung übertragen werden kann: "Auf der einen Seite steht das ethisch-moralische Prinzip der Toleranz bzw. die Forderung danach, d.h. nach einer auf reziproker Verständigung und Perspektivenübernahme basierenden Kommunikation mit den anderen, den Gegnern - verbunden mit dem Prinzip der Waffenlosigkeit ... Auf der anderen Seite geht es um ein *Kalkül* (hervorgeh. Verf.), wie körperliche Versehrtheit und negative Konsequenzen möglicher strafrechtlicher Sanktionen im Falle körperlicher Auseinandersetzungen vermieden werden können. Überlegungen hinsichtlich der Konsequenzen für den anderen (also eine in Reziprozität fundierte Moral) spielen hier keine Rolle mehr ..." (Bohnsack u. a. 1995: 283)

157 Direkt auf die zunehmende gewalttätige Intoleranz reagiert die Band bspw. durch ihr Lied über die Skinheads (vgl. ebd.: 24).

wechselseitige Anerkennung verbal-kommunikativer Interaktion, sondern wird in den regelmäßig stattfindenden Kämpfen erfahren. Hier stehen die Gruppenmitglieder für einander ein und erfahren so im gemeinsamen Handeln Anerkennung und Solidarität. Gleichzeitig werden in dieser Situation "Regeln der Fairneß, mit denen sich die Mitglieder der Cliquen gegenüber dem 'Mob' abgrenzen und ihren Führungsanspruch ihm gegenüber begründen", entwickelt (Bohnsack u.a. 1995: 28).

Der Vergleich zwischen der Band Hiptext und den Hooligans zeigt, wie unterschiedlich die Jugendlichen innerhalb der Peer-Group ihre generationsspezifischen Verunsicherungen und Desintegrationserfahrungen verarbeiten. Die Autoren unterscheiden zwischen kommunikativem und habituellem Handeln, also zwischen der "wechselseitigen Abstimmung oder Verschränkung der Beteiligten auf der Grundlage einer Perspektivenreziprozität" (ebd.: 11) oder der Herstellung von Intersubjektivität durch eine gemeinsam erlebte Handlungspraxis. In dieser Hinsicht lassen sich Ähnlichkeiten zwischen den Hooligans und den Skinheadgruppen feststellen. So fällt bei letzteren die starke Orientierung an situativen Handlungen, an Gewalt und öffentlichen Inszenierungen auf. Doch beruht der Zusammenhang der Gruppe nicht allein auf der Aneinanderreihung wöchentlich stattfindender Kämpfe, sondern gründet in einem differenzierten Kult, der mittlerweile von einer gut durchorganisierten Verteilungsstruktur getragen wird.

Die Entstehung und Entwicklung des Kultes führten zu der These, daß Skinheadsein als eine Form der Selbststigmatisierung begriffen werden kann. Das vermehrte Aufkommen rechtsorientierter Jugend- und Skinheadgruppen ist demnach eng mit den gesellschaftlichen Mikro- und Makrostrukturen verwoben. Das Gruppenbild (s. Kap. V) gibt einen Überblick darüber, wie sich diese Verflechtung auf die gesamte Gruppenentwicklung auswirkt. Über die kulteigenen Symbole und Rituale entstehen Mechanismen - so meine These -, die sowohl die Jugendlichen immer stärker an den Kult binden als auch die Gesamtgruppe zum Gegenstand des gesellschaftlichen Diskurses macht. Die Entstehung dieser Mikromechanismen und ihre Wirkung sollen in diesem Kapitel beschrieben und analysiert werden.

1. Biographische Voraussetzungen

Die Analyse des biographischen Teils der Interviews zeigt, daß bei fast allen Jugendlichen den ersten Gruppenkontakten Gefühle der Isolation, Einsamkeit und Heimatlosigkeit vorausgehen. Hierbei sind die Ursachen individuell sehr verschieden, wie die Deutungsstrukturen der biographischen Erfahrung[158] verdeutlichen.

Auffällig ist, daß von der Kerngruppe fast die Hälfte noch nicht lange in Erlingen wohnt.[159] Für acht der 18 Jugendlichen ist der Umzug in die neue Stadt zunächst mit einer langen Phase der Fremdheit und Isolation verbunden, und ihre Lebensgeschichte teilt sich in ein Leben vor und nach dem Umzug nach Erlingen:

"...ich war 13 damals, ja, ich bin '91 nach Erlingen gezogen, und mich hat das echt voll belastet, meine ganzen Freunde, ich war halt weg gewesen und so. Ich wollte gar keinen Kontakt mehr und bin zwei Jahre lang praktisch nur daheim gehockt. Und dann habe ich Roland kennengelernt, (...), die haben mich dann mal mitgenommen ..." (Katherina)

"Ich bin in Thüringen aufgewachsen, praktisch mit der Familie, also im gleichen Haus haben meine Großeltern gewohnt. Ich bin dann jedes Wochenende zu meinem richtigen Vater gefahren, als sie geschieden waren, meine Eltern. Das war halt irgendwie anders als hier. Hier ist die Verwandtschaft weit weg. Kannst hier niemand besuchen, das ist viel zu weit weg. Früher bist du über die Straße gelaufen und hast sie besuchen können. Das fehlt halt irgendwie. Früher hast du über die Straße laufen können, ohne daß du Angst gehabt hast, es kommt irgend jemand und es passiert irgendwas, daß du vergewaltigt wirst, irgendwie. Wenn man jetzt in Erlingen rumläuft und es ist Nacht, dann denkt man: 'Oh scheiße, hoffentlich dappt einem niemand hinterher. Ahja, es war irgendwie lockerer so'." (Julia)

Julia ist mit ihren Eltern kurz nach dem Mauerfall von der ehemaligen DDR in die Bundesrepublik übergesiedelt. Sie hat nicht nur ihre FreundInnen verloren, sondern unwiederbringlich alles, was ihr in der Kindheit vertraut war. Ihre neue Heimat, die ländliche Kleinstadt Erlingen, wirkt demgegenüber bedrohlich. Hier wird deutlich, wie unmittelbar der Verlust der Vertrautheit die Angst in der Fremde evoziiert. Ähnliche Gefühle äußern auch Christian und Corinna, die aus den sozialistischen Staaten Osteuropas übergesiedelt sind. In der Bundesrepublik erwarten sie zunächst Ressentiments und offene Ablehnung:

"Es hieß halt immer, ah Aussiedlerheim, was machst du da. Dann Aussiedler, was machst du, wir bauen die Mauer wieder auf ..." (Julia)

---

158 Obwohl es sich bei den Interviews nicht um narrative Interviews handelt, wurde bei der Erstellung der Leitfäden darauf geachtet, daß die Jugendlichen ihre biographischen Erfahrungen als geschlossene Erzählung darstellen konnten. Vor diesem Hintergrund lassen sich durchaus Grundstrukturen der biographischen Erfahrung herausarbeiten (vgl. Schütze 1984).

159 Zur Kerngruppe zähle ich diejenigen, die über mehrere Jahre kontinuierlich zur Gruppe gehörten (s. Anhang Kurzporträts). Das sind Corinna, Annette, Isabelle, Nicole, Katherina, Gisela, Julia, Ansgar, Michael, Klaus, Jürgen, Jörn, Andreas, Christian, Jan, Claudia, Hans, Gerhard. Davon sind folgende Jugendlichen erst später nach Erlingen gezogen: Corinna, Isabelle, Katherina, Julia, Ansgar, Michael, Christian, Annette. Jürgen verbrachte einige Jahre in Brasilien und kam dann wieder nach Erlingen zurück. Auch er beklagt den Verlust seiner Freunde durch den Auslandsaufenthalt.

Offensichtlich sind bei diesen Jugendlichen der Verlust alter Freunde und das Gefühl der Ablehnung zwei der wichtigsten Motive, sich der Gruppe anzuschließen.[160]

Bei Annette, Michael und Klaus sind vor allem die völlig zerrütteten Familienverhältnisse ausschlaggebend. Annette durchläuft seit ihrer frühen Kindheit eine Heimkarriere, da ihr Vater Alkoholiker ist und die Mutter von einer Krankheit in die nächste flüchtet:

“Ja und ah ja, nach Bad Friedrichshall bin ich dann gekommen mit 5 Jahren dann, dann bin ich ein Jahr wieder daheim gewesen, da war's noch gut genug, dann bin ich in eine Pflegefamilie gegangen, das war in Ludwigsburg beim Pfarrer war das, da hab' ich auch ein Jahr gelebt, dann bin ich in so 'ner Außenwohngruppe gewesen für Kleinere halt, bin ich wieder nach Bad Friedrichshall gekommen, da war ich in Hessingheim, dann war ich in Erlingen, ja das war's eigentlich. Ja so ging's halt immer hin und her, immer rumgeschickt, da mal gewesen, da mal gewesen, da mal gewesen.” (Annette)

In der Clique findet sie ihre ersten Freunde außerhalb des Heimes und entwickelt in Erlingen zum ersten Mal ein Gefühl von Heimat.

Die Brüder Michael und Klaus konnten sich nach der Trennung ihrer Eltern nirgends zu Hause fühlen. So verstanden sie sich weder mit dem neuen Freund der Mutter noch mit der zweiten Ehefrau des Vaters und kamen schließlich bei der Großmutter, die im Nachbarort von Erlingen wohnte, unter:

“Das hat damals mit dem Elternhaus Probleme gegeben und mein Vater hat sich scheiden lassen; 1989 hat er die zweite Frau geheiratet, mit der hab' ich mich net so gut verstanden und bin ich zu meiner Oma gegangen, weil's zuviel Streß gegeben hat.
F: Ja, und zu Deiner Mutter?
Na, da wollt' ich eigentlich net hin, weil die wiederum einen Lebenspartner hat, mit dem versteh' ich mich auch net so gut. Und da bin ich zu meiner Oma gegangen, mit der ich mich wirklich gut versteh'.” (Michael)

Die Auseinandersetzungen mit den jeweils neuen PartnerInnen der Eltern sind geprägt durch tiefe Abneigung und Gewalt. So schildert Michael, daß er vom Lebenspartner seiner Mutter geschlagen wurde und deswegen zum Vater zog. Auch dort kam es zu einer heftigen Schlägerei zwischen Michael, seinem Bruder und der Stiefmutter mit ihren Kindern. Der Vater ist zu dieser Zeit schon schwer krank und kann sich nicht mehr für seine Söhne einsetzen, die schließlich zur Großmutter ziehen. Beide Söhne fühlen sich von ihren Eltern im Stich gelassen und finden schließlich in der Clique ihre 'zweite Familie':

“Weil viele auch Probleme gehabt haben und so, in der Clique oder im Elternhaus, und die haben die Clique gesucht, in der man sich ja gut versteht. F: Und wie war's für Dich?

---

160 Mit Ausnahme von Annette und Michael herrschen bei den zugezogenen Jugendlichen 'normale' Familienverhältnisse vor. D.h. beide Elternteile leben zusammen, die Familie ist materiell gesichert, und es sind keine auffälligen Verhaltensweisen der Familienmitglieder bekannt.

Für mich war's damals auch wirklich so, daß ich jemand gebraucht hab', wo ich dazu gehören kann. Ich hab' ja nimmer gewußt jetzt wohin usw., also wo's echt zuviel war." (Michael)

Die Brüder Jörn und Gerhard kommen demgegenüber aus einer äußerlich intakten Familie.

Die innerfamiliären Beziehungen sind jedoch geprägt durch extreme Spannungen, die sich regelmäßig in handgreiflichen Auseinandersetzungen zwischen Jörn und seinem Vater entladen. Diesen regelmäßigen Streitigkeiten zwischen Vater und Sohn liegt ein Verhaltensmuster zugrunde, das durch seine permanente Wiederholung in Jörn das Gefühl verfestigt, seine Eltern würden ihn nicht als den, der er ist, akzeptieren.

Zunächst fällt auf, daß Jörn jede Aktivität, die er seit seiner Jugend angefangen hat, gleichgültig, ob es sich hierbei um den Motorrad- oder Autoführerschein, die Schule oder die Schreinerlehre handelt, abgebrochen hat. Und dies, obwohl er dabei jedes Mal die volle Unterstützung der Eltern genoß. Jörn schildert, wie sich seine Eltern nach jedem Abbruch enttäuscht von ihm abwandten, bis er den nächsten Versuch wagte. Schließlich beginnt er voller Enthusiasmus eine Schreinerlehre. Zwei Jahre arbeitet er mit Begeisterung und erreicht respektable Noten. Hierdurch verbessert sich das Verhältnis zu seinen Eltern so sehr, daß sie sogar den gemeinsamen Umzug mit Isabelle finanziell unterstützen. Die Hoffnung, daß der Sohn nun in ein normales Leben hineinwächst, ist groß. Doch die Enttäuschung folgt ihr auf dem Fuße. Zwei Monate vor der Gesellenprüfung bricht Jörn die Lehre ab, weil er angeblich 'keinen Bock' mehr hat. Weder das gute Zureden des Sozialarbeiters noch der Eltern oder anderer Bezugspersonen können ihn dazu bringen, seinen Entschluß rückgängig zu machen. Wieder hat er seinen Vater enttäuscht, wieder wenden sich die Eltern von ihm ab. Da sein ältester Sohn Jörn ihn immer wieder enttäuscht, setzt der Vater nun seine Hoffnungen in den jüngeren Sohn Gerhard. Hierdurch entsteht eine Art Kampf zwischen dem Vater und Jörn um Gerhard, den Jörn schließlich gewinnt:

"Und am Schluß, wo mir's nicht mehr gefallen hat und ich hab' den Bettel hingeschmissen, da war mein Vater enttäuscht, mit mir. Wollt einfach nichts mehr wissen. Und dann hat mein Vater, damals wie ich Skin geworden bin, immer gemeint, äh und dann später, wo es richtig krass geworden ist mit Verhandlungen, Schlägereien, Suff und alles, hat er immer gemeint: 'der Gerhard wird mal nicht so; Gerhard wird net so.', was hat er gesagt, so mißraten. Da hab' ich gesagt: 'wart's ab, wart's ab'. Und es ist auch so gekommen, da hab' ich gar nichts machen brauchen, beim Gerhard. Mein Vater meint immer, ich hätt' den Gerhard dazu beflügelt, indem ich immer dem Gerhard die Musik gegeben hab' und gesagt hab': 'horch lieber das', oder zum Gerhard gesagt hab': 'rasier' dir den Kopf und zieh' dir Stiefel und so'. Aber das stimmt nicht. Ich hab' auf meinen Kleinen gar nicht eingeschwätzt, das ist bei meinem von ganz alleine gekommen. Und so hat mein Vater die erste Enttäuschung gehabt als er Skin geworden ist und später hat er die zweite Enttäuschung gehabt mit dem Gerhard, weil er's erste Lehrjahr nicht geschafft hat und ist durchgeflogen. Ja, und dann hat er die dritte Enttäuschung gehabt, weil der Gerhard angefangen hat, sich auch nichts mehr sagen zu lassen. Der hat auch gemacht, was er gewollt hat, zum Schluß. Und jetzt ist mein Vater, in der Hoffnung, weil er im Knast sitzt und mein Vater ihm immer Pakete schickt, hat mein Vater die Hoffnung, daß wenn er raus kommt wieder normal wird. Aber, ich glaub' net." (Jörn)

Deutlich läßt sich hier die Genugtuung herauslesen, daß Gerhard den gleichen Weg eingeschlagen hat wie Jörn. Auch er ist vom 'normalen' Weg abgekommen und scheint die Statuspassagen, die ein geordnetes kleinbürgerliches Leben garantieren, nicht zu durchlaufen. Sicherlich diente der ältere Bruder hierbei als Vorbild, doch da Gerhard zu den Begründern der 'zweiten' Erlinger Szene gehört, die sich in einer Zeit konstituiert, als Jörn sich gerade vom Skinheadkult distanziert hatte, liegt es nahe, die Ursache im Familiensystem zu suchen. Die Eltern stehen den Aktivitäten ihrer Söhne hilflos gegenüber. Sie reagieren mit Verboten und Schlägen, so lange, bis jene zurückschlagen:

"Und dann bin ich wieder heim und er hat mir eine gesetzt und dann bin ich halt einfach aufgestanden und hab' zurückgeschlagen. Naja zum Schluß, mit der Zeit war's dann so, daß mein Vater sich gar nicht mehr getraut hat, mich zu schlagen. Und zeitweise war's dann auch so, wenn mein Mutter mich irgendwie dumm angemacht hat, hab' ich zeitweise auch meine Mutter geschlagen, regelmäßig so." (Jörn)

Aus diesem Verhaltensmuster, das sich zwischen Jörn und seinen Eltern etabliert hat, wird deutlich, wie sehr die Anerkennung der Kinder von dem reibungslosen Durchlaufen einer kleinbürgerlichen Normalbiographie (Schule, Lehre, Beruf und Familiengründung) abhängig gemacht wird. Abweichungen oder Probleme werden nicht kommunikativ gelöst, sondern mit repressiven Mitteln oder dem vollständigen Abbruch der Beziehung. Vor diesem Hintergrund klingt Jörns Feststellung: "Niemand akzeptiert mich, so wie ich bin" fast wie eine Aufforderung, ihn endlich einfach als Mensch mit all seinen Schwächen ernstzunehmen. Ähnliche Akzeptanzprobleme äußert auch Nicole. Ihre Eltern wurden geschieden, seither bestimmen die wechselnden Freunde ihrer Mutter die Familienatmosphäre. Jörn, Gerhard und Nicole finden in der Clique schließlich jene Anerkennung, die sie durch das Familienleben nicht erfahren haben.

Ganz andere Beweggründe lassen sich bei Andreas und Gisela vermuten. Beide schildern ihre Kindheit und frühe Jugend als unproblematisch. Sie haben ein gutes Verhältnis zu ihren Eltern und Geschwistern. Da sie in der Grundschule vielversprechende Noten haben, wechseln beide auf das örtliche Gymnasium. Doch auf Dauer können sie den Ansprüchen des Gymnasiums nicht genügen. So verläßt Andreas die Schule im elften Schuljahr, nachdem deutlich wird, daß er das Klassenziel erneut nicht erreichen wird. Gisela hingegen wechselt schon nach der siebten Klasse zur Realschule. Eindrücklich schildert sie, wie das Nachlassen der Leistungen von Stigmatisierungserfahrungen begleitet ist:

"Ahja mit den hochnäsigen, dummen Kerls oder so, und die können einen ganz schön aufregen, ich mein', ich war selber auf dem Gymi und da waren wir halt selber so, das färbt halt voll ab in der Klasse, das sind alles Streber und in der Klasse sowieso, wenn man da schlechter als drei gehabt hat, da war man abgestempelt, das war in jeder Klasse so, da waren sie alle Streber und da hast du jeden gekannt, wenn man da eine schlechte Note gekriegt hat, da wurd' man echt abgestempelt. Und da hat man dann in der Klasse selber seine eigene Clique praktisch gesucht, am Anfang bin ich neben jemand gehockt, die war auch gut in der Schule. Und so 5., 6. Klasse rum, dann in der 8. Klasse bin ich ja rüber, also in der 7. Klasse war ich noch drauf, bin Anfang 8. runter. Und dann na ja, die 7. Klasse war dann total beschissen auf deutsch, ich hab' erst, die hat sich von mir weggehockt, weil ich halt schlechter geworden bin, ..." (Gisela)

Beide Jugendliche schließen sich kurz nach dem Verlassen des Gymnasiums der Clique an. Andreas lernt sie im Sommer 1993 über Jan kennen, Gisela bekommt wenig später über einige Mädchen in der Realschule Kontakt.

Der Einblick in die biographischen Grundstrukturen zeigt: Bei allen Jugendlichen gehen dem Kontakt zur Gruppe Fremdheits- und Stigmatisierungserfahrungen voraus. Die Ursachen hierfür sind sehr verschieden. Sie können auf der Zerrüttung der Familien beruhen, aber auch durch Isolation aufgrund von Wohnungs- oder Schulwechsel erzeugt werden. Offenbar ist die jeweilige Ursache weniger wichtig als das daraus resultierende Gefühl, das sie erzeugt. Angetrieben durch Gefühle von Fremdheit und Ausgrenzung begeben sich die Jugendlichen auf die Suche nach einer Gruppe, in der sie Anerkennung und Vertrautheit finden.

2. Von den Stigmatisierungserfahrungen zur Selbststigmatisierung

In der Gruppendarstellung wird deutlich, daß im Laufe ihrer Entwicklung die Treffpunkte immer auf das Selbstbild der Clique hinweisen. Es ist demnach kein Zufall, daß sich die Gruppe während der Entstehungsphase zunächst am Hallenbad des Schulzentrums, also direkt gegenüber dem Gymnasium trifft. Die weitere Gruppenentwicklung zeigt, welche Bedeutung diesem Ort zukommt, um die Gruppensolidarität der Gruppe zu konstituieren:

"Ich weiß net, mit den Gymnasium-Brüder haben wir es einfach schon immer, schon eh und je. Am schlimmsten hab' es ja ich gehabt, wie ich auf der Schule war, mit den Gymnasiasten. Weil ich hab' wie ich auf der Schule war, auf der Hauptschule, da waren zur gleichen Zeit die Zecken auf dem Gymnasium, die wo heut' alle schon 22 Jahre und älter sind und heute alle studieren. Sagen wir mal die, die Urzecken, sag' ich mal,..." (Jörn)

In Jörns Aussage lassen sich zwei miteinander verbundene dichotome Zuordnungen herauslesen. So stehen sich hier Hauptschüler/Skinhead und Gymnasiumschüler/linke 'Zecken' gegenüber. Warum es zwischen beiden Gruppen permanent Spannungen gibt, können die Jugendlichen nicht rekonstruieren. Statt dessen verweisen die Wendungen 'schon immer', 'eh und je'

(Jörn) oder 'von klein auf' (Ansgar) darauf hin, daß sich dieser Umstand fraglos in das Bewußtsein der Jugendlichen eingeschrieben hat.

Graffiti,[161] die schon Mitte der achtziger Jahre auf den Schulwänden zu sehen waren, und die Aussagen eines Polizeibeamten machen deutlich, daß der Streit zwischen den Jugendlichen auf einem tieferliegenden Konflikt gründet, der unabhängig von den Jugendlichen der Clique entstand:

"Das ist ein alter Streit zwischen - oder die Entwicklung ist dadurch unterstützt worden -, daß behauptet wurde, die Schüler vom Gymnasium seien intelligenter als die Schüler von der Hauptschule." (Experteninterview Polizei)

Der Konflikt zwischen Hauptschule und Gymnasium schwelt schon seit über zehn Jahren. Offenbar wurde er vom Rektor des Gymnasiums initiiert, der sich durch eine soziale Hierarchisierung von der angrenzenden Hauptschule distanzieren wollte. Er findet auch darin seinen Ausdruck, daß rüde Schülerstreiche vorrangig den Hauptschülern angelastete werden, da der Rektor des Gymnasiums 'seinen' Schülern derartig plumpe Aktionen nicht zutraut.[162] Die Stigmatisierung der Hauptschule und ihrer Schüler ist auch auf anderen Ebenen bemerkbar. Einige Lehrer nutzen sie, um Druck auf lernschwache SchülerInnen auszuüben. Dies berichten nicht nur Gisela und Andreas, zwei Jugendliche aus der rechtsorientierten Jugendclique, die einige Jahre das Gymnasium besuchten, sondern auch andere Schüler und Schülerinnen des Gymnasiums.[163]

Vor diesem Hintergrund wird auch die Besonderheit des ersten Treffpunktes deutlich: er liegt dem Gymnasium genau gegenüber und damit in Sichtweite von LehrerInnen und SchülerInnen. Gleichzeitig befindet er sich in einem allgemein zugänglichen öffentlichen Raum, also jenseits des institutionellen Zugriffs der Schulen. Mit der Konstituierung der Gruppe ordnen sich die Jugendlichen in das bestehende örtliche Stigmatisierungsschema ein, indem sie sich als Hauptschulclique definieren. Es ist demnach eine Form der Selbststigmatisierung, bei der ein bestehendes Stigma - Hauptschüler - zur Herstellung der eigenen Gruppensolidarität funktionalisiert wird. Von VertreterInnen vieler Institutionen, die mit der Clique regelmäßig Kontakt hatten, wurde ich immer wieder auf den Widerspruch hingewiesen, daß sich die Clique selbst als Hauptschulclique bezeichnet, obwohl fast die Hälfte der Cliquenmitglieder zumindest bei ihrem Eintritt die Realschule besuchte. Zudem weist auch die Tatsache, daß viele der Jugendlichen erst kurz vor

---

161 Sie hatte ein Polizist schon Mitte der achtziger Jahre aufgenommen und die Fotos seitdem aufbewahrt.

162 Die Polizei schildert beispielsweise, wie eine Sachbeschädigung auf dem Friedhof, die offensichtlich von Schülern der Gymnasiums begangen wurde, vom Rektor mit dem Hinweis vom Tisch gefegt wurden: "Seine Schüler würden so etwas nicht tun, er solle lieber in der Hauptschule suchen". (Experteninterview Polizei)

163 So lernte ich in Erlingen eine Gruppe von SchülerInnen auf der Straße kennen, die mir dieses Verhalten bestätigten.

ihrem Kontakt mit der Clique nach Erlingen kamen, darauf hin, daß das Stigma kein erfahrenes, sondern ein übernommenes ist.

Die Gruppensolidarität wird demnach nicht durch einen reziproken Austausch aufgrund verbaler Kommunikation hergestellt, sondern über den Gegensatz zu den Schülern des Gymnasiums. Doch, so meine These, war die Gruppe zu heterogen, um allein über die Selbststigmatisierung als Hauptschüler auf Dauer zu bestehen. Hätten sich die Jugendlichen nicht über lokale und nationale Katalysatoren den Skinheadkult angeeignet, dann wäre die Clique eine Peergroup geblieben und bald zerfallen. Aufgrund der gesellschaftlichen Situation war der Skinheadkult als eine übergreifende Form der Selbststigmatisierung bekannt (vgl. Kap. IV.3). Die Gruppenentwicklung macht deutlich, daß er langsam das örtliche Stigmatisierungsschema ersetzte. Auch wenn das Selbstbild immer zwischen Hauptschul- und Skinheadclique changierte, begann der Kult schon bald die Gruppe zu dominieren und bestimmte zunehmend nicht nur die Strukturen und Entwicklung der Gruppe, sondern markierte neue Grenzen des Ein- und Ausschlusses.

3. Die ersten Kontakte zum Skinheadkult

Die Entwicklung zur Skinheadgruppe hat mehrere Ursachen. Es kann bei den ca. 12- bis 14jährigen Jugendlichen noch nicht von einer ausgeprägten rechtsextremen bzw. fremdenfeindlichen Orientierung, sondern lediglich von einer Affinität zum Kult und seinen Inhalten gesprochen werden, da sich diese Begeisterung auf den Militarismus beschränkte. Darüber hinaus spielen vor allem lokale und nationale Katalysatoren eine Rolle. Die von mir in Erlingen untersuchte Jugendclique ist die 'zweite Generation', die den Skinheadkult übernahm. Von einem 'Generationenwechsel' sprechen in diesem Zusammenhang auch die SozialarbeiterInnen in der Gruppendiskussion[164] und deuten die in diesen Gruppen vorherrschende Tendenz an, daß es bei lokalen Skinheadcliquen kaum personelle Kontinuität gibt, sondern ältere Jugendliche meist von mehreren Jüngeren abgelöst werden. Die Gründe hierfür sind vielfältig. In Erlingen hat sich die erste Skinheadgruppe 1991 verlaufen, weil die Jugendlichen unterschiedliche private und berufliche Wege einschlugen oder dem Druck der Strafverfolgung nachgaben:

---

164 Zu Beginn meiner Feldphase führte ich eine mehrstündige Gruppendiskussion mit acht SozialarbeiterInnen durch. Alle arbeiteten schon über längere Zeit mit rechtsorientierten Jugend- bzw. Skinheadcliquen zusammen. Hierbei ging es vor allem darum, erste Informationen aus dem Feld zu sammeln. Themen waren u.a. Entstehung der Gruppen, Bedeutung des lokalen und nationalen Kontextes, Bedeutung der Symbole und Rituale, biographische Hintergründe.

"Die Verhandlung vom Blocker, die ist, das war ein anderes Ereignis, was hinterher mal passiert ist. Naja, da hat er dann aufgehört und hat angefangen mit den Hunden rumzumachen und dabei ist er jetzt geblieben. Der Kali hat auch aufgehört, wegen seiner Freundin und wegen seinem Vater. Der Helle hat auch aufgehört, der ist Polizist geworden. Er hat damals schon das studiert. Gymnasium hat er nachgemacht." (Jörn)

Meist bleiben nur einzelne der älteren Jugendlichen dem Kult verhaftet. Sie werden häufig zum Vorbild der Jüngeren und direkt oder indirekt zu Katalysatoren für neue Gruppen. In Erlingen übernehmen Jan, Karl und Jörn diese Rolle. Jan und Jörn gehörten schon zur ersten Erlinger Szene und sind Vorbilder für ihre jüngeren Brüder. Diese geben die Abenteuer der Älteren weiter und faszinieren hierdurch andere ihrer Altersgruppe:

"Und durch das, daß die halt gemerkt haben, wir haben da Interesse dran, hat sich das ganze wieder aufgeputscht, ist so ausgeartet und dann ist mal ein Bruder von einem älteren dazugekommen. Der Steini (Jan), der hat damals noch, also war damals Skinhead, das hat mich halt so irgendwie fasziniert, das ist bissel mehr geworden. So das ganze Auftreten so, das ist alles mehr so einheitlich, so uniformiert oder so." (Jürgen)

Jan und Karl sind die ersten 'Führer' der Gruppe, die die Jugendlichen in Richtung des rechtsorientierten Skinheadkultes beeinflussen. So stellt Jan das Bindeglied zwischen den Jugendlichen und der medialen Verbreitung des Skinheadkultes dar. Er füllt die Bilder und Reportagen von Skinheads und rechtsorientierten Jugendgruppen, die zwischen 1992 und 1993 fast täglich über die Bildschirme flimmern, mit eigenen Erlebnisberichten aus der Szene. Karl hingegen ist stärker politisch orientiert und unterhält die männlichen Jugendlichen mit erfunden Kriegsgeschichten und unverhohlener Hitlerverehrung. Die Jugendlichen hören begeistert zu, und die gesamte Gruppe wird durch solche 'Heldengeschichten' in eine euphorische Stimmung versetzt:

"Und da hat es sich rumgesprochen: 'Ah, am Hallenbad, da ist einer.' Zuerst habe ich gar nicht gewußt, daß es sich um Karl handelt, weil sie haben immer gesagt, es handele sich um einen Fremdenlegionär. Und da habe ich gedacht: 'Mensch, Fremdenlegionär, wer soll das sein?' Und dann bin ich dort hin und habe gesehen, daß es Karl ist. Und der hat denen mit seinen Phantastereien, die er hatte, den jungen Kerlen, die gerade die Schule verlassen hatten oder in der letzten Klasse waren; denen hat er von seinen Erlebnissen in der Fremdenlegion erzählt. Das waren reine Illusionen. Und die haben ihn angehimmelt. Sie waren begeistert von ihm: 'Und was das für ein Kerl ist usw.'" (Experteninterview Polizei)

Auch dem Sozialarbeiter und der Polizei entgeht die Veränderung der Jugendlichen und ihrer gesamten Gruppe nicht. Doch Versuche, mit rationalen Argumenten der zunehmenden Politisierung und Radikalisierung Einhalt zu gebieten, scheitern kläglich. Gleichzeitig führt die Aneignung des Kultes zu heftigen Auseinandersetzungen mit den Eltern und Erziehungsberechtigten der Jugendlichen. Doch ebenso wie die Eltern von Jörn und Gerhard sind die wenigsten der Situation gewachsen. Sie reagieren mit Ignoranz oder verschärfter Repression und treiben hierdurch die Jugendlichen noch weiter in den Kult. In keinem Falle wurde mir bekannt, daß die Eltern eine inhaltliche

Auseinandersetzung suchten. Statt dessen wurde in den Interviews und informellen Gesprächen deutlich, daß die Eltern den Jugendlichen inhaltlich wenig entgegenzusetzen hatten.[165] Eher überschnitten sich bei den Themen AusländerInnen, Flüchtlinge und Asyl die politischen Meinungen. So konnten die Jugendlichen zu der Auffassung gelangen, daß sie auf diesem Gebiet die konsequenteren und weiter durchdachten Auffassungen vertreten.

In diesem Zusammenhang muß es offenbleiben, inwieweit eine auf inhaltliche Auseinandersetzung hin orientierte Intervention die Übernahme des Kultes verhindert hätte, da die Unzugänglichkeit der Jugendlichen für rationale Argumente darauf verweist, daß hier Mechanismen der Solidarisierung und Politisierung zum Tragen kommen, die sich meines Erachtens nur über die individuelle Aneignung und Bedeutung des Kultes erklären lassen.

4. Veränderte Wahrnehmungen: Die Aneignung der Symbole

Fragt man betroffene Jugendliche nach der Bedeutung des Skinheadkultes, so rangiert die politische Orientierung meist an zweiter Stelle. Bei fast allen Jugendlichen stehen vielmehr die Kameradschaftlichkeit und der Zusammenhalt untereinander im Vordergrund. Es handelt sich hierbei um ein Gefühl, das die Betroffenen nicht definieren, sondern lediglich umschreiben können. Kameradschaft bedeutet für sie 'Zusammenhalt', 'Familie' oder die Gemeinschaft im allgemeinen:

> "Ei, ich mein', das war mal so, daß die Kameradschaft da ziemlich im Vordergrund stand, also daß jeder für jeden da ist irgendwie so. Daß es ein großes Zusammenspielen war. Das hat sich, das ist ja grad' das, durch das ist das alles kaputt gegangen, weil das halt nimmer so war." (Jürgen)[166]

Der Begriff Kameradschaft kann als die Metapher einer spezifischen Form von Gruppensolidarität bei rechtsorientierten Gruppen identifiziert werden, deren besonderer Stellenwert jedoch nur über die individuelle Bedeutung der Symbole und ihre spezifische Wirkungsweise innerhalb der Gruppe verstanden werden kann.

Die Jugendlichen wachsen langsam in den Kult hinein, da die Übernahme der Symbole meist einem festgelegten Ablauf folgt. Alle kommen indirekt über die öffentlichen Medien und direkt über die Musik mit dem

165 Leider war es mir nicht möglich, diesen Punkt weiter zu vertiefen, da ein Kontakt mit den Eltern mein Verhältnis zu den Jugendlichen empfindlich gestört hätte.

166 Zum Zeitpunkt des Interviews war die Gruppe zerfallen und Jürgen versuchte sich in dieser Zeit vom Kult zu distanzieren (vgl. Anhang Kurzporträts)

Kult in Kontakt. Die Popularität des Kultes in der 'Nachwende-Zeit' brachte es offenbar mit sich, daß unter der Schulbank häufig Cassetten, insbesondere die der 'Böhsen Onkelz', getauscht wurden. Nicht bei allen, aber bei vielen Jugendlichen sind sie die erste Musikband, die das Interesse für den Kult weckt:

"Die erste Platte, die ich mir gekauft hab', war für zwanzig Mark 'Böhse Onkelz', 'Kneipe Terroristen'. (...) Dann war die zweite Platte, die ich mir gekauft hab', nach der 'Böhse Onkelz' 'Kneipen Terroristen', war gleich 'Störkraft', 'Dreckig, kahl, hundsgemein'. Das war zu der Zeit als sie rausgekommen ist, da war 'Störkraft' der absolute Renner." (Jörn)

Wie Jörn wenden sich auch die anderen Jungen bald extremeren Musikgruppen zu. Zunehmend werden Lieder von 'Störkraft', 'Kraftschlag' und 'Werwolf', die den Skinheadkult besingen, Macht und Stärke heroisieren sowie den Haß gegenüber Flüchtlingen bzw. AusländerInnen schüren, gespielt. Die Texte lösen bei den Jugendlichen ganz unterschiedliche Gefühle aus, die sie meist mit überschwenglicher Begeisterung mitteilen:

"...daß da ein Zusammenhalt da ist, daß das irgendwie Stärke vermittelt oder was von der Gruppe. Das hat mich halt damals ziemlich begeistert, ziemlich beeindruckt." (Jürgen)

"Das kann ich net erzählen, das ist, wie soll ich sagen. Das ist schwer zu beschreiben, da werd' ich ganz leicht so. Ah ich kann' net beschreiben, echt das geht net. Nee, das ist wirklich ein Supergefühl, wenn man die Lieder hört." (Michael)

Während die Jungen immer radikalere Gruppen wählen, favorisieren die meisten Mädchen[167] auch später vorrangig die Lieder der 'Onkelz', da sie ihrer Ansicht nach besser ihre persönlichen Gefühle beschreiben. Bei ihnen sind aber auch die Balladen von Frank Rennicke dauerhaft beliebt. Der geschlechtsspezifische Musikgeschmack hängt hierbei weniger mit dem Grad der Radikalität der Gruppen bzw. SängerInnen zusammen. Denn die Inhalte der Texte von Frank Rennicke stehen den Skinheadgruppen in nichts nach, vielmehr zeugen seine Lieder von einem rechtsextremistischen Gedankengut, das wesentlich konsequenter und konsistenter formuliert wird, als es bei den meisten Rechtsrockgruppen der Fall ist. [168]

Seine Lieder sind ruhig gehalten, ihre Begleitung durch eine akustische Gitarre erinnert in ihrer Präsentation an Reinhard May. Bei den Jungen ist diese Musik weniger beliebt. Zum einen entspricht der verhaltene Stil in keiner Weise dem meist schnellen und scheppernden Rhythmus des Rechts-

---

167 Eine Ausnahme bildet Isabelle. Sie nahm in der Gruppe eine Sonderstellung ein, auf die weiter unten eingegangen werden soll.

168 "Du wunderschönes deutsches Land, wie bist Du klein geworden! Zerstückelt und in Feindeshand, :besetzt von fremden Horden:.. Und schob die Schuld auf jenen Mann, der nur den Frieden wollte; und dem sein Volk, verblendet dann, :nur schnöden Undank zollte: (Rennicke, 'Unterm Schutt der Zeit'). Eine ausführliche Analyse der Texte von Frank Rennicke ist bei Margitta Fahr nachzulesen (vgl. Fahr 1995: 116ff.).

rocks.[169] Gleichzeitig ist Rennicke ein aktiver Vertreter des organisierten Rechtsextremismus, der von vielen Skinheads abgelehnt wird.[170] Denn verhaltene Musik und rechtsextreme Organisationen stehen für Ein- und Unterordnung, also einer Haltung, die dem Skinheadkult diametral entgegensteht. Die Gruppendarstellung zeigt, wie Versuche von einzelnen, die Gruppe zu organisieren, kläglich scheitern. Jenen Bemühungen folgt immer eine Spaltung der Gruppe in zwei Cliquen, die von den Jugendlichen auch durch den Musikgeschmack unterschieden werden. So differenziert Jörn zwischen den Nazi-Skinheads um Daniel, die stärker zum organisierten Spektrum neigen und Rennicke hören, und den Oi-Skins, die vor allem Rechtsrockgruppen bevorzugen (vgl. Kap. V.6).[171]

Die meisten Mädchen teilen diese Differenzierung nicht und hören neben den 'Onkelz' und 'Rennicke' auch Lieder von radikaleren Rechtsrockgruppen, sofern sie mit persönlichen oder gruppenspezifischen Erlebnissen und Erinnerung in Verbindung gebracht werden können:

"Ich hab' die Texte net verstanden, beim Englischen (Popmusik Verf.) hab' ich die net verstanden. Und ich hab' gewußt, was die singen und ich weiß net, ich kann net beschreiben, so ein Gefühl, ich weiß net, ich hab' mir das in der Clique angehört und die Texte, so wie 'Nichts ist für die Ewigkeit' und so. 'Die Clique 10 Jahre' und so. Das ist halt, und bei '10 Jahre', da handelt es sich um das Lied über'n Knast und so, weißt. Oder bei 'Nichts ist für die Ewigkeit' und 'Die Clique', jedes Lied hat für mich eine Bedeutung gehabt früher. Da sind Erinnerungen hochgekommen und so, ..." (Annette)

Die Mädchen hörten kultspezifische oder Kampf- und Sauflieder von Rechtsrockgruppen generell nur dann, wenn sie in der Gesamtgruppe waren[172] oder mit den Eltern Streit hatten und ihre Aggressionen abreagieren wollten.

Für den geschlechtsspezifischen Konsum der Musik kann zusammengefaßt werden: Während die Jungens Lieder über Politik, Kampf und den Skinheadkult bevorzugten, hörten die Mädchen verstärkt solche, die um persönliche oder gruppenspezifische Ereignisse und Probleme kreisten. Beiden Geschlechtern gemeinsam ist die Begeisterung und Emotionalität, die diese Musik hervorruft. Das relativ breite Spektrum der Liedinhalte garantiert, daß sich alle Jugendlichen in irgendeiner Form angesprochen und verstanden fühlen können.

Die Interviews zeigen zudem, daß die Jugendlichen häufig Musikzitate verwenden, um persönliche Erlebnisse und Gefühle zu schildern. Offensichtlich fühlen sich die Jugendlichen nicht nur von der Musik angesprochen, sondern sie lernen durch den vermehrten Musikkonsum die Umwelt neu zu sehen. Die Realitätskonstruktionen des Skinheadkultes und die Wahrneh-

169 David Schwarz analysiert die im Rechtsrock verarbeiteten Musikstile (vgl. Schwarz 1995: 44ff.).

170 Erwähnenswert ist, daß Rennicke offen seine Abneigung gegenüber Skinheads ausdrückt. Sie gelten in seinen Augen als jugendliche Chaoten.

171 Eine Meinung, die nicht von allen Jugendlichen geteilt wird.

172 Auch wenn ich mit den Mädchen alleine war, bevorzugten sie ruhigere Lieder.

mung der Umwelt der Jugendlichen werden durch die Aneignung des Kultes zunehmend deckungsgleich.

Parallel zum steigenden Musikkonsum verändern die Jugendlichen auch ihren Körper. Hier gibt es im Vergleich zum traditionellen Skinheadkult wenig Unterschiede. Springerstiefel bzw. Doc-Martens-Schuhe, Jeans, Lonsdale- oder Fred-Perry-Shirt und Glatze sind auch in den 1990ern die szenetypische Kleidung. Hierbei folgt die Aneignung einer spezifischen Reihenfolge und zeigt damit den Grad der Integration der jeweiligen Person an. Ein erster und wichtiger Schritt ist der Erwerb von Springerstiefeln, 'Docs', 'Rangers' oder entsprechend billigeren Plagiaten. Meist werden die Jugendlichen von anderen Cliquenmitgliedern zum Kauf überredet, bis sie schließlich gemeinsam oder zu zweit losziehen. Der Erwerb der Schuhe gleicht einem Initiationsritus. Fast alle Jugendliche geben an, daß er das Zusammengehörigkeitsgefühl stärkt und ihnen Annerkennung innerhalb der Gruppe verschafft:

"F: Und was hast Du denn gefühlt, als Du die ersten Stiefel gekauft hast?
Dazugehörigkeit, das war das erste, also daß man weiß, daß man dazu gehört, net bloß Mitläufer irgendwie. Weil's Gefühl, jetzt hast Du auch so Schuhe an, irgendwie. Und die Eltern können es net leiden, wenn man so in der Schul' rumläuft. Ah ja, man hat sich größer gefühlt damit, besser gefühlt." (Ansgar)

Zugehörigkeit zur Gruppe einerseits und Distanz zu den Eltern andererseits; der Erwerb der Schuhe zieht eine erste sichtbare Grenze zwischen den Jugendlichen und ihrem Umfeld. Von besonderer Bedeutung ist jedoch, daß das Tragen der Stiefel ein Gefühl von Macht und Stärke erzeugt, auf das Jungen wie auch Mädchen hinweisen:

"Hab' keine Stiefel gehabt, nur Doc's. Ich bin mit so Freunden einkaufen gegangen, hatten wir halt zufällig mal Geld, was bei uns selten vorkommt. Und dann hieß es halt: 'Kauf' Dir doch so Schuhe, mit Stahlkappen halt.' Und ich: 'Sieht gut aus und gefällt mir'. Ich mein' net nur so Anhängsel gewesen, sondern mir hat's auch gefallen irgendwie. Ich kam mir mit den Schuhen sicherer vor. Daß halt, wenn Du irgendwie dagegen dappst, halt auch hinlangen kannst, halt mit Stahlkappen gegen's Knie. Und es hat mir ja auch gefallen." (Julia)

Die Gefühle von Gruppensolidarität sowie von Macht, Stärke und Überlegenheit nehmen zu, je mehr die Jugendlichen in den Kult hineinwachsen. Nach den Schuhen folgen weitere kultspezifische Kleidungsstücke von 'Lonsdale' und 'Fred-Perry' sowie 'Bomberjacke', 'Donkey-Mantel' und Jeans. Das Scheren der Glatze markiert hierbei einen Endpunkt. Mit diesem Schritt zeigen die Jugendlichen ihre Bereitschaft, sich ganz in die Gruppe bzw. in den Kult zu integrieren. Denn während der Konsum der Musik verheimlicht und die Kleidung bei unpassenden Gelegenheiten abgelegt werden kann, bleibt die Frisur über einige Wochen unveränderbar:

"Ja, weil man sich von daheim net traut. Das war bei mir zumindest so 'ne zeitlang, weil die Stiefel zieh' ich draußen aus vor der Tür. Und meine Kleider zieh' ich auch aus, aber die Haare sehen meine Eltern jeden Tag. Von daher war das so. Da gibt's jetzt noch Krach deswegen." (Ansgar)

Nach der Glatze wird der Körper mit weiteren unveränderbaren Symbolen ausgeschmückt. Szenetypische Tatoos werden in den Körper geritzt und Lippe, Nase und Ohren gepierced. Darüber hinaus treffen sich die Jungen im Fitness-Studio, um den Körper zu stählen und für die öffentlichen Inszenierungen und den Kampf fit zu machen.

Während die Jungen ihre Körper trainieren und dekorieren, zeigen die Mädchen in diesem Zusammenhang eher Zurückhaltung. Zwar zieren hier und da einige unauffällige Tatoos die Oberarme und den Rücken, doch selten scheren sie sich einen Reneeschnitt[173], das weibliche Pendant zur Glatze der Jungen. Dies deutet auf eine geschlechtsspezifische Aneignung der Symbole hin, die mit entsprechenden Selbstbildern verbunden ist.

5. Die Entstehung neuer Selbstbilder

Die Analyse der Erlinger Gruppe zeigt, daß Jungen und Mädchen unterschiedliche, geschlechtsspezifische Selbstbilder entwickeln, die auf spezifische Mechanismen des Kultes verweisen.

Die Mädchen

Schon bei der ersten Begegnung mit der Gruppe wurde ich auf die selbstbewußten und überproportional stark vertretenen Mädchen aufmerksam. Sie geben sich nicht nur mir gegenüber selbstbewußt, sondern ihr ganzes Selbstbild kreist um einen Mädchentyp, der unerschrocken daherkommt. Es sind Mädchen, die selbstbewußt auftreten und ihr Leben zu meistern wissen:

" ... wenn du da deinen Kopf net hast, dann bist du verloren, weil da mußt du wirklich deinen eigenen Kopf haben. Wenn du das nicht hast, dann, wie soll ich das beschreiben, dann kommst du wirklich net weit. Dann hätt' ich jetzt noch keine Wohnung, ich würd' net in die Schule gehen oder irgendwas. Wenn ich net meinen eigenen Kopf hätt', wär ich jetzt noch net so weit. So wie bei den anderen, die Gisela hat z.B. auch ihren eigenen Kopf ..." (Annette)

Annette artikuliert ihr Selbstbild im Licht ihres bewegten Lebens zwischen Heimen, Pflegeeltern und ihrer Herkunftsfamilie. Daß sie diese Kindheit so

173 Der Reneeschnitt ist die Haartracht der weiblichen Skinheads. Hierbei sind die Haare relativ kurz gehalten. Nur am Pony und an den Seiten hängen die Haare in langen Fransen herunter.

gut überstanden hat, demnächst ihren Schulabschluß macht und jetzt sogar - mit 16 Jahren - ihr Leben fast vollständig in die Hand nehmen kann, führt sie auf ihre eigene Energie und Durchsetzungsfähigkeit zurück. Deutlich ist ihr Stolz, daß sie es trotz ihrer schwierigen Lage so weit gebracht hat, herauszuhören. Nachdem ihre ganze Kindheit durch die Intervention von Behörden und Eltern bestimmt war, hat sie nun eine eigene Wohnung und schaut selbstbewußt in die Zukunft:

"Mittlere Reife, wenn ich das net mach', dann mach' ich jetzt drei Jahre Friseuse, lern' ich. Und dann geh' ich auf die Kosmetikschule und möcht' 'nen eigenen Salon aufmachen, das würd' mir Spaß machen. So oder Rechtsanwaltsgehilfin, da brauch' ich aber Mittlere Reife. Bei Friseuse brauch' ich Hauptschule. (...) Und jetzt denk' ich eigentlich, wenn ich was krieg', dann mach' ich's, wenn net, dann geh ich noch auf die Schul'. Weil daheimhocken tu' ich net. " (Annette)

Während Annette ihr heutiges Selbstbewußtsein auf ihre schwierige Kindheit zurückführt, hat sich Julia erst in den letzten Jahren langsam von einem 'braven Mädchen' zu einer selbstbewußten Person entwickelt. Sie glaubt, daß sie mit Hilfe der Clique lernte, ihre eigene Meinung zu vertreten und nicht nur Gleichaltrigen, sondern auch ihren Eltern zu widersprechen:

"Wenn jetzt irgend jemand daher kommt, dann sag' ich meine Meinung. (...) Von dem her hat es (die Clique ACG) viel gebracht, daß ich jetzt Durchsetzungsvermögen habe. Daß ich meine Meinung sagen konnte, egal wer es ist." (Julia)

Durchsetzungsfähigkeit, einen eigenen Kopf haben, selbstbewußt sein, das sind die Charakterzüge, die sich viele Mädchen der Gruppe zuschreiben. Die häufige Wiederholung dieser Selbstzuschreibung läßt sie zu einem Klischee gerinnen, das offenbar zum kollektiven Selbstbild avanciert ist. Es dient jedoch nicht nur als Identifikationsfolie, sondern gleichermaßen zur Kontrastierung der Selbstwahrnehmung:

"Ich kann nicht so auftreten, wie die Bauer. Die Bauer, die zieht einen kurzen Rock an und sagt: 'Ach sollen sie doch glotzen.' Also selbstbewußt bin ich, also ich hab' fast kein Selbstwertgefühl." (Nicole)

Wie unumwunden Nicole ihr mangelndes Selbstbewußtsein benennt, mag zunächst erstaunen. Doch zeigt der Vergleich mit ihrer Freundin, daß auch bei ihr die Folie ihrer Selbsteinschätzung jener selbstbewußte Mädchentyp ist, der ungeniert im öffentlichen Raum agiert und sich von abschätzigen Blicken nicht beeindrucken läßt. Nicole kann diesen Anspruch nicht erfüllen, was auch ihre Position in der Gruppe widerspiegelt. Hier gilt sie als die Kleine, die nicht ganz ernst genommen wird, obwohl sie von den Mädchen schon am längsten zur Gruppe gehört und ebenso alt ist wie diese.

Während Annette und Nicole Ausnahmen darstellen, wird der sozialisatorische Effekt der Gruppe, wie ihn Julia beschreibt, häufig genannt. Die Mädchen schildern die Entwicklung ihres Selbstbewußtseins als einen Prozeß, der parallel zur Integration in die Gruppe verläuft. Hierbei berichten fast alle Mädchen, daß ihnen die Clique zunächst mißtrauisch und distanziert gegenüberstand. So waren die ersten Kontakte mit den Jugendlichen bei Annette von ambivalenten Gefühlen begleitet. Einerseits war sie als quirliges, temperamentvolles Mädchen bald bei vielen Jungen beliebt, andererseits begegneten ihr die stärker politisierten Jugendlichen, die sich um den Führer gruppierten, mit großem Mißtrauen. Vergleichbare Akzeptanzprobleme hatte auch Julia. Sie war erst nach dem Mauerfall mit ihren Eltern aus der ehemaligen DDR übergesiedelt und wohnte zunächst in einem nahegelegenen Aussiedlerheim. Ihre Herkunft brachte ihr innerhalb der Gruppe viele Schwierigkeiten ein. Durch die großen Ressentiments gegenüber ehemaligen DDR-BürgerInnen wurde die Legitimität ihrer Gruppenzugehörigkeit immer wieder in Frage gestellt.

Insgesamt ist die Bandbreite der Vorbehalte gegenüber den Mädchen groß und setzt diese einem enormen Druck aus, sich als ernstzunehmende Mitglieder auszuweisen. Dies können sie dadurch zeigen, daß sie sich den Kult aneignen. Deswegen beginnen die meisten Mädchen schon nach kurzer Zeit mit dem Schuhkauf und dem Erwerb der übrigen Kleidungsstücke. Doch selten vollenden sie die Bezeichnung ihres Körpers mit dem 'Reneeschnitt'. In Erlingen wagen nur Katherina und Isabelle diesen Schritt, mit dem sie ein besonderes Selbstbewußtsein verbinden:

"Und es ist ein Unterschied, ob ich Nationalistin bin oder Renee. Und als Nationalistin tut man sich irgendwo unterordnen, man ist mit dem Schema einverstanden. Und als Renee net. Ich mein' das drückt ja schon die Frisur aus, daß man seinen eigenen Kopf hat und seinen eigenen Willen und sich net allem unterordnet." (Katherina)

Der Hinweis, daß das besondere Selbstbewußtsein an der Frisur abzulesen sei, ist im Zusammenhang mit den vorangegangenen Ausführungen über den Haarschnitt nur so zu verstehen, daß es für jene beiden Mädchen eine besondere Herausforderung darstellt, ihre Kultzugehörigkeit öffentlich darzustellen. Und somit ist es nicht verwunderlich, daß sie auch sonst durch ihr offensives Auftreten auffallen. So hat das aggressive Verhalten im Kontext von kollektiven Schlägereien Isabelle den Ruf einer guten Kämpferin eingebracht, während Katherina innerhalb der Gruppe durch ihren Widerspruchsgeist gegenüber den Führern auffiel. Beiden ist gemeinsam, daß sie innerhalb und außerhalb der Gruppe die ihnen gesellschaftlich zugewiesene Mädchenrolle überschreiten. Verhaltensmuster und Artikulationsformen gleichen hierbei eher dem, was von Jungen erwartet wird, wozu auch die Inszenierung im öffentlichen Raum zählt:

"Ach Gott, damals war ich erst ein Monat in der Clique und hab' noch gar net, ich war noch gar net so orientiert oder das Gefühl dafür gehabt oder Ideale oder irgendwo, weil ich von der Sache keine Ahnung hatte. Also ich hab' mir damals die Schuh' mehr oder weniger gekauft, weil na ja es hat mir gefallen, und da hat das Ganze erst bei mir angefangen, da war ich noch gar net so weit irgendwo. Na gut, als ich mir meine Haare rasiert hab', da war ich wahnsinnig stolz, gell. Ich wollt' wirklich, ich bin durch die Stadt gelaufen mit meiner Freundin zusammen: 'he guckt mich an!' Gell, also das war schon irgendwo ein gutes Gefühl, gell. Ich wollt' dann auch zeigen: 'He, da bin ich, siehst, was ich darstell' und nimm dir am besten ein Beispiel.'" (Katherina)

Im Unterschied zu Katherinas Bedürfnis nach öffentlicher Selbstinszenierung scheuen die anderen die Öffentlichkeit, gleichwohl sie sich ebenfalls als selbstbewußte Mädchen definieren. Auch hier läßt sich das Auftreten in der Öffentlichkeit an der Frisur ablesen. Die zurückhaltenderen Mädchen tragen halblanges Haar und rasieren sich lediglich die Schläfen und den Nacken. Hierdurch können sie bei kultinternen Treffen ihre Zugehörigkeit zeigen, indem sie die Haare hochbinden und die rasierten Haaransätze sichtbar machen. In der allgemeinen Öffentlichkeit jedoch lassen sie ihr halblanges Haar locker über die Schulter fallen und verdecken hierdurch das kultspezifische Zeichen:

"Aber erst muß ich mir die Haare wieder wachsen lassen, sonst kann ich net auf ein Konzert.
F: Wieso?
Ha, weil ich mir keinen Zopf machen kann. Wie sieht das denn aus, das sieht aus wie eine Zecke. Das haben ja meist so viele Mädchen so links, schon arg viele haben das." (Annette)

Wie bei den Jungen verweist die Gestaltung der Haare darauf, wie stark die Mädchen den Kult übernommen haben und bereit sind, ihn auch in der Öffentlichkeit zu vertreten. Doch im Gegensatz zu den männlichen Jugendlichen haben sie hierbei viel größere Widerstände zu überwinden. So widerspricht ihr Aussehen und Auftreten als Renee häufig nicht nur dem Frauenbild der Jungen innerhalb der Gruppe, sondern sie haben darüber hinaus noch mit wesentlich heftigeren Reaktion aus ihrem Umfeld zu rechnen:

"... wenn ich jetzt auf einmal rasiert komm', also mein Chef, ich weiß net. Der hat jetzt schon so komische Kommentare losgelassen so, wenn ich da jetzt mit rasierten Haaren kommen würde. Da heißt's dann gleich: 'Oh, da schafft ein Skingirl oder Nazischlampe, (...). Ich würd' sie schon gern rasieren." (Nicole)

Den Gefühlen von Macht und Stärke, die die Aneignung des Kultes erzeugt, steht hier in noch stärkerem Maße die Angst vor der Stigmatisierung in der Öffentlichkeit gegenüber.

Mit ihren Bedenken sprechen die Mädchen indirekt eine traditionelle geschlechtsspezifische Zuordnung des öffentlichen Raumes an. Insbesondere die Industrialisierung Europas brachte eine zunehmende Trennung zwischen privatem und öffentlichem Leben mit sich (vgl. List 1992/93: 57). Frauen wurden in den privaten Raum verwiesen, wo sie sich der Fürsorge der Familie widmen sollten, während Männern der öffentliche Raum, die Sphäre der Erwerbsarbeit und Politik, vorbehalten war.[174] Hieran hat sich grundsätzlich

174 Ute Gerhard beschreibt, wie die industrielle Revolution die Frauen zunehmend von der

wenig geändert, obwohl die Grenzen zwischen öffentlicher und privater Sphäre heute durchlässiger sind (vgl. Holland-Cunz: 1992/93).

Vor diesem Hintergrund bricht die öffentliche Inszenierung einiger Mädchen als 'Renee' nicht nur politische Tabus, sondern überschreitet gleichermaßen die gesellschaftlich zugeschriebene Mädchenrolle. Demnach ist es auch nicht erstaunlich, wenn sich Isabelle und Katherina bei der Beschreibung ihrer Verhaltensmuster stärker mit den Jungen als mit den Mädchen identifizieren:

"Also früher hab' ich nie geheult, nie. Ich hab' mit dem Gefühl also, ich bin kein typisches Mädle, um's mal so zu sagen. Ich war in der Hinsicht auch ziemlich wie ein Kerl. Weil bei Männern ist's ja oft auch so. Sie können mit Gefühlen, wie Traurigkeit jetzt z.B. net besonders gut umgehen. Es ist aber so, das Gefühl muß ausgelebt werden, dann wird es also umgewandelt beispielsweise in Aggression. Und das fällt den meisten Männern jetzt leichter, das auszuleben, indem sie, was weiß ich, einen zusammengeschlagen oder einer saufen gehn oder ich weiß net. Und so war das bei mir früher auch ..." (Katherina)[175]

"Mm, das hieß Kloster Zuffingen. Das war eine Realschule. Und das war halt irgendwie blöd, das war irgendwie so eine fixe Idee von meiner Mutter, wo sie gemeint hat, ich hätte zu wenig Freunde. Hab' mich am besten halt mit Jungens verstanden, weil Mädchen, halt außer meiner Freundin, weil Mädle waren früher so, em, anders als ich. Ich mein', normaler, viel normaler so. Ich hab' mich mit den Mädle eigentlich nie so richtig verstanden halt außer einer Freundin, und die war halt genauso wie ich." (Isabelle)

Beide Mädchen fühlten sich schon in ihrer Kindheit und frühen Jugend unter Mädchen als Außenseiterinnen, weil ihr Verhalten stärker an dem der Jungen orientiert war. Demzufolge lehnen beide jegliches Verhalten, das als mädchenhaft gilt, konsequent ab. Sie sehen sich nicht als emanzipierte Mädchen, sondern vielmehr als Nicht-Mädchen, da sie sich mit der gesellschaftlich zugeschriebenen Jungenrolle identifizieren.

Hierdurch wird die traditionelle Frauenrolle jedoch nicht aufgehoben, wie ihre Zukunftsvorstellungen zeigen. Weder mit dem Selbstbild des 'durchsetzungsfähigen Mädchens', noch mit der konsequenten Aneignung des Kultes sind emanzipatorische Ansprüche verbunden, die auf eine prinzipielle Veränderung der geschlechtsspezifischen Rollen abzielt. Denn sobald sich der Blick in die Zukunft richtet, streben alle Mädchen der Gruppe die Erfüllung der traditionellen weiblichen Normalbiographie mit Ausbildung, Kinderphase und anschließender Teilzeitarbeit an:

"Ich mein', irgendwo hab' ich so bissel altmodische Vorstellungen, gell. Träum' auch davon später irgendwie mal einen Mann, Kinder, Häusle, Hund, Garten. Was weiß denn

---

Erwerbsarbeit der Männer abhängig machte und ihnen parallel dazu nach der Revolution von 1848 durch die Vereinsgesetze der fünfziger Jahre den Bereich der Politik verschloß (vgl. Gerhard 1990: 73f.).

175 Katherina spricht in der Vergangenheit, weil sie glaubt, sich in letzter Zeit, also mit der Distanzierung von der Gruppe geändert zu haben.

ich, gell. So Sachen und schon berufstätig möglicherweise, vorher. Oder wenn die Kinder bissel älter sind oder so. Aber so modern denk' ich wirklich net, gell. Meinen Mann daheim lassen, daß der sich um die Kinder kümmert. Nee, tät' ich mir echt doof vorkommen." (Katherina)

Die Ausführungen zeigen, daß die Mädchen über die Aneignung des Kultes zwar ein neues Selbstbewußtsein entwickeln, doch hegen sie hierbei keine frauenemanzipatorischen Ziele. Vielmehr beschränkt es sich auf Gefühle der Eigenständigkeit und Unabhängigkeit, die vorrangig im zwischenmenschlichen Bereich zur Geltung kommen. Lediglich die beiden Mädchen, die die Aneignung des Kultes konsequent vollziehen, haben auch das Bedürfnis, die politischen Inhalte und Ideale in aller Öffentlichkeit zur Schau zu stellen. In dieser Hinsicht ähnelt ihr Selbstbild als politisch denkende und agierende Person jenem der männlichen Jugendlichen, wenngleich die Jungen wesentlich auffälliger und aggressiver agieren.

Die Jungen

Das Selbstbild der Jungen konstituiert sich aus zwei zentralen Identifikationsmerkmalen. So beschreiben alle Jungens ebenso wie Katherina und Isabelle, daß die öffentlichen Inszenierungen als Skinhead Gefühle von Respekt und Anerkennung erzeugen. Durch ihre Inszenierungen machen sie ihr Umfeld auf sich aufmerksam. Damit treten sie aus der Marginalität heraus und begeben sich in die Mitte der Gesellschaft:

"Das wichtigste ist, daß man aufgefallen ist, als Skin. Daß man seinen Spaß hat, auf 'ner Party zusaufen und Lieder singen ..." (Andreas)

Noch lange bevor die Clique überregional bekannt wird, ist sie innerhalb des Ortes der Schrecken der Gleichaltrigen. Die jugendlichen Skinheads werden ausgegrenzt und gemieden, was jedoch als persönliche Aufwertung empfunden wird:

"...aber wenn wir jetzt z.B. zehn Leut', weiß der Kuckuck, in den Grillmaster reingelaufen sind oder was, und da sind auch welche drin, die glotzen und: 'Ah Nazis' und dann sind sie fortgelaufen oder was, hat' man halt auch gemerkt, daß uns halt Leut' grad' so aus dem Weg gegangen sind, irgendwie, und das ist halt schon, das fasziniert irgendwo." (Jürgen)

Beachtung interpretieren sie als Achtung, Erkennen als Anerkennen. Offenbar wird ihnen durch die öffentliche Selbststigmatisierung jene Anerkennung zu teil, die ihnen bisher versagt geblieben ist. Doch verbleibt diese nicht auf der persönlichen Ebene, da es sich hierbei gleichzeitig um politische Artikulationsformen handelt:

"Was es bedeutet? Daß ich für meine Rasse kämpfe gegen andere Rassen, die in Deutschland nichts verloren haben. Oder gegen die, die nicht so denken wie ich. Daß ich gegen die was unternehme. Oder die, die irgendwie den deutschen Staat niederzumachen, net den deutschen Staat, Deutschland halt einfach. Gegen die." (Jörn)

"Ja so, man ist halt stolz darauf, was weiß ich, dafür zu stehen oder was, und wenn halt einer was dagegen hat, dann soll er das sagen, und die können dann kommen. ... vielleicht ein Gefühl, daß man Deutschland hilft ..." (Jürgen)

Die Selbstinszenierungen sind offenbar nicht nur von dem Bedürfnis nach Anerkennung gelenkt, sondern stellen gleichermaßen politische Bekenntnisse dar. Der mit den Symbolen des Kultes bezeichnete Körper verwandelt sich so in ein politisches Medium, und jede seiner Bewegungen kann als politische Handlung gedeutet werden. In diesem Prozeß können die Jungen offensichtlich jenes Selbstbild des negativen Helden entwickeln, wie es der Kult vorgibt.

6. Deutschland als Opfer: politische Einstellungen

Die Aneignung des Kultes hat für die Gruppe einen dreifachen Effekt: sie befördert die gruppeninterne Solidarität; sie steigert Selbstbewußtsein und Aggressivität der Gruppe; sie vermittelt den Jugendlichen schließlich rechtsextreme Einstellungen, die sich durch eine große Heterogenität auszeichnen. Allerdings sind einige wenige Themen sehr stark emotional besetzt. So reagieren alle Jugendlichen auf das Thema AusländerInnen/Flüchtlinge zunächst mit heftiger Abwehr. Die Emotionalität und Radikalität, mit der sie ihre Thesen vertreten, hängt häufig vom Grad ihrer Integration in den Kult ab. So geben viele Jugendliche an, daß sie erst seit der Aneignung des Kultes manifeste rechte Inhalte vertreten.

Doch ist es auffällig, daß manchmal ein längeres Gespräch eine Veränderung der emotionalen Haltung bewirkt:

"Ha, ich kann net sagen, daß ich jetzt so mit den ganzen Ausländern und so, ich kann net sagen, daß ich die alle hass' oder gegen alle bin. Es gibt auch schlechte Deutsche. Und ich weiß net, ich kann net alle abstempeln, nur weil die jetzt net so denken wie ich (...) aber es gibt auch viele, die sind natürlich in Not oder so. Flüchtlinge oder so. Angenommen ich muß mir das vorstellen in Erlingen wär' Krieg oder irgendwie so. Will ich natürlich auch net von 'ner Bombe erschlagen werden und würd' auch woanders hingehen." (Annette)

Annette nimmt hier eine universale Perspektive ein, indem sie sich in die Lage der Betroffenen versetzt. Diese Haltung durchzieht ihre gesamte politische Argumentation. So lehnt sie die Verbrechen des Nationalsozialismus ab und sieht Juden als gleichberechtigte Gesellschaftsmitglieder an. Flüchtlinge, die aufgrund wirtschaftlicher Not nach Deutschland kommen, lehnt sie ab und begründet es mit eigenen Erfahrungen. Doch bleibt sie mir bei der Nachfrage, welche Erfahrungen es denn gewesen seien, eine Antwort schuldig und verweist darauf, daß diese Flüchtlinge die Deutschen ausnützen würden.

Dieser eher moderaten Einstellung von Annette steht die extreme Haltung von Isabelle gegenüber. Für sie sind AusländerInnen, Flüchtlinge und Juden nicht nur der 'letzte Dreck', sondern sie empfindet Juden gegenüber einen unüberwindbaren Ekel:

"Also für mich sind sie der letzte Dreck, irgendwo, ich weiß net. Für mich, ich weiß net, ich könnt', ich könnt' mich nie mit 'nem Juden an einen Tisch setzen und Kaffee trinken oder mich mit dem unterhalten. Das geht net, ich müßt' aufstehn und gehn. ... Ja, ich könnt' das net. Da ist irgendwo wie so ein Stop, wie ein Halt. Weiter geht's net. Das geht net, könnt' ich net, ich kenn' mich. Ich glaub' nicht, wenn ich wüßte, daß es ein Jude ist, könnt' ich's net." (Isabelle)

Mit dieser Abneigung gegenüber Juden (und AusländerInnen bzw. Flüchtlingen) geht auch eine Leugnung der Judenvernichtung durch den Nationalsozialismus einher:

"...daß es früher keine Vergasung gegeben hat, also daß das eigentlich alles nur Lüge ist, da sind wir mal nach Ausschwitz gefahren, und da hieß es, daß in der angeblichen Gaskammer, daß da die Juden vergast worden sind. Und da haben wir noch nachgefragt, ob das alles so ist, wie damals noch. Und da hat der gemeint: 'Ja, es ist noch so.' Und da war so ein großer Spalt unter den Türen und erstens mal war das Gas rausgegangen, in die Freiheit da." (Isabelle)

Annette und Isabelle stellen mit ihren politischen Einstellungen innerhalb der Gruppe die beiden äußeren Pole dar, zwischen denen sich die übrigen Jugendlichen positionieren. Doch der Grad der rechten Orientierung ist meist nur schwer einzuschätzen. So kann eine starke Hitlerverehrung mit dem Zugeständnis, daß Juden vergast worden sind, einhergehen (Gisela, Jörn), oder eine Verurteilung des Nationalsozialismus mit einer rigiden AusländerInnenfeindlichkeit verbunden werden (Julia). Auch der Versuch einer parteipolitischen Zuordnung bringt hinsichtlich der politischen Orientierungen wenig Klarheit. So finden einige Jugendliche viele Äußerungen rechtsextremer Parteien gut, würden aber lieber die Grünen[176] wählen:

"..., weil wenn's heutzutage heißt: 'Wen würdest Du wählen?' 'Die Grünen.' 'Was die Grünen, das hört sich irgendwie nach Öko an irgendwie.' Aber für mich wären z.B. die Grünen die einzige Partei, die ich wählen würd', weil ich mein', sobald 'e Partei größer wird, so daß sie wählbar ist, steht sie im Licht der Öffentlichkeit, muß sich einfach irgendwo bissel nach der Mehrheit richten und kann nimmer so ganz individuell sein (...) Nun gut, die Republikaner vertreten keine schlechte Ansicht, aber die sind mir doch wieder zu kommerziell irgendwie so, doch bissel mit dem Strom mitschwimmen. Ich war im Juni, Juli auf dem NPD-Grillfest im Ort so, kleines Örtle, 20 km von hier (...) und da war der Günter Deckert auch da. Also ich muß sagen, seine Rede, die hat mich schon irgendwo bissel gefesselt, weil ich mein', er ist ein Mensch. Er ist sehr temperamentvoll

176 Während meiner Feldforschung wurden Bündnis '90/die Grünen auch in anderen rechtsorientierten Jugendgruppen häufig als die einzige wählbare Alternative genannt.

und hat sich da ziemlich reingesteigert. Das ganze war wirklich so anschaulich, so mitreißend, gell." (Katherina)

Bündnis '90/die Grünen als einzige wählbare Partei? Das erscheint auf den ersten Blick seltsam, zumal Katherina eine deutliche Affinität zu den rechtsextremen Ansichten der NPD zeigt. Doch bei genauerem Hinsehen sind Bündnis '90/die Grünen ihr vor allem sympathisch, weil sie ihrer Ansicht nach gegen den Strom schwimmen und noch nicht korrupt sind.

Der Blick auf die Einstellungen zeigt, daß der Grad der Orientierung bei den einzelnen kaum beurteilt werden kann. Nur wenige Jugendliche formulieren einen konsistenten Argumentationsstrang, der eine eindeutige politische Zuordnung zum rechtsextremen Spektrum erlaubt.

Die meisten Jugendlichen stehen dem Nationalsozialismus gespalten gegenüber. Sie verurteilen die Vernichtung der Juden und den Krieg, doch bestehen alle gleichzeitig darauf, daß er auch Gutes bewirkt habe. In diesem Zusammenhang werden häufig die Schaffung von Arbeitsplätzen und der Bau von Autobahnen erwähnt, aber auch jugendspezifische Aspekte wie die Hitlerjugend finden positive Resonanz. Demgegenüber verurteilen andere Jugendliche in dieser Gruppe gerade die damalige restriktive Gesetzgebung, die in ihren Augen eine unzulässige Bevormundung bedeutete. Zudem kritisieren einige Mädchen die damalige Propagierung einer extremen Form des traditionellen Frauenbildes:

"Also Monarchie wär' net so mein Fall, weil ich bin ein Mensch, wo sich net gern was sagen läßt. (...) Genauso wie damals im Dritten Reich, also die Rolle, die der Frau im Dritten Reich zugewiesen worden ist, also wär' wirklich net mein Ding, weil ich mein', da hat man net viel zu sagen gehabt: 'da mach'. Und das war's." (Katherina)

Ein ähnlich heterogenes Bild geben auch die Äußerungen der Jugendlichen beim Thema AusländerInnen/Flüchtlinge wieder. Hier changiert die Einstellung zwischen grundsätzlicher Toleranz (Annette) und vollständiger Ablehnung (Isabelle, Jörn). Dazwischen liegen Differenzierungen, wie etwa türkische MitbürgerInnen prinzipiell nicht zu akzeptieren oder nur jene, die berufstätig sind. Darüber hinaus werden Flüchtlinge fast von allen Jugendlichen aus der Gruppe abgelehnt, doch auch hier unterscheiden manche zwischen politischen und Bürgerkriegsflüchtlingen sowie den sogenannten Wirtschaftsflüchtlingen.

Der in den Einzelinterviews wiedergegebenen Vielfalt der Einstellungen steht jedoch ein völlig anderer Eindruck gegenüber, den die Gruppe als ganze vermittelt. Begegnete ich einer größeren Gruppe von Jugendlichen in der Öffentlichkeit, dann formulierten sie eine einheitliche Position, die durch eine extreme Fremdenfeindlichkeit geprägt war. Ähnliche Erfahrungen machte auch der Sozialarbeiter. So reagierten die Jugendlichen bei Einzelgesprächen auf seine kritischen Einwände gegenüber ihren Einstellungen durchaus mit Verständnis und Einsicht. Sobald sie jedoch in der Gesamtgruppe waren, übernahmen sie wieder die extreme Position der Gruppe und verschlossen sich jeglicher rationalen Argumentation (vgl. Experteninterview Schmitt).

Es zeigt sich hier eine Kluft zwischen den individuellen Einstellungen und einer einheitlichen Gruppenmeinung, die vorrangig innerhalb der Gesamtgruppe vertreten wird. Sie läßt danach fragen, welche tieferliegenden Solidarisierungseffekte der Gruppe zugrundeliegen, durch die die heterogenen Orientierungen überbrückt werden können.

Zunächst erstaunt die starke Emotionalität, auf die die Jugendlichen bei den Themen AusländerInnen/Flüchtlinge und Nationalsozialismus reagieren. Nicht alle artikulieren ihren 'Ekel' vor Juden oder Nichtdeutschen wie Isabelle, doch ist bei allen eine gewisse Erregtheit bemerkbar, je intensiver sie sich mit einem Thema auseinandersetzen. Darüber hinaus lassen die Argumentationsstränge ein einheitliches Muster erkennen. Immer wird Deutschland als Opfer der Verhältnisse oder von Diffamierungen dargestellt:

"Arbeitsplätze hat es genügend gehabt. Ich mein', der Hitler hat ja net bloß schlechte Sachen gemacht, und so wie das mit der ganzen Judenvergasung alles hochgespielt wird. Ich mein', das war vielleicht schon schlimm, aber so schlimm, wie's jetzt gemacht wird, also das glaub' ich net. Ich weiß, ich war net dabei, aber da haben so viel Leut' dazugehalten, so schlecht kann das gar net gewesen sein." (Jürgen)

"So halt, daß halt bissel was erreicht wird. Daß endlich mit dem, daß nimmer so ein Haufen (Flüchtlinge Verf.) zu uns reinkommen, weil sonst heißt es bald nimmer Deutschland." (Nicole)

Nicht nur ihre 'zentralen' Themen bereiten die Jugendlichen nach diesem Muster auf, sondern auch übergreifende Aspekte der Innen- und Außenpolitik. Deutschland gilt in jedem Fall als ausgebeutete und leidtragende Nation:

"Und was zigtausend Meilen weg ist, der Golfkrieg ah die Amis runter gegangen und haben es sicher gemacht, mit dem Öl. Die Deutschen haben aber bezahlen müssen, weil sie ein paar Flieger eingesetzt haben. Tornados, für nichts und wieder nichts; zigtausend, zigmillionen Mark gezahlt und so." (Ansgar)

Doch beschränkt sich die Opferperspektive nicht nur auf die allgemeine politische Ebene. Zahlreiche Äußerungen beginnen mit der Schilderung Deutschlands als Opfer, kommen dann zu einem diffusen 'Wir' und enden in einer Selbstwahrnehmung als verfolgte Opfer:

"Ja aber klar, wenn man jetzt nur außenrum guckt, was in Bosnien oder sonst irgendwo passiert. Da schießen die sich gegenseitig ab, ah da fehlt's doch irgendwo. Die Moslems gegen die was weiß ich denn was. Nur weil sie 'ne andre Religion haben. Die müssen doch auch denken, na gut machen wir Krieg, ah gut machen wir Krieg, daß wir Geld kriegen und gut. Das ist, ah der Krieg ist doch Blödsinn. Ah der wird noch zwanzig Jahre gehen. Die Moslems, was weiß ich wo gegen die kämpfen. Das ist alles im Prinzip kann man sagen ein Land, und die kämpfen, die machen sich gegenseitig kaputt, das kann ich absolut nicht versteh'n. Und wer darf das ganze wieder aufbauen? Wir! Wer zahlt's? Wir! Wir sind der Arsch!" (Gisela)

"Und das seh' ich auch im Fernsehen, ich weiß net, wann war das. Vielleicht vor einem viertel Jahr. Eine türkische Rapband aus Heidelberg, Darmstadt irgendwas, kommt da: 'Ah, wenn Du einen Skin siehst, dann tritt ihn. Hau' ihn zu Boden. Tritt ihn so, bis das Gehirn halt aus em Kopf raus kommt.' Und da denk' ich: 'sag mal' Kraftschlag hat so ein ähnliches Lied glaub' ich. Und dann denk ich: 'So Lieder kommen im Fernsehn, werden net verboten so, da klatschen vielleicht noch Leut' dazu'. Und die anderen Lieder werden verboten und dann denkt man: 'Klar Du wirst benachteiligt.' Das find' ich halt schlecht. Ich mein', das sieht man auch vor Gericht so. Früher war's eher so, daß eher die Linken schlimmer bestraft worden sind als die Rechten. Aber seit ein paar Jahren ist es wirklich so, daß die Rechten viel schlimmer bestraft werden als die Linken." (Andreas)

Wie ein roter Faden zieht sich die Opferperspektive durch die Schilderungen der Jugendlichen, gleichgültig, auf welcher Ebene sie argumentieren. In ihren Augen steht Deutschland als Opfer innerhalb der internationalen Staatengemeinschaft da, was sich sowohl auf die nationalsozialistische Vergangenheit als auch auf die Gegenwart bezieht. Von Nichtdeutschen bedrängt und bedroht, werden 'die Deutschen' gleichzeitig als Opfer im 'eigenen' Land wahrgenommen. Und schließlich sehen sich die Jugendlichen innerhalb der ethnisch definierten Gemeinschaft der Deutschen selbst noch einmal zusätzlich als Opfer, die in ungerechter Weise diffamiert und verfolgt werden.

7. Der Körper als Medium des Kultes

Die Analyse der individuellen Bedeutungen, die die Jugendlichen dem Kult zuschreiben, und die Übernahme der politischen Inhalte zeigen, daß die Jugendlichen durch ihre Integration in den Kult zwei entgegengesetzte Perspektiven übernehmen: Gefühle der Macht und Stärke einerseits; eine Selbstwahrnehmung als gesellschaftliche Opfer andererseits.

Die Aneignung der kultspezifischen Symbole führt einerseits bei den Jugendlichen zu neuen Selbstbildern, die ein gestiegenes Selbstbewußtsein ausdrücken. Bei den Mädchen entsteht das kollektive Selbstbild des 'durchsetzungsfähigen Mädchens', das mit der unvollendeten Symbolisierung ihrer Körper einhergeht. Sobald jedoch eines der Mädchen die Symbolisierung vollendet, beginnt es die traditionelle Geschlechterrolle zu verlassen und - wenn auch in abgeschwächter Form - das vom Kult bereitgehaltene Selbstbild der Jungen anzunehmen. Dieses orientiert sich an der Figur des negativen Helden, der durch sein martialisches Auftreten zu Respekt und Anerkennung gelangt und zum Retter der von innen und außen bedrohten Bundesrepublik heranwächst. Es verbindet sich hier nicht nur ein spezifisches Selbstbild mit rechtsorientierten Einstellungen, sondern es beinhaltet gleichermaßen eine einseitige Wahrnehmung der gesellschaftlichen Realität.

Die Jugendlichen haben über den Kult eine Opferperspektive entwickelt, in der sie die vermeintliche Situation 'der Deutschen' mit ihrer eigenen identifizieren. Hierdurch entstehen zwei Ebenen der symbolischen Artikulation: eine allgemein politische und eine individuelle. Die Inszenierung der symbolisierten Körper beinhaltet demnach immer eine politische Aussage und ist gleichzeitig eine Form des Stigmamanagements, durch das die Jugendlichen versuchen, ihre individuelle Opferposition zu überwinden. Ein zentraler Aspekt ist hierbei, daß das Selbstbild und die politischen Einstellungen über die Symbole des Kultes ausgedrückt werden. Wichtigste Ausdrucksform ist dabei der symbolisierte Körper. Alle seine Bewegungen werden zu politischen Handlungen und verschaffen den Jugendlichen gleichzeitig Respekt und Anerkennung. Durch die enge Verknüpfung von individuellem Selbstbild, politischer Einstellung und symbolisiertem Körper fällt die Selbstwahrnehmung der Jugendlichen mit den Selbstbildern und Inhalten, die der Kult anbietet, zusammen: Hier wie dort paaren sich Gefühle von Macht und Stärke mit einer rechtslastigen Einstellung, denen die Selbstwahrnehmung als Opfer zugrunde liegt. Die Jugendlichen artikulieren nun nicht mehr die Inhalte des Kultes über seine Symbole, sind also nicht länger lediglich TrägerInnen kultspezifischer Symbole, sondern werden selbst zum Medium des Kultes.

Auch bei den Mädchen ist dies zu erkennen. Die unvollständige Symbolisierung der Körper verhindert aber eine stringente Ausprägung dieses Zusammenhanges (Ausnahme: die Renees), was sich in einer gewissen Distanz zum Kult ausdrückt.

Vor diesem Hintergrund läßt sich die These formulieren, daß bei vielen Jugendlichen während der Aneignung des Kultes dessen Identitätsangebote langsam in die eigene Identitätskonstruktion einfließen und so neue Handlungsformen entstehen, die die Solidarität der Gruppe nach innen stärken und neue Grenzen nach außen ziehen. Dieser Prozeß ist meines Erachtens durch die spezifische Wirkungsweise der Symbole zu erklären, die mit Hilfe von Victor Turners Symbol- und Ritualtheorien nun analysiert wird.

8. Die Wirkungsweise der kultspezifischen Symbole und Rituale

Gruppendarstellung und Analyse der Einzelinterviews zeigen, daß die Transformation zur Skinheadclique über die langsame Aneignung der kultspezifischen Symbole erfolgt. Turner definiert Symbole als flexible Systeme, deren Bedeutung im Rahmen kollektiver Aushandlungsprozesse verändert werden kann (vgl. Kap. II.6). Dabei unterscheidet er zwischen zwei Bedeutungsebenen, die er als normativen und emotional-affektiven Pol bezeichnet. Es handelt sich hierbei um eine heuristische Trennung, aus der ersichtlich wird, daß die Bedeutungszuschreibungen eines Symbols in unterschiedlichen

Kontexten stattfindet. So konstituiert sich die inhaltlich-ideologische Bedeutungsebene des normativen Pols über die gesellschaftspolitischen Diskurse, während die emotional-affektive Bedeutungsebene meist aus dem konkreten individuellen wie auch kollektiven Verhalten hervorgeht. Dort können die Bedürfnisse, Wünsche und Gefühle leiblich erfahren und durch wiederholte Handlungen reproduziert werden.

Die Unterscheidung der Kontexte bei der Bedeutungskonstitution eines Symbols ist vor allem für Turners Ritualtheorie wichtig. Wie zuvor schon beschrieben, sind die Symbole die kleinsten Einheiten eines Rituals. Über sie gewinnt es seine spezifische Bedeutung und Aussagekraft. Da die Bedeutungen der Symbole variabel sind, ist auch das Ritual eine flexible Handlungseinheit mit integrierender und provozierender Wirkung (vgl. Kap. II.6).

Bei der Entstehung und Entwicklung rechtsorientierter Jugendgruppen während der deutsch-deutschen Vereinigung lassen sich beide Funktionen des Rituals beobachten. Die Darstellung der Gruppenentwicklung macht deutlich, daß die Jugendlichen über den Kult eine Vielzahl ritueller Handlungsmuster entwickeln. Sie reichen von internen, für die Öffentlichkeit nicht sichtbaren Verhaltensformen bis hin zu demonstrativen Inszenierungen und Gewalttätigkeiten. Bis 1989 wurden sie wenig beachtet, da die rechte Orientierung eines Großteils der Skinheadszene nur latent vorhanden war und die Artikulation eines extremen aggressiven Nationalismus von der breiten Öffentlichkeit noch nicht als problematisch empfunden wurde. Der sich hier äußernden Gleichsetzung der ethnischen mit der nationalen Identität, die bis heute dem nationalen Selbstverständnis Deutschlands zugrundeliegt, stand immer noch das Selbstverständnis der alten Bundesrepublik, die sich auch als demokratischer Wohlfahrtsstaat begriff, gleichwertig gegenüber.

Als die Übertragung des alten nationalen Selbstverständnisses auf die neue Bundesrepublik mißlang, entstand ein Vakuum, das die liberal-konservative Regierungskoalition mit der Asylrechtsdebatte zu füllen suchte. Ihr Ziel war es, mit diesem Diskurs auf einer anderen Ebene ein Wir-Gefühl zu erzeugen, wobei sie letzlich auf die dem deutschen Selbstverständnis immanente Gleichsetzung von ethnischer und nationaler Identität rekurrierte. Problematisch wurde dieser Zusammenhang schließlich, als die Gewalt während der Asylrechtsdiskussion eskalierte und sich die Argumentation der Regierungskoalition mit den Motiven der gewalttätigen Jugendlichen überschnitt (vgl. Kap. III.4). Die Regierungsparteien reagierten hierauf mit einer ambivalenten Haltung, indem sie die Taten verurteilten, für die Motive jedoch Verständnis fanden. Damit bestätigten sie einerseits die rechte bzw. fremdenfeindliche Haltung der Jugendlichen und unterstützten hierdurch die Konstitution der politisch-inhaltlichen Bedeutung der Symbole und Rituale des Kultes. Mit jeder Gewalttat wurde die normative Bedeutungsebene der Kultsymbole gestärkt und damit seine rechtsextreme Ausrichtung gefestigt. Es entstand hierdurch ein sich selbst verstärkender (Rückkopplungs-) Effekt: die Jugendlichen transformierten über die Aneignung des Kultes ihren Körper zu einem politischen Text, der mit jeder seiner Bewegungen die latente inhaltliche Nähe zur Position der Regierung sichtbar machte. Dies provozierte die Befürworter der Asylrechtsänderung. Worauf die Regierungskoalition offiziell mit Stigmatisierung, aber unterschwellig-ideologisch mit Zustimmung reagierte, was den normativen Pol der in den Ritualen benutzten Symbole erneut verstärkte. Die Rituale wurden so zu provokativen politischen Handlungen.

Gleichzeitig macht die Gruppenentwicklung deutlich, daß die Jugendlichen über die Aneignung des Kultes Gefühle von Macht, Stärke und Zusammengehörigkeit entwickeln. Damit wird der affektiv-emotionale Pol der Symbole konstituiert, welcher sich später in den Ritualen des Kultes immer wieder reproduziert.

Eine wichtige rituelle Verhaltensform hierfür stellen die täglichen Treffen der Jugendlichen dar. Bevor sie den Gang zum Treffpunkt antreten, bedarf es einiger Vorbereitungen: Sie legen die Schulkleidung ab und putzen die szenetypischen Schuhe auf Hochglanz. Dann legen sie die übrigen Kleidungsstücke an und arrangieren sorgfältig die provozierenden Details. Manchmal wird noch eine 'normale' Jacke übergeworfen, damit der Gang zur Gruppe nicht zum Spießrutenlauf durch die Stadt gerät. In der Gruppe angekommen, begrüßt man sich mit lautem Hallo und taucht ins Gruppenleben ein. Bei lauter Musik wird gelacht, gescherzt, geraucht und getrunken. Die Treffen gleichen einem Ritual.

Zudem zeigt die Rekonstruktion der Erlinger Gruppe deutlich, daß die Rituale die Kontinuität der Gruppe sichern. So gibt es jahreszeitlich bedingte Phasen der Spaltung und Neukonstitution. Zwischen 1992/93 und 1996 zerstreitet sich die Gruppe jeden Herbst und entsteht erneut im darauffolgenden Frühjahr. In gleicher Regelmäßigkeit ist dann bis zum Sommer eine zunehmende Radikalisierung festzustellen, die in den vier Jahren immer in eine Gewalteskalation bzw. eine schwere Straftat mündet.

Über die Ursache der Spaltungen können die Jugendlichen selten eine Aussage machen. Sie stellen lediglich fest, daß es sich hierbei um einen langsamen Auflösungsprozeß handelt, bei dem immer mehr Jugendliche vom Treffpunkt fernbleiben. Gleichzeitig erkennen einige Jugendliche einen Zusammenhang zwischen Gruppenspaltung und Jahreszeit:

"Hat man sich im Rathaus oder am Bahnhof getroffen, aber im Winter wo's kälter geworden ist, das hast Du gemerkt. Da hat fast jeder daheim gehockt. Da hat sich dann alles verloren, und da hat's aber auch wieder Händel gegeben untereinander ..." (Michael)

Da die Jugendlichen keinen Gruppenraum besitzen,[177] verhindern Regen und Kälte regelmäßige tägliche Treffen, was zu Konflikten untereinander und

177 Lediglich in einem Jahr hatten sie das Jugendzentrum zur Verfügung.

schließlich zur zeitweiligen Auflösung führt. Dieser Mechanismus kann über die spezifischen Eigenschaften der Symbole erklärt werden.

Die Analyse der Symbolaneignung hat ergeben, daß die Jugendlichen den szenetypischen Symbolen nicht nur inhaltliche, sondern vor allem emotionale Bedeutungen zuschreiben. Nach Turner wird diese Verbindung durch rituelle Handlungen hergestellt und reproduziert:

"In the action situation of ritual, with its social excitement and directly physociological stimuli, such as music, singing, dancing, alcohol, inscense, and bizarre modes of dress, the ritual symbol, we may perhaps say, effects an interchange of qualities between its poles of meanings. Norms and values, on one hand, become saturated with emotion, while the gross and basic emotions become ennobled through contact with social values." (Turner 1989a: 30)

Die täglichen Treffen der Jugendlichen binden demnach die Jugendlichen emotional an den Kult. Dies zeigt sich nicht nur an der auffälligen Erregtheit, wenn sie über ihre politischen Einstellungen sprechen, sondern besonders dann, wenn die Jugendlichen versuchen, sich vom Kult zu distanzieren:

"Ja, ich mein', so ist's also. Bei mir ist's eigentlich umgedreht. Ich will eigentlich gar net. Irgendwie will ich gar net von dem weg so, also von den Kleidern und so. Das ist irgendwie, ich will eigentlich gar net aufhören. Auf der einen Seite will ich schon. Auf der anderen, manchmal denk' ich, es kommt drauf an, mit welchen Leuten man grad' zusammen ist. Irgendwie das beeinflußt, also das ist net, daß man als Mitläufer ist oder so, (...) bist halt dabei, irgendwie, unbedingt dabei sein, will ich net. Und aufhören will ich auch net so. Zwischendrin das geht net. Ich mein', ich hab' mir jetzt vorgenommen, einfach nur meinen Weg zu gehen. Das machen, was ich für richtig halte und so. Manchmal gibt's so Situationen, da denk' ich mir, jetzt würd' ich dem am liebsten eine brutal in die Fresse hauen, weil er mir dumm kommt und so. Aber auf der anderen Seit' ist es wieder lachhaft so, auf den loszugehen, bloß weil der jetzt Arschloch gesagt hat." (Jürgen)

Der Gedanke, auszusteigen kommt bei Jürgen zu einem Zeitpunkt, als die Gerichtsverhandlungen wegen der Schlägereien am Gymnasium (vgl. Kap V.5) schon abgeschlossen und die betroffenen Jugendlichen nicht nur sozial stigmatisiert, sondern nun auch vorbestraft sind. Somit ist der Druck der Eltern auf die Jugendlichen groß. Doch auch vor diesem Hintergrund fällt es Jürgen schwer, die Gruppe zu verlassen. Das obige Zitat zeigt, daß seine Unentschiedenheit aus dem Widerstreit zwischen den rationalen Gründen und seiner emotionalen Bindung resultiert.

Die weitgehende Unzugänglichkeit der Jugendlichen gegenüber rationalen Argumenten selbst dann, wenn sie kurz vor dem Freiheitsentzug stehen, macht deutlich, wie stark der Kult die Jugendlichen emotional an sich bindet. Viele beschreiben emotionale Bindung als einen 'Sog', der die Jugendlichen immer stärker in den Kult hineinzieht, bis er schließlich den gesamten Alltag dominiert. Dann nehmen bei allen die schulischen Leistungen dramatisch ab:

"Z.B. der Jens, der hätte auch was aus sich machen können, der hat dann beim Heizungsbau Heinzmann angefangen, dann hat er seine Lehre geschmissen ...Dann ist der Müller von der Realschule geflogen, ist auf die Hauptschule, nee der Gräbber, Entschuldigung... der Müller ist so 'ne Art Alkoholiker ..." (Corinna)

Einige Jugendliche wechseln während ihrer Beteiligung am Kult von der Realschule auf die Hauptschule (Gisela, Christian, Julia), andere müssen die Klasse wiederholen (Katherina) oder brechen die Hauptschule oder die Lehre ab (Jörn, Gerhard, Jens). Die zunehmende Integration in den Kult entfernt die Jugendlichen immer stärker von ihrer bisherigen Umwelt und ihren Alltagstätigkeiten. Zudem vertreten sie immer radikaler und aggressiver die Inhalte des Kultes, je häufiger sie zusammenkommen. Die oben festgestellte Deckungsgleichheit der über die Rechtsrocklieder vermittelten Realitätsperspektive mit der Wahrnehmung der Jugendlichen hat hier ihre Ursache.

Aus der Beschreibung der Gruppenentwicklung ist zu ersehen, wie durch die regelmäßigen Zusammenkünfte die emotionale Bindung an den Kult ständig reproduziert wird. Wird es hingegen Winter, schwinden die Chancen für regelmäßige Treffen, die emotionale Bindung geht langsam verloren und die Radikalität nimmt ab. In dieser Zeit folgen viele dem Ratschlag des Sozialarbeiters und wenden sich zumindest zeitweise vom Kult ab.

Während auf der individuellen Ebene die regelmäßigen Treffen eine emotionale Bindung an den Kult fördern, verdichten sie gleichzeitig die je unterschiedlichen individuellen Bedeutungszuschreibungen der einzelnen Jugendlichen zu einem übergreifenden Solidaritätsgefühl.

Nach David Kertzer[178] sind es die Rituale, die verschiedene Personen ohne inhaltlichen Konsens solidarisieren können:

"...multivocality suggests another aspect, the fact that the same symbol may be understood by different people in different ways. This trait is especially important in the use of ritual to build political solidarity in the absence of consensus." (Kertzer 1988: 11)

In der Erlinger Jugendgruppe läßt sich dieser Vorgang deutlich beobachten. In den Einzelinterviews vertreten die Jugendlichen ganz unterschiedliche politische Meinungen und unterlegen den Kult mit individuellen Bedeutungen und Gefühlen. Trifft man die Jugendlichen hingegen in der Gruppe an, so reduziert sich diese Vielfalt auf eine extreme AusländerInnenfeindlichkeit und eine zumindest ambivalente Haltung gegenüber dem Nationalsozialismus. Beim Eintritt der symbolisierten Körper in die Gruppe werden demnach die individuellen Einstellungen und Meinungen zu einem einheitlichen Grundkonsens verdichtet und stellen somit ein kollektiv geteiltes Solidaritätsgefühl her, das die Jugendlichen mit der Metapher Kameradschaft beschreiben. Hiermit verbinden die Jugendlichen jedoch nicht nur ein solidarisches Gefühl, sondern gleichzeitig eine spezifische Beziehungsform:

178 Kertzer folgt im wesentlichen der Ritualtheorie von Victor Turner, indem er versucht die Bedeutung von Ritualen bei Konflikten in komplexen Gesellschaften herauszuarbeiten (vgl. Kertzer 1988).

"Zusammenhalt und die Kameradschaft, das hat dann gar nichts mit persönlichen Hintergründen zu tun. Wenn du jemand brauchst, und das ist dein Kamerad, und dann hilft er dir. Ob du ihn jetzt leiden kannst oder nicht, das ist nicht ausschlaggebend ..." (Katherina)

Die Metapher der Kameradschaft impliziert zwei Aspekte, die das kollektive Miteinander der Gruppe regeln. Sie hat einen imperativen Charakter, der die Jugendlichen verpflichtet, bedingungslos füreinander einzustehen. In diesem Sinne vermittelt sie eine Gruppenmoral. Gleichzeitig prägt sie aber auch die sozialen Beziehungen innerhalb der Gruppe. Es wird hier zwischen einer persönlichen (Freundschaft) und einer formalen Beziehung geschieden. Kameradschaft meint eine formale Beziehung, bei der persönliche Aspekte idealerweise keine Rolle spielen. Diese prägt die Form einer eher mechanischen Gruppensolidarität.[179] Sie wird nicht durch einen kommunikativen Konsens über spezifische Inhalte hergestellt, wie wir es bei den übrigen politischen Gruppen vermuten, sondern über das permanente gemeinsame Handeln einheitlich symbolisierter Körper.

Die Geschichte der Jugendclique in Erlingen zeigt, daß diese Form der Gruppensolidarität äußerst labil ist. Sobald die Jugendlichen nicht mehr regelmäßig am Gruppentreffen teilnehmen, schwindet auch das Zusammengehörigkeitsgefühl. Es handelt sich hierbei um einen langsamen Prozeß, bei dem die Gruppe zunächst in kleine Grüppchen zerfällt, die sich dann untereinander zerstreiten:

"Das war, da streitet man sich heut' noch drüber, warum das auseinander ging. Das ist total bescheuert.
F: Was ist Deine Meinung?
Ich find's beschissen. Ich find's total bescheuert, wegen Sachen, da streitet man sich um's Zeug. Was total belanglos ist, was früher überhaupt keinen gejuckt hätt', da streitet man sich um Sachen. Du hast mir gestern 'ne Zigarette gegeben, jetzt krieg' ich eine von dir. So auf die Art. Das war früher gar kein Thema. Wer Zigaretten gehabt hat, der hat sie dem anderen gegeben. Das war kein Thema und nichts. Der hat net fragen müssen, hast du eine Zigarette." (Gisela)

Unstimmigkeiten, Streitereien und insbesondere das Lästern übereinander, das von allen Jugendlichen als Ursache der Spaltung erwähnt wird, machten deutlich, daß mit dem abnehmenden Solidaritätsgefühl auch die formal ausgerichtete Kameradschaftsbeziehung untereinander durch persönliche Sympathien und Antipathien ersetzt wird. Katherina hält diesen Vorgang in Erlingen für zwangsläufig, da hier aufgrund der sozialen Nähe die persönlichen Beziehungen sehr ausgeprägt seien:

---

179 Durkheim unterscheidet zwischen einer mechanischen und organischen Form der Solidarität und ordnet sie unterschiedlichen Gesellschaftstypen zu. Demnach entsteht die mechanische Solidarität in einfachen, wenig differenzierten Gesellschaften. Hier bildet sich das Kollektivbewußtsein durch die relative Gleichheit der Lebensweise, die durch die Gleichförmigkeit des Handelns erzeugt wird (vgl. Durkheim 1977: 163ff.).

"Und dann auf einmal soll die Kameradschaft im Vordergrund steh'n, und ich denk' mir mal, das ist net realisierbar. Die persönlichen Gefühle, die man im Laufe von 19, 15 Jahren entwickelt hat,[180] einfach zurückzustecken, wenn man jetzt z.B. 'ne Antipathie gegen jemand hat. Auf einmal heißt das, das ist dein Kamerad, wenn der sich das nächste Mal prügelt, stehst du zu dem, gell. Obwohl man echt denkt, das ist das letzte Arschloch. Du erinnerst dich noch an Sachen vor drei, vier Jahren und ich denk' mal, das geht von daher einfach net, vielleicht. Vielleicht liegt's da dran, daß man sich einfach schon zu lang und zu gut kennt." (Katherina)

Wie die Ausführungen zeigen, ist die Solidarität der Erlinger Jugendclique ständig durch die ausgeprägten persönlichen Beziehungen der beteiligten Jugendlichen bedroht. Sie kann nur durch das tägliche gemeinsame Handeln der bezeichneten Körper erhalten werden, das die Grenzen zwischen der Gruppe und ihrem Umfeld schärfer hervorhebt und die Voraussetzung für gewalttätiges Handeln schafft.

9. Neue Grenzen und Beziehungen

Die Analyse mit Hilfe der Symbol- und Ritualtheorie zeigt, wie die Jugendlichen durch die Aneignung der Skinheadsymbole zunehmend emotional an den Kult gebunden werden. Hierdurch entsteht nicht nur ein spezifisches Solidaritätsgefühl, sondern es entwickeln sich gleichzeitig neue Formen des Ein- und Ausschlusses der Jugendlichen. Viele Jugendliche, die nur im begrenzentem Maße am Kult teilnehmen wollen, weil sie den Inhalten prinzipiell skeptisch gegenüberstehen, scheiden bald aus. Andere hingegen sind von den Inszenierungen der Gruppe fasziniert und stoßen neu dazu. Häufig handelt es sich hierbei um ältere Jugendliche, die im Umkreis der Kleinstadt wohnen und meist schon einige Erfahrungen aus der rechten Szene mitbringen. Die neuen Ein- und Ausschlußmechanismen erzeugen eine Art 'Reinigungsprozeß', der die Grenzen zwischen Gruppe und Umfeld deutlicher hervortreten läßt und die Gruppensolidarität stärkt.

Gleichzeitig bleibt die innere Organisation der Gruppe auffällig rudimentär. So gibt es kaum festgefügte Strukturen, sondern nur eine lose Hierarchie, die einerseits vom Grad der Integrationsbereitschaft der Jugendlichen, andererseits vom Geschlecht abhängt. Je stärker ein Jugendlicher dem Idealbild des Skinheads nahe kommen, desto bedeutungsvoller ist seine Position in der Gruppe. Die Mädchen, die selten eine vollständige Integration in den Kult vollziehen und auch körperlich nicht den Vorstellungen eines richtigen

180 Es muß hier nochmals darauf hingewiesen werden, daß viele der Jugendlichen erst seit einigen Jahren in Erlingen wohnen. Die Schwierigkeit, ein kameradschaftliches Verhältnis herzustellen, beruht daher nicht darauf, daß sich die Jugendlichen schon lange kennen, sondern darauf, daß es generell schwierig ist, Zu- und Abneigung auf Dauer zu verdrängen.

Skinhead entsprechen, nehmen deswegen meist untergeordnete Positionen ein. Umgekehrt fällt bei den Jugendlichen, die zu informellen Führern der Gruppe avancieren, auf, daß sie physisch das Ideal des großen, breitschultrigen Skinheads erfüllen und ihre Körper auch mit allen erdenklichen Symbolen dekoriert sind. Es sind meist ältere Jugendliche, die schon einige Erfahrungen mit der Szene besitzen. Die Gruppenmitglieder selbst bestreiten, je einen Anführer gehabt zu haben:

"Wir haben keinen Anführer oder sowas, aber ich denk' mal, das ist normal. Die älteren sind auch meistens vernünftiger und so..." (Katherina)

Die Jugendlichen nehmen die Führer der Clique nicht bewußt in dieser Position wahr, sondern akzeptieren sie aufgrund 'natürlicher' Kriterien wie Alter und Erfahrung.[181] Die Führungsposition wird demnach fraglos anerkannt und ist nicht strukturell abgesichert: eine Konstruktion, die die Einflußnahme der Führer stark einschränkt. Aus der Gruppenentwicklung geht hervor, daß ihnen ihre Position nur so lange zugebilligt wird, solange sie nicht versuchen, die Gruppe hierarchisch zu strukturieren, um und so ihren Status auch strukturell abzusichern. Die entsprechenden Versuche von Karl und Daniel enden damit, daß sich die Jugendlichen von ihnen abwenden und die Führer damit entmachten. Offenbar verlieren die Führer durch ihre Organisierungsversuche bei den Jugendlichen an Glaubwürdigkeit, da dies als Verstoß gegen das Gleichheitsprinzip der Kameradschaft gilt:

"...was damals total untergegangen ist, beim Daniel. Der Kameradschaftssinn ist damals aufgekommen, so daß zum Schluß die Großen doch gesagt haben: 'Moment, wir waren früher 'ne Gruppe mit zwanzig Leut', Zusammenhalt ohne Ende und jetzt sind wir auf einmal zwei Cliquen, einmal die da oben und einmal wir, die immer mit dir fortgehen. Das gibt's net. Entweder wir gehen alle fort oder gar keiner.' Und das hat dem Daniel nicht gepaßt, und dann haben wir damals den Daniel abgesägt und haben ihn fortgejagt." (Jörn)

Sicherlich ist das Ideal der Kameradschaftlichkeit ein wichtiger Faktor bei der Absetzung der Führer. Doch macht die symbol- und ritualtheoretische Analyse der Entstehung der Gruppensolidarität deutlich, daß jegliche Form der Strukturierung dem Prinzip einer eher mechanischen Solidarität widerspricht und somit nur begrenzt in solchen Gruppen durchgesetzt werden kann. Denn eine ausgeprägte Gruppenstruktur würde den Verlauf der rituellen Handlung hemmen und damit die Reproduktion des Gemeinschaftsgefühls erschweren. Meines Erachtens ist auch hier der Grund dafür zu suchen, daß es politischen Gruppierungen nicht möglich ist, die Clique zu vereinnahmen. Selbst die zwangloseren Einbindungsversuche der lokal agierenden Kameradschaften schlagen in Erlingen fehl (vgl. Kap. V.7). Zwar lassen sich einige Jugendliche von der Idee des Kameradschaftsabends begeistern, doch

181 Ein wichtiges Kriterium hinsichtlich der Führungsposition ist, ob die Person ein Auto besitzt. Denn im ländlichen Raum hat Mobilität einen sehr hohen Stellenwert.

nimmt die Euphorie genau dann ab, als die Jugendlichen angehalten werden, die Regeln zu befolgen:

"Sondern Skin so, das ist Way of Live, ganz original. Da gibt's das Lied von Feuerstoß: 'Wir sind, wir lassen uns von niemandem was sagen, was wir zu tun oder zu lassen haben.' Wenn ich irgendwo in einer Partei bin oder auf einem Kameradschaftsabend, dann ist es ja so. Meistens beim Kameradschaftsabend, solange Schulung ist oder Lieder gesungen werden, darfst du nicht trinken und rauchen. ... Und das seh' ich als Skin nicht ein. Ich will machen, worauf ich Lust habe. Ich will rülpsen, wenn ich Lust habe ..." (Jörn)

Jörn zufolge verbietet der Lebensstil eines Skinheads geradezu eine Ein- und Unterordnung in Strukturen. Die Bildung von festen Strukturen würde die Reproduktion der Gruppe verhindern. Doch steht der inneren 'Strukturlosigkeit' eine strikte Einteilung des Umfeldes gegenüber. Es wird mit zunehmender Radikalisierung in 'Linke' bzw. 'Zecken', 'Punks', 'Technos', 'Stinos' (Stinknormale) oder 'Türken' eingeteilt. Auch Vertreter der Institutionen, wie der Sozialarbeiter oder der namentlich bekannte Stadtpolizist werden nun zum 'Sozi'[182] bzw. zum feindlichen 'Bullen'.

Durch die Reduzierung der Erwachsenen auf ihre institutionelle Rolle sowie die Einteilung der namentlich bekannten Gleichaltrigen in sozial definierbare bzw. abstrahierbare Gruppen verlieren diese ihre Individualität und werden darüber hinaus mit politischen bzw. ethnischen Zuordnungen erfaßt. Es stehen sich nun 'linke' und 'rechte', 'deutsche' und 'türkische' Jugendliche gegenüber. Der lokale Konflikt zwischen den SchülerInnen der Hauptschule und des Gymnasiums wird hierdurch zu einem politischen Konflikt zwischen Rechten und Linken, Deutschen und AusländerInnen bzw. deren FreundInnen.

In Erlingen hat somit ein ähnlicher Prozeß stattgefunden, wie ihn Allen Feldman in seiner Studie über den gewalttätigen Konflikt in den gemischten Wohngebieten Nordirlands beschreibt. Die Politisierung führt zur Entpersonalisierung sozialer Gruppen, die als eine der wichtigsten Voraussetzungen für die ausufernden Gewalteskalationen in Kontexten mit großer sozialer Nähe gilt. In Nordirland wandelten sich die lokalen 'hardmen' zunehmend in paramilitärische, für die Republik Irland kämpfende 'gunmen', wodurch die traditionellen Konflikte zwischen jugendlichen Schlägergruppen politisiert und formalisiert wurden:

"The hardman/gunman polarity can be read as a techno-ethical opposition - the distinction between violence as a performative component of an individual agent and violence as a mechanized component of the gun, in which human bodies at both ends of the instrument fulfill purely transitive functions." (Feldman 1991: 52)

182 Zum Sozialarbeiter hatten die Jugendlichen allerdings ein ambivalentes Verhältnis.

Allen Feldman zufolge gewann der Konflikt in Nordirland über diese und ähnliche Transformationsprozesse nicht nur eine neue Dimension, sondern war schließlich die Voraussetzung für die anhaltende Gewalteskalation.

Auch in Erlingen bringt jede erneute Radikalisierung der Gruppe und die damit zusammenhängende Formalisierung der Beziehungen zwischen den Jugendlichen und ihrem Umfeld eine Eskalation der Gewalt mit sich.

10. Gewalt, Gewalt, Gewalt ...

In der rechtsorientierten Szene dienen vor allem die regelmäßigen gruppeninternen Handlungen und überregionalen Treffen zur Reproduktion des Gemeinschaftsgefühls. So fördern Konzerte, Grill- und Glatzenparties die überregionale Vernetzung der Szene, während die täglichen Treffen, Rasiersessions und Kneipengänge den Zusammenhalt der einzelnen lokalen Gruppen stärken. In diesem Zusammenhang nimmt die Ausübung von Gewalt eine herausragende Stellung ein:

"Aber ich mein', zu einem Skinhead oder zu den Rechten gehört nicht nur Saufen und Musik hören dazu, da gehören auch Schlägereien dazu. Also wenn ich ehrlich bin, mir ist es so gegangen und den anderen bestimmt auch so. Net eine Befriedigung, aber es hat einen innerlich irgendwie bestätigt." (Jörn)

Die Gewalt stellt die Kameradschaftlichkeit der einzelnen auf eine besondere Probe. Idealerweise muß jeder für den anderen bis zum Sieg oder zur Niederlage einstehen:

"Also entweder da gibt's nur Sieg oder Niederlage. Niederlage darf's net sein, es muß Sieg sein. Da wird einfach so lang gemacht, bis man gewinnt, egal wie." (Jürgen)

Gleichzeitig reproduziert die Gewalt den gesamten Gruppenkodex, der sich um die Konstruktion des männlichen Helden gruppiert. Hierbei entwickelt die Gruppe ganz unterschiedliche Formen von Gewalt. Von besonderer Bedeutung ist diesem Zusammenhang die kollektive Gewalt. Wie die Gruppendarstellung zeigt, waren in Erlingen meist vermeintliche 'Linke' bzw. 'Zecken' und 'Türken' davon betroffen. Manchmal jedoch richtete sie sich auch gegen andere MigrantInnen und Flüchtlinge. Meist baut sich die Eskalation nach dem Muster auf, wie es Jürgen schildert. Ein Anlaß war die erwähnte Begegnung mit französischen MigrantInnen im Europapark:

"...da waren wir im Europapark, da hat sich's auch ziemlich gestaut. Da war so, wir so rausgelaufen und da waren wir auch ziemlich mit Lonsdale Pulli und Lonsdale T-Shirt und so, Bomberjacke, Harrington. Was weiß ich, Stiefel oder paar weiße Schuhbändel drin gehabt, Störkraft T-Shirts und lauter so Scheiß' halt. Und da sind draußen so ein Paar Franzosen gestanden, das ist ja gleich an der Grenze. Und so Halbneger da halt. Und es war auch irgendwie so, die haben uns blöd angeglotzt, wir haben die blöd angeglotzt.

Irgendwann hat mal ein Kumpel von mir angefangen so, der ist dann hinten gestanden so, huhuhu. Und halt dann provoziert wie die Sau, und da haben die dann Kekse geschmissen oder was. Aber wir wollten halt gleich eigentlich, gleich so, Kurzschlußreaktion so; Jacke ausgezogen, nachgeschmissen und hergekommen so. Ich mein', wenn da der Sozi net dabei gewesen wär', dann hätt's wahrscheinlich ziemlich gerußt." (Jürgen)

Kollektive gewalttätige Eskalationen gleichen einem Ritual mit einer bestimmten Handlungsabfolge. Sie beginnen meist mit einer Provokation, die so lange fortgesetzt wird, bis die ins Visier genommene Gegengruppe mit der erwünschten provozierenden Handlung antwortet. Dies ist dann das Zeichen für den Angriff:

"... da kommen die 'Zecken', da kommen die 'Zecken', und da sind sie gleich dagestanden, haben geguckt, und haben so provoziert bis einer halt aufmuckt und so. 'Scheiß linke Zecken' gerufen und so und bis ein 'Linker' dann irgendwas gesagt hat. 'Scheiß-Nazi', dann ist's abgegangen. Dann war's also so, zu denen konnte keiner Scheiß-Nazi sagen oder so. Die waren da so empfindlich und so. 'Du Scheiß-Türke' und so. Das war ruckzuck. Das ist schnell gegangen mit der Schlägerei. Die haben halt so lange provoziert bis einer gesagt hat: 'Du Scheiß-Nazi', dann ist's abgegangen." (Corinna)

Die Schilderungen von Corinna und Jürgen zeigen, daß die verbale Provokation nur der sichtbare Auslöser einer Schlägerei ist. Zuvor fühlen sich die Jugendlichen durch die Anwesenheit der anderen 'bedroht'. Es ist jedoch nur ein subjektives Gefühl, das keiner realen Grundlage entspricht und die Jugendlichen nur vage umschreiben können:

"Ja, ich mein', danach merkt man auch, daß das vielleicht net immer grad' richtig war. So, wir haben uns eigentlich immer gleich versucht, Respekt zu verschaffen. Wenn andere, also wenn andere auf uns so stark wirken wollten oder so. Also so raushängen, daß mir's sind, und die machen uns fertig oder so. Und die sind mehr und sind stärker. Da mußt' gleich von vornherein irgendwie denen zeigen, wie's aussieht. Also wer der Chef ist und so. Irgendwie das gleich zeigen, wer's Wort hat und vorbei ist's. Wenn man von denen auch noch was will, das ist grad' das, so an dem Kult. Was so, was mich früher so fasziniert hat. Wenn da irgendwas war, wenn da was gewesen wär' und wenn der (Sozi ACG) nicht dabei gewesen wär'. Ich mein', wir wären rübergegangen und hätten ihnen halt auf's Maul gehauen." (Jürgen)

Die Schilderung zeigt deutlich, daß es sich bei dem Bedrohungsgefühl um eine Projektion handelt. Im Falle der Begegnung im "Europapark" genügte schon die äußerliche Andersartigkeit ('Halbneger'), um das Gefühl zu erzeugen, daß MigrantInnen auf sie wirken, sie vereinnahmen wollten. Offensichtlich stellt die äußerliche Andersartigkeit, das als fremd Definierte eine Verletzung der Gruppengrenze dar, worauf die Jugendlichen mit Gewalt reagieren. Der siegreiche Ausgang einer Schlägerei verschafft ihnen den nötigen Respekt und stellt die Gruppenehre wieder her.

Es ist auffällig, wie stark dieser Mechanismus mit der Figur des negativen Helden korrespondiert, den der Kult durch seine Medien, insbesondere durch die Musik, vermittelt. Die Haltung als bedrohte Opfer, die die Jugendlichen bei einer realen Begegnung mit anderen Gruppen einnehmen, und die daraus resultierende Gewalt wird ihnen über die Texte vieler Rechtsrockgruppen vermittelt (vgl. Kap. IV.5). Die Analyse der Symbolaneignung hat gezeigt, wie stark die Musik die Wahrnehmung der Jugendlichen prägt. Offenbar wird hierdurch der Boden für die Aggression und den Haß bereitet, der sich schließlich in einer Gewalteskalation entlädt. Jeder Eskalation geht ein ausgiebiger Alkohol- und Musikkonsum voraus, der die Jugendlichen enthemmt und aufhetzt:

"Na, das drillt irgendwie. Das hetzt wie die Sau, find' ich so. Die Musik, bissle angesoffen, die Musik, und dann, wenn du siehst, das sind ja alles meine Leute. Da können wir was anfangen und so. Das kommt automatisch dann. Das erste gibt's irgendwie so leichte Diskussionen, und auf einmal kommt so, huit. Dann fängt es an, dann rumpelts mal geschwind und dann ist's vorbei." (Jürgen)

War die Anfangssequenz erfolgreich, hat die gegnerische Gruppe entsprechend reagiert, dann läuft die Gewalteskalation ab, ohne daß die Jugendlichen sie willentlich stoppen können. Lediglich eine externe Intervention durch Polizei oder Sozialarbeiter kann den Ablauf unterbrechen. In diesem Falle verpufft die aufgestaute Aggression schnell, und die Jugendlichen ziehen sich frustriert zurück. Im "Europapark" bleibt der 'Kick' aus, was die Jugendlichen nachhaltig enttäuscht, auch wenn sie wahrnehmen, daß ihnen hierdurch eine erneute Konfrontation mit der Polizei erspart geblieben ist:

"Und in dem Moment (Eskalation im Europapark, Verf.) haben wir dann auch gedacht: 'Ach Sozi, du bist doch ein Arschloch so, was soll das.' Auf der anderen Seite denkt man da auch: 'vielleicht ist's doch net schlecht', wenn da die Bullen gekommen wären, hätt's wieder Streß gegeben, und das ist halt immer; es sind immer zwei Seiten da." (Jürgen)

Ebenso wie Jürgen schildern auch die anderen Jugendlichen, daß ihnen eine Distanzierung nicht mehr möglich ist, sobald das Ritual angefangen hat. Sie sprechen von einem Sog, der sie fast automatisch in das Geschehen hineinzieht. Hierbei gibt es offenbar einen bestimmten Punkt, an dem alle rationalen Überlegungen in den Hintergrund treten:

"Ja was heißt, willst nimmer. Ich mein', da gibt es immer zwei Seiten, irgendwie der Anfang ist irgendwie schwer. Also wenn's losgeht so, das ist irgendwie 'e bissle Scheiße. Aber dann, wenn man z.B. mal eine abkriegt so, dann macht's klick und dann siehst du nur noch drauf, egal was ist. Und da kannst dann, glaub' ich, auch nicht mehr aufhören.
F: Aber am Anfang ist schon so 'ne Hemmung da oder was?
Ja, am Anfang ist so'e bissle Angst net, aber so ein komisches Gefühl so. Da zittern dir halt die Hände und so, irgendwie. Was heißt zittern, das merkst', das kribbelt so, wenn's dann anfängt, es geht automatisch dann. Also am Anfang mußt' schon bissle dazu bereit sein, daß das so kommt. Aber wenn's mal soweit ist, ist's eigentlich, dann bist du's nicht mehr selber so, dann ist das ganz was anderes." (Jürgen)

Das über den Kult vermittelte Selbstbild des negativen Helden prägt nicht nur die Wahrnehmung des Umfeldes, sondern stellt gleichzeitig eine formale Beziehung zwischen dem Umfeld und der Jugendclique her. Die rechtsorientierten Jugendlichen nehmen in unserem Fall die durch den Kult vermittelte

Rolle des verkannten und verfolgten negativen Helden ein. In diesem Zusammenhang fühlen sie sich durch alle anderen definierten Gruppen ('Linke', MigrantInnen, Flüchtlinge etc.) bedroht und entwickeln aus dieser Opferhaltung jenen Haß, der schließlich zur Eskalation führt. Eine erfolgreiche Schlägerei wird als ein Befreiungsschlag empfunden, der zu einem neuen Selbstwertgefühl führt. Eine Niederlage hingegen stellt gar die Existenz der Gruppe in Frage (vgl. Kap. V.7).

Die Beschreibung der psychischen Befindlichkeit während des Rituals zeigt, daß die Jugendlichen den Mechanismus nicht unterbrechen können, da hier ein emotionaler Sog entsteht, der ab einem gewissen Punkt keine rationalen Argumente mehr zuläßt, da die Jugendlichen nun quasi 'automatisch' agieren. Dies gilt selbst dann, wenn die Jugendlichen wissen, daß sie sich durch ihre Handlung großen Schaden zufügen.

Eine 'erfolgreiche' Eskalation führt nicht nur zu einer Bestätigung des individuellen Selbstwertgefühls, sondern gleichermaßen zur Stärkung des kollektiven Selbstbewußtseins, da die Jugendlichen nun glauben, ihrer Umwelt den nötigen Respekt abgerungen zu haben. Noch lange werden Siegesgeschichten in der Gruppe als Heldentaten erzählt und dienen somit auch nachhaltig zur Reproduktion der Gruppensolidarität. Zudem festigen die kollektiven Gewalttaten die geschlechtsspezifischen Rollenzuschreibungen innerhalb der Gruppe. Denn durch den gemeinsamen Kampf kann nicht nur die Kameradschaft unter Beweis gestellt werden, sondern das Geschehen ist gleichzeitig der Ort, an dem jene Heldentaten vollbracht werden, über die die Jugendlichen das vom Kult vermittelte Selbstbild des Helden unmittelbar erfahren können. Mädchen haben hier keinen Platz. Sie gelten als Störung, da sie die gesamte Männlichkeitskonstruktion ins Wanken bringen. Dies gilt sowohl für die Mädchen der eigenen Gruppe, die deswegen meist aus dem Kampfgeschehen herausgehalten werden, als auch für die Mädchen der gegnerischen Gruppe:

> "Ja klar, aber, so, ich mein', (...) Angst hab' ich net direkt, also ein bissle schon, wenn ich mir jetzt denk', so eine Schlägerei und ein Mädchen kommt auf mich zu, ich wüßt' net, was ich machen sollte. Ich mein', fortrennen, wie sieht denn das aus. Aber zuschlagen, ich mein', wie sieht denn das aus. Ich mein', erst heißt's vielleicht, was weiß ich, wenn das Mädle dann sagt: 'ei ha, ich hab' dem eine reingehauen und der ist nimmer aufgestanden' oder was, aber auf der anderen Seite, wenn ich mich wehr', wenn ich zurückschlag', und danach heißt das: 'sag mal, schlägst du Weiber, bist du dumm oder was'." (Jürgen)

Die Anwesenheit von Mädchen bei kollektiven Schlägereien bringt die Jungen auf jeden Fall in Schwierigkeiten. Halten sie sich zurück und lassen die Mädchen gewähren, dann kann die eigene Ehre auf dem Spiel stehen. Wenn sie sich aber gegen Mädchen wehren, dann verstoßen sie gegen den Ehrenkodex, der ihnen verbietet, Mädchen zu schlagen. Eine Möglichkeit, sich diesem Dilemma zu entziehen, ist der Versuch, die Mädchen aus dem

Kampfgeschehen herauszuhalten und dadurch eine Beschützerrolle anzunehmen.

Eine zweite Möglichkeit besteht darin, kämpfende Mädchen prinzipiell abzuwerten. So dominiert bei den Jungen die Vorstellung, daß ein Kampf mit und unter Mädchen kein gleichwertiger Kampf ist. Denn Mädchen gelten bei ihnen (und innerhalb der dominierenden Moralvorstellungen des Kultes) nicht als vollwertige Kameradinnen, obwohl die Mädchen in Erlingen eine hohe Gewaltbereitschaft aufweisen. So waren schon viele von ihnen in Schlägereien verwickelt. Doch handelte es sich hierbei vorrangig um Auseinandersetzungen, an denen ausschließlich Mädchen beteiligt waren:

"In der Hauptschul' gab's schon mehrmals Schlägereien unter den Weibern und Annette hat ja auch schon einige Anklagen oder irgendwas gehabt." (Gisela)

Gewalt unter Mädchen löst bei den Jungen keinerlei Emotionen aus. Sie wird nicht ernstgenommen. Vielmehr stehen sie meist gelangweilt dabei und machen sich bestenfalls darüber lustig:

"Ei ja, war lustig, wenn die zusammen geschlägert haben (...) bissle an den Haaren rumgezogen, und das war's meistens. Nase geblutet oder so, das war's dann. Ei, wo passiert das net, das passiert überall." (Ansgar)

Lediglich ein Mädchen wird in der untersuchten Skinheadclique als kämpfende Kameradin ernst genommen. Sie zeichnet sich durch besondere Aggressivität und Kraft aus und bekommt deswegen innerhalb der Gruppe die männlichen Attribute zugeschrieben:

"Das einzige Mädel, das aktiv dabei war, das war die Isabelle. Und das ist einfach das Beste. Wenn du eine Schlägerei hast und du weißt daß deine Freundin mitdrin ist und mithilft. Das ist schon ein gutes Gefühl. Ja, in einer Schlägerei, da ist die Freundin net die Freundin, da ist sie wirklich mehr Kamerad, ein Kumpel, wo einem hilft, aus der Scheiße zu kommen oder auszuteilen." (Jörn)

Isabelle verhält sich bei Schlägereien wie ein Kumpel, wie ein Mann. Wie schon bei der Analyse der Selbstbilder deutlich wurde, läßt die in der Gruppe vorherrschende Moralvorstellung nur dann die Anerkennung eines Mädchens als Kameradin zu, wenn sie die Geschlechtskategorie wechselt.

Die Analyse der Gewalteskalationen zeigt deutlich, daß in der bei den Jungen dominierenden Konstruktion von Männlichkeit Mädchen fast ausschließlich als schwache Individuen vorkommen, die es zu verteidigen gilt. Diese Vorstellung wird jedoch durch das Erscheinungsbild und Verhalten der Mädchen innerhalb der Gruppe konterkariert. Ihr über den Kult gewonnenes Selbstbild als durchsetzungsfähige Mädchen sowie ihr männlich-militärisches Aussehen weisen nicht nur auf eine Distanzierung von der Mädchenrolle hin, sondern darüber hinaus auch auf ihre hohe Bereitschaft zu gewalttätigem Handeln. Dadurch sind die eindeutigen geschlechtsspezifischen Rollenvorstellung, auf denen das Selbstbild der Jungen als Helden fußt, durch die Anwesenheit der Mädchen ständig gefährdet. Um diese labile Konstruktion zu stabilisieren, hat sich eine spezifische Form von Gewaltausübung herausgebildet. Hier wird der Mechanismus des Gewaltrituals in Gang gesetzt, indem das Gerücht in der Gruppe verbreitet wird, Außenstehende hätten die Mädchen 'angemacht'. Schon abschätzige Blicke oder auch nur vermeintlich abschätzige Blicke können als 'Anmache' gedeutet werden. Dabei handelt es sich meistens lediglich um ein diffuses Gefühl, das keineswegs realen Vorfällen entsprechen muß. Trotzdem bedeutet die 'Anmache' der Mädchen eine Verletzung der Gruppenehre, die die Jungen dann durch eine Racheaktion wieder herzustellen suchen:

"Und da kommt auf einmal ein Auto, hält an, steigen drei Türken aus, und kommen halt mit dem Messer und fuchteln halt mit dem Messer rum. Denk ich: 'super, was bringt das, mit dem Messer rumzufuchteln'. Drei Kerle auf drei Mädchen, die nichts machen können und dann noch mit dem Messer. Ich mein', wenn das unsere Kerle erfahren, gibt es wieder Streß, und so entwickelt sich immer der Streß. Sobald irgendwie heißt: 'Unsere Mädels werden angemacht, die packen wir.'" (Julia)

Während sich bei meiner Untersuchungsgruppe die kollektive Gewalt meist gegen sogenannte 'Linke' richtet, hat die 'Gewalt durch Anmache' vor allem türkische Jugendliche im Visier. In keinem Fall wird erwähnt, daß die Mädchen von deutschen Jugendlichen 'angemacht' wurden. Offenbar bedeutet schon die Anwesenheit von 'Fremden' eine Verletzung der Gruppengrenze und wird demnach als 'Anmache' empfunden. Für die Jungen ergibt sich hierüber die Möglichkeit, den männlichen Ehrenkodex, der das Beschützen vorschreibt, zu reproduzieren und somit die durch die Anwesenheit der Mädchen untergrabene Geschlechterrollen zu stabilisieren.

Die Skinheadclique von Erlingen stellt die Gruppensolidarität nicht über einen inhaltlichen Konsens her, sondern über die rituellen Handlungen symbolisierter Körper. Die unterschiedlichen Gewaltformen sind hierfür die zentralen Riten.

Da die Jungen in rechtsorientierten Gruppen meist in der Überzahl sind, geraten hauptsächlich ihre Vorstellungen und Verhaltensweisen in den Blick von Medien und Forschung. Mädchen werden in diesem Zusammenhang vor allem als Mitläuferinnen wahrgenommen. Gegen diese Interpretation spricht die Beschreibung der Erlinger Gruppe. Aussehen und Handeln der Mädchen beweisen: Sie sind ebenso aktiv wie ihre männlichen Mitstreiter.

11. Die Clique als identitätsbildender Ort

Über den Kult wird eine spezifische Form der Gruppensolidarität entwickelt. Sie zeichnet sich dadurch aus, daß sie die sozialen Beziehungen der Gruppenmitglieder untereinander, aber auch die Beziehung der Gruppe zu ihrem

Umfeld funktionalisiert. Die Gruppensolidarität stellt sich nicht über eine gemeinsame verbale Kommunikation, sondern über das gemeinsame Handeln der einheitlich symbolisierten Körper ihrer Mitglieder her. In dieser 'habituellen' Herstellung von Gemeinsamkeit gleicht die von mir untersuchte Clique den Hooligans. Darüber hinaus lassen sich jedoch kaum Parallelen finden, da mit der Herstellung der Gruppenidentität bei der Skinheadclique ein kollektives Bewußtsein entsteht, das sich tief in das Bewußtsein der einzelnen Jugendlichen einschreibt. Die Aneignung der Symbole und die Ausübung der Rituale binden sie nicht nur emotional an den Kult, sondern synthetisieren die individuellen Einstellungen zu jener Gruppenmoral, die der Kult vorgibt. In diesem Zusammenhang werden die politischen Einstellungen des Kultes übernommen. Gleichzeitig findet eine Emotionalisierung der politischen Inhalte und eine Politisierung der Emotionen statt, die bei den Jugendlichen in der extremen Aggression gegen 'Fremde' und 'Linke' ihren Ausdruck findet.

An den wechselnden Phasen, die die Jugendclique durchläuft, läßt sich ablesen, wie die zunehmende Kultaktivität mit einer Radikalisierung der Gruppe einhergeht. So nehmen von 1993 bis 1996 in jedem Frühjahr die Kultaktivitäten zu und rufen vermehrte Konflikte mit anderen Jugendlichen hervor. Über einen Zeitraum von drei Jahren endet die Radikalisierung jeweils mit einer besonders heftigen Gewalttat im Sommer des gleichen Jahres, die zu verstärkten Sanktionen gegenüber der Gruppe führt.

Gleichzeitig äußert sich die Radikalisierung der Gruppe auch darin, daß der Kult bzw. das Gruppenleben zunehmend den Alltag der Jugendlichen dominieren. Bisherige Freunde der Jugendlichen werden vernachlässigt, wenn sie nicht entsprechendes Interesse für den Kult zeigen; die Konflikte mit den Eltern nehmen zu und führen zum vorübergehenden - manchmal auch endgültigen - Auszug aus dem Elternhaus; die schulischen Leistungen nehmen dramatisch ab. Nicht selten werden in dieser Zeit Schule und Ausbildung abgebrochen, womit ein wichtiger Bereich möglicher Außenkontakte und sozialer Integration verloren geht. Die Gruppe und die kultspezifischen Werte beginnen verstärkt die bisherigen sozialen Beziehungen und allgemeinen gesellschaftlichen Werte zu ersetzen; die Gruppe wird für die Jugendlichen zu jenem Ort, an dem sie durch spezifische Kommunikationsformen ihre Identität entwickeln.

Auf die Bedeutung von Gruppen für die Identitätsbildung weist Ina-Maria Greverus hin. Sie entwickelt in diesem Zusammehang die Identitätsformel des Sich Erkennens, Erkannt- und Anerkanntwerdens. Im Zentrum steht hierbei das Identitätskonzept von George Herbert Mead, das sie in 'einem freien Umgang übernimmt'. Meads Unterscheidung zwischen 'I' und 'Me'[183] wird in das dichotome Paar 'eigenes Ich' und 'anderes Ich' übersetzt,

183 Die von Mead getroffene Unterscheidung zwischen 'I' und 'Me' wurde im deutschen Text mit 'Ich' und 'ICH' übersetzt (vgl. Mead 1973).

um so zu betonen, daß das verallgemeinerte Andere (me) vorrangig über konkrete Andere vermittelt wird:

"Diese konkreten Anderen aber beziehen sich (wie ich selbst ihnen gegenüber) vor allem zunächst auf 'bekannt in Gemeinsamkeit' oder eben mein 'anderes Ich', das die Konventionen und Gewohnheiten der Gemeinschaft verinnerlicht hat." (Greverus 1995: 29)

Identität stellt sich nun in der Konstruktion eines verallgemeinerten Anderen über konkrete Andere her. Hierbei muß das Individuum fähig sein, sich in das 'eigene' und in das 'andere' Ich des konkreten Anderen hineinzuversetzen (Perspektivenreziprozität). Da das verallgemeinerte Andere über viele 'andere Ichs' vermittelt wird, begegnet es dem Individuum niemals als etwas statisch homogenes, sondern in Vielfalt und Gegensätzlichkeit. Demzufolge wird die 'sich erkennende Ich-Identität' immer über einen permanenten Dialog mit vielen 'anderen Ichs' hergestellt. Identitätsbildung wird so zu einem stetigen und wechselseitigen Prozeß des sich Erkennens und Anerkennens einzelner Individuen innerhalb einer Gruppe.

Mit diesem Ansatz wendet sich Greverus gegen die Vorstellung, der moderne bzw. postmoderne Mensch sei ein Individualist oder Sinnbastler, der sich aus unterschiedlichen Sinn-Welten relativ frei und willkürlich seine individuelle Identität konstruieren könne (vgl. Berger/Luckmann 1989: 182; Hitzler 1994). Statt dessen entwickelt sich ihrer Meinung nach das kreative Potential, das jene Konzepte in der positiven Deutung des Individuums als Wanderer und Sinnbastler hervorheben, vorrangig über den Weg "von der Herrschaft des traditionellen verallgemeinerten Anderen zur Interaktion konkreter Anderer, die ihre je eigenen Ichs nicht über alte Erwartungen, sondern über neue Erfahrungen zu einem neuen Erkennen und Anerkennen eines Gemeinsamen im Anderen einbringen" (Greverus 1995: 30). Im Idealfall findet innerhalb einer Gruppe ein gemeinsamer schöpferischer Austausch statt, der zur gemeinsamen Grenzüberschreitung überkommener Normen führt.

Identität bildet sich demnach nicht nur über einen individuellen Reifungsprozeß, sondern ebenso über eine gemeinsame Identitätsarbeit innerhalb überschaubarer Kleingruppen. Hierzu zählen sowohl jugendliche Peer-Groups als auch ethnische und subkulturelle Gruppen. In diesem Zusammenhang betont Greverus, daß nicht nur die verbale Kommunikation ein zentrales Medium der Identitätsbildung darstellt, sondern gleichermaßen gemeinsames nichtverbales Handeln in Form von Ritualen (vgl. Greverus 1987: 258).

Dies entspricht dem Kerngedanken Meads, der in den spezifischen Eigenschaften von Kommunikationssituationen die Faktoren sah, durch die die Identitätsentwicklung der Individuen auf den Weg gebracht wird. Wichtige Voraussetzung hierfür ist die Tatsache, daß der Kommunikation signifikante Symbole zugrunde liegen:

"Wenn nun eine solche Geste die dahinterstehende Idee ausdrückt und diese Idee im anderen Menschen auslöst, so haben wir ein signifikantes Symbol. (...) An dem Punkt, an dem die Geste diesen Zustand erreicht, wird sie zu dem, was wir 'Sprache' nennen. Sie ist nun ein signifikantes Symbol und bezeichnet eine bestimmte Bedeutung." (ebd.: 85)

Sinn und Bedeutung[184] einer Handlung entstehen demnach in einer dreiseitigen Beziehung, in der Gesten, Laute und andere Artikulationsformen zu signifikanten Symbolen werden. Nur über sie kann eine sinnvolle Kommunikation zwischen zwei Individuen entstehen und der Mensch sich selbst zum Objekt machen, um eine Perspektivenreziprozität herzustellen.

Das zentrale Medium der Identitätsbildung stellen demnach die signifikanten Symbole dar. Obwohl für Meads evolutionistisch angelegtes Konzept die Sprache das vollendete Medium menschlicher Verständigung darstellt, impliziert sein Modell ausdrücklich auch die Geste, also die nonverbale Form der Verständigung.

Wie die vorangegangene Symbol- und Ritualanalyse der von mir untersuchten Jugendgruppe zeigt, kann auch über kollektive Handlungen Bedeutungsidentität zwischen den Mitgliedern einer Gruppe hergestellt werden. Doch bleibt sie wie bei den von Bohnsack u. a. untersuchten Hooligans, auf die spezifische Handlungssituation beschränkt, wenn die Gruppe kein Symbolsystem besitzt, mit dem gemeinsame Bedeutungsinhalte über die einzelne Situation hinaus assoziiert werden können. Bei der untersuchten Skinheadclique stellt der Kult die Kontinuität der gemeinsamen Bedeutung durch seine Symbole her. Sie werden über die Integration in den Kult für die Jugendlichen zu signifikanten Symbolen und damit zur Grundlage ihrer Kommunikation innerhalb der Gruppe. Die Rituale, also die nonverbale symbolische Artikulation der Gruppe, stellen - im Sinne von Mead - nonverbale identitätsschaffende Kommunikationsformen dar, die - nach Turner - sowohl nach innen als auch nach außen wirken.

Als solche weisen sie jedoch gegenüber der verbalen Kommunikationsform zentrale Unterschiede auf. Sie lassen sich mit der Unterscheidung, die Susanne K. Langer zwischen der diskursiven Sprache und präsentativen nichtverbalen Symbolsystemen trifft, umreißen.[185] Langer geht zunächst davon aus, daß beide Kommunikations- bzw. Ausdrucksformen symbolische Transformationen von Erfahrungen darstellen. Im Unterschied zu den nichtsprachlichen Symbolen oder symbolischen Artikulationsformen (Riten, Kunst, Musik) hat jedoch "jede Sprache ein Vokabular und eine Syntax. Ihre Elemente sind Wörter mit festgelegten Bedeutungen. Aus ihnen lassen sich, gemäß den Regeln der Syntax, zusammengesetzte Symbole mit daraus resul-

184 Hier im umgangssprachlichen Sinne benutzt und nicht in philosophisch-analytischer Terminologie, in der das Begriffspaar seit Freges 'Über Sinn und Bedeutung' immer wieder auftaucht (vgl. Frege 1969: 40ff.).

185 Im Gegensatz zu Langer möchte ich diese Unterscheidung nur als heuristische verstanden wissen, da die Untersuchung zeigen soll, wie die symbolische Artikulation der Skinheadcliquen in einer spezifischen gesellschaftlichen Situation diskursiven Charakter bekommt.

tierenden neuen Bedeutungen konstruieren" (Langer 1965: 100). Weil sie aus Bedeutungseinheiten besteht, ist die Sprache ein diskursives Symbolsystem, die zu größeren Einheiten verbunden werden kann. In diesem Sinne erreicht sie einen Charakter der Allgemeinheit, der Definitionen und Übersetzungen möglich macht (vgl. ebd.: 103).

Gleichzeitig bleiben jedoch die Ausdrucksmöglichkeiten der Sprache auf jene Erfahrungen und Gedanken beschränkt, die sich ihrer Logik unterordnen können. Alle anderen Erfahrungen, die nicht auf diese lineare, sukzessive Ordnung reduziert werden können, sind mit Hilfe von Worten nicht mitteilbar. Sie artikulieren sich in anderen Ausdrucksformen, die Langer als wortlosen Symbolismus bezeichnet. Er umfaßt unterschiedliche Kunstformen, Gesten und Riten, also all jene Ausdrucksformen, deren Elemente an sich keine Bedeutungseinheiten darstellen, sondern nur in der Gesamtheit des Ausdrucks an Bedeutung gewinnen:

"Der radikalste Unterschied ist der, daß visuelle Formen nicht diskursiv sind. Sie bieten ihre Bestandteile nicht nacheinander, sondern gleichzeitig dar, weshalb die Beziehungen, die eine visuelle Struktur bestimmen, in *einem* (Herv. Langer) Akt des Sehens erfaßt werden." (ebd.: 99)

Was hier am Beispiel der bildenden Kunst erläutert wird, läßt sich auch auf andere symbolische Ausdrucksformen und damit auf Rituale übertragen. Auch bei ihnen haben die einzelnen Elemente, wie die Symbolisierung der Körper, das Spielen der Musik oder die unterschiedlichen Handlungssequenzen keine Bedeutung an sich, sondern sind nur im Gesamtzusammenhang interpretierbar. Über alle Sinnesorgane kommen die individuelle und gemeinschaftliche Erfahrungen zum Ausdruck, der zwar nicht wie in der Sprache auf einen Begriff reduzierbar ist, aber dennoch der Logik menschlicher Rationalität folgt:

"Die Anerkennung des präsentativen Symbolismus als eines normalen Bedeutungsvehikels von allgemeiner Gültigkeit erweitert unsere Vorstellung von Rationalität weit über die traditionellen Grenzen hinaus und wird doch der Logik im strengsten Sinne[186] niemals untreu." (ebd.: 103)

Rituale können demnach ebenso eine Bedeutungsidentität zwischen den Beteiligten herstellen wie die verbale Sprache. In diesem Sinne sind auch sie Medium einer Kommunikation[187], durch die sich das Individuum (über die Einnahme der Perspektive des anderen) selbst verobjektivieren kann. Da Rituale Erfahrungen und Wünsche ausdrücken, die sich nicht in das System

186 Trotz der deutlichen Unterschiede zwischen Sprache und nichtverbalen Artikulationsformen folgen beide Ausdrucksformen der gleichen Logik: Im Unterschied zu Zeichen, die Gegenstände ankündigen, bewegen Symbole das Individuum dazu, sich von dem Gegenstand eine Vorstellung zu machen. Worte sind sowohl Zeichen als auch Symbole. (vgl. Langer 1987: 69).

187 In diesem Zusammenhang ist auch auf die Ausführungen von Edmund Leach hinzuweisen, der den Kommunikationscharakter von Ritualen herausarbeitet (vgl. Leach 1978).

der Sprache einfügen, sind sie nicht nur eine ergänzende, sondern eine ebenso wichtige Voraussetzung für die Identitätsbildung wie die Sprache. Identitätsmodelle, die nichtverbale Artikulationsformen in Form von Ritualen unberücksichtigt lassen, bleiben somit immer unvollständig.

Doch weisen Rituale einen wichtigen Unterschied auf, der die Identitätsbildung der von mir untersuchten Jugendlichen im Dunkeln ließe, bliebe er unberücksichtigt. Ebenso wie die anderen präsentativen Symbolsysteme läßt sich die Bedeutung eines Rituals nur schwer in einem Begriff vermitteln und bleibt somit nur begrenzt verallgemeinerbar. Eine allgemeine, für andere verstehbare Bedeutung kann nur erzeugt und aufrecht erhalten werden, indem es wiederholt angewendet wird. Kollektive Identitätsarbeit findet demnach nur bei jenen Individuen statt, die sich wiederholt am Ritual beteiligen. Die Analyse der Rituale und Symbole zeigt, wie über Rituale ein spezifisches kollektives Bewußtsein entsteht, das die Jugendlichen durch ihre Beteiligung als 'anderes Ich' verinnerlichen. Mit und in dem Kult hebt sich für sie das Gefühl der Stigmatisierung nicht nur auf, sondern sie können sich zu 'negativen Helden' stilisieren. Insbesondere bei den Jungen wird dieses stereotype Selbstbild des Kultes fast vollständig übernommen und führt dazu, daß das 'eigene Ich', also die eigenen individuellen Wünsche und Erfahrungen zurückgedrängt und durch das internalisierte verallgemeinerte Andere, das 'andere Ich', überlagert wird. Hierdurch transformieren sich die sozialen Beziehungen der Gruppe immer mehr zu einem funktionalen Miteinander. Erkannt und anerkannt wird in diesem Zusammenspiel nicht das Individuum mit seiner je individuellen Persönlichkeit, sondern lediglich das 'andere Ich' in Form des männlichen Stereotyps des 'negativen Helden'. In dieser Verdichtung des kollektiven Bewußtseins entwickelt sich die Gruppe in Phasen verstärkter Kultaktivität zu einer festumgrenzten 'Ghetto-Kultur', wie sie Greverus als eine mögliche Entwicklung für ethnische Gruppen beschreibt:

> "Die Stabilisierung dieser kollektiven ethnischen Identität stabilisiert auch die personale Identität. Jedoch: Dieses kollektive 'eigene Ich' wird von den individuellen Mitgliedern der ethnischen Gruppe eben als das übergewaltige 'andere Ich' benötigt als Stützpfeiler kultureller Persistenz, es diktiert Haltungen und Handlungen, es wird zum besseren Selbst für die Individuen und verhindert schließlich die spontanen und kreativen Chancen zur Interaktion und zum Dialog des individuellen 'eigenen Ich' mit den Anderen jenseits des ethnischen Ghettos." (Greverus 1995: 32)

Die Analyse zeigt, wie stark die Jugendlichen in bestimmten Phasen der Gruppenentwicklung in dieses Ghetto eingeschlossen sind. Ihre Identität, ihre Wahrnehmung, ihr gesamter Alltag wird durch den Kult bestimmt und durch die Gruppenaktivitäten permanent verfestigt. Bei einigen Jugendlichen entwickelt sich hieraus dauerhaft eine negative Identität, die selbst nach wiederholter strafrechtlicher Verurteilung nicht mehr korrigierbar ist (bspw. bei Klaus und Jörn). Wie bei den meisten Jugendlichen ist eine starke Identifizierung nur so lange vorhanden, so lange sie aktiv am Kult teilnehmen. Dies trifft insbesondere für die Mädchen zu.

12. Die Situation der Mädchen: “Sie kämpft wie ein Mann”

Mädchen nehmen in rechtsorientierten Jugend- bzw. Skinheadgruppen eine Sonderstellung ein. Eine wesentliche Ursache hierfür ist dem Umstand zuzuschreiben, daß sich Inhalte und Ausdrucksformen der Skinheadszene um das Selbstbild des negativen Helden gruppieren. Diese Identifikationsmöglichkeit bleibt aber ausschließlich den Jungen vorbehalten. Ein weibliches Pendant für die Mädchen ist im Kult nicht vorhanden. Statt dessen hält er für sie zwei Formen der Selbstverortung bereit, die je auf ihre Art den Mädchen extreme Verhaltensmuster vorschreiben. So können sie sich entweder den männlichen Inszenierungen unterordnen, indem sie die Rolle des willfährigen Objekts einnehmen, oder sie müssen die Grenzen der weiblichen Geschlechterrolle verlassen und als Kameradin ihren ‘Mann’ stehen.

Die Analyse der Erlinger Gruppe zeigt, daß nur wenige Mädchen die vom Kult zur Verfügung gestellten Identifikationsangebote annehmen. Zu groß ist der Widerspruch zur realen Erfahrung, die zumindest durch einen formalen Anspruch auf Gleichheit geprägt ist. Er verhindert die Integration in den Kult und die von ihm geforderte Unterordnung der Mädchen. Doch beruht ihre Verweigerung der traditionellen Frauenrolle nicht auf einem bewußt formulierten ‘emanzipatorischen’ Ansatz, der die geschlechtsspezifischen Strukturen grundlegend ändern möchte. Dementsprechend haben sie nur eine geringe Motivation, die auch in ihren Vorstellungen als typisch männlich geltenden Verhaltensformen zu kritisieren. Zudem fürchten viele Mädchen eine verstärkte Stigmatisierung durch den doppelten Tabubruch, den ein mit männlichen Symbolen bezeichneter Körper mit sich bringen würde. Denn während die Jungen lediglich politische Tabus brechen, überschreiten die Mädchen darüber hinaus auch die gesellschaftlich zugeschriebene Mädchenrolle. Dies führt zu besonders heftigen Reaktionen bei den Eltern und dem übrigen Umfeld. Um diesem Dilemma zu entkommen, hat ein Großteil der Mädchen einen dritten Weg gewählt. Das über den Kult gewonnene Selbstbewußtsein drücken sie in einem kollektivem Selbstbild des ‘durchsetzungsfähigen Mädchens’ aus. Diese Mädchen haben eine eigene, weniger auffällige Form des symbolischen Ausdrucks für ihr Selbstbild gefunden.

Nun hat aber die Ritualanalyse gezeigt, daß eine vollständige Integration nur über die vollständige Bezeichnung der Körper zu erreichen ist. Der Kompromiß der Mädchen führt deswegen zu folgendem Widerspruch: sie können zwar ein neues kollektives Selbstbild entwickeln, das nicht offen im Gegensatz zur dominanten Identifikationsfigur des ‘negativen Helden’ steht, unterlaufen dadurch jedoch ihre eigene Integration in der Gruppe. Mit dem Aussehen weicht auch ihr Verhalten von den geforderten und notwendigen Verhaltensmustern ab, da sie aufgrund ihrer unvollständigen Bezeichnung auch nur begrenzt funktionalisierbar sind.

Dieser Umstand wird vor allem bei den Paarbeziehungen innerhalb der Gruppe deutlich. So versteht Jörn seine Freundin Nicole vor allem als Kameradin. Da Nicole eines der wenigen Mädchen der Gruppe ist, das als Kameradin anerkannt wird, ordnet auch sie die Intimität der Liebesbeziehung der funktionalen Kameradschaftsbeziehung unter. Das Beispiel von Katherina zeigt, daß ein solcher Schritt jedoch erst möglich ist, wenn die Mädchen ihren Körper vollständig symbolisieren:

> "Also, mein Ex-Freund, der Daniel, der baut ganz arg auf Kameradschaft, mehr wie auf Freundschaft. Aber heut' weiß ich, warum das so ist. Weil einen Freund kennt man gut, somit kennt man auch seine Schwachstellen, weiß wie man ihn verletzen kann. Und das will er z.B. net. Und deshalb baut er eher auf Kameradschaft, weil die sich net so intim sind, einfach. Ich hab' damals, wo ich ihn kennengelernt hab', da hab' ich noch lange Haare gehabt, da haben wir mal diskutiert. Und er hat zu mir gemeint: 'e Freundin ist ihm net so viel wert wie ein Kamerad'. Und ich hab's nicht verstanden, ich hab' dann alles, den alles zusammengeheißen. Ich hab' Himmel und Hölle in Bewegung gesetzt. Ich hab's net verstanden. Und heut' weiß ich, was er gemeint hat. Weil Freundinnen kommen und gehen, Kameraden bleiben. Ich kann seine Freundin sein und seine Kameradin gleichzeitig. Irgendwann bin ich vielleicht nimmer seine Freundin, aber trotzdem noch seine Kameradin. Und heut' versteh' ich's, früher hab' ich echt gedacht: 'wie kann das sein, gell'." (Katherina)

Als Katherina noch lange Haare hatte, stellt sie die Freundschaft bzw. die Liebesbeziehung über die Kameradschaft. Wenig später trägt sie einen Reneeschnitt und versteht, warum die persönliche Liebesbeziehung der funktionalen Beziehung der Kameradschaft untergeordnet werden muß. Damit hat Katherina offensichtlich zumindest zeitweise die Mädchenrolle verlassen und sich dem als männlich geltenden Status des Kameraden angenähert. Trotzdem gefährdet ihre Position die Gruppensolidarität nicht, da sie die geschlechtsspezifische Rollentrennung nicht in Frage stellt, sondern lediglich die Seiten wechselt. In Erlingen gibt es nur zwei Mädchen, die diesen Schritt gehen und eine entsprechende Wahrnehmung teilen. Die meisten Mädchen sehen sich zwar als selbstbewußte Mitglieder der Gruppe, unterlaufen jedoch gleichzeitig ihre vollständige Funktionalisierung, indem sie einer vollständigen Symbolisierung ausweichen. Genau diese Ambivalenz macht sie zu einem Störfaktor für die Gruppensolidarität, da sie sich aufgrund ihres Selbstbildes nicht zum Objekt degradieren lassen, sie aber andererseits nicht bereit sind, freundschaftliche Beziehungen durch funktionale zu ersetzen. Die Analyse der Gewaltformen zeigt, daß die Gruppe bzw. der Kult spezielle Umgangsformen entwickelt, um diesem Einfluß entgegenzuwirken. So zeigt das Beispiel der kollektiven Gewalt, wie die Mädchen entweder ausgegrenzt oder nicht ernstgenommen werden. Darüber hinaus wird eine Gewaltform entwickelt, über die die Jungen die Mädchen zum 'schwachen Geschlecht' degradieren und damit ihre Rolle als starke Beschützer reproduzieren können. Die Mädchen nehmen diese über das Handeln hergestellten Formen der Unterordnung nicht bewußt wahr, da sie die Verteilung der Geschlechterrollen nicht prinzipiell hinterfragen. Es stellen sich hierdurch unterschiedliche Wahrnehmungen bezüglich der Mädchenrolle innerhalb der Gruppe ein. Während die Mädchen sich in die Gruppe meist als gleichberechtigte Mitglieder integriert fühlen, erkennen die Jungen nur wenige der Mädchen als 'echte' Kameradinnen an.

Aus den Verhaltensweisen und Wahrnehmungsmustern der Mädchen läßt sich meines Erachtens jene Reaktion herauslesen, die Regina Becker-Schmidt und Gudrun-Axeli Knapp als eine Folge der spezifischen gesellschaftlichen Situation von Frauen und Mädchen interpretieren. Diese stehen in unserer abendländischen Gesellschaft prinzipiell vor der Schwierigkeit, daß der formal formulierte Anspruch auf Freiheit und Gleichheit aller Menschen durch die gesellschaftlich zugeschriebene weibliche Geschlechtsrollenidentität reduziert wird. Vor diesem Hintergrund ergibt sich für Frauen die problematische Situation, daß Erfahrungen und Wünsche, die über die gesellschaftlich determinierte Geschlechtsrollenidentität hinausreichen, als Nicht-Identisches erfahren werden (vgl. Becker-Schmidt/Knapp 1987). Bei den von mir untersuchten weiblichen Jugendlichen drückt sich diese Ambivalenz darin aus, daß fast alle Mädchen sich selbst als außerhalb der traditionellen Mädchenrolle stehend verorten. Sie geben an, nie typische Mädchen gewesen sein und den Jungen schon immer viel näher gestanden zu haben. Die Unzufriedenheit der Mädchen mit der traditionellen Rollenzuschreibung führt nicht dazu, sich mit ihr auseinanderzusetzen, sondern endet entweder in dem Versuch, über die Clique an der Jungenrolle zu partizipieren oder unterhalb der vorhandenen Mädchenrolle ein neue zu konstituieren, die jedoch nicht direkt mit den 'offiziellen' Weiblichkeitsbildern der Gruppe konkurriert. Tatsächlich gewinnen die Mädchen durch die Aneignung des Kultes ein neues Selbstbewußtsein, doch wird es durch die Dominanz der traditionellen geschlechtsspezifischen Stereotypen ständig eingeschränkt und in Frage gestellt. Dies führt dazu, daß ihre Identifikation mit dem 'kollektiven Ich' immer gebrochen bleibt und sie deswegen prinzipiell eher bereit sind, in Austausch mit anderen einzutreten und die Gruppe und den Kult zu verlassen.

13. Wechselnde Kontexte: Von der Jugend- zur Skinheadclique

Die Jugendgruppe in Erlingen wandelt sich über die Aneignung des Kultes langsam zur Skinheadclique. Auf ganz unterschiedlichen Ebenen werden diese Veränderungen sichtbar: In der Öffentlichkeit treten sie mit einem neuen Selbstbewußtsein auf und übernehmen gleichzeitig die Opferperspektive des Kultes; die Beziehungen untereinander und zur Umwelt formalisieren sich.

Mit den individuellen und gruppenspezifischen Veränderungen findet auch ein räumlicher Wechsel der Gruppe statt. So wird der Treffpunkt am Hallenbad verlassen, nach einer kurzen Zwischenphase während der Wintermonate tauchen sie am örtlichen Bahnhof auf. Dies läßt sich als Suche nach breiter Öffentlichkeit und Resultat individueller wie gruppenspezifischer Wandlungen interpretieren. Die Analyse der Kultaneignung hat gezeigt, daß die Clique zunehmend ritualisierte Handlungen entwickelt, die schließlich grundlegend für ihre Reproduktion werden. Eines der wichtigsten Rituale ist das tägliche Treffen der Jugendlichen an einem festgelegten Ort. Dieser verweist auf Intention und Motivation der Gruppenbildung. Nach Turner sind Rituale durch räumliche, zeitliche und soziale Grenzen definiert (vgl. Turner 1985: 53ff.). Demnach wird ein Ritual zunächst in festgelegten räumlichen Grenzen durchgeführt, in denen unterschiedliche Akteure bzw. Akteurinnen miteinander interagieren. Gleichzeitig folgt ein Ritual häufig einem festgelegten Ablauf, ist also zeitlich begrenzt. Die Bezogenheit der Personen aufeinander, aber auch die prinzipiell zeitlichen und räumlichen Grenzen der einzelnen Handlungen eines Rituals stecken den Handlungsrahmen ab (vgl. Parkin 1992: 11ff.).

Gerd Baumann kommt bei seiner Analyse von Ritualen komplexer Gesellschaften[188] zum Schluß, daß die Verbindungen zwischen rituellem Feld und ritueller Gemeinschaft wechselnde Beziehungen sind:

> "In plural societies, this position is complicated by the presence of 'others', be it as 'visible' participants or as 'invisible' categorical referents. There it appears more useful to replace the idea of a ritual community with that of ritual constituencies, to widen the values celebrated from perpetuation to assimilation and cultural change, and to distinguish participation according to a variety of possible modes." (Baumann 1992: 113)

Die Fragmentarisierung der heutigen Gesellschaft führt dazu, daß die rituelle Gemeinschaft in ganz unterschiedliche Bezugsgruppen zerfällt. Gleichzeitig wirken Rituale heute nicht mehr nur unmittelbar, also über die direkte Kommunikation der AkteurInnen, sondern werden häufig über Medien vermittelt. Sie können somit Menschen in ganz unterschiedlicher räumlicher, zeitlicher und sozialer Reichweite ansprechen. Die grenzüberschreitende Wirkung zeigt sich besonders in medienwirksamen politischen Ritualen, wie beispielsweise dem Besuch von Helmut Kohl und Ronald Reagan auf dem Friedhof für gefallene deutsche Soldaten des Zweiten Weltkrieges in Bitburg 1985. Die Intentionen beider Politiker waren hierbei ganz unterschiedlich. Reagan versprach sich hierdurch eine engere Bindung Deutschlands an die USA und somit eine stärkere internationale wie innenpolitische Position. Helmut Kohl hatte eine Rehabilitierung der Deutschen innerhalb der internationalen Staa-

188 Gerd Baumann hat in diesem Zusammenhang mehrere Rituale in einem multi-ethnischen Vorort von London untersucht (vgl. Baumann 1992: 99ff.).

tengemeinschaft und eine Stärkung des nationalen Selbstbewußtsein im Sinn. Innenpolitisch suchte die CDU/CSU die aufkommenden rechtskonservativen Strömungen zu befriedigen und neue Wählergruppen an sich zu binden.[189] Diese Zielgruppe nahm das Ritual mit Wohlwollen auf und fühlte sich in ihrer politischen Einstellung bestätigt. Andere hingegen empfanden den 'Gang nach Bitburg' als einen politischen Affront, da hierdurch die gefallenen deutschen Soldaten des Zweiten Weltkrieges mit den Opfern des Nationalsozialismus gleichgesetzt wurden. International erregte es insbesondere die Gemüter vieler jüdischer BürgerInnen und US-AmerikanerInnen und führte dort zu heftigen Debatten (vgl. Kertzer 1988, 92ff.).

Das Beispiel zeigt, daß die Reichweite, also der Wirkungsgrad eines Rituals, von der Medienwirksamkeit einer Inszenierung abhängt. Voraussetzung dafür ist, daß sich spezifische Gruppen von ihm angesprochen fühlen. Hierzu müssen diese Gruppen über ein ausreichendes Kontextwissen verfügen, damit zwischen den Beteiligten eine Kommunikation über das Ritual entstehen kann. Wie oben erläutert wurde, läßt sich diese nur über die ständige Wiederholung einer rituellen Handlung herstellen. Erst hierdurch sammeln die AkteurInnen genügend Kontextwissen an, um über das Ritual kommunizieren zu können. In dem oben dargelegten Beispiel bringen die vielen öffentlich inszenierten Besuche der ehemaligen Konzentrationslager und Holocaust-Mahnmale von ausländischen Politikern über Jahre ein Kontextwissen hervor, von dem sich der 'Gang nach Bitburg' erst abheben konnte.

Aus dieser Perspektive muß auch die Entwicklung der von mir untersuchten Jugendclique interpretiert werden. Der Wechsel der Treffpunkte ist eine zwangsläufige Folge ihres Transformationsprozesses, da hierdurch neue Bezugsgruppen für die gruppenspezifischen Rituale erschlossen werden.

So richten sich die Treffen der Jugendlichen am Hallenbad vorrangig an die SchülerInnen des Gymnasiums. Der rituelle Kontext bleibt demnach räumlich und sozial auf den örtlichen Streit zwischen Hauptschule und Gymnasium beschränkt. Mit der zunehmenden Übernahme des Kultes wächst die Clique jedoch aus diesem Kontext heraus. Die Bezeichnung ihrer Körper mit den Skinheadsymbolen führt zu einem Wechsel vom lokalen in den jugendkulturellen Kontext. Hier treten nun neue Bezugsgruppen in den Vordergrund, die über den Kult vorgegeben werden. Die Inszenierungen sind jetzt gegen nichtdeutsche Jugendliche und 'Linke' bzw. Punks gerichtet. Die Zielgruppe der Nichtdeutschen ist für die jugendlichen Skinheads einfach zu definieren, sie können leicht lokalisiert und als Zielgruppe der öffentlichen Inszenierungen konstruiert werden. Demgegenüber gestaltet sich die Konstruktion einer linken Gegengruppe schwieriger, da es in Erlingen zu dieser Zeit keine ausgeprägte linke Jugendszene gibt. Lediglich einige SchülerInnen

---

189 Eine ausführlichere Beschreibung der gesellschaftlichen Situation ist in Kap. III. nachzulesen.

des Gymnasiums fühlen sich den politischen Inhalten der neuen sozialen Bewegungen, wie der Friedensbewegung, nahe. Doch ist diese politische Neigung nur bedingt an äußeren Merkmale zu erkennen. Es ist schwer, hierüber eine einheitliche Gruppe zu definieren. Eine offensichtliche Gemeinsamkeit der Gegengruppen besteht darin, daß alle Mitglieder das Erlinger Gymnasium besuchen. Im Laufe ihrer Transformation zur Skinheadgruppe kommt die Jugendclique zunehmend dazu, die SchülerInnen des Gymnasiums, gegen die sie sich schon früher abgegrenzt hatte, nun als 'Linke' zu bezeichnen. Hierdurch kann sie die alte rituelle Bezugsgruppe und den bisherigen Konflikt in den neuen Kontext integrieren.

Die Geschichte des Skinheadkultes zeigt jedoch, daß der Kult in der Bundesrepublik nach der deutsch-deutschen Vereinigung über den jugendkulturellen Kontext hinaus in das Zentrum des gesellschaftspolitischen Diskurses gelangt. Es entsteht ein Wechselspiel zwischen dem Bedürfnis der Jugendlichen, sich als negative Helden zu inszenieren, und ihrer Stigmatisierung durch eine verschreckte Öffentlichkeit, das den Skinheadkult über seine jugendkulturellen Grenzen hinaus bekannt macht. Die Übernahme des Skinheadkultes bedeutet zu diesem Zeitpunkt nicht nur eine neue Verortung in einen jugendkulturellen Kontext, sondern darüber hinaus auch eine Verortung in den gesellschaftspolitischen Diskurs. Die Skinheads werden zu politischen Akteuren, was sich in einem verstärktem Bedürfnis nach öffentlicher Inszenierung bemerkbar macht.

Für die Erlinger Jugendclique bedeutet dies: Der Treffpunkt am Hallenbad kann dieses Bedürfnis bald nicht mehr befriedigen, da das Publikum hier auf SchülerInnen und wenige sporttreibende Erwachsene beschränkt bleibt. Der Bahnhof hingegen liegt zwar nicht direkt im Zentrum des örtlichen Geschehens, doch ist er von allen Seiten gut sichtbar, und der Pendelverkehr sorgt für ein breites Publikum. Für die Erlinger Skinheadgruppe bietet er somit die geeignete Bühne, ihr neues Selbstbewußtsein zu artikulieren. Doch zeigt die Gruppendarstellung, daß die Wirkung ihrer Inszenierung trotz dieser günstigen Bedingungen zunächst auf den jugendkulturellen Kontext beschränkt bleibt. Das Gros der Erlinger Bevölkerung und auch die Polizei fühlen sich durch das Auftreten der Clique kaum bedroht. Die Auseinandersetzungen der Clique mit anderen Jugendlichen auf Gartenparties oder in der Diskothek werden zwar wahr-, aber nicht ernstgenommen. Anzeigen gibt es in dieser Zeit nur wenige, und auch die Polizei reagiert nur vereinzelt auf die Auseinandersetzungen.

Nur einige Erwachsene, die direkt mit dem Problem konfrontiert sind, äußern Bedenken hinsichtlich der Entwicklung der Gruppe. Vor allem die Eltern oder verantwortliche Erziehungspersonen haben mit den Folgen der zunehmenden Integration ihrer Kinder in den Kult zu kämpfen. Je stärker der Cliquenalltag die bisherigen Gewohnheiten überlagert, desto bedeutungsloser werden Schule, Elternhaus und andere Institutionen. Schlechte Schulnoten,

Protest und Verweigerung sind die Folgen. Die Eltern reagieren meist mit repressiven Maßnahmen, die die Konflikte nur noch verschärfen.

Die Experteninterviews und die Gespräche mit den Jugendlichen machen deutlich, daß fast die gesamte Erlinger Bevölkerung selbst dann der entstehenden Skinheadclique mit zäher Gleichgültigkeit gegenübersteht, als die Gewalttätigkeit und Radikalität solcher Gruppen allgemein bekannt ist. Aus dieser Lethargie erwacht Erlingen erst, als die Jugendclique im Sommer 1994 die Abiturfeier des örtlichen Gymnasiums sprengt. Danach werden die Konflikte zwischen der Clique und ihrem Umfeld nicht mehr als jugendspezifisches, sondern als gesellschaftspolitisches Phänomen wahrgenommen.

14. Von der Jugendgewalt zur politischen Gewalt

"Ah das war, wir waren am Bahnhof unten gehockt, wie immer Wochenends und haben nicht gewußt, was wir machen sollen. Und weil wir kein Geld gehabt haben, die Tankstelle kostet ja ein schweine Geld, da haben wir uns überlegt, was wir machen können. Und da ist halt so der Vorschlag gekommen: 'Wir gehen auf's Straßenfest nach Geringen, auf's Straßenfest.' Und das ging nicht, weil die Fahrmöglichkeiten nicht da waren. Wir hatten nur ein Auto, das vom Jörn.Wir waren zwanzig Leut' und ein Auto. Das funktioniert halt nicht. Und irgendwie, weil wir schon so was wie eine Kameradschaft gehabt haben, da haben wir gesagt, das machen wir nicht. Wenn wir rüber gehen, dann gehen wir alle hin. Und dann ist die Idee gekommen: 'he auf dem Gymnasium, da ist ein Schulfest, da können wir raufgehen, da gibt's billiges Trinken, billiges Saufen und billiges Essen, das wär' doch was.' Ahja da sind wir halt hochgegangen und jedesmal, wenn wir rauf gelaufen sind, sind halt Autos angehalten und haben das Fenster runtergekurbelt und haben gesagt: 'He ihr Nazi-Schweine' und den Stinkefinger gezeigt und so. Dann war'n wir halt schon aufgeputscht, schon aufgeheizt, so, daß wir gesagt haben: 'Die Schweine, die dreckigen'. Weil wir gewußt haben, das sind Schüler vom Gymnasium. Dann, wo wir einmaschiert sind, da haben wir was getrunken, gegessen, uns verteilt. Ein paar sind frei auf dem Glände rumgelaufen. Und dann fing's halt an, weil der Müller und der Christian, die waren drin in der Schul', sind rausgekommen und sind, als sie zu uns laufen wollten, angemacht worden. Vom Meier, weil der gerufen hat: 'Deutschland, Deutschland', das ist ja eine Zecke, das hat er provozierend gemeint. Und dann haben sie mit ihm rumgestritten, verbal und dann sind vom Meier immer mehr Freunde gekommen, immer mehr Zecken. Und dann hat der Meier halt angefangen die zwei rumzuschubsen, das waren die zwei Kleinsten von der Gruppe, der Müller ist net grad' der Überragendste, ist nicht grad' der Muskelmann. Als sie angefangen haben, sie rumzuschubsen, da sind wir halt einfach dazwischen. Allerdings, da haben wir schon viel Alkohol gehabt. Sind wir net so dazwischen, daß wir sie auseinandergehalten haben und haben gesagt: 'Jetzt hört auf, was ist eigentlich los', sondern sind halt gleich blindlings rein und haben gleich ausgeteilt und geschlagen. So entwickelte sich das dann, daß es zum Schluß zur Massenschlägerei gekommen ist. ... Ah, danach ist die Polizei gekommen und wir haben vom Schulgelände runter müssen. Das haben wir uns auch nicht gefallen lassen und sind dann wieder hoch und dann hat es wieder Schlägerei gegeben, vereinzelt. Mein kleiner Bruder und ich, wir haben oben auf dem Schulgelände einen aufgemischt und ein paar andere am Hallenbad unten. Das war total verstört, da war gar kein Konzept mehr dahinter so, weil man einfach den genommen hat, den man erwischt hat." (Jörn)

Innerhalb der Gruppenentwicklung gilt die Gewalteskalation am Gymnasium als entscheidender Wendepunkt. Nach vielen 'kleineren Scharmützeln' ist dies die erste große Schlägerei, die bis zum Ende, also zum Abbruch des Festes, durchgehalten wird. Sie geht als Mythos in die Gruppengeschichte ein. Selbst heute, nachdem schon viele der Jugendlichen die Clique bereits verlassen haben, kommt beim Erzählen dieses Ereignisses erneut eine euphorische Stimmung auf. Jörns Darstellung weist die typischen Elemente des Mythos, wie er mir immer wieder von den Jugendlichen erzählt wird, auf: Am Anfang stand die Langeweile; eigentlich wollte man woanders hin, doch dies war nicht möglich; schließlich beschloß man auf das Abifest zu gehen, da es dort billiges Essen und Trinken gab; sie wurden provoziert; die Eskalation entzündete sich zwischen dem großen Henrik Maier und dem kleinen Ansgar Müller.

Meist unerwähnt bleiben die Aspekte, die als Zwischentöne aus Jörns Erzählung herauszuhören sind: daß die Jugendlichen schon auf dem Weg zum Gymnasium aufgeheizt waren und nur noch auf eine entsprechende Situation warteten; daß es einige Rechnungen zu begleichen gab und sie sich nichts mehr gefallen lassen wollten. Nur so ist die Hartnäckigkeit der Jugendlichen zu erklären, die trotz Interventionen durch die Polizei an diesem Abend nicht nachgeben, bis das Fest abgebrochen und ein Teil der Jugendlichen in Polizeigewahrsam genommen wird. Auch bleibt bei Jörn unerwähnt, daß der Eskalation am Gymnasium eine Auseinandersetzung im Jugendzentrum am Vorabend vorausging, die für die Jugendlichen zwar erfolgreich verläuft, aber letztlich dennoch unbefriedigend bleibt, da die Gewalttätigkeiten eingedämmt werden.

"Ja da war vorher was im Jugendzentrum, da war ein Konzert, also erst hat's geheißen, das wär' eine OI-Band, und dann waren's aber Punks, also richtige Punks, keine OI-Punks oder was. Und die haben halt ein Konzert gemacht. (...) die haben halt bissle rumrandaliert und ein bissle Bier geklaut, paar Kassetten kaputt gemacht ... und dann am nächsten Tag, dann haben wir uns halt im Bahnhof getroffen. Und dann hat irgend jemand gesagt, auf dem Gymi ist Abschlußfeier, da könnten wir eigentlich vorbeigucken. Also das war eigentlich schon vorprogrammiert so, hingehen und Streß machen, irgendwie." (Jürgen)

Doch nicht nur die Frustration über den Abbruch des Gewaltrituals am Vorabend ist der Grund für die Hartnäckigkeit der Jugendlichen. Das Abifest stellt für sie im Kontext der lokalen Konfliktlinie zwischen Hauptschule und Gymnasium eine besondere Provokation dar. Wenige Tage zuvor hatte das Hauptschulabschlußfest stattgefunden und wurde, weil weniger aufwendig gestaltet, im Ort kaum wahrgenommen. Die Bedeutung des Abifestes und damit die elitäre Abgrenzung zur Hauptschule wird demgegenüber schon dadurch unterstrichen, daß es nicht beiläufig unter der Woche, sondern mit großem Aufwand am Wochenende stattfindet. Offenbar sind die Schulfeste eine geeignete Plattform, die 'feinen Unterschiede' zwischen beiden Schulen zu betonen. In diesem Sinne bedeutet das Gymnasiumsfest an sich schon eine Provokation, dessen Beendigung durch eine Schlägerei von den Jugendlichen bis heute als 'großer Sieg' gefeiert wird.

Das Ereignis schweißt die Gruppe zusammen, viele Jugendliche fühlen sich nach diesem Erlebnis noch stärker an den Kult gebunden. Für einige Jungen ist es die 'Feuertaufe' und der Beginn einer Gewaltkarriere. Einige Mädchen, die bisher aus kollektiven Gewalttätigkeiten herausgehalten wurden, spüren hier zum ersten Mal den emotionalen Sog der Gewalt:

> "Und dadurch muß ich sagen, da bin ich dadurch auch, hab' ich 'ne große Gosch' gekriegt. Ich hab' mir gedacht, da hab' ich eigentlich erst kapiert an dem Tag wie und was." (Annette)

Die positive Bewertung des Vorfalls ist deswegen erstaunlich, da viele der daran beteiligten Jugendlichen Bewährungsstrafen bekamen. Im Gegensatz zu vorangegangenen Gewalteskalationen (und auch der Demolierung des Jugendhauses am Tag zuvor), schlägt dieses Ereignis hohe Wellen, weit über den lokalen Kontext hinaus. Auch wenn die Beurteilung der Jugendlichen weiterhin sehr unterschiedlich ausfällt, gelten zumindest einige aus der Clique als gefährliche Skinheads. Nachdem zuvor nur vereinzelt in die Auseinandersetzungen der Clique eingegriffen wurde, reicht jetzt eine einfache Strafverfolgung nicht mehr aus. Der Staatsschutz wird eingeschaltet und ermittelt wegen Landfriedensbruch. In überregionalen Zeitungen ist nun von einem Kleinkrieg in der Stadt die Rede, die Clique wird als allgemeine Bedrohung dargestellt:

> "Der Gymnasiallehrer A. O. freilich behauptet öffentlich, inzwischen hätten sich in Erlingen und Umgebung 'Gruppen von gewalttätigen rechtsradikalen Jugendlichen gebildet, die Mitbürger systematisch terrorisieren'. Und nach Angaben des Schülersprechers am Gymnasium können sich die Erlinger Schüler 'aus Angst vor Übergriffen nachts nicht mehr alleine auf die Straße wagen'." (Stuttgarter Zeitung 18.07.1994)

Die örtliche Polizei reagiert auf diese Entwicklung mit verschärften Kontrollen der Jugendlichen, die sich weiterhin am Bahnhof treffen:

> "Und dann war's halt so, daß einen Monat lang, die Polizei jeden Tag die Polizei mindestens zwei Mal am Bahnhof vorbeigefahren ist und hat Paßkontrollen gemacht." (Jörn)

Doch auch nach diesem Ereignis bleibt die Reaktion des Umfeldes ambivalent. Während die Skinheadclique öffentlich stigmatisiert wurde, fragte mancher Einwohner hinter versteckter Hand, warum sie die 'Linken' und nicht die 'Ausländer' angegriffen hätten.[190] Der Vorfall am Gymnasium und die gespaltene Reaktion des Umfeldes erzeugen Charismatisierungseffekte, die sich sowohl auf die Stellung der Gruppe innerhalb der Szene als auch im

190 Diese Aussage wurde mir von mehreren Jugendlichen und von offizieller Seite bestätigt.

lokalen Kontext auswirken. In der Szene werden sie nun als 'die Erlinger', neben 'den Münchnern' und anderen bekannten Gruppen geachtet und bewundert. In Erlingen selbst weicht man ihnen nun verängstigt aus, bringt ihnen also den eingeforderten 'Respekt' entgegen.

Gleichzeitig zeigt die weitere Entwicklung, wie die Erlinger Jugendclique durch die Eskalation am Gymnasium die jugendkulturelle und lokale Bedeutung überschreitet und in den gesellschaftspolitischen Diskurs gelangt (s. o.).

Die mediale Verarbeitung des Vorfalls führte zur Fixierung des Stereotypes vom martialischen Skinhead. Die Mädchen der Gruppe tauchen hier nur als schweigende Mitläuferinnen auf.

Die Geschehnisse am Gymnasium machen deutlich, daß die veränderte Wahrnehmung der Öffentlichkeit weniger mit dem aktuellen Radikalisierungsgrad der Gruppe zusammenhing. Vielmehr wird das Ereignis als gesellschaftlich bedeutungsvoll von den vorangegangenen Gewalttaten unterschieden und weckt somit das Interesse eines breiteren Publikums. Es findet damit eine Erweiterung der Reichweite der symbolischen Artikulation über den lokalen Kontext hinaus statt, die schließlich die gesellschaftspolitische Ebene erreicht. Die Inszenierungen gelten nun nicht mehr als jugendspezifisches, sondern gesellschaftspolitisches Phänomen, jede der Handlungen wird als politische Handlung wahrgenommen und das Gewaltritual als politische Gewalt interpretiert.

15. Resümee

Die Erlinger Jugendclique hat sich in einem langsamen Prozeß zu einer rechtsorientierten Skinheadclique entwickelt. Sie zeichnet sich durch neue Formen der Interaktion, weitgehende strukturelle Gleichheit und identitätsbildende Aspekte aus, die sie als Communitasgruppe ausweisen. Die Entstehung dieser Communitasgruppe ist begleitet von Spaltungs- und Reorganisierungsprozessen. Hierbei werden die Jugendlichen immer stärker an den Kult gebunden und entwickeln nicht nur neue Selbst- und Fremdbilder, sondern ebenso neue Verhaltensmuster. Im Zentrum dieses Kapitels stand die These, daß die Wirkungsweise der kultspezifischen Symbole und Rituale dafür ausschlaggebend sind. Die Aneignung der kultspezifischen Symbole weckt in den Jugendlichen ein Gefühl von Macht und Stärke. Mit den Symbolen übernehmen die Jugendlichen auch die Inhalte des Kultes und entwickeln hierüber neue Selbstbilder. Die Jungen identifizieren sich mit dem vom Kult bereitgestellten Identifikationsangebot des negativen Helden, während die Mädchen von den vorhandenen weiblichen Identifikationsmöglichkeiten nur vereinzelt Gebrauch machen. Sie konstituieren ein neues Selbstbild, bei dem sie weder zu Objekten degradiert, noch mit den männlichen Eigenschaften der Kameradin ausgestattet werden. Bei beiden Geschlechtern provoziert das Hineinwachsen in den Kult ein gesteigertes Bedürfnis nach öffentlicher Selbstinszenierung. Hierdurch versetzen die Jugendlichen mit ihren bezeichneten Körpern ihr Umfeld in Angst und Schrecken, was sie selbst als Anerkennung empfinden.

Insgesamt zeigen die Ausführungen, daß die Übernahme des Kultes bei den Jugendlichen zu einem neuen Selbstbewußtsein führt. Sie stellt einen Versuch dar, die - von allen Jugendlichen geäußerten - Stigmatisierungserfahrung durch die Selbststigmatisierung als Skinhead zu kompensieren.

Parallel zu den individuellen Veränderungen entstehen auch neue gruppenspezifische Mechanismen. Im Zentrum steht eine spezifische Form der Gruppensolidarität, die die Jugendlichen mit dem Begriff Kameradschaft umschreiben. Sie wird nicht über einen gemeinsamen Konsens hergestellt, sondern über die ritualisierten Handlungen der bezeichneten Körper. Kameradschaft stellt durch ihren imperativen Charakter - einer muß für den anderen einstehen - zunächst eine reduzierte Form der Gruppenmoral dar. Zudem formalisiert sie durch diesen Anspruch die Beziehungen der Jugendlichen untereinander sowie das Verhältnis der Gruppe zu ihrem Umfeld. Die Gruppe entwickelt im Rahmen des Kultes eine Vielzahl von Ritualen, die die Gruppensolidarität erhalten und so ihre Kontinuität als Communitas sichern, ohne daß sie feste Strukturen ausbildet.

Gleichzeitig bewirken die Rituale im Rahmen des sozialen Dramas der deutsch-deutschen Vereinigung einen Kontextwechsel der Clique vom liminoiden in den liminalen Bereich. Denn Turner zufolge wirken Rituale nicht nur nach innen, sondern auch nach außen. So wird deutlich, wie die Jugendlichen über ihre rituellen Verhaltensweisen vom jugendkulturellen in den gesellschaftspolitischen Diskurs gelangen. Sukzessive können sie den Wirkungsgrad ihrer Rituale erweitern, bis sie durch die Eskalation am Gymnasium den Status einer gesellschaftsbedrohenden Skinheadgruppe erreichen und hierdurch zum gesellschaftspolitischen Problem werden.

VII. Abschließende Bemerkung

Wir schreiben das Jahr 2001. Vor elf Jahren wurde die deutsch-deutsche Vereinigung vollzogen. Noch immer empören Nachrichten über brutale Übergriffe rechtsorientierter Jugend- und Skinheadcliquen die Öffentlichkeit. Hierauf wird noch immer mit der üblichen Bestürzung reagiert und bei der Suche nach den Ursachen auf bekannte Argumente zurückgegriffen: hohe Arbeitslosigkeit und geringe Perspektiven der Jugendlichen gelten als die wesentliche Ursachen.

Doch stellen diese Gewalttaten wirklich 'nur' individuelle Lösungsstrategien ansonsten perspektivloser Jugendlicher dar?

Ausgangspunkt dieser Untersuchung ist vielmehr die These, daß Gewalt als ein Merkmal sozialer Situationen zu begreifen sei.

Soziale Situationen sind von gesellschaftspolitischen Diskursen eingefaßt, auf die die Akteure intentional zurückgreifen. Dies legt auch ein jüngerer Vorfall nahe, bei dem jugendliche Skins im Februar 1999 einen Asylbewerber zu Tode hetzten. Diese 'Hetzjagd' in der ostdeutschen Kleinstadt Guben war von der Diskussion um ein neues Staatsbürgerschaftsrecht, in dem das bisher geltende Abstammungsrecht endgültig zugunsten des 'ius solis' ersetzt werden sollte, begleitet.[191] Den hier lebenden MigrantInnen und ihren Kindern wollte die rot-grüne Regierung das Recht auf eine doppelte Staatsbürgerschaft gewähren, um ihnen die Annahme der deutschen Staatsbürgerschaft zu erleichtern. Ein solcher Weg ist in vielen anderen europäischen Ländern möglich. Dennoch reagierten die oppositionellen Unionsparteien hierauf mit einer populistisch angelegten Unterschriftenaktion gegen das Recht auf eine doppelte Staatsbürgerschaft. Sie war begleitet von einer beispiellosen Agitation, die den hier lebenden Menschen ohne deutschen Paß grundsätzlich Illoyalität unterstellte und die Angst vor einer islamischen Unterwanderung der Bundesrepublik schürte. Feinsäuberlich wurde hier erneut die Grenze zwischen 'Deutschstämmigen' und MigrantInnen gezogen; eine Grenze, die gerade durch die langansässigen MigrantInnen und ihren in Deutschland geborenen Kindern zu verwischen drohte.[192]

Die Gubener Gewalttat fand demnach in einer gesellschaftlichen Situation statt, in der erneut um das nationale Selbstverständnis der Bundesrepu-

191 Kurz nach der Tat in Guben erfolgten weitere Anschläge, die jedoch für weniger Aufsehen in den Medien sorgten.

192 Und die CDU-Opposition war erfolgreich. Der Ansturm auf die Stände, wo man 'gegen Ausländer' unterschreiben konnte, war groß. Aus der hessischen Landtagswahl am 7.2.1999, bei der die Unterschriftenaktion zum ersten Mal als Stimmenfang diente, ging die CDU überraschend als Siegerin hervor.

blik als Einwanderungsstaat gestritten wurde und die in diesem Sinne an die Asylrechtsdebatte von 1992/93 erinnerte.

Die nationale Diskursebene stellt jedoch nur eine von mehreren Voraussetzungen für eine Gewalteskalation, wie wir sie 1992/93 erlebt haben, dar. Vielmehr spielen hier mehrere Faktoren, die nicht nur auf ganz unterschiedlichen gesellschaftlichen Ebenen wirken, sondern diese auch miteinander verzahnen, eine Rolle. So ist es wichtig, neben nationalen auch globale Einflüsse zu berücksichten. Beide Aspekte prägen das lokale Umfeld und die Strategien individueller und kollektiver Akteure.

Die bisherigen Erklärungsmodelle, die rechtsorientierte Gewalt von Jugendlichen vor allem aus ihrer biographischen Situation ableiten, werden dieser Komplexität nicht gerecht. So rekurrieren sozialpsychologische Ansätze zu stark auf die familiären Bedingungen der einzelnen und vernachlässigen hierbei die übergreifenden Faktoren, die die Gewalteskalation Anfang der neunziger Jahre ermöglichten. Demgegenüber berücksichtigt das Individualisierungstheorem von Wilhelm Heitmeyer zwar globale Entwicklungen (wie eine zunehmende Indvidualisierung), doch erscheint dieser Ansatz zu allgemein, um eine zeitlich und räumlich eingrenzbare soziale Situation zu beschreiben.

Gleichzeitig wird in allen Ansätzen kaum die Tatsache berücksichtigt, daß es sich bei den verübten rechtsextremen bzw. fremdenfeindlichen Gewalttaten meist um Gruppentaten handelt, die von rechtsorientierten Jugend- und Skinheadgruppen durchgeführt werden. Diese Vernachlässigung entspricht starken Tendenzen der Jugendkulturforschung, die auf der Annahme gründen, daß Jugendkulturen an gesellschaftspolitischer Bedeutung verloren und nur noch sozialisatorische Wirkung hätten. Lediglich die Jugendkulturforschung der Cultural Studies und der Kulturanthropologie gestehen jugendlichem Handeln einen gesellschaftspolitischen Einfluß zu, der jedoch auf das alltägliche Handeln beschränkt und damit auf eine marginale Rolle reduziert wird.

Der in dieser Untersuchung beschriebene Prozeß der Gruppen- und Gewaltentwicklung zeigt jedoch etwas anderes: Nämlich daß der Skinheadkult während der Asylrechtsdebatte an gesellschaftspolitischer Bedeutung gewinnt und die jugendlichen Skinheads von den Protagonisten einer rechtsorientierten Jugendkultur zu politischen Akteuren avancieren.

In Anbetracht der Defizite bisheriger Erklärungsmodelle bezüglich rechtsextrem bzw. fremdenfeindlich motivierter Gewalttaten habe ich versucht, einen neuen theoretischen Rahmen zu finden, der die situative Dynamik der Gewalteskalation angemessen beschreibt, die nationalen wie globalen Einflüsse berücksichtigt und der gesellschaftlichen Funktion des Skinheadkultes gerecht wird.

Das Modell des sozialen Dramas von Victor Turner erfüllt diese Bedingungen. Ausgangspunkt dieses theoretischen Rahmens ist zunächst die Annahme, daß Kultur ein Netz aus geteilten Bedeutungen darstellt, über das die Mitglieder einer kulturellen Gruppe ihre gesellschaftlichen Erfahrungen interpretieren. Wenngleich jede Gesellschaft einen kulturellen Apparat besitzt, über den Bedeutungssymmetrien hergestellt werden (vgl. Hannerz 1992), ist Kultur dennoch kein statisches Phänomen. Globale Einflüsse, individuelle wie kollektive Interpretationen von Wirklichkeit und Machtinteressen führen zu permanenten Aushandlungsprozessen, die den Wandel kultureller Bedeutungen bedingen. Der stete Wandel kann durch krisenhafte Situationen unterbrochen werden, in denen grundlegende gesellschaftliche Widersprüche auftreten und neu verhandelt werden. Dann entsteht häufig eine dramatische Dynamik, die Turner mit dem Modell des sozialen Dramas zu beschreiben sucht. Die Gesellschaft befindet sich während einer solchen Situation in einer liminalen Phase, in der die gesellschaftlichen Strukturen weitgehend zusammenbrechen und den Weg für neue kollektive Artikulations- und Kommunikationsformen frei machen. In dieser Zeit gewinnen auch neue kollektive Akteure an Bedeutung, die Turner aufgrund ihrer spezifischen Struktur als Communitasgruppen bezeichnet.

Ein vergleichbarer Prozeß läßt sich deutlich an der deutsch-deutschen Vereinigung nachvollziehen. Unterhalb der starren Struktur des DDR-Systems hatte sich während der achtziger Jahre ein loser Diskussionszusammenhang über neue Gesellschaftsentwürfe und Lebensvorstellungen gebildet, der in seinen Inhalten den westlichen sozialen Bewegungen glich, aber nur in lokalen Gruppen organisiert war. Sie gewannen erst 1989 an Bedeutung, als die DDR in eine ernsthafte Krise geriet. Eingeleitet wurde die krisenhafte Situation von einer Massenflucht unzufriedener DDR-Bürger. Gleichzeitig formierten sich aus den lokalen Bürgerrechtsgruppen national bedeutungsvolle Communitasgruppen, die eine Protestwelle in Gang setzten. Bald schon hatte sich hieraus eine Massenbewegung entwickelt, die mit neuen Kommunikations- und Handlungsformen einen Aushandlungsprozeß über neue gesellschaftliche Strukturen forcierte. Die politische Elite wurde zunehmend unter Druck gesetzt und reagierte mit einer Lockerung ihrer repressiven Politik.

Bis zur Intervention Westdeutschlands schien die Situation offen, und viele glaubten, sie könnten ihre gesellschaftspolitischen Visionen umsetzen. Doch der Druck der liberal-konservativen Regierung Westdeutschlands und die von ihr genährte Hoffnung auf einen schnellen Wohlstand war zu groß, so daß der Aushandlungsprozeß schon nach wenigen Monaten in sich zusammenfiel. Die erste demokratische Volkskammerwahl der DDR stand ganz unter westdeutschen Einfluß. Nur die von Westdeutschland unterstützten Parteien wie CDU und SPD waren in der Lage, erfolgreich abzuschneiden, die Protestgruppen, die sich innerhalb kurzer Zeit von egalitär und basisdemokratisch organisierten Communitasgruppen zu Parteien umstrukturieren mußten, hatten hier keine Chance. Mit ihnen schwand die Hoffnung auf einen neuen, demokratisch organisierten sozialistischen Staat. Von nun an begann die von Bonn diktierte Übernahme des westdeutschen Systems, die schließlich 1990 in der deutsch-deutschen Vereinigung endete.

Doch die Nation wurde nur strukturell geeint, soziale, lebensweltliche und weltanschauliche Differenzen der vierzigjährigen Teilung hinterließen einen tiefen Graben, der bis heute nicht überbrückt werden konnte. Der in der Bundesrepublik gepflegte Glaube, DDR und BRD trennten lediglich systemische Gegensätze, unterhalb derer die einheitliche deutsche Kulturnation weiterbestehe, erwies sich als falsch. Eine neue deutsch-deutsche Identität konnte unter den beschriebenen Bedingungen nicht entstehen. Statt dessen brach der seit Bestehen der Bundesrepublik latent vorhandene Widerspruch in der Konstruktion der nationalen Identität auf und setzte eine Dynamik in Gang, die - in abgeschwächter Form - bis heute andauert. In diesem Sinne ist die deutsch-deutsche Vereinigung ein unvollendetes Drama, in dem Diskussionen über eine gemeinsame nationale Identität immer wieder heftige Auseinandersetzung entfachen. So zeigt der noch 1999 geführte Streit um die doppelte Staatsbürgerschaft, daß ein modernes Staatsbürgerschaftsrecht, welches das Abstammungsprinzip ablöst, in der Bundesrepublik nach wie vor umstritten ist. Damals wie heute fällt es großen Teilen der Nation schwer, die Bundesrepublik als modernen Einwanderungsstaat zu akzeptieren. Das Mißtrauen gegenüber BürgerInnen ohne deutschen Paß ist groß und kann immer wieder von rechtskonservativen Parteien zur Konstruktion eines völkisch-nationalen Wir-Gefühls funktionalisiert werden. Ebenso wie in der Asylrechtsdebatte werden die BürgerInnen ohne deutschen Paß zu Sündenböcken einer andauernden wirtschaftlichen und sozialen Krise stilisiert. Während dies am Ende der neunziger Jahre vor allem wahlstrategische Gründe hatte, ging es bei der Asylrechtsdebatte am Anfang der Dekade darum, angesichts der deutlichen Divergenzen zwischen Ost und West, die die Vereinigung nicht beseitigen konnte, eine Pseudogemeinschaft zu konstruieren.

Die Analyse der Asylrechtsdebatte macht deutlich, daß es in dieser Diskussion weniger um Sachargumente als um eine Emotionalisierung der Bevölkerung ging. Die fehlende nationale Identität sollte durch ein emotionales Wir-Gefühl ersetzt werden. Wesentlicher Bestandteil dieser Strategie bildete die Funktionalisierung der rechtsorientierten TäterInnen: Ihr Handeln wurde als Reaktion auf eine angeblich zunehmende Überfremdung und eine damit verbundene soziale Krise interpretiert. Die gewalttätigen Jugendlichen galten als Beweis für das drohende innenpolitische Chaos, das ohne eine Änderung des Asylrechts eintreten werde. Das darin implizierte Verständnis für die Motive der Taten führte zur Aufwertung der TäterInnen; eine Tendenz, die durch die Darstellung in den Medien noch verstärkt wurde. Hier suggerierten vor allem die vielen Fernsehreportagen, daß die gewalttätigen Jugendlichen die einzigen handlungsfähigen Akteure in einem handlungspolitischen Vakuum seien.

Es ist genau dieser Umgang mit den TäterInnen und ihren Taten, dieses Verständnis, das zu einer hochschnellenden Spirale fremdenfeindlicher bzw.

rechtsextrem motivierter Gewalt führte. Die Jugendlichen wurden durch den politischen Diskurs zu weiteren Gewalthandlungen ermutigt. Die These, daß es sich hierbei um Nachahmungstaten handele (vgl. Brosius/Esser 1995) greift allerdings zu kurz. Sie widerspricht den Erkenntnissen der neueren Medienforschung, die davon ausgeht, daß die Wahrnehmung medial vermittelter Information individuell verschieden ist und somit spezifische Ereignisse ganz unterschiedliche Reaktionen hervorrufen können (vgl. Sander 1994; Willis 1991). Demnach bedarf es für eine kollektive Reaktion auf medial vermittelte Informationen einer Vermittlungsinstanz, die eine Wahrnehmungssymmetrie herstellt.

Die Analyse zeigt, daß der Skinheadkult diese Funktion übernimmt. Er ist das Medium, das nicht nur die Wahrnehmung der Jugendlichen vereinheitlicht, sondern auch ein Identifikationsangebot bereithält, über das die Jugendlichen Anschluß zum gesellschaftspolitischen Diskurs finden. Der Skinhead als negativer Held ist die zentrale Identifikationsfigur, die über die Kultmedien konstruiert wird. Sie stellt die Verbindung zwischen gesellschaftspolitischer und individueller Ebene her. Die kultimmante Figur des 'negativen Helden' findet ihre Entsprechung in der Darstellung der gewalttätigen Jugendlichen in den Medien und ihrer Funktionalisierung durch die Politik. Gleichzeitig bietet sie den Jugendlichen eine bestimmte Form des Stigma-Managements an, womit sie ihre (in allen biographischen Interviews erwähnten) Stigmatisierungserfahrungen kompensieren können. Kapitel IV. zeigt, daß die Aneignung des Skinheadkultes eine besondere Art des Stigma-Managements ist, die ich in Anlehnung an Wolfgang Lipp als Selbststigmatisierung bezeichne. Mit Hilfe dieses Mechanismus können die Jugendlichen ihr Umfeld provozieren, ihre Marginalisierung aufheben und so zu kollektiven Akteuren in kulturellen Aushandlugsprozessen avancieren. Wichtig ist hierbei die spezifische Artikulationsform des Kultes. So stellen der männlich martialische Kleidungsstil und die rituellen Verhaltensmuster Elemente eines restringierten Codes dar, der zentrale Widersprüche einer Gesellschaft aufgreifen und fixieren kann.

Allerdings ist der Skinheadkult ein transnationaler Kult, der in allen westlichen und östlichen Industrienationen auftritt. Überall ist er durch das einheitliche Aussehen[193] der Jugendlichen erkennbar. Unterhalb dieser optischen Gleichheit können die Bedeutungen der Elemente dieses Code erheblich variieren. Während der Skinheadkult in Großbritannien den Gegensatz zwischen der Ideologie einer egalitären Wohlstandsgesellschaft und den erhalten gebliebenen Klassenstrukturen artikulierte, drückt er in der Bundesrepublik die Widersprüchlichkeiten der nationalen Identität aus. Schon in den achtziger Jahren erregte vor allem die rechtsorientierte Ausrichtung des Kul-

193 Das Aussehen variiert lediglich in wenigen Details, wie bspw. Schnürsenkel und Aufnäher.

tes die Aufmerksamkeit der Öffentlichkeit. Doch galten die Skinheads in dieser Zeit lediglich als verirrte Jugendliche. Erst als die Widersprüchlichkeiten der nationalen Identität nach der Vereinigung offen aufzubrechen drohten, wurden sie zu Akteuren auf der politischen Bühne und konnten sich hier als gesellschaftspolitisch bedeutungsvolle Communitasgruppen etablieren. Die öffentlichen Inszenierungen und rechtsextremen bzw. fremdenfeindlichen Gewalttaten unterliefen die während der Asylrechtsdebatte mühsam aufrechterhaltene Trennung zwischen den Diskurssträngen Einwanderung/Flucht/Asyl und Nation/nationale Identität, die letztendlich nur dazu diente, die völkische Basis der nationalen Identität zu verschleiern. Die Öffentlichkeit entwickelte gegenüber dem Skinheadkult eine neue Sensibilität. Oder andersherum: Der Wirkungsgrad der kult- und gruppenspezifischen Rituale erweiterte sich, indem sie eine größere rituelle Gemeinschaft an sich binden konnten. Damit verließen die rechtsorientierten Jugend- und Skinheadcliquen den liminoiden Bereich des jugendkulturellen Kontextes und betraten die gesellschaftspolitische Bühne.

Doch wirken Rituale nicht nur nach außen, sondern auch nach innen. Sie sind die Voraussetzung dafür, daß sich allerorts lokale Communitasgruppen bilden konnten, ohne daß die Jugendlichen in feste Strukturen oder Organisationen integriert werden mußten. So binden sie die Jugendlichen emotional an den Kult und stellen eine spezifische Form der Gruppensolidarität her, die ich als mechanische Solidarität bezeichnet habe. Sie konstituiert sich nicht über eine gemeinsame Auseinandersetzung mit politischen oder kultspezifischen Inhalten, sondern lediglich durch das regelmäßige Interagieren symbolisierter Körper. Dabei entstehen nach innen wie außen formalisierte Beziehungen. Innerhalb der Gruppe erzeugen die Rituale ein formales Miteinander, das die Jugendlichen mit dem Begriff Kameradschaft umschreiben. Der moralische Imperativ dieser Form von Gruppensolidarität wird in dem bedingungslosen 'Füreinander-Einstehen' formuliert. Idealerweise sollen hier persönliche Zu- oder Abneigungen gegenüber anderen Skinheads keine Rolle spielen. Für die Identitätsentwicklung der Jugendlichen bedeutet diese Form der Interaktion, daß eine individuelle Entwicklung des Selbstbildes kaum möglich ist. Vielmehr findet eine Verschmelzung zwischen dem Identifikationsangebot des Kultes und dem persönlichen Selbstbild statt. Das kollektive Selbstverständnis des Kultes und die individuellen Selbstbilder der Jugendlichen fließen in der Figur des 'negativen Helden' zusammen und lassen die lokalen Jugend- und Skinheadcliquen zu 'Ghettokulturen' erstarren, in denen die kollektive Identität jegliche Individualität zu ersticken droht.

In diesem Zusammenhang muß jedoch auf den geschlechtsspezifischen Unterschied hingewiesen werden. So ist der 'negative Held' ein Identifikationsangebot für männliche Mitglieder, für weibliche werden andere Möglichkeiten bereitgehalten. Sie können entweder die Rolle als mitkämpfende Kameradin oder als willfähriges Opfer einnehmen. Beide Möglichkeiten werden von den meisten Mädchen abgelehnt. Dies hängt damit zusammen, daß sie einerseits aus Angst vor Stigmatisierung die vollständige Bezeichnung des Körpers, die zur Erfüllung der Rolle der Kameradin notwendig wäre, scheuen. Gleichzeitig sind fast alle Mädchen zu selbstbewußt, um sich in die Opferrolle drängen zu lassen. Statt dessen haben sie das kollektive Selbstbild des 'durchsetzungsfähigen Mädchens' entwickelt, über das sie sich jenseits der beiden angebotenen Extreme definieren können. Unabhängig von ihrer politischen Einstellung, entsteht hierdurch ein distanziertes Verhältnis zur Gruppe, das den Mädchen den Ausstieg aus der Gruppe erleichtert und in der öffentlichen Wahrnehmung das Bild als Mitläuferinnen prägt.

Die lokalen 'Ghettokulturen' sind sehr labil, da sie sich nicht über das gemeinsame Aushandeln von Inhalten, sondern lediglich über regelmäßig stattfindende Rituale reproduzieren. Neben den täglichen Treffen sind vor allem die Gewalttaten für den Zusammenhalt der Gruppe von zentraler Bedeutung. Die von mir untersuchte Gruppe weist unterschiedliche Gewaltformen auf. Die wichtigste bildet jedoch die kollektive Gewalt. Hier kann sich die Kameradschaft unter Beweis stellen, hier reproduzieren sich kollektives wie individuelles Selbstbild des 'negativen Helden'. Wichtig für die Reproduktion des Selbstbildes ist die Tatsache, daß die Jugendlichen in ihren politischen Einstellungen eine Opferperspektive entwickelt haben. Sie identifizieren sich mit den 'Deutschen', die sie als Opfer ansehen und die sich im übrigen während der Asylrechtsdebatte vielerorts auch selbst so dargestellt haben. Die kollektive Gewalt impliziert demnach eine politische und individuelle Ebene. Sie wird von den Jugendlichen vor allem als politischer 'Kampf' gesehen, gleichzeitig ist sie jedoch auch eine Form des Stigma-Managements; in der kollektiven Gewalt suchen die Jugendlichen sich von ihrem Stigma zu befreien.

Die vorliegende Untersuchung hat gezeigt, daß rechtsextreme bzw. fremdenfeindlich motivierte Gewalttaten nur in Zusammenhang mit komplexen gesellschaftspolitischen Situationen analysiert werden können. Individuelle Befindlichkeiten, lokale, nationale und globale Einflüsse greifen ineinander und setzen hierdurch eine Wechselwirkung in Gang, die zu jener Gewalteskalation führte, wie wir sie Anfang der neunziger Jahre erlebt haben. Das Medium, das die unterschiedlichen Ebenen miteinander verbindet, ist der Skinheadkult. Er avanciert in diesem Prozeß zu einer gesellschaftspolitisch bedeutungsvollen Jugendkultur. Im Hinblick auf Globalisierungs- und Modernisierungsdebatten der Jugendkulturforschung ließe sich hieraus die These ableiten, daß auch heute Jugendkulturen nicht zwangsläufig in einer globalen Beliebigkeit verschwinden, sondern durchaus auf gesellschaftspolitische Diskurse einwirken können.

Eine Wiederholung dieses Prozesses erscheint mir nicht unwahrscheinlich, da das soziale Drama der deutsch-deutschen Vereinigung noch nicht vollendet ist.

Noch hat die vereinigte Bundesrepublik keine gemeinsame nationale Identität gefunden, noch immer definiert ein Großteil der Bevölkerung und der politischen Elite ihr Deutschsein in völkischen Kategorien. Und wie die Tat in Guben zeigt, antworten rechtsorientierte Jugend- und Skinheadgruppen weiterhin auf eine Emotionalisierung dieses Themas mit offener und brutaler Gewalt gegen 'nichtdeutsche' Bürger und Flüchtlinge.

Literaturverzeichnis

Altenhof, Ralf/Jesse, Eckhard (1995; Hg.): Das wiedervereinigte Deutschland. Zwischenbilanz und Perspektiven. Düsseldorf: Drose-Verlag

Amit-Talai, Vered/Wulff, Helena (1995; Hg.): Youth cultures. A Cross-cultural Perspective. London; New York: Routhledge

Anderson, Benedict (1990): Imagined Communities. Reflection on the Origin and spread of nationalism. London u.a.: Verso

Annas, Max/Christoph, Ralph (1993; Hg.): Neue Soundtracks für den Volksempfänger. Nazirock, Jugendkultur und rechter Mainstream. Berlin: Edition ID-Archiv

Arbeitsgruppe Bielefelder Soziologen (1973; Hg.): Alltagswissen, Interaktion und soziale Wirklichkeit. Bd.1: Symbolischer Interaktionismus und Ethnomethodologie. Hamburg: Rowohlt Verlag

“Auch Sie, Frau Mustermann ...?!” (1993) Ein Reader zu Mädchen/Frauen und Rechtsextremismus. FAntifa Kassel

Baacke, Dieter/Ferchhof, Wilfried (1995): Von den Jugendsubkulturen zu den Jugendkulturen. Der Abschied vom traditionellen Jugendsubkulturkonzept. In: Forschungsjournal Neue Soziale Bewegung Jg. 8, 1995/2, S. 33-46

Bailey, Carol A. (1996): A guide to field research. Thousand Lakes, Calif. u.a.: Pine Forge Press

Balibar, Etienne (1989): Gibt es einen neuen Rassismus? In: Das Argument 175/1989, S. 369-422

Baumann, Gerd (1992): Ritual implicates ‘Others’: rereading Durkheim in a plural society. In: Coppet (Hg.) (1992), S. 97-115.

Beck, Ulrich (1986): Risikogesellschaft. Auf dem Weg in eine andere Moderne. Frankfurt/Main: Suhrkamp Verlag

Becker-Schmidt, Regina/G.-A. Knapp (1987): Geschlechtertrennung - Geschlechterdifferenz: Suchbewegungen sozialen Lernens. Bonn: Verlag Neue Gesellschaft

Bell, Catherine (1992): Ritual Theory, Ritual Practice. New York; Oxford: Oxford Univ. Press

Berding, Helmut (1994, Hg.): Nationales Bewußtsein und kollektive Identität: Studien zur Entwicklung des kollektiven Bewußtseins in der Neuzeit. Frankfurt/Main: Suhrkamp Verlag

Berding, Helmut (1996): Studien zur Entwicklung des kollektiven Bewußtseins in der Neuzeit. Frankfurt/Main: Suhrkamp Verlag

Berg, Eberhard/Fuchs, Martin (1993, Hg.): Kultur, soziale Praxis, Text. Die Krise der ethnographischen Repräsentation. Frankfurt/Main: Suhrkamp Verlag

Berger, Peter L. /Luckmann, Thomas (1989): Die gesellschaftliche Konstruktion der Wirklichkeit. Eine Theorie der Wissenssoziologie. Frankfurt/Main: Fischer Verlag [1969]

Bergmann, Jörg/Leggewie, Claus (1993): Die Täter sind unter uns. Beobachtungen aus der Mitte Deutschlands. In: Deutsche Jugend. Kursbuch 113, 9/1993

Bernsdorf, Wilhelm (1979, Hg.): Wörterbuch der Soziologie. Stuttgart: Ferdinand Enke Verlag

Bernstein, Basil (1971): Class, Codes, and Control. Bd. 1. In: Theoretical Studies towards a Sociological of Language. London: Routledge & Kegan

Bizan, Renate (1997, Hg.): Rechte Frauen. Skingirls, Walküren und feine Damen. Berlin: Elefanten Press

Blomert, Reinhard (1993, Hg.): Transformationen des Wir-Gefühls: Studien zum nationalen Habitus. Frankfurt/Main: Suhrkamp Verlag

Bohnsack, Ralf u.a. (1995): Die Suche nach Gemeinsamkeit und die Gewalt in der Gruppe. Hooligans, Musikgruppen und andere Jugendcliquen. Opladen: Leske + Budrich

Borofsky, Robert (1994, Hg.): Assessing Cultural Anthropology. New York: McGraw-Hill

Bourdieu, Pierre (1993): Narzißtische Reflexivität und wissenschaftliche Reflexivität. In: Berg/Fuchs (Hg.) (1993), S. 365-375

Brake, Mike (1981): Soziologie der jugendlichen Subkulturen. Eine Einführung. Frankfurt/Main; New York: Campus Verlag

Brednich, Rolf W./Hartinger, Walter (1994, Hg.): Gewalt in der Kultur. Vorträge des 29. Deutschen Volkskundekongresses, Passau 1993. Passau

Brosius, Hans-Gert/F. Esser (1995): Eskalation durch Berichterstattung. Massenmedien und fremdenfeindliche Gewalt. Opladen

Brüchert, Oliver (1997): Die Inszenierung bedrohlicher Männlichkeit in Fernsehberichten über 'rechtsradikale Gewalt'. In: Jahrbuch für Rechts- und Kriminalsoziologie '96, S. 85-101

Bruner, Edward M. (1986): Experience and Its Expressions. In: Bruner/Turner (Hg.), S. 3-33

Bruner, Edward M./Turner, Victor (1986, Hg.): The Anthropology of Experience. Illinois: Illini Books edition

Brunkhorst, Hauke (1993): Über Demokratie, Asyl und schönes Wetter. Vom Notstand im Verfassungsbewußtsein der politischen Klasse. In: Jäger/Link (Hg.), S. 21-31

Buber, Martin (1994): Das Dialogische Prinzip. Gerlingen: Lambert Schneider [19649]

Bukow, Wolf-Dietrich (1992): Ethnisierung und nationale Identität. In: Rassismus und Migration in Europa, S. 133-146

Bundesministerium des Innern (1990-1994, Hg.): Verfassungsschutzberichte 1989-1993. Bonn

Burke, Peter (1992): Historiker, Anthropologen und Symbole. In: Habermas/Minkmar (Hg.), S. 21-42

Clarke, John u.a. (1979, Hg.): Jugendkultur als Widerstand: Milieus, Rituale, Provokationen. Frankfurt/Main: Syndikat

- (1979): Stil. In: Clarke u. a. (Hg.), S. 133-157

- (1979): Die Skinheads und die magische Rückgewinnung der Gemeinschaft. In: Clarke u.a. (Hg.), S. 171-176

- u. T. Jefferson (1979): Working Class Youth Cultures. In: Mungham/Pearson (Hg.), S. 138-159

- u. S. Hall/T. Jeffereson/B. Roberts (1979): Subkulturen, Kulturen und Klasse. In: Clarke u.a. (Hg.), S. 39-131

Clifford, James (1986): Introduction. In: Clifford/Marcus (Hg.), S.1-27

- (1993): Über ethnographische Autorität. In: Berg/Fuchs (Hg.), S. 109-158

- u. G. Marcus (1986, eds.): Writing Culture. The Poetics and Politics of Ethnography. Berkeley; Los Angeles: California Univ. Press

Cohen, Phil (1972): Subcultural Conflict and Working Class Community. Working Papers in Cultural Studies. No. 2, CCCS, University of Birmingham

Compton, Hugh (1997, Hg.): The Politics of unemployment: radical policy initiatives in Western Europe. London: Routhledge

Coppet, Daniel de (1992, ed.): Understanding Rituals. London; New York: Routledge

Deutscher Bundestag (1990, Hg.) Auf dem Weg zur deutschen Einheit: deutschlandpolitische Debatten im Deutschen Bundestag. 6 Bde. Bonn

Die verunsicherte Generation. Sinus-Institut: Opladen 1983
Dirks, Nicholas B. /G. Eley/S. B. Ortner (1994): Culture/Power/History: A Reader in Contemporary Social Theory. Princeton; New Jersey: Princeton Univ. Press
Dilthey, Wilhelm (1981): Der Aufbau der geschichtlichen Welt in den Geisteswissenschaften. Frankfurt/Main: Suhrkamp Verlag
Dörner, Andreas (1996): Politischer Mythos und Symbolische Politik. Der Hermannmythos: Zur Entstehung des Nationalbewußtseins der Deutschen. Hamburg: Rowohlt
Douglas; Mary (1993): Ritual, Tabu und Körpersymbolik. Sozialanthropologische Studien in Industriegesellschaft und Stammeskultur. Frankfurt/Main: Fischer-Verlag [1970]
Dracklé, Dorle (1996): Kulturelle Repräsentationen von Jugend in der Ethnologie. In: Dracklé (Hg.), S. 14-54
- (Hg.) (1996): Jung und wild: zur kulturellen Konstruktion von Kindheit und Jugend. Berlin; Hamburg: Reimer Verlag
Durkheim, Emile (1977): Über die Teilung der sozialen Arbeit. Frankfurt/Main: Suhrkamp Verlag
Elias, Norbert (1989): Studien über die Deutschen. Machtkämpfe und Habitusentwicklung im 19. und 20. Jahrhundet. Frankfurt/Main: Suhrkamp Verlag
Elwert, Georg (1989): Nationalismus und Ethnizität. Über die Bildung von Wir-Gruppen. KZfSS 41/1989, S. 440-464
Erdheim, Mario (1988): Die Psychoanalyse und das Unbewußte in der Kultur. Frankfurt/Main: Suhrkamp Verlag
- (1991): Zur Entritualisierung der Adoleszens bei beschleunigtem Kulturwandel. In: Klosinski (Hg.), S. 79-89
- (1996): Die Symbolisierungsfähigkeit in der Adoleszenz. In: Dracklé (Hg.), S. 202-225
Fact and Context in Ethnography. The Samoa controversy. Canberra Anthropology, Vol. 6 no. 1, 1984
Fahr, Margitta (1995): Odins Erben. Nordheidentum und nordische Mythologie in Rechtsrock-Texten an ausgewählten Texten der britischen Band Skrewdriver. In: PopScriptum 5/1995, S. 90-106
Falter, Jürgen W. (1992): Wahlen 1990. Die demokratische Legitimation für die deutsche Einheit mit großen Überraschungen. In: Jesse/Mitter (Hg.), S. 163-189
Farin, Klaus (1997, Hg.): Die Skins: Mythos und Realität. Berlin: Christoph Links Verlag
- (1997): Urban Rebels. Die Geschichte der Skinheadbewegung. In: Farin (Hg.), S. 9-69
- (1997): "In Walhalla sehen wir uns wieder ...". Rechtsrock. In: Farin (Hg.), S. 213-244
- (1997): 'Die mit den roten Schnürsenkeln ...' Skinheads in der Presseberichterstattung. In: Farin (Hg.), S. 244-268
Feldman, Allen (1991): Formations of Violence. The narrative of the Body and Political Terror in Northern Ireland. Chicago; London: Univ. of Chicago Press
Ferchhoff, Wilfried (1995): Jugendkulturelle Individualisierungen und Stildifferenzierungen in den neunziger Jahren. In: Ferchhoff u.a. (Hg.), S. 52-66
- u.a. (Hg.) (1995): Jugendkulturen - Faszination und Ambivalenz. Einblicke in jugendliche Lebenswelten. Weinheim; München: Juventa Verlag
Frege, Gottlob (1969): Über Sinn und Bedeutung. In: Frege (Hg.), S. 40-65
- (Hg.) (1969): Funktion, Begriff und Bedeutung. Göttingen: Vandenhoeck&Ruprecht (3)
Friebertshäuser, Barbara (1992): Übergangsphase Studienbeginn. Eine Feldstudie über Riten der Inititiation in eine studentische Fachkultur. Weinheim; München: Juventa Verlag
- (1995): Initiationsriten und ihre Bedeutung für weibliche und männliche Statuspassagen. Über archaische Rituale und moderne Einführungen in einen neuen Status. In: Feministische Studien Jg. 13, 1995/1, S. 56-70

Fromm, Rainer (1993): Am rechten Rand. Lexikon des Rechtsradikalismus. Marburg; Berlin: Schüren Verlag

Fuchs, Martin/E. Berg (1993): Phänomenologie der Differenz. Reflexionsstufen ethnographischer Repräsentation. In: Berg/Fuchs (Hg.), S. 11-109

Geertz, Clifford (1995): Dichte Beschreibung. Beiträge zum Verstehen kultureller Systeme. Frankfurt/Main: Suhrkamp [1983]

Gennep, Arnold van (1986): Übergangsriten. Frankfurt/Main;New York: Campus Verlag

Gerhard, Ute (1990): Unerhört. Die Geschichte der Deutschen Frauenbewegung. Hamburg: Rowohlt

Gessenharter, Wolfgang (1991): Rechtsextremismus. In: Greiffenhagen/Greiffenhagen/Prätorius (Hg.), S. 399

Giordano, Christian (1998): I Can Describe Those I Don't Like Better Than Those I Do. Verstehen as a Methodological Principle in Anthropology. In: AJEC 7 (1998) 1, S. 27-43

Girtler, Roland (1979): Kulturanthropologie. Entwicklungslinien, Paradigmata, Methoden. München: Deutscher Taschenbuchverlag

Glaeßner, Gerd-Joachim (1993): Am Ende des Staatssozialismus - Zu den Ursachen des Umbruchs in der DDR. In: Joas/Kohli (Hg.), S. 70-93

Gluckman, Max (1984): Politics, Law and Ritual in Tribal Society. Oxford; New York: Basil Blackwell Publisher [1965]

Goffman, Erving (1976): Wir allen spielen Theater. Die Selbstdarstellung im Alltag. München: Piper Verlag

- (1977): Stigma. Über Techniken der Bewältigung beschädigter Identität. Frankfurt/Main: Suhrkamp Verlag [1963]

Goldthorpe, John u. a. (1968/69): The Affluent in the Class Structure. 3 Bde. Cambridge: Cambridge Univ. Press 1968-1969

Graf, Christian/B. Rausch (1996): Rockmusiklexikon Europa. Frankfurt/Main: Fischer Verlag Bd 2

Greiffenhagen, Martin/S. Greiffenhagen/R. Prätorius (1981, Hg.): Handwörterbuch zur politischen Kultur der Bundesrepublik Deutschland. Ein Lehr- und Nachschlagewerk. Opladen: Westdeutscher Verlag

Greß, Franz/H.-G. Jaschke/K. Schönekäs (1990): Neue Rechte und Rechtsextremismus in Europa: Bundesrepublik, Frankreich, Großbritannien. Opladen: Westdeutscher Verlag

- (1990): Großbritannien. In: Greß/Jaschke/Schönekäas (Hg.), S. 104-217

Greverus, Ina-Maria (1987): Kultur und Alltagswelt. Eine Einführung in Fragen der Kulturanthropologie. Frankfurt/Main: NOTIZEN 26

- (1995): Die Anderen und Ich. Kulturanthropologische Texte. Darmstadt: Wissenschaftliche Buchgesellschaft

Grimes, Ronald L. (1995): Beginnings in Ritual studies. Columbia: Univ. of South Carolina Press [1982]

Groß, Jürgen/P. M. Wagner (1996): Verträge zur deutschen Einheit. In: Weidenfeld/Korte (Hg.), S. 698-713

Hachel, Heinz (1997): Alex & Co. Glatzensymbole. In: Farin (Hg.), S. 167-177

Hall, Stuart (1994): Cultural Studies. Two Paradigms. In: Dirks/Eley/Ortner (Hg.), S. 520-539

Hannerz, Ulf (1992): Cultural Complexity: studies in the social organization of meaning. New York: Columbia Univ. Press

- (1995): 'Kultur' in einer vernetzten Welt. Zur Revision eines ethnologischen Begriffes. In: Kaschuba (Hg.), S. 64-85

- (1996): Transnational Connections: culture, people, places. London u.a.: Routledge

Hacker, Jens (1996): Grundlagenvertrag. In: Korte/Weidenfels (Hg.), S. 363-374
Hebdige, Dick (1981): Subculture, the meaning of style. London; New York: Methnen [1979]
- (1979): Die Bedeutung des Mod-Phänomens. In: Clarke u.a. (Hg.), S.158-170
Heiland, Hans-Günther/C. Lüdemann (1996, Hg.): Soziologische Dimensionen des Rechtsextremismus. Opladen: Westdeutscher Verlag
Heitmeyer Wilhelm (1987): Rechtsextremistische Orientierungen bei Jugendlichen. Empirische Ergebnisse und Erklärungsmuster einer Untersuchung zur politischen Sozialisation. Weinheim; München: Juventa Verlag
- u.a. (1992): Die Bielefelder Rechtsextremismusstudie. Erste Langzeituntersuchung zur politischen Sozialisation männlicher Jugendlicher. Weinheim; München: Juventa Verlag
- (Hg.) (1994): Das Gewalt-Dilemma. Gesellschaftliche Reaktionen auf fremdenfeindliche Gewalt und Rechtsextremismus. Frankfurt/Main: Suhrkamp Verlag
- u.a. (1995): Gewalt. Schattenseiten der Individualisierung bei Jugendlichen aus unterschiedlichen Milieus. Weinheim; München: Juventa Verlag
Held, Joseph u.a. (1991): "Du mußt so handeln, daß Du Gewinn machst ...". Jugendliche und Rechtsradikalismus: eine Tübinger Untersuchung und theoretische Überlegungen zu politischen Orientierungen jugendlicher Arbeitnehmer. In: PÄDEXTRA Mai/1991, S. 4-15
Helsper, Werner (1991, Hg.): Jugend zwischen Moderne und Postmoderne. Vom vorläufigen Ende der Erregung. Opladen: Leske + Budrich
- u. H. Wenzel (1995, Hg.): Pädagogik und Gewalt: Möglichkeiten und Grenzen pädagogischen Handelns. Opladen: Leske + Budrich
- u. H. Wenzel (1995): Einleitung - Reflexionen zum Verhältnis von Pädagogik und Gewalt. In: Helsper/Wenzel (Hg.), S. 9-37
Hennig, Eike (1991): Die Republikaner im Schatten Deutschlands. Ein Studie. Frankfurt/ Main: Suhrkamp Verlag
Hess, Ulrike: Fremdenfeindliche Gewalt in Deutschland. Eine soziologische Analyse. München; Wien: Profil-Verlag 1995
Hitzler, Roland (1994): Sinnbasteln. Zur subjektiven Aneignung von Lebensstilen. In: Mörth/Fröhlich (Hg.), S. 75-92
Hobsbawm, Eric John/T. Ranger (1989): The Invention of Tradition. Cambridge u.a.: Cambridge Univ. Press
Hoffmann, Lutz/H. Even (1984): Soziologie der Ausländerfeindlichkeit. Zwischen nationaler Identität und multikultureller Gesellschaft. Weinheim; Basel: Belz-Verlag
Holland-Cunz, Barbara (1992/93): Öffentlichkeit und Privatheit - Gegenthesen zu einer klassischen Polarität. In: Frei-Räume. Zeitschrift der feministischen Organisation von Planerinnen und Architektinnen FOPA e. V., Sonderheft 1992/93, S. 36-53
Holzkamp, Christine/B. Rommelspacher (1993): Frauen und Rechtsextremismus. Wie sind Mädchen und Frauen verstrickt? In: "Auch Sie, Frau Mustermann ...?!" 1993, S. 18-23
Hopf, Christel u.a. (1995): Familie und Rechtsextremismus: familiale Sozilisation und rechtsextreme Orientierungen junger Männer. München; Weinheim: Juventa Verlag
Hradril, Stefan (1992): Alte Begriffe und neue Strukturen. Die Milieu-, Subkultur- und Lebensstilforschung der achtziger Jahre. In: Hradril (Hg.), S. 15-57
- (Hg.) (1992): Zwischen Bewußtsein und Sein. Die Vermittlung 'objektiver' Lebensbedingungen und 'subjektiver' Lebensweisen. Opladen: Leske + Budrich
Huhnke, Brigitta (1993): Internationale Abhängigkeiten bei der Inszenierung rassistischer Feindbilder seit Mitte der achtziger Jahre am Beispiel der Wochenzeitungen 'Bild am Sonntag' und 'Der Spiegel'. In: Jäger/Link (Hg.), S. 213-267

Jäger, Siegfried (1997): Die Anstifter der Brandstifter? Zum Anteil der Medien an der Eskalation rassistisch motivierter Gewalt in der Bundesrepublik Deutschland. In: Scheffer (Hg.), S. 73-99
- u. J. Link (Hg.) (1993): Die vierte Gewalt. Rassismus und die Medien. Duisburg: DISS
Jahrbuch für Rechts- und Kriminalsoziologie '96 (1997): Starke Typen: Iron Mike, Dirty Harry, Crocodile Dundee. Baden Baden: Nomosverlag
Jesse, Eckhard (1992): Der innenpolitische Weg zur deutschen Einheit. Zäsuren einer atemberaubenden Entwicklung. In: Jesse/Mitter (Hg.), S. 111-142
- u. A. Mitter (Hg.) (1992): Die Gestaltung der deutschen Einheit. Bonn; Berlin: Bouvier Verlag
Joas, Hans/M. Kohli (1993, Hg.): Der Zusammenbruch der DDR. Soziologische Analysen. Frankfurt/Main: Suhrkamp Verlag
Kaschuba, Wolfgang/G. Korff/J. Warneken (1991, Hg.): Arbeiterkultur seit 1945 - Ende oder Veränderung. Tübingen: Tübinger Vereinigung für Volkskunde
- (1991): Arbeiterkultur heute: Ende oder Transformation. In: Kaschuba/Korff/Warneken (Hg.), S. 31-59
- (Hg.) (1995): Kulturen-Identitäten-Diskurse. Perspektiven Europäischer Ethnologie. Berlin: Akademie Verlag
Keesing, Roger M. (1974): Theories of Culture. In: Annual Review of Anthropology. 13/1974, S. 73-97
- (1994): Theories of Culture Revisited. In: Borofsky (Hg.), S. 301-310
Klosinski, Günther (1991, Hg.): Pubertätsriten. Äquivalente und Defizite in unserer Gesellschaft. Bern; Stuttgart; Toronto: Verlag Hans Huber
Kocka, Jürgen (1995): Vereinigungskrise: Zur Geschichte der Gegenwart. Göttingen: Vandenhoeck und Ruprecht
König, Hans-Dieter (1998, Hg.): Sozialpsychologie des Rechtsextremismus. Frankfurt/Main: Suhrkamp Verlag
Königsdorf, Helga (1990): 1989 oder Ein Moment der Schönheit. Eine Collage aus Briefen, Gedichten, Texten. Berlin: Aufbau-Verlag
Kohlberg, Lawrence (1981): The Philosophy of Moral Developement. San Franzisko: Harper and Row
Korger, Dieter (1996): Einigungsprozeß. In: Weidenfeld/Korte (Hg.), S. 234-246
Kowalsky, Wolfgang/W. Schröder (1994, Hg.): Rechtsextremismus. Einführung und Forschungsbilanz. Opladen: Westdeutscher Verlag 1994
Krommelbein, Sylvia (1996): Krise der Arbeit - Krise der Identität. Institutionelle Umbrüche der Erwerbsarbeit und subjektive Erfahrungsprozesse in den neuen Bundesländern. Berlin: Edition Sigma
Langer, Susanne K. (1965): Philosophie auf neuem Wege. Das Symbol im Denken, im Ritus und in der Kunst. Mittenwald: Mäander Verl. [engl. 1942]
Lau, Thomas (1992): Die heiligen Narren: Punk 1976-1986. Berlin;New York: Walter de Gryter
Leach, Edmund (1978): Kultur und Kommunikation. Zur Logik symbolischer Zusammenhänge. Frankfurt/Main: Suhrkamp Verlag
- (1982): Social Anthropology. Glasgow: Fontana Masterguides
Lindner, Rolf (1978): 'Punk rules o.k.!' In: Ästhetik und Kommunikation, 9/1978, Heft 31
- (1990): Die Entdeckung der Stadtkultur. Soziologie aus der Erfahrung der Reportage. Frankfurt/Main: Suhrkamp Verlag
Links, Christoph/H. Bahrmann (1990): Wir sind das Volk. Die DDR im Aufbruch - Eine Chronik. Berlin/Weimar: Aufbau-Verlag

Lipp, Wolfgang (1985): Stigma und Charisma. Über soziales Grenzverhalten. Berlin: Reimer-Verlag
- (1994): Drama Kultur. Berlin: Duncker&Humblot
List, Elisabeth (1992/93): Gebaute Welt - Raum, Körper und Lebenswelt in ihrem politischen Zusammenhang. In: Frei-Räume. Zeitschrift der feministischen Organisation von Planerinnen und Architektinnen Fopa e. V. Sonderheft 1992/93, S. 54-70
Löfgren, Ovar (1995): Die Nationalisierung des Alltagslebens: Konstruktion einer nationalen Ästhetik. In: Kaschuba (Hg.), S. 114-135
Lynen von Berg, Heinz (1994): Rechtsextremisus in Ostdeutschland seit der Wende. In: Kowalsky/Schröder (Hg.), S. 103-126
Malinowski, Bronislaw (1985): Eine wissenschaftliche Theorie der Kultur. Frankfurt/Main: Suhrkamp Verlag [1949]
- (1986): Schriften zur Anthropologie. Frankfurt/Main: Syndikat
Marcus, George E./M. J. Fischer (1986): Anthropology as Cultural Critique. An Experiment Moment in the Human Science. Chicago: Univ. Chic. Press
Marshall, George (1991): The Spirit of '69. A Skinhead Bible. Danoon: S.T. Publishing
McRobbie, Angela (1993): Shut up and dance: Youth Culture and Changing Modes of Femininity. In: Cultural Studies 3, S. 406-427
- (1995): What ist happening in cultural studies. Kulturanalyse im Postmarxismus. In: Kaschuba (Hg.), S. 100-114
- u. J. Garber (1979): Mädchen in den Subkulturen. In: Clarke u. a. (Hg.), S. 217-238
Mead, George Herbert (1973): Geist, Identität und Gesellschaft. Frankfurt/Main: Suhrkamp Verlag [1934]
Mengert, Christoph (1994): 'Unsere Texte sind deutsch ...' Skinhead-Bands in der Bundesrepublik Deutschland. Beiträge zur Inneren Sicherheit 1, Juli 1994
Milan, Susan/R. Mouriaux (1997): France. In: Compton (Hg.), S. 47-68
Mitscherlich, Margarete (1985): Die friedfertige Frau. Eine psychoanalytische Untersuchung zur Aggression der Geschlechter. Frankfurt/Main: Fischer Verlag
Mörth, Ingo/G. Fröhlich (1994, Hg.): Das symbolische Kapital der Lebensstile. Zur Kultursoziologie der Moderne nach Pierre Bourdieu. Frankfurt/Main; New York: Campus Verlag
Mungham, Goeff/G. Pearson (1977): Working Class Youth Culture. London; Henley; Bosten: Routledge & Kegan Paul
Mutthesius, Beate (1992): Anti-Sozial-Front. Vom Fußballfan zum Hooligan. Opladen: Leske + Budrich
Nadig, Maya (1995): Selbstkonstituierende Gewaltexplosionen. Rituelle Bearbeitung von Angst und Bedrohung in rechtsextremen Jugendgruppen. In: Kaschuba (Hg.), S. 210-229
Nevill, Andrew (1994): The Good, the Bad and the Skins. In: Annas/Christoph (Hg.), S. 47-65
Nuscheler, Franz (1995): Internationale Migration, Flucht und Asyl. Opladen: Leske + Budrich
Oesterreich, Peter (1993): Autoritäre Persönlichkeit und Gesellschaftsordnung. Der Stellenwert psychischer Faktoren für politische Einstellungen - eine empirische Untersuchung von Jugendlichen in Ost und West. Weinheim; München: Juventa Verlag
Offe, Claus (1993): Wohlstand, Nation, Republik. Aspekte des deutschen Sonderwegs vom Sozialismus zum Kapitalismus. In: Joas/Kohli (Hg.), S. 282-302
Ohlemacher, Thomas (1996): Medien und Gewalt. Bild in der Zeit ausländerfeindlicher Gewalttaten. In: Heiland/Lüdemann (Hg.), S. 137-161
Oltmanns, Hilke (1990): "Siegen, kämpfen, durchgreifen lassen." Rechtsextremismus bei Mädchen. In: Widersprüche 6/1990, S. 41-45

Otto, Hans-Uwe/R. Merten (1993, Hg.): Rechtsradikale Gewalt im vereinigten Deutschland. Jugend im gesellschaftlichen Umbruch. Opladen: Leske + Budrich
Ortner, Sherry B. (1994): Theory in Anthropology since the Sixties. In: Dirks u.a. [1984], S. 372-412
Parkin, David (1992): Ritual as spatial direction and bodily division. In: Coppet (Hg.), S. 11-26.
Parsons, Talcott (1964): Essays in Sociological Theory. New York: Collier Mc Millan Free Press
Paul, Gerhard (1989, Hg.): Hitlers Schatten verblaßt. Die Normalisierung des Rechtsextremismus. Bonn: J.H.W. Dietz
- (1989): Der Schatten Hitlers verblaßt. Die Normalität des Rechtsextremismus in den achtziger Jahren. In: Gerhard (Hg.), S. 11-49
Pearson, Goeff (1977): 'Paki-Bashing' in a North East Lancashire Cotton Town: A case study and its history. In: Mungham/Pearson (Hg.), S. 48-82
Petry, Christian (1992): Fremdenfeindlichkeit in Ostdeutschland. Plädoyer für einen zweiten Blick. Weinheim: Freudenberg Stiftung 1992
PopScriptum 5: Rechte Musik. Forschunszentrum populäre Musik (Hg.) Berlin: Zyankrise 1995
Prützel-Thomas, Monika (1995): Kein 'Ausverkauf' der DDR. Anspruch und Wirklichkeit des Einigungsvertrages. In: Altenhof/Jesse (Hg.), S. 129-163
Psathas, George (1973): Ethnotheorie, Ethnomethodologie und Phänomenologie. In: Arbeitsgruppe Bielefelder Soziologen Bd. I/1973, S. 263-285
Quinkert, Andreas/S. Jäger (1992): Warum dieser Haß in Hoyerswerda? Die rassistische Hetze von Bild gegen Flüchtlinge im Herbst 1991. Disskripte Nr. 4, Duisburg
Rabinow, Paul (1986): Representations Are Social Facts: Modernity and Post-Modernity in Anthropology. In: Clifford/Marcus (Hg.), S. 234-262
Räthzel, Nora (1997): Gegenbilder. Nationale Identität durch Konstruktion des Anderen. Opladen: Leske + Budrich
Rassismus und Migration in Europa: Beiträge des Hamburger Kongresses 'Migration und Rassismus in Europa' (25.-29 September 1990). - Hamburg; Berlin: Argument-Verlag 1992
Reichardt, Rolf (1996): Die Stiftung von Frankreichs nationaler Identität durch die Selbstmystifizierung der Französischen Revolution am Beispiel der 'Bastille' In: Berding (Hg.), S. 133-164
Römhild, Regina (1998): Die Macht des Ethnischen: Grenzfall Rußlanddeutsche. Perspektiven einer politischen Anthropologie. Frankfurt am Main, Berlin, Bern, New York, Paris, Wien: Peter Lang
Rolshoven, Johanna (1994): 'Der Revolver meiner Großmutter'. Von wehrhaften Frauen und von der Angst in der Kultur. In: Brednich/Hartinger (Hg.), S. 559-581
Rommelspacher, Birgit (1998): Dominanzkultur: Texte zur Fremdheit und Macht. Berlin: Orlanda-Frauenverlag [1995]
Rosen, Klaus-Henning (1989): Rechtsterrorismus. Gruppen-Täter-Hintergründe. In: Paul (Hg.), 49-79
Roth, Dieter (1989): 'Republikaner' - keine Partei für Frauen. Ergebnisse aus einer Umfrage der Forschungsgruppe Wahlen. In: die tageszeitung, 17.07.1989
Rothenbuhler, Eric (1998): Ritual Communication. From Everyday Conversation to Mediated Ceremony. Thousand Oaks; London; New Delhi: Sage Publications

Ruhrmann, Georg (1993): Die Konstruktion des 'Fremden' in den Medien. Struktur und Folgeprobleme. In: Jäger/Link (Hg.), S. 190-213

Sahlins, Marshall (1994): Goodbye to Tristes Tropes: Ethnography in the Context of Modern World History. In: Borofsky (Hg.), S. 377-395

Sander, Uwe (1995): "Good bye Epimetheus!" Der Abschied der Jugendkulturen vom Projekt der besseren Welt. In: Ferchhof u.a. (Hg.), S. 38-52

- (1994): Beschleunigen Massenmedien durch Gewaltdarstellungen einen gesellschaftlichen Zivilisationsverlust? In: Heitmeyer (Hg.), S. 273-294

Scheffer, Bernd (1997, Hg.): Medien und Fremdenfeindlichkeit. Alltägliche Paradoxien, Dilemmata, Absurditäten und Zynismus. Opladen: Leske+Budrich

Schissel, Bernhard/L. Makoad (1996): Social Control in Canada. Issues in the social construction of Deviance. Toronto u.a.: Oxford Univ. Press

Schönekäs, Klaus (1990): Bundesrepublik Deutschland. In: Greß/Jaschke/Schönekäs (Hg.), S. 218-250

Schomburg-Scherff, Sylvia M. (1986): Nachwort. In: Gennep (Hg.), S. 233-255

Schütze, Fritz (1984): Kognitive Figuren des autobiographischen Erzählens. In: Kohli/Robert (Hg.), S. 78-117

Schwarz, David (1995): OI! Musik, Politik und Gewalt. In: Popscriptum5 1995, S. 44-68

Schwendter, Rolf (1978): Theorie der Subkultur. Frankfurt/Main: Syndikat [1973]

Siller, Gertrud (1993): Junge Frauen und Rechtsextremismus - Zum Zusammenhang von weiblichen Lebenserfahrungen und rechtsextremistischen Gedankengut. In: "Auch Sie, Frau Mustermann ...?!", S. 29-37

- (1997): Rechtsextremismus bei Frauen: Zusammenhänge zwischen Erfahrungen und politischen Orientierungen. Opladen: Westdeutscher Verlag

Sinus-Institut (1981, Hg.): Fünf Millonen Deutsche: 'Wir sollten wieder einen Führer haben.' Die Sinus-Studie über rechtsextremistische Einstellungen bei den Deutschen. Hamburg

- (Hg.) (1983): Die verunsicherte Generation. Opladen

Stock, Manfred/P. Mühlberg (1990): Die Szene von Innen. Skinheads, Grufties, Heavy Metals, Punks. Berlin: Christoph Links Verlag

Strathern, Marilyn (1994): Parts an Wholes: Refiguring Relationships. In: Borofsky (Hg.), S. 204-216

Thrasher, Frederic (1927): The Gang. A Study of 1313 Gangs in Chicago. Chicago; London: Univ. Chic. Press

Treibel, Annette (1993): Transformationen des Wir-Gefühls. Nationale und ethnische Zugehörigkeiten in Deutschland. In: Blomert (Hg.), S. 313-346

Turner, Victor (1975): Symbolic Studies. In: Annual Review of Anthropology, S. 145-161

- (1985): On the Edge of the Bush. Anthropology as Experience. Tucson: Univ. of Arizona Press

- (1986): Dewey, Dilthey, and Drama: An Essay in the Anthropology of Experience. In: Bruner/Turner (Hg.), S. 33-45

- (1988): Anthropology of Performance. Cornell: Cornell Univ. Press

- (1989a): The Forest of Symbols. Aspects of Ndembu Ritual. Ithaca, London: Cornell Unv. Press, [1967]

- (1989b): Das Ritual: Struktur und Anti-Struktur. Frankfurt/Main; New York: Campus Verlag [1969]

- (1989c): Vom Ritual zum Theater. Der Ernst des menschlichen Spiels. Frankfurt/ Main; New York: Campus Verlag [1982]

- (1990): Dramas, Fields, and Metaphors. Symbolic Action in Human Society. Cornell: Cornell Univ. Press [1974]

- (1992): Prozeß, System, Symbol: Eine neue anthropologische Synthese. In: Habermas, Rebekka/N. Minkmar (Hg.): Das Schwein des Häuptlings. Beiträge zur historischen Anthropologie. Berlin Wagenbach [1977], S. 130-147
Vaskovics, Laszlo A. (1995): Subkulturen und Subkulturkonzepte. In: Forschungsjournal Neue Soziale Bewegung Jg. 8, 1995/2, S. 11-34
Voigt, Lothar: Punks als jugendliche Subkultur. (Magister-Hausarbeit am Institut für Kulturanthropologie und Europäische Ethnologie) Frankfurt am Main 1984
Volkens, Andrea/H.-D. Klingemann (1992): Die Entwicklung der Parteien im Prozeß der Vereinigung. In: Jesse/Mitter (Hg.), S. 189-215
Vollbrecht, Ralf (1995): Die Bedeutung von Stil. Jugendkulturen und Jugendszenen im Licht der neueren Lebensstildiskussion. In: Ferchhoff u.a. (Hg.), S. 23-38
Welz, Gisela (1991): Street Life: Alltag in einem New Yorker Slum. Frankfurt/Main: Notizen 36
Wehler, Hans-Ulrich (1988): Entsorgung der deutschen Vergangenheit. Ein polemischer Essay zum 'Historikerstreit'. München: C.H.Beck'sche Verlagsbuchhandlung
- (1994): Nationalismus und Nation in der deutschen Geschichte. In: Berding (Hg.), S. 163-176
Weidenfeld, Werner/K.-R. Korte (1996, Hg.): Handbuch zur deutschen Einheit. Frankfurt/Main; New York: Campus Verlag
Wielgohs, Jan/M. Schulz (1993): Von der 'friedlichen' Revolution in die politischen Entwicklungsetappen der ostdeutschen Bürgerbewegung. In: Joas/Kohli (Hg.), S. 222-246
Willems, Helmut u.a. (1993): Fremdenfeindliche Gewalt. Einstellungen, Täter, Konfliktkonstellationen. Opladen: Leske+Budrich
- (1993): Gewalt und Fremdenfeindlichkeit. Annmerkungen zu gegenwärtigen Gewaltdiskurs. In: Otto/Merten (Hg.), S. 88-107
Willis, Paul (1977): Learning to Labour. How working class kids get working class jobs. Westmead: Saxon House
- (1991): Jugend-Stile. Zur Ästhetik der gemeinsamen Kultur. Berlin: Das Argument 1991
Wolf, Christa (1990): Im Dialog. Aktuelle Texte. Frankfurt: Luchterhand
Wulff, Helena (1995): Inter-racial friendship. Consuming youth styles, ethnicity and teenage feminity in South London. In: Amit-Talai/Wulff (Hg.), S. 63-79
Ziehe, Thomas (1991): Vom vorläufigen Ende der Erregung - Die Normalität kultureller Modernisierungen hat die Jugendsubkulturen entmächtigt. In: Helsper (Hg.), S. 57-73

Quellen

Frankfurter Rundschau 24.08.1992 "SPD-Spitze leitet Kurswechsel ein."
Frankfurter Rundschau 06.10.1992 "CDU fordert schärferes Gesetz"
Frankfurter Rundschau 08.10.1992 "Eine Schlappe für die SPD-Linke"
Frankfurter Rundschau 06.09.1992: "CDU drängt zur Eile"
Frankfurter Rundschau 08.10.1992 "Stoiber redet gegen Rechts"
Frankfurter Rundschau 19.10.1992 "Pateiverbote werden geprüft".
Frankfurter Rundschau 20.10.1992 "CDU sieht Zukunftschancen durch Rechtsradikale gefährdet"
Frankfurter Rundschau 24.10.1992 "CDU soll keine Flügel bilden"
Frankfurter Rundschau 03.11.1992 "Warnung vor Aushebeln der Verfassung"
Frankfurter Rundschau 10.11.1992 "... dann wird aus der SPD eine andere Partei"
Frankfurter Rundschau 12.11.1992 "CDU/CSU setzt Bedrohung von rechts und links gleich"
Frankfurter Rundschau 20.11.1992 "Asyl-Beschluß der SPD 'können gut damit arbeiten'"
Frankfurter Rundschau 24.11.1992 "Generalbundesanwalt sucht rechte Mörder"
Frankfurter Rundschau 07.12.1992 "Koalition und SPD einig über Asylartikel"
Frankfurter Rundschau 10.12.1992 "Asyl-Absprache ruft bedenken in der SPD hervor"
Frankfurter Rundschau 12.12.1992 "Leipzig soll für Folgen der Skin-Attacke zahlen"
Heilbronner Stimme 06.07.1994 "Festnahmen nach Skinhead-Terror"
Heilbronner Stimme 06.07.1994 "Ist Randale nur die Spitze eines Eisbergs?"
Heilbronner Stimme 08.07.1994 "Jetzt ermittelt auch der Staatsschutz"
Heilbronner Stimme 11.07.1994 "Schlimm - es war kein Einzelfall"
Heilbronner Stimme 15.07.1994 "Ein Sozialpädagoge hilft rechten Jugendlichen. Ausgrenzung ist für ihn kein Weg"
Heilbronner Stimme 15.07.1994 "'Daß noch kein Bandenkrieg stattfindet, liegt doch nur an uns'"
Heilbronner Stimme 15.07 1994 "'Die Gesellschaft sieht uns sowieso immer als Täter'"
Rhein-Neckar-Zeitung 09.07.1994 "Staatsschutz untersucht 'Skins'-Attacken"
Stuttgarter Zeitung 18.07.1994 "Rechtsradikale Jugend verunsichert Kleinstadt"
Süddeutsche Zeitung 25.07.1994 "Zoff in Erlingen"[194]

Grundsatzprogramm der Republikaner von 1983
Parteiprogramm der Republikaner von 1987
Jansen, Martina: Schlachtruf #6, Freiburger Skin-Zine
Tagesthemenreportage über Erling Skinheadclique vom 07.08.1994

194 Name der Stadt wurde verändert.

Anhang

Kurzporträts[195]

Andreas

Andreas ist in Erlingen aufgewachsen. Er hat eine jüngere Schwester. Die Mutter arbeitet als Verkäuferin, der Vater ist mittlerer Angestellter. Nach der Grundschule besuchte Andreas das örtliche Gymnasium, das er jedoch aufgrund seiner schlechten Noten in der 11. Klasse verlassen mußte. Er beendete danach seine Schullaufbahn mit einem Realschulabschluß und begann eine Lehre als Buchbinder.

Während des Untersuchungszeitraumes war Andreas 19 Jahre alt. Er kam 1993/94 zur Clique und verhielt sich dort eher zurückhaltend. Nach dem Sommer 1995 distanzierte er sich langsam von der Clique.

Annette

Annette ist in verschiedenen Heimen aufgewachsen. Sie hat noch einen älteren Bruder. Ihr Vater ist Alkoholiker und arbeitslos, ihre Mutter kann keinen Beruf ausüben, da sie von einer Krankheit in die nächste flüchtet. Annette kam vor ungefähr drei Jahren in ein Heim in der Nähe von Erlingen. Sie besuchte die Hauptschule, die sie 1996 mit dem Hauptschulabschluß verließ. Danach begann sie eine Lehre als Einzelhandelskauffrau.

Während des Untersuchungszeitraumes war Annette 16 Jahre alt. Sie kam 1993 zur Clique. Ende 1995 begann sie sich langsam von der Szene zu distanzieren.

Ansgar

Ansgar wohnt seit 1987 mit seiner Schwester und seinen Eltern in Erlingen. Sein Vater arbeitet als kaufmännischer Angestellter in einem mittelständischen Betrieb, seine Mutter ist als Filialleiterin in einem Supermarkt tätig. Nach dem Besuch der Grundschule wechselte Ansgar auf die Realschule, die

---

195 Bei den Kurzporträts fehlen die "Führer" Karl, Jan und Daniel. Alle drei verweigerten jeglichen Kontakt mit mir.

er mit der Mittleren Reife abschloß. Anschließend begann er eine Ausbildung als Zimmermann.

Während des Untersuchungszeitraumes war Ansgar 16 Jahre alt. Er gehört zu den Gründungsmitgliedern der zweiten Erlinger Clique und zählte hier aufgrund seiner schmächtigen Gestalt zu den 'Kleinen' und damit zu den wenig angesehenen Mitgliedern der Gruppe.

Christian

Christian ist 1978 in Kasachstan geboren und kam 1989 mit seinen Eltern und zwei Geschwistern nach Erlingen. Aufgrund seiner guten Noten ging er nach der Grundschule zunächst auf das Gymnasium. Doch wechselte er schon bald aufgrund seiner schlechten Leistungen auf die Erlinger Hauptschule, die er 1994 mit dem Hauptschulabschluß beendete. Im Anschluß daran begann er eine Lehre als Kfz-Mechaniker.

Während des Untersuchungszeitraumes war Christian 18 Jahre alt. Er kam 1993 zur Clique und tat sich hier als aggressiver Schläger hervor. Im Herbst 1995 distanzierte er sich langsam von der Clique.

Claudia

Claudia ist in Erlingen aufgewachsen und hat noch eine ältere Schwester. Der Vater arbeitet als Metzgermeister, die Mutter ist gelernte Friseuse. Nach der Grundschule ging Claudia auf die Realschule nach Egersheim. Nach der 8. Klasse wechselte sie wegen schulischer Schwierigkeiten auf die Hauptschule.

Zum Zeitpunkt der Untersuchung ist Claudia 16 Jahre alt und hat sich bereits von der Clique distanziert.

Corinna

Corinna ist in Polen aufgewachsen und kam nach dem Mauerfall mit ihrer Familie nach Erlingen. Sie hat noch einen älteren Bruder, der ebenfalls nach Deutschland kam und eine ältere Schwester, die noch immer in Polen wohnt. Ihr Vater ist gelernter Schreiner und arbeitet in einer Holzfabrik, ihre Mutter ist Chefköchin in einem Clubhaus. Corinna besuchte die Hauptschule in Erlingen, die sie mit dem Hauptschulabschluß verließ. Danach ging sie auf eine weiterführende Schule, um die Mittlere Reife nachzuholen.

Während des Untersuchungszeitraumes war Corinna 17 Jahre alt und hatte sich bereits von der Clique distanziert. Nur noch sporadisch tauchte sie bei dem Treffpunkt oder in der mobilen Jugendarbeit auf.

Gerhard

Gerhard ist der jüngere Bruder von Jörn und ebenso wie er in Erlingen aufgewachsen. Er erreichte 1994 den Hauptschulabschluß und begann eine Lehre als Fliesenleger. 1995 kam er wegen wiederholter Körperverletzung in Untersuchungshaft und wurde 1996 zu mehreren Jahren Haft verurteilt.

Während des Untersuchungszeitraumes war er 16 Jahre alt und die meiste Zeit in Haft. Mitte 1997 wurde er aus der Haft entlassen und blieb bisher unauffällig.

Gerhard war einer der Begründer der zweiten Erlinger Szene und entwickelte sich innerhalb der Gruppe zu einem aggressiven Schläger.

Gisela

Gisela ist in Erlingen aufgewachsen und hat noch einen jüngeren Bruder. Ihr Vater ist als Schlosser tätig. Die Mutter hat eine Ausbildung als Krankenschwester absolviert und arbeitet in einem Altenheim. Nach der Grundschule ging Gisela auf das Gymnasium in Erlingen, wechselte jedoch nach der 7. Klasse auf die Hauptschule.

Während des Untersuchungszeitraumes fiel sie durch die erste Hauptschulabschlußprüfung und begann einen neuen Versuch. Gisela war in dieser Zeit 15 Jahre und aktives Mitglied der Clique.

Hans

Hans ist in einem Nachbarort von Erlingen aufgewachsen. Er entstammt der ersten Ehe seiner Mutter. Sie war früher als Altenpflegerin tätig und ist heute Hausfrau. Der Stiefvater ist von Beruf Bürokaufmann.

Hans besuchte zunächst die Realschule in Egersheim, wechselte aber 1991 auf die Hauptschule, die er mit einem guten Hauptschulabschluß verließ. Danach begann er ein Lehre als Elektroinstallateur, die er 1994 abbrach.

Hans ist zum Zeitpunkt der Untersuchung 18 Jahre alt. Er stieß 1993 zur Clique und entwickelte sich hier zu einem aggressiven Schläger. Seit Herbst 1995 hält er sich von der Clique fern.

Ingrid

Ingrid wurde in einem Nachbarort von Erlingen geboren und wohnt seit ihrem fünften Lebensjahr in Erlingen. Ihre Mutter hat sich von ihrem Vater getrennt und erneut geheiratet. Sie arbeitet im Hotelgewerbe, Ingrids Stiefvater ist Angestellter bei einer kleinen Firma.

Während des Untersuchungszeitraumes war Ingrid 15 Jahre und besuchte die Hauptschule. Sie kam 1993 zur Clique und fiel dort als aktives und selbstbewußtes Mädchen auf. Ab Herbst 1995 distanzierte sie sich langsam von der Clique.

Isabelle

Isabelle ist in Konstanz aufgewachsen. Ihre Mutter trennte sich von ihrem Vater, als Isabelle noch ein Kleinkind war. Einige Jahre später ging sie eine neue Ehe ein. Seither lebt die Familie von den Einnahmen eines eigenen kleinen Reinigungsunternehmens. Mit ihrem Stiefvater kam Isabelle nicht zurecht, was zu vielen Konflikten führte. Mit 14 Jahren verließ sie das Elternhaus. Danach hält sie sich auf der Straße und in mehreren Heimen auf. Während dieser Zeit mißlingen mehrere Versuche, den Hauptschulabschluß oder eine Lehre zu absolvieren.

Zum Zeitpunkt der Untersuchung war Isabelle 19 Jahre alt. Sie hat schon seit ihrem zwölften Lebensjahr Kontakt zur Skinheadszene. Nachdem sie Jan auf einem Konzert kennengelernt hat, stößt sie 1994 zur Erlinger Clique und ist bald als aggressive Schlägerin bekannt und gefürchtet. Nachdem ihre Freundschaft mit Jan in die Brüche ging, tat sie sich mit Jörn zusammen, von dem sie ein Kind bekam. Mittlerweile hat sie zwei Kinder und ist von Erlingen fortgezogen.

Jens

Jens ist in Erlingen aufgewachsen. Sein Vater arbeitet als Bauarbeiter beim Straßenbau. Er besuchte die Hauptschule, die er 1994 ohne Abschluß verließ. Über das Berufsvorbereitungsjahr versuchte er diesen ohne Erfolg nachzuholen. Schließlich fand er eine Stelle als Hilfsarbeiter beim Straßenbau.

Während des Untersuchungszeitraumes war Jens 16 Jahre alt. Er war seit 1993 festes Mitglied der Clique und in dieser Zeit mit Annette befreundet. Jens verhält sich meist sehr zurückhaltend, kann aber in bestimmten Situationen sehr aggressiv werden. Im Winter 1996 distanzierte er sich langsam von der Clique.

Jörn

Jörn ist in Erlingen aufgewachsen und der ältere Bruder von Gerhard. Sein Vater arbeitet als Kraftfahrer, seine Mutter ist als Küchenhilfe tätig. Jörn besuchte die Hauptschule in Erlingen, von der er nach der Wiederholung der 7. Klasse abging. Im Jahr 1990/1991 absolvierte er ein Berufsvorbereitungsjahr in den Bereichen Bau, Holz und Metall und erreicht schließlich im Sommer 1992 den Hauptschulabschluß. Danach begann er eine Schreinerlehre, die er jedoch im dritten Lehrjahr abbrach. Während des Untersuchungszeitraumes war er 19 Jahre alt, wohnte mit seiner Freundin Isabelle zusammen und lebte von der Sozialhilfe.

Jörn war schon in der ersten Erlinger Szene aktiv und schloß sich 1994 der zweiten Erlinger Clique an. Zur Zeit ist er für mehrere Jahre wegen Totschlags inhaftiert.

Jürgen

Jürgen kam Ende der achtziger Jahre nach Erlingen. Er hat noch eine ältere Schwester, die drogenabhängig war. Sein leiblicher Vater ist gelernter Maschinenführer und zur Zeit berufsunfähig. Seine Mutter ist Hausfrau. Jürgens Eltern haben sich Mitte der achtziger Jahre scheiden lassen. Seine Mutter hat daraufhin erneut geheiratet, lebt aber wieder alleine.

Jürgen besuchte die Hauptschule und hat sie mit dem Hauptschulabschluß verlassen.

Während des Untersuchungszeitraumes war er 16 Jahre alt. Jürgen gehört zu den ersten Mitgliedern der Gruppe, fiel hier jedoch nicht durch besonders aggressives Verhalten auf. Nach dem Herbst 1995 versuchte er sich von der Clique zu distanzieren.

Julia

Julia ist in Thüringen aufgewachsen und kam erst nach dem Mauerfall nach Westdeutschland. Ihre Mutter hat sich von ihrem leiblichen Vater getrennt und ist eine neue Ehe eingegangen. Julia und ihre ältere Schwester stammen aus erster Ehe, aus der zweiten Ehe ging eine jüngere Schwester hervor. Der Stiefvater arbeitet in einer Holzfabrik und die Mutter als OP-Schwester im Erlinger Krankenhaus. Julia besuchte in Erlingen die Hauptschule, die sie mit dem Hauptschulabschluß verließ. Danach begann sie eine Ausbildung als Einzelhandelskauffrau in einem Fotogeschäft, die sie jedoch nach ca. einem Jahr abbrach.

Während des Untersuchungszeitraumes war Julia 16 Jahre und lebte in einer Sozialwohnung, da sie sich mit ihren Eltern zerstritten hatte. Sie kam 1994 zur Clique und distanzierte sich im Sommer 1995 kurzfristig von der Skinheadszene. Anfang 1996 verlobte sie sich jedoch mit einem Skinhead aus dem Nachbardorf.

Katherina

Katherina kam erst Anfang der neunziger Jahre nach Erlingen. Sie hat noch einen jüngeren Bruder. Ihr Vater ist gelernter Schlosser, ihre Mutter machte zum Zeitpunkt der Untersuchung eine Ausbildung als Altenpflegerin. Katherina besuchte in dieser Zeit die Hauptschule, wo sie die neunte Klasse wiederholte.

Während des Untersuchungszeitraumes war Katherina 16 Jahre und seit 1994 in der Clique. Dort tat sie sich als selbstbewußtes Mitglied hervor. Im Herbst 1995 distanzierte sie sich von der Clique und hat auch seither keinen Kontakt mehr zur Szene.

Klaus

Klaus ist der ältere Bruder von Michael und hat eine Ausbildung als Metzger absolviert. Im Gegensatz zu seinem jüngeren Bruder war er schon lange, bevor er 1994 zur Erlinger Clique stieß, in der rechtsorientierten Skinheadszene aktiv und dort als aggressiver Schläger bekannt. Während des Untersuchungszeitraumes war er die meiste Zeit in Haft. Im Sommer 1996 wurde er aus der Haft entlassen. Da er jedoch auch an dem Totschlagdelikt beteiligt war (vgl. Kap. VI.8), wurde er kurz nach seiner Entlassung wieder inhaftiert.

Michael

Michael ist wie sein ältere Bruder Klaus nicht in Erlingen aufgewachsen. Die Ehe seiner Eltern scheiterte, als er 13 Jahre alt war. Das Sorgerecht wurde seinem Vater zugesprochen, der bald darauf wieder heiratete. In der neuen Ehe kam es zu Streitigkeiten, worauf Michael und Klaus zur Großmutter zogen. Trotz der schwierigen familiären Verhältnisse, die zu häufigen Wohnortswechseln führten, verließ Michael die Schule mit dem Hauptschulabschluß. Danach begann er eine Malerlehre, die er 1996 mit durchschnittlichen Noten abschloß.

Während des Untersuchungszeitraumes war Michael 19 Jahre alt und lebte in einer Sozialwohnung. Innerhalb der Clique verhielt er sich eher zurückhaltend, konnte jedoch zeitweise sehr aggressiv werden. Nach dem Herbst 1995 hat er sich langsam von der Clique distanziert und interessiert sich zunehmend für den organisierten Rechtsextremismus.

Nicole

Nicole ist in Erlingen aufgewachsen. Ihre Eltern sind geschieden. Nach der ersten Ehe hatte die Mutter einige mehrjährige nichteheliche Beziehungen, die immer wieder zu Konflikten zwischen Mutter und Tochter führten. Dennoch bezeichnet Nicole ihr Verhältnis zur Mutter als gut. Ihr leiblicher Vater ist Versicherungsvertreter, ihre Mutter arbeitet als Verkäuferin. Nach der Grundschule besuchte Julia die Hauptschule, die sie mit dem Hauptschulabschluß verließ. Danach begann sie eine Ausbildung als Einzelhandelskauffrau in einem Supermarkt.

Während des Untersuchungszeitraumes war Julia 16 Jahre und seit 1993 bei der Clique.

Made in the USA
Las Vegas, NV
12 November 2024

11569656R00128